BIBLIOTHECA SLAVICA HIEROSOLYMITANA
MCMLXXXIII

The Center for the Study of Slavic Languages and Literatures

BIBLIOTHECA SLAVICA HIEROSOLYMITANA

CURANTE

D. SEGAL

THE MAGNES PRESS • THE HEBREW UNIVERSITY • JERUSALEM

AN APPROACH TO
MANDEL'ŠTAM

BY
OMRY RONEN

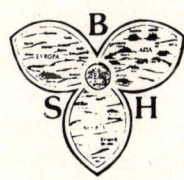

1983

The Editors wish to thank
Yad Avi Ha-Yishuv for its help in
publishing this book

ISBN 965–223–541–5

Printed in Israel
at the Graph Press, Jerusalem

TO THE MEMORY OF
EMERICH AND BRONISLAVA SZÖRÉNYI

PREFACE

This book is a descriptive and interpretative commentary to two of Osip Mandel'štam's longer poems, *The Slate Ode* and *1 January 1924*, as well as the "variant" of the latter, "Net, nikogda ničej ja ne byl sovremennik." Because the inherent unity of Mandel'štam's lifework invites a contextual method of interpretation, it is also, of necessity, an attempt of an approach to Mandel'štam's poetry as a whole at its artistic and intellectual focal point.

The seed from which the book germinated was the term paper on the grammatical and lexical patterning as a key to the meaning of *Grifel'naja oda*, which I wrote for Professor Roman Jakobson's seminar on Modern Russian Poetry at Harvard, in 1967. The problem seemed particularly challenging because, in his lectures and personal communications, RJ often pointed out that, in a poem of over 30–40 lines, compositional devices are not the same as in shorter poems, since there is no immediate recollection of the antecedent elements, or of the text as a total.[1] As it turned out, lexico-semantic parallelism was the principal vehicle of compositional symmetry in *Grifel'naja oda*. However, the poem also exhibited a remarkable degree of cohesion both in sound texture and in grammatical structure, which offered reliable cues for its interpretation.

My debt to RJ is not limited to the matters of the poetry of grammar. I was convinced that Jakobsonian poetics was fully applicable to Mandel'štam's 'poetry of Logos,'[2] especially after I had become ac-

---

[1] See, for example: Р. Якобсон, К. Поморска, *Беседы,* Jerusalem, 1982, 88–89.

[2] A programmatic statement on 'conscious meaning' as a material (rather than motivation) of the poetic art was made by Mandel'štam himself in "Utro akmeizma": Медленно рождалось 'слово как таковое'. Постепенно, один за другим, все элементы слова втягивались в понятие формы, только сознательный смысл, Логос, до сих пор ошибочно и произвольно почитается содержа-

quainted with "Socha v symbolice Puškinově"[3], that pioneering study of the invariants and variables of Puškin's meaning. It is easy to see that my notion of the aesthetic effect of 'distanced reiteration,'[4] i. e., of the recurrent words, phrases, figures, motives, and themes within Mandel'-štam's corpus, on the one hand, and of poetic quotations and literary allusions of various kinds, on the other, is but an extension of Jakobson's poetic function to the field of intertextuality.

Mandel'štam's poem "Ešče daleko asfodelej" derives much of its reserves of expressive power from the echoes of Žukovskij, Fet, and Blok, which are audible in it to anyone familiar with Russian poetic tradition, and I remember RJ's frown of concentration when I asked him for his opinion on the effect of these echoes: "Да, да, да! что-то знакомое будет вторить как призвук, даже если читатель не вспомнит источника".

The lines in question were, according to my record (March 4, 1969):

Но здесь душа моя вступает,	Душа в тот круг уже вступила...
Как Персефона, в легкий круг.	(Фет, "На корабле")
. . . .	И душа моя вступила
Зачем же лодке доверяем...	В предназначенный ей круг.
. . . .	(Блок, "Вот явилась...")
Туда душа моя стремится.	Зачем душа в тот край стремится,
За мыс туманный Меганон...	Где были дни, каких уж нет?
	(Жуковский, "Песня")

For several years I had had the benefit of RJ's constant advice, which I followed in my research as consistently as I rebelled against it in my academic life. It is a source of deep sorrow for me that I can no longer express to him my gratitude and remorse.

The theoretical framework of the hermeneutic method employed in this book and the basic technique of its practical application rest up-

---

нием. От этого ненужного почета Логос только проигрывает; Логос требует только равноправия с другими элементами слова. Футурист, не справившись с сознательным смыслом, как с материалом творчества, легкомысленно выбросил его за борт и, по существу, повторил грубую ошибку своих предшественников. Для акмеистов сознательный смысл слова, Логос, такая же прекрасная форма, как музыка для символистов.

[3] *Slovo a slovesnost*, 3, 1937, 2−24; Eng. tr.: *Puškin and His Sculptural Myth*, Translated and Edited by John Burbank, The Hague−Paris, 1975.

[4] "Лексический повтор, подтекст и смысл в поэтике Осипа Мандельштама", *Slavic Poetics. Essays in honor of Kiril Taranovsky*, edited by Roman Jakobson, C.H. van Schooneveld, Dean S.Worth, The Hague−Paris, 1973, 370−76.

on the concepts of context and subtext developed by Professor Kiril Taranovsky,[5] who directed my graduate work at Harvard and whose guiding spirit I acknowledge with gratitude and pride. According to the working hypothesis proposed during his seminar on Mandel'štam in 1968, Mandel'štam's semantics contains nothing unmotivated, accidental, or based on automatic associations usually labeled "surrealist" by literary critics. All the elements of Mandel'štam's poetic utterances are strictly motivated, not only with respect to their code and the semantic phenomena associated with Tynjanov's concept of "unity and density of the poetic sequence,"[6] but also at the higher levels of their message. As early as 1924, Tynjanov pointed out that the recurrence of certain 'key words' within Mandel'štam's poems is accompanied by subtle semantic shifts and 'leads, at the end, to a new meaning.'[7] In other words, the meaning of certain reiterative lexico-semantic units in Mandel'štam's poems depends on their place and function in the sequence of recurrences and on the structure of this sequence as a total.

Reiterative lexical figures are, of course, a widespread phenomenon in poetry. However, their prominence in the poetry of Mandel'štam is

---

[5] Originally published in 1966–1974, his studies of Mandel'štam (less the very important investigation of M.'s metrics, *IJSLP*, V, 1962, 97–125) are collected in: *Essays on Mandel'štam* (= *Harvard Slavic Studies*, Vol. VI), Harvard UP, Cambridge, Massachusetts, and London, England, 1976, and *Knjiga o Mandeljštamu*, Prosveta, Beograd, 1982. See also the more recent article: К.Ф.Тарановский, "Зеленые звезды и поющие воды в лирике Блока", *Russian Literature*, VIII, 1980, 363–376. There are several critical summaries of Taranovsky's ideas and their development by his disciples, e. g.: Г.А.Левинтон, Р.Д.Тименчик, "Книга Тарановского о поэзии Осипа Мандельштама", *Russian Literature*, VI, 1978, 197–211, and in: W.Schlott, *Zur Funktion antiker Göttermythen in der Lyrik Osip Mandel'štams*, Frankfurt/M.–Bern, 1981. A review of current linguistic theories in this field is found in: В.Я.Мыркин, "Текст, подтекст и контекст", *Вопросы языкознания*, 1976, № 2 (cf.: В.А.Звегинцев, "Значение пресуппозиций для анализа поэтического языка", in: *Литературные направления и стили*, М., 1976, 77–90). On the problem of context and the role of quotation in literary diachrony, see: И.П.Смирнов, *Диахронические трансформации литературных жанров и мотивов* (*Wiener Slawistischer Almanach*, Sonderband 4), Wien, 1981.

[6] Ю.Тынянов, *Проблема стихотворного языка*, Л., 1924. Tynjanov's postulates have been applied to Mandel'štam's poetry in the numerous studies by D.Segal, beginning with "Наблюдения над семантической структурой поэтического произведения", *IJSLP*, XI, 1968, 159–171. See especially: "О некоторых аспектах смысловой структуры 'Грифельной оды' О.Мандельштама", *Russian Literature*, V, 1972, 49–102.

[7] "Промежуток", *Архаисты и новаторы*, Л., 1929, 572.

a consequence of the new stylistic and semantic function, radically different from that generally observed, e. g., in the poetry of Russian symbolism, in which lexical repetition is usually characterized by monosemy and serves melodic (in B.M.Èjxenbaum's sense) purposes.[8] Polysemous more often than not, Mandel'štam's lexical reiterations form complex and extended strings of shifting, expanded or restricted, parallel, complementary or contrastive meanings which link together pieces belonging to various genres and periods, poetry and prose, original compositions and translations, and create such a network of intertextual relations that the entire literary heritage of the poet emerges as an integral structure. Consequently, it proved to be impossible to decipher the meaning of any repetend in the individual constituents of this structure without exploring its *total context,* i. e., all the instances of the relevant lexical usage in Mandel'štam's corpus,[9] and defining its semantic constants and variables.

In the course of interpretation, such total context is identified with the paradigmatic plane, whereas the poetic utterance selected in it on the strength of the elements which it has in common with the utterance under investigation, with the syntagmatic plane.[10]

The other device by means of which Mandel'štam expands lexical meaning and activates its poetic function is based on the use of direct and veiled quotations, reminiscences, paraphrases, etc. of other writers, particularly, poets of the past. These 'borrowings' are meant to be perceived by the qualified reader as figures of reiteration, set upon bringing back certain lexico-semantic and thematic configurations of the poetic tradition: Все было встарь, все повторится снова, | И сладок нам лишь узнаванья миг.

---

[8] Cf. Lidija Ginzburg's astute observation: <...> и Мандельштам ощущал себя поэтом, противостоящим символизму. "Музыке" слов (то есть их иррациональной нерасчлененности) он противопоставлял поэтически преображенное значение слова, знакам "непознаваемого", – образ как выражение иногда трудной, но всегда познаваемой интеллектуальной связи вещей (*О лирике,* М.–Л., 1964, 368).

[9] Cf. Kiril Taranovsky's earliest study of contexts, "Пчелы и осы в поэзии Мандельштама", *To Honor Roman Jakobson,* The Hague–Paris, 1967, 1973–1995, and my first paper, "Mandel'štam's *Kaščej,*" *Studies Presented to Professor Roman Jakobson by His Students,* Cambridge, Massachusetts, 1968, 252–264 (written for K.F.'s Mandel'štam seminar).

[10] Cf. Ju.I.Levin, "Материалы к изучению поэтики О.Мандельштама", *IJSLP,* XII, 1968, 107, 115 ff.

From the point of view of synchrony and diachrony in poetics it can be noted that fragments of the poetry of the past, as they enter a new text ("как то, что должно быть, а не как то, что уже было", according to "Slovo i kul'tura"), undergo synchronization and various complex transformations of their meaning, while the poetic text based on such fragments, inasmuch as their original meaning is not canceled but co-exists, as it were, with the new "shifted" meaning, enters a diachronic relationship with its sources. Mandel'štam's poetry acquires an additional diachronic dimension because it is oriented toward the 'reader in the future' ("O sobesednike").

"An already existing text (or texts) refelected in a new one" was termed the *subtext* by Professor Taranovsky. "Subtextual analysis" (i. e., identification and interpretation of subtexts) has become the essential hermeneutic tool in the new approach to Mandel'štam's poetry.

The common use of this term is as vague and multifarious as its traditional definitions deriving in Russian criticism from Stanislavskij's stage directions for Čexov's plays and, ultimately, from Maeterlinck's notion of "the second dialogue" ("Le tragique quotidien," in *Le trésor des humbles*, 1896).[11] In 1969, the late T.I.Sil'man offered a sound structural definition of the old term.[12] Using the prose of Thomas Mann and Goethe as her material, she arrived at the same conclusions as we did at Harvard concerning the relationship between subtext and lexico-semantic reiteration: "<...> подтекст есть не что иное, как рассредоточенный, дистанцированный повтор. <...> в основе всякого подтекстного значения всегда лежит нечто уже однажды бывшее и в той или иной форме воспроизведенное заново".

From the point of view of its poetic function (reiteration), the subtext in Taranovsky's sense may be defined as the source (or sources) of the repetend. The difference between T.I.Sil'man's treatment and ours was purely nomenclatorical: she applied the term, in conformity with

---

[11] See the entry on *Podtekst* in *Краткая литературная энциклопедия*, 5, М., 1968, 829–830, and cf. its definition by a popular writer, K.Paustovskij ("Книга скитаний", *Новый мир*, 1968, № 10, 107): <...> подтекст – второе значение вещей, вторичное их видение, отражающее, как эхо, основной звук и укрепляющее его в нашем сознании.

[12] "Подтекст как лингвистическое явление", *Научные доклады высшей школы. "Филологические науки"*, 1969, № 1, 84–90. See also: Т.Сильман, "Подтекст – это глубина текста", *Вопросы литературы*, 1969, № 1, 89–102.

its common use, to the artistic effect of the reiteration rather than to its object or source.

The semantic function of the subtext is especially important for the practical purposes of text explication in acmeism.[13] Elsewhere ("Leksičeskij povtor, podtekst i smysl...") I have outlined in brief the riddle-like quality of the acmeist figurative language, which prompts the reader to search for the subtexts in the first place. The subtextual approach is justified also by the fact that memory is the fundamental concern of acmeism, and literary recollection is the corner-stone, not only of its aesthetic code, but also of its message. In "Burja i natisk," Mandel'štam described the 'fever' of recollection and re-evaluation of the literary values of the past, as the moving spirit of the pre-futurist 'Sturm und Drang' and a truly revolutionary act:

> Напряженный интерес ко всей русской поэзии, начиная от мощно неуклюжего Державина до – Эсхила русского ямбического стиха – Тютчева, предшествовал футуризму. Все старые поэты в эту пору, приблизительно перед началом мировой войны, показались внезапно новыми. Лихорадка переоценки и поспешного исправления исторической несправедливости охватила всех. В сущности тогда вся русская поэзия новой пытливости и обновленному слуху читателя предстала, как заумная. Революционная переоценка прошлого предшествовала созидательной революции. Утверждение и оправдание настоящих ценностей прошлого столь же революционный акт, как создание новых ценностей.

The acmeist poets viewed the entire body of world poetry as a creative manifestation of the eternal return[14] and laid stress on the fundamental unity of the multilingual poetic speech. Nedobrovo's essay on Fet (see pp. 259–260, fn. 49, of this book); Gumilev's broad historical

---

[13] Cf. Ju. M. Lotman's observation on 'already existing texts in natural language' as the system under the influence of which semantic shifts take place in acmeist texts ("Стихотворения раннего Пастернака и некоторые вопросы структурного изучения текста", *Труды по знаковым системам*, 4, Tartu, 1969, 229).

[14] On the 'consciously adopted specific variant of the myth of the 'eternal return' in Axmatova and Mandel'štam, see: Ю.И.Левин, Д.М.Сегал, Р.Д.Тименчик, В.Н.Топоров, Т.В.Цивьян, "Русская семантическая поэтика как потенциальная культурная парадигма", *Russian Literature*, 7–8, 1974, 48, 72. Hence the characteristic transformation of Baratynskij's "Na čto vy, dni!" (Под веяньем *возвратных сновидений* | Ты дремлешь) in Lozinskij's "Édem" (Обречен *повторительным снам*, | Так уходит мой дух...) and in Mandel'štam's "Ja ne slyxal rasskazov Ossiana" and "Batjuškov".

comparisons and typological juxtapositions; Axmatova's studies of Puškin's French and American sources; Mandel'štam's observations on Villon's return in Verlaine, on Puškin's theme in Nekrasov and Nekrasov's polyphony in Belyj, on Chénier's "À Camille" and Tat'jana's letter, on the spirit of Baratynskij in Kljuev's first book, etc., all point at their common preoccupation with the idea of the universal poetic text as it has been described in Prince Vladimir Odoevskij's "Sebastian Bach."[15]

In this respect, Mandel'štam's early (1909) poem "Est' celomudrennye čary" is one of the most important proto-acmeist texts because its theme is the new attitude toward the poetry of the past, the 'careful rearrangement' and 'justification' of its lasting values. At the same time, the poem may serve as an illustration of the combined subtextual and contextual method of interpretation.

> Есть целомудренные чары, —
> Высокий лад, глубокий мир,
> Далеко от эфирных лир
> Мной установленные лары.
>
> У тщательно обмытых ниш
> В часы внимательных закатов
> Я слушаю моих пенатов
> Всегда восторженную тишь.
>
> Какой игрушечный удел,
> Какие робкие законы
> Приказывает торс точеный
> И холод этих хрупких тел!
>
> Иных богов не надо славить:
> Они как равные с тобой,
> И, осторожною рукой,
> Позволено их переставить.

The first two strophes of the poem are rooted in the tradition of Batjuškov's "Moi penaty" (Пускай веселы тени | Любимых мне пев-

---

[15] <...> "ибо, — присовокуплял он с самым настойчивым педантизмом, — эта работа очень многосложна и затруднительна: для совершенного познания в н у т р е н н е г о языка искусств, необходимо изучить все без исключения произведения художников, а отнюдь не одних знаменитых, потому что, — прибавлял он, — поэзия всех веков и всех народов есть одно и то же гармоническое произведение; всякий художник прибавляет к нему свою черту, свой звук, свое слово; часто мысль, начатая великим поэтом, догова-

цов, | Оставя тайны сени, | Стигийских берегов | Иль области *эфирны,* | Воздушною толпой | Слетят на голос *лирный* | Беседовать со мной!.. | И мертвые с живыми | Вступили в хор един!..), Puškin's "Gorodok" (Друзья мне — мертвецы, | Парнасские жрецы; | Над полкою простою | Под тонкою тафтою | Со мной они живут. | ... | *В час утренний досуга* | Я часто друг от друга | Люблю их отрывать), and Jazykov's "Moe uedinenie" (Я моему Пенату | Нашел простую хату | ... | Пред ним моя рука | Приют уединенный | Соорудила вам, | О русские Камены, | Священные векам!). To realize that Mandel'štam directly identifies his Penates with the poets of the past it is necessary to turn to his essays in *Šum vremeni,* which provide a retrospective commentary to the poem:

> <...> Никогда я не мог понять Толстых и Аксаковых, Багровых внуков, влюбленных в семейственные архивы с эпическими домашними воспоминаниями. <...> Разночинцу не нужна память, ему достаточно рассказать о книгах, которые он прочел, – и биография готова.
>
> ("Комиссаржевская")
>
> Интеллигент строит храм литературы с *неподвижными истуканами.* <...> В.В. [Гиппиус] учил строить литературу не как храм, а как *род.* В литературе он ценил патриархальное, отцовское начало культуры.
>
> ("В не по чину барственной шубе")

(An interesting reflection of Mandel'štam's images of the movable domestic deities and immobile idols, interpreted in a pertinent, slightly polemical manner, can be found in Cvetaeva's "Moj Puškin": Памятник Пушкина я любила за черноту — обратную белизне наших домашних богов. <...> Наших богов иногда, хоть редко, но *переставляли.* Наших богов, под Рождество и под Пасху, тряпкой обмахивали. Этого же мыли дожди и сушили ветра. Этот — всегда стоял. Памятник Пушкина был первым моим видением неприкосновенности и непреложности.)

ривается самым посредственным; часто темную мысль, зародившуюся в простолюдине, гений выводит в свет немерцающий; чаще поэты, разделенные временем и пространством, отвечают друг другу как отголоски между утесами: развязка "Илиады" хранится в "Комедии" Данте; поэзия Байрона есть лучший комментарий к Шекспиру; тайну Рафаэля ищите в Альберте Дюрере; страсбургская колокольня — пристройка к египетским пирамидам; симфонии Бетховена — второе колено симфоний Моцарта... Все художники трудятся над одним делом, все говорят одним языком: от того все невольно понимают друг друга; но простолюдин должен учиться этому языку, в поте лица отыскивать его выражения... так делаю я, так и вам советую".

The third strophe inaugurates the theme of the poet's toylike lot (игрушечный удел) in contemporary life. The subtext which prompts such a reading is Lermontov's "Poèt": *Игрушкой* золотой он блещет на стене | Увы, бесславный и безвредный! || Никто привычною, *заботливой рукой* | Его не чистит, не ласкает, | И надписи его, молясь перед зарей, | Никто с усердьем не читает... || В наш век изнеженный не так ли ты, поэт, | Свое утратил назначенье... It should be noted that the purposeful care and attention denied to Lermontov's dagger is ritually offered to the 'chiselled torsoes' of Mandel'štam's Lares: У тщательно обмытых ниш | В часы внимательных закатов | ... | И осторожною рукой...

The theme is characteristic not only of early Mandel'štam (*игрушечные* волки; Я блуждал в *игрушечной* чаще | И открыл лазоревый грот... | Неужели я настоящий, | И действительно смерть придет?), but of early acmeism, in general. Its association with the motif of effigies can be traced, e. g., in Axmatova's Annenskij-inspired "trefoil" "V Carskom Sele" (А теперь я *игрушечной* стала... А там мой мраморный двойник...) and in Gumilev's "Ja vežliv s žizn'ju sovremennoju" (Я злюсь, как идол металлический | Среди фарфоровых *игрушек*). The subsequent revision of this theme in the poetry and life of the three great acmeists, the transmutation of 'toylike lots' into sacrificial destinies, has become the unquestionable token of that 'revival of moral force in Russian poetry,' which Mandel'štam has identified in "O prirode slova" with acmeism, and in *Grifel'naja oda,* with the continuation of Lermontov's 'flinty path.'

As for the final strophe of the poem, it can be read, in retrospect, as a poetic manifesto and an accurate description of Mandel'štam's technique, defined in another early poem as 'an unconstrained creative exchange' (В непринужденности творящего обмена | Суровость Тютчева с ребячеством Верлена, | Скажите, кто бы мог искусно сочетать, | Соединению придав свою печать?). Circumspect yet free of false piety, M.'s attitude toward his 'paternal deities' involved a constant shifting of the 'eidola' of the poets in the subtextual array of historical affinities and unexpected typological correspondences. Thus the 'flinty path' of *Grifel'naja oda* had to heed (Пустыня внемлет Богу) to the lessons of Deržavin's 'river of time,' and the allegoric idol of the age in *1 janvarja 1924* acquired the eyelids of Gogol's Vij, identified at the same time with the diseased eyelids of 'времеборец' Afanasij Fet.

In my approach to such 'transpositions' I endeavored, whenever
possible, to take into account two difficult yet essential aspects of Man-
del'štam's subtextual artifice: the metamorphosis of the subtext's orig-
inal shape and sense in the new context, and the resulting poetic inter-
play between similarity and contrast in the repetends; and the hierarchic
order in which the subtexts are thematically organized in Mandel'štam's
text.

Here is an example of how certain collocations of Mandel'štam's
total context condition the transformation of a subtext:

Когда на жесткие постели *Ложилось* бремя *вечеров*... ("Пластинкой тоненькой жиллета", 1936)	И на порфирные ступени Екатерининских дворцов *Ложатся* сумрачные тени Октябрьских ранних *вечеров*... (Тютчев, "Осенней позднею порою")

Жесткая порфира ("Peterburgskie strofy") is Mandel'štam's micro-
context which determines (and explains) the relationship between *пор-
фирные ступени* and *жесткие постели*; *сумрачное бремя* ("Proslavim,
brat'ja, sumerki svobody") accounts for the substitution of *сумрачные
тени* by *бремя*. Thematically, this subtext, as well as some others, allows
to perceive in the Voronež recollection of полуукраинское лето a con-
cealed memory of Petersburg.

More often, however, subtextual changes are governed, not by the
principle of contiguity, as in the example above, but by similarity, e. g.,
are brought about by synonymic or paronomastic substitution:

Чтобы силой или лаской Чудный выманить припек... И свое находит место *Черствый пасынок веков*... ("Как растет хлебов опара", 1922)	Иль *седым* Опекуном Легкой миленькой Розины, *Старым пасынком* судьбины... (Пушкин, "Послание к Наталье")

In this instance, the thematic link between the subtext and the text
is the notion of 'guardianship': Puškin's oxymoron (the guardian who is
himself a 'stepson') describes very well Mandel'štam's view of the re-
ciprocal relationship between old culture and the new generation (cf.
pp. 262—263).

The wealth and variety of the subtexts which may underly the same
text by Mandel'štam make it necessary to adopt, for hermeneutic pur-

poses, the concept of the *dominant subtext* (by analogy with the general
principle of the dominant), which subordinates and organizes themati-
cally the rest of a poem's subtexts.

The multifarious subtexts of "Koncert na vokzale"[16], for example,
are all modified and brought together into a logically consistent whole

---

[16] See: Kiril Taranovsky, *Essays on Mandel'štam*, 1976, 15–17, 139–140.
To the subtexts identified and analyzed by my teacher I should like to add Del'vig's
"Èlizium poètov," which we discussed when I was his guest in 1978:

За мрачными, Стигийскими брегами,
Где в тишине Элизиум цветет,
Минувшие певцы гремят струнами,
Их шумный глас минувшее поет.

Толпой века в молчании над ними,
Облокотясь друг нá друга рукой,
Внимают песнь и челами седыми
Кивают, бег воспоминая свой.

И изредка веками сонм почтенный
На мрачный брег за Эрмием грядет –   На звучный пир, в элизиум туманный
И с торжеством в Элизиум священный   Торжественно уносится вагон.
Тень Гения отцветшего ведет.

Del'vig's image of the Elysium populated by the past ages and dead poets gives
a clue to the identity of the 'beloved shadow.' Characteristically, the lines Где под
стеклянным небом *ночевала* | *Родная тень* в кочующих *толпах* (cf. Nekrasov's
"Železnaja doroga": *Тень* набежала на *стекла* морозные... | Что там? *Толпа*
мертвецов! | ... | Не ужасайся их *пения дикого*) bear the imprint of Puškin's
evocation of Del'vig in "Čem čašče prazdnuet licej," Туда, *в толпу теней родных*
| Навек от нас утекший гений, blended with the rhyming vocabulary of the first
lines of *Cygany* (толпой, кочуют, ночуют; it should be noted that *стеклянные
сени* is likewise a borrowing from Puškin, *Evgenij Onegin*, VIII. xxx.6).

The fact that "Èlizium poètov" was published for the first time in 1922
(Дельвиг, *Неизданные стихотворения* под ред. М.Л.Гофмана, Пб., 1922, 45)
suggests that "Koncert na vokzale," dated 1921 in all the editions of Mandel'štam
but published only as late as 1924, could not have been completed before 1922.
Two other items in favor of a later dating are the affinity between "Koncert na vok-
zale" and Kuzmin's "Konec vtorogo toma" (1922; publ. in *Параболы*, 1923) and
the evidence of Èm. Mindlin's memoirs (*Необыкновенные собеседники*, М., 1968,
94): И еще встреча – в редакции "Огонька" в Благовещенском переулке.
Мы оба дожидаемся Михаила Кольцова. Мандельштам уводит меня в угол
возле стеклянной стены. Мы усаживаемся на диван, и Мандельштам, улыба-
ясь и дирижируя правой рукой, читает *написанный на днях* "Концерт на вок-
зале": Нельзя дышать, и тверд кишит червями ‹ etc.›.

Ogonek began to appear in spring 1923, and Mandel'štam contributed to it
throughout that year.

by two dominant subtexts. One is, properly speaking, not a subtext, but a single word, *vokzal*, or, rather, the history of its meaning in Russian. Concerts used to be called *vauxhalls* in Old Russia after the concert hall at Vauxhall Gardens in London. Because there was a concert hall (vauxhall) at the first Russian railroad terminal in Pavlovsk, the word *vokzal* has eventually come to signify a railroad station in general. Blending as it does, historically, the notions of iron (железная дорога) and of music, the word has been chosen by Mandel'štam as a perfect symbol of the nineteenth century, the iron age and the age of music. The other dominant subtext, which explains why music sounds 'for the last time at the funeral feast of the beloved shadow,' the shadow of the dying age of Russian culture, is Gogol's "Skul'ptura, živopis' i muzyka":

> <...> Она – наша! она – принадлежность нового мира! Она осталась нам, когда оставили нас и скульптура, и живопись, и зодчество. Никогда не жаждали мы так порывов, воздвигающих дух, как в нынешнее время, когда наступает на нас и давит вся дробь прихотей и наслаждений, над выдумками которых ломает голову наш XIX век. <...> О, будь же нашим хранителем, спасителем, музыка! Не оставляй нас! <...> Но если и музыка нас оставит, что будет тогда с нашим миром?

This subtext is conducted polemically, in the manner characteristic of Mandel'štam's tracing historically the reverberations of his subtexts, through its interpretation in Blok's essay "Ditja Gogolja":

> В полете на воссоединение с целым, в музыке мирового оркестра, в звоне струн и бубенцов, в свисте ветра, в визге скрипок — родилось дитя Гоголя. Этого ребенка назвал он Россией. Она глядит на нас из синей бездны будущего и зовет туда. Во что она вырастет, – не знаем; как назовем ее, – не знаем.
>
> Чем безлюдней, чем зеленее кладбище, тем громче песня соловья в березовых ветвях над могилами. Все кончается, только музыка не умирает. "Если же и музыка нас покинет, что будет тогда с нашим миром?" – спрашивал "украинский соловей" Гоголь. Нет, музыка нас не покинет.

"Skul'ptura, živopis' i muzyka" is a strictly thematic subtext, as the dominant subtexts frequently are, i. e., it is not represented in the poem by an actual, readily identifiable quotation. Gogol's theme of the departing spirit of music appears in "Koncert na vokzale" in the guise of a modified verse by Tjutčev, В последний раз вам вера предстоит > В последний раз нам музыка звучит. This substitution is motivated by the thematic affinity Mandel'štam must have perceived between Gogol's subtext (Великий зиждитель мира <...> в наш юный и дряхлый век ниспослал Он могущественную музыку, стремительно обращать нас к Нему) and Tjutčev's description of the departing faith in "Ja ljuteran ljublju bogoslužen'e." Yet Gogol's actual words are also present in "Koncert na vokzale." In the lines И снова, паровозными свистками | *Разорванный,* скрипичный *воздух* слит, one easily recognizes the celebrated phrase out of *Mertvye duši,* разорванный в куски воздух. These words, too, are transformed by their symbolic interpretation in Blok's essays.[17] They are quoted in "Ditja Gogolja" and in "Intelligencija i revoljucija" (Дело художника, обязанность художника — видеть то, что задумано, слушать ту музыку, которой гремит "разорванный ветром воздух"), while in "Ironija" we find 'the whistles of the locomotives' which overpower the voice of Gogol's troika:

> <...> Век <...>, который похоронил человеческий голос в грохоте машин; металлический век, когда "железный коробок" — поезд железной дороги — обогнал "необгонимую тройку", в которой "Гоголь олицетворял всю Россию", как сказал Глеб Успенский <...> когда властительнее нашего голоса стали свистки паровозов <...>

Unlike Blok, Mandel'štam commiserates with the dying world, and it is Gogol's departing music that, 'for the last time,' imparts harmony to the 'trembling iron' (cf. Blok's "Molnii iskusstva": девятнадцатый век — весь *дрожащий,* <...> как эти *железные* полосы) before the 'disarrayed ranks of the violins' yield to the savage 'night chorus' of Nekrasov's dead railroad builders and Blok's antihumanism. Cf.:

> Музыка эта — дикий хор, нестройный вопль для цивилизованного слуха. Она почти невыносима для многих из нас, и сейчас далеко не покажется смешным, если я скажу, что она для многих из нас и смертельна. Она — разрушительна для тех завоеваний цивилизации, которые казались незыблемыми; она противоположна привычным для нас мелодиям об "истине, добре и красоте"; она прямо враждебна тому, что внедрено в нас воспитанием и образованием гуманной Европы прошлого столетия
> ("Крушение гуманизма").

Thus Gogol's thematic framework, in an interpretation polemically different from that of Blok, clarifies the meaning of "Koncert na vok-

---

[17] Blok's subtexts in "Koncert na vokzale" are not limited to his essays and the Gogolian theme. The first line, Нельзя дышать, echoes В партере ночь. Нельзя дышать ("Serdityj vzor..."), while На звучный пир... В последний раз... evoke "Skify": В последний раз на светлый братский пир...

zale" as a dirge for the unjustly reviled iron age, the nineteenth century, Tjutčev's *Железный мир и дышащий* | Велением одним ("Vysokogo predčuvstvija..."), in which Mandel'štam has 'divined' the traits of the golden age, like Del'vig in Puškin's poetic riddle: Кто на снегах возрастил Феокритовы нежные розы, | В веке железном, скажи, кто золотой угадал?

I may have oversimplified somewhat the ambivalent polyphonic interplay between Gogol's music and Blok's music in "Koncert na vokzale" in order to illustrate the basic organizing function of the dominant subtext. Unfortunately, a measure of simplification is unavoidable in any commentary. The subtextual method of interpretation, in particular, has been accused of being unduly rationalistic, mechanistic, simplification-prone, and generally somehow detrimental to the aesthetic appreciation of Mandel'štam's art. I do not share the apprehensions of Vaginov's Teptelkin,[18] and do not believe that Mandel'štam will cease being a mysterious and fascinating poet as a result of our hermeneutic efforts. My aim has been, not to simplify Mandel'štam's meaning, but to reveal its artistic complexity by defining as fully and accurately as possible the terms and premises of what a contemporary poet has called 'Mandel'-štam's golden enigmas.'

An early, shorter, and substantially different version of my commentaries to *Grifel'naja oda* and *1 janvarja 1924* was presented to the Department of Slavic Languages and Literatures, Harvard University, in partial fulfillment of the requirements for the degree of Doctor of Philosophy. I should like to use this opportunity to thank my teachers, Professor Horace G. Lunt, Professor Omeljan Pritsak, Professor Vsevolod Setchkarev (the Second Reader of my thesis), and, again, Professor Kiril Taranovsky (my Thesis Advisor). I owe a special debt of gratitude to the Chairmen of the Department, Professor Horace G. Lunt and Professor Donald Fanger, for their generous support and their patience in dealing with an erratic and procrastinating candidate.

---

[18] <...> вот и никому неизвестный поэт посредством сопоставления слов вызывает новый мир для нас; мы его разберем, разложим, переведем на язык прозы, лишим образности, и следующее поколение, уже усвоившее плоды наших трудов, не увидит в его стихах пышного цветения образности нового мира. Все будет им казаться обыкновенным в его стихах, жалким; а сейчас только немногим доступны они (*Козлиная песнь*).

Most of my work on the first draft of this book and its subsequent revisions[19] was carried out under the hospitable roof of the Department of Slavic Languages and Literatures at Yale University, in 1970/71, 1975/76, and 1977/78, and I am deeply grateful to my senior colleagues and friends, Professor Victor Erlich (who has read my draft and recommended it for publication), Professor Robert Louis Jackson, Professor Riccardo Picchio, Professor Alexander M. Schenker, and Professor Edward Stankiewicz for their unfailing help, advice, and encouragement. I also wish to thank the participants of my Yale seminars on Mandel'štam and on acmeism for challenging discussions and stimulating papers.

Professor Dmitri Segal provided me with his excellent copy of the drafts of *Grifel'naja oda*. The late critic Arkadij Belinkov described to me the hand-written corrections made by Mandel'štam in the text of *Grifel'naja oda* in 1937, in the copy of *Stixotvorenija*, 1928, which belonged to his mother, Mrs. N.N. Belinkov. Professor Vadim Liapunov helped me with many of Mandel'štam's German subtexts, and Professor Maria Simonelli Picchio, with certain Old French and Italian texts.

I am indebted to Professor Donald Fanger, Professor James Michael Holquist, and Professor Igor Smirnov for their efforts on behalf of this book. Its publication would not have been possible without the good will of Professor Dmitri Segal, Director of the Center for the Study of Slavic Languages and Literatures at the Hebrew University of Jerusalem and Editor of "Bibliotheca Slavica Hierosolymitana," the unforgettable assistance of Dr. Aage A. Hansen-Löve, and the skill, patience, and devotion beyond the line of duty of Victoria Jericho.

Last but not least, I thank Ada, Borisz, Jóska, Peter, and Rurik for being such true friends in need.

---

[19] The only portion of this book which has been published previously is the chapter entitled "Similarity and Complementarity: Mandel'štam's Ode and Elegy." It appeared in *Slavica Hierosolymitana*, IV, 1979, 146–158, as "An Introduction to Mandel'štam's *Slate Ode* and *1 January 1924*: Similarity and Complementarity." I have slightly revised and augmented it for this edition.

ABBREVIATIONS

1 Jan: 1 janvarja 1924.

GO: Grifel'naja oda.

IJSLP: International Journal of Slavic Linguistics and Poetics.

L.: Leningrad.

M.: Osip Mandel'štam.

M. (in bibliographic references): Moscow.

OM I 1964: Osip Mandel'štam, *Sobranie sočinenij v dvux tomax.* Pod redakciej prof. G.P.Struve i B.A.Filippova. Tom pervyj. *Stixotvorenija,* Inter-Language Literary Associates, Washington, 1964.

OM II 1966: Osip Mandel'štam, *Sobranie sočinenij v dvux tomax.* Pod redakciej prof. G.P.Struve i B.A.Filippova. Tom vtoroj. *Stixotvorenija. Proza,* Inter-Language Literary Associates, 1966.

OM I 1967 (or: *OM* I–2): Osip Mandel'štam, *Sobranie sočinenij v trex tomax.* Pod redakciej Prof. G.P.Struve i B.A.Filippova, Tom pervyj. *Stixotvorenija.* Izdanie vtoroe, dopolnennoe i peresmotrennoe. Meždunarodnoe Literaturnoe Sodružestvo, 1967.

OM II 1971 (or: *OM* II–2): Osip Mandel'štam, *Sobranie sočinenij v trex tomax.* Pod redakciej prof. G.P.Struve i B.A.Filippova. Tom vtoroj. *Proza,* Meždunarodnoe Literaturnoe Sodružestvo, 1971.

OM III 1969: Osip Mandel'štam, *Sobranie sočinenij v trex tomax,* Pod redakciej prof. G.P.Struve i B.A.Filippova. Tom tretij. *Očerki. Pis'ma,* Meždunarodnoe Literaturnoe Sodružestvo, 1969.

OM IV 1981: Osip Mandel'štam, *Sobranie sočinenij,* IV – dopolnitel'nyj tom. Pod redakciej G.Struve, N.Struve i B.Filippova, YMCA-Press, Paris, 1981.

Pg.: Petrograd.

RD: Osip Mandel'štam, *Razgovor o Dante,* Posleslovie L.E.Pinskogo. Podgotovka teksta i primečanija A.A.Morozova, "Iskusstvo", Moskva, 1967.

SPb.: Sankt-Peterburg.

St. or *Stix.* 1928: O.Mandel'štam, *Stixotvorenija,* GIZ, Moskva–Leningrad, 1928.

St. or *Stix.* 1973: O.Mandel'štam, *Stixotvorenija.* Vstupitel'naja stat'ja A.L.Dymšica. Sostavlenie, podgotovka teksta i primečanija N.I.Xardžieva, "Biblioteka poèta", Bol'šaja serija, Vtoroe izdanie, "Sovetskij Pisatel'", Leningradskoe otdelenie, 1973.

CONTENTS

SIMILARITY AND COMPLEMENTARITY: MANDEL'ŠTAM'S ODE AND ELEGY

For several reasons, 1923 was a turning point in the literary biography of Osip Mandel'štam. He had then reached the middle of the creative life span allotted to him. His poetic method, developed between 1908 and 1912,[1] had by 1923 attained such a degree of complexity and precision as to make some critics speak of a totally new beginning:

> Одно из крупнейших поэтических течений нашей поэзии 20-го века — акмеизм, примерно к 1923 году окончило круг своего развития. К этому времени равновесие всех элементов стиха, к чему стремился акмеизм, превратилось в застылое сочетание известных ритмико-синтаксических ходов с известным материалом. Гумилев умер, Ахматова замолчала, Мандельштам "Грифельной одой" перешел на новые пути...
> (В.Друзин, *Звезда*, 1928, № 6, 131)

This was the year when the Gosizdat printed the third edition of *Kamen'*, expanded to include the epic fragment "Synov'ja Ajmona," translated from the Old French, and the Pindaric fragment "Našedšij podkovu," and the writers' cooperative publishing house "Krug" brought out *Vtoraja kniga*, with the complete text of "Grifel'naja oda." This was also the year when M.'s name disappeared from the contributors' lists of all the state-owned literary magazines.[2] During the following year, some original poems by M. were published in privately owned periodicals and cooperative literary almanacs. The demise of these had almost completely silenced M. as a poet for the rest of the decade. Although the so-

---

[1] Following the critical tradition established by N.Gumilev ("Pis'ma o russkoj poèzii", XXXIV, *Apollon*, 1916, No. 1, 26–32), it is now generally believed that 1912 was the final year of M.'s symbolist apprenticeship. See, e.g.: А.Морозов in *Краткая Литературная Энциклопедия*, 4, 1967, 568–569; В.Орлов, *Вопросы литературы*, 1966, № 10, 133; П.Громов, *А.Блок, его предшественники и современники*, Л., 1966, 387.

[2] Н.Я.Мандельштам, *Воспоминания*, N. Y., 1970, 145.

called "Gypsy Poems," written and originally published in 1925, were reprinted in 1927 in *Novyj mir* and *Zvezda,* and the Gosizdat brought out, thanks to the active intervention of N.I.Buxarin,[3] the selected *Stixotvorenija* in 1928, it seems now almost positive that during the second half of the twenties M. wrote nothing but prose.

In 1923, M. composed some of his longest and least understood poems.[4] Two of these, "Grifel'naja oda" (hereinafter: *GO*) and "1 janvarja 1924" (hereinafter: *1 Jan*), are strikingly similar in some respects, and complementary in others. Each contains 72 lines. Each consists, at least in the final book version (*Stixotvorenija,* 1928), of nine 8-line strophes, with alternating rhymes. (The 1937 *Slate Ode*, of 64 lines, published by N.Xardžiev in *Stixotvorenija,* 1973, among the poems of 1921–1925, is, in fact, a Voronež poem, related contextually, i.a., to "Stixi o neizvestnom soldate," and subtextually, as the epigraph shows, to the 1923 *Slate Ode,* with which it is otherwise indentical, a striking example of M.'s diachronic self-reiteration with context-induced variation of meaning.)

The meter of *GO* is the iambic tetrameter, i.e., the traditional odic meter, and its strophe is a modification of one of the common 18th-century odic octaves, specifically identifiable with a 19th-century extension of the ode genre, viz. Ryleev's *dumy.*

1 Jan is written in iambic hexameters, tetrameters, and pentameters arranged in such a way that, in all stanzas but one, the odd lines are iambic hexameters. Mixed iambic meters in octaves are generally characteristic of 19th-century Russian "hybrid elegy,"[5] and the strophic pattern of *1 Jan* can be specifically defined as a blend of those used by Lermontov in "Duma" and "Ne ver' sebe" (in 1923, M. was translating Barbier, whose mixed iambs had influenced Lermontov).

The superstrophic compositional order, identified on the basis of lexical, grammatical, and metrical correspondences and contrasts, is 4 + 1 + 4 in *GO* and 3 + 3 + 3 in *1 Jan.* A salient feature of both poems is the presence of a metrically, grammatically, and semantically marked

---

[3] *Ibid.,* 120.

[4] If "Stixi o neizvestnom soldate" (114 lines) are a cycle, or an "oratorio," as N.Ja.Mandel'štam puts it, of eight poems, rather than a single poem, then the longest original poems by M. are "Našedšij podkovu" (92 lines) and "Stixi o Staline" (84 lines).

[5] Б.Томашевский, "Строфика Пушкина", in: *Стих и язык,* М.–Л., 1959, 265.

median or postmedian strophe (i.e., the *acme* or the *omphalos,* in terms
of the classical melos, revived by Vjačeslav Ivanov).[6]

The two poems contain a number of important common or mutually
opposed semantic elements, e.g.: time, memory, night, stars, road, fruit
(apple); summer/winter, birds/fishes, speech/music, flint / clay, etc.
Thematically, the two poems are complementary, and the general key to
the understanding of both is provided by the same passage in M.'s essay
"Slovo i kul'tura" (*Drakon,* Pb., 1921):

> В жизни слова наступила героическая эра. Слово — плоть и хлеб.
> Оно разделяет участь хлеба и плоти: страдание. Люди голодны. Еще
> голоднее государство. Но есть нечто более голодное: время. Время хочет
> пожрать государство. Как трубный глас звучит угроза, нацарапанная
> Державиным на грифельной доске. Кто поднимет слово и покажет его
> времени, как священник евхаристию, — будет вторым Иисусом Нави-
> ном. Нет ничего более голодного, чем современное государство, а голод-
> ное государство страшнее голодного человека. Сострадание к государ-
> ству, отрицающему слово, — общественный путь и подвиг современного
> поэта.
>
> Прославим роковое бремя,
> Которое в слезах народный вождь берет.
> Прославим власти сумрачное бремя,
> Ее невыносимый гнет.
> В ком сердце есть, тот должен слышать, время,
> Как твой корабль ко дну идет...

The pervasive historical theme of M.'s poetry and prose, the enig-
matic relationship between Time, Society (State), and the Word,[7] is
elaborated in the first version of "Slovo i kul'tura" within the frame of
reference of the traditional Christian symbolism (in 1928, M. had to de-
lete the overtly religious passages from his essay to be able to include it
in the collection *O poèzii*). It should be noted that the reference to
Joshua in this context is a double literary allusion: to Deržavin's Един
есть Бог, един Державин, | Я в глупой гордости мечтал, | Одна мне

---

[6] *История греческой литературы,* I, 1946, 226 ff.; В.Иванов, *Человек,*
Paris, 1939, notes, 101. The principles of melos were discussed by V.Ivanov in his
"Proakademija" lectures ca. 1909, which M. attended as a young man (see: Анна
Ахматова, "Листки из дневника", *Воздушные пути,* IV, 1965, 26). M.'s third
long poem of 1923, 'Našedšij podkovu," also appears to consist of nine strophes,
arranged in the strophe-antistrophe-epode sequence.

[7] Cf. O.Ronen, "Mandel'štam's Kaščej," *Studies Presented to Roman Jakob-
son by His Students,* Cambridge, Mass., 1968, 253 f.

рифма — древний Навин, │ Что солнца бег останавлял, and to Gumi-
lev's   Солнце останавливали словом, │ Словом разрушали города.
The eschatological motifs of the essay, and of the poem "Sumerki svo-
body" quoted here in part, derive from certain verses out of the *Acts of
the Apostles* and the *Revelation.* The image of the eucharist which alone
can stop the predatory onslaught of time echoes one of M.'s most widely
quoted "religious" poems,   "Vot daronosica, kak solnce zolotoe,"
written in 1915[8] and published in *Tristia* (p. 64), but excluded from
Vtoraja kniga and *Stixotvorenija*:

> ...Богослужения торжественный зенит,
> Свет в круглой храмине под куполом в июле,
> Чтоб полной грудью мы *вне времени* вздохнули
> О луговине той, *где время не бежит.*

> *И Евхаристия, как вечный полдень, длится* —
> Все причащаются, играют и поют,
> И на виду у всех божественный сосуд
> Неисчерпаемым веселием струится.

In other poems, too, the word is identified with joy and bread:

> И поныне на Афоне
> Древо чудное растет,
> На крутом зеленом склоне
> Имя Божие поет.

> В каждой радуются келье
> Имябожцы-мужики:
> *Слово — чистое веселье,*
> *Исцеленье от тоски!..*

(1915)

> Чтобы силой или лаской
> Чудный выманить припек,
> *Время* — царственный подпасок —
> *Ловит слово-колобок.*

("Как растет хлебов опара", 1922)

---

[8] According to N.I.Xardžiev's notes to *Stixotvorenija*, 1973, 310. The poem
is an obvious answer to M.Lozinskij's "To byl poslednij god" (1914), and its key
word appears to be "July." The Lozinskij subtext explains the original topical
meaning of M.'s "eucharist" metaphor and such moot points as "играют и поют"
(vs. Lozinskij's technically correct "клир безмолвствует").

This persistent metaphor is further developed in the concluding part of "Slovo i kul'tura," when M. indirectly quotes a contemporary occult thinker: Говорят, что причина революции — *голод* в междупланетных пространствах. Нужно рассыпать пшеницу по эфиру. That 'wheat' is yet another metaphor for the word which resists time is obvious from the final statement of the same essay (Классическая поэзия — поэзия революции) and from the reference to the grains of wheat found in the Egyptian tombs in "Našedšij podkovu":

> Человеческие губы, которым больше нечего сказать,
> Сохраняют форму последнего сказанного слова,
> И в руке остается ощущение тяжести,
> Хотя кувшин
>   наполовину расплескался,
>   пока его несли домой.
> То, что я сейчас говорю, говорю не я,
> А вырыто из земли, подобно зернам окаменелой *пшеницы*.

In "O prirode slova" (1922), M.'s most consistently nominalist and anthropocentric rejoinder to what he termed "Russian pseudo-symbolism," poetry itself, "a fragile bark in the open sea of the future," is said to rely on the protective power of words of a certain type:

> Русский номинализм, то есть представление о реальности слова как такового, животворит дух нашего языка < ... >
> Отшумит век, уснет культура, переродится народ, отдав свои лучшие силы новому общественному классу, и весь этот поток увлечет за собой хрупкую ладью человеческого слова в открытое море грядущего, где унылый комментарий заменяет свежий ветер вражды и сочувствия современников. Как же можно снарядить эту ладью в дальний путь, не снабдив ее всем необходимым для столь чужого и столь дорогого читателя? Еще раз я уподоблю стихотворение египетской ладье мертвых. Все для жизни припасено, ничего не забыто в этой ладье < ... >
> На место романтика, идеалиста, аристократического мечтателя о чистом символе, об отвлеченной эстетике слова, на место символизма, футуризма и имажинизма пришла живая поэзия слова-предмета < ... >

In several poems of 1920, such a "word-object" is a safe-conduct of its possessor, whether in the underworld of oblivion (Я в хоровод теней, топтавших нежный луг, | С певучим именем вмешался) or "in the black velvet of the Soviet night" (Мне не надо пропуска ночного, | Часовых я не боюсь: | За блаженное бессмысленное слово | Я в ночи советской помолюсь).

The two types of the "beatific senseless word" about which M.
writes in the early 'twenties are the proper names and the trans-sense
(*zaum'*). To both M. attributes a magical curative and conserving power:

> Трижды блажен, кто введет в песнь имя.
> Украшенная названьем песнь
> Дольше живет средь других —
> Она отмеч:на среди подруг повязкой на лбу,
> Исцеляющей от беспамятства, слишком сильного
> > одуряющего запаха —
> Будь то близость мужчины,
> Или запах шерсти сильного зверя,
> Или просто дух чобра, растертого между ладоней.
>
> > ("Нашедший подкову")

> Я хотел бы *ни о чем*
> Еще раз поговорить,
> Прошуршать спичкой, плечом
> Растолкать ночь — разбудить.
>
> > ("Я не знаю, с каких пор")

> Из гнезда упавших щеглов
> Косари приносят назад, —
> Из горящих вырвусь рядов
> И вернусь в родной звукоряд,
>
> Чтобы розовой крови связь
> И травы сухорукий звон
> Распростились: одна скрепясь,
> А другая — в заумный сон.
>
> > ("Я по лесенке приставной") [9]

The theme of the 'magic word' is an extremely important constitu-
ent of M.'s semantic system. It emerges, as most other "difficult" themes
of M. do, as a result of overlapping of at least two semantic fields (cf.:
Ю. И. Левин, "О некоторых чертах плана содержания в поэтических

---

[9] Cf., with particular reference to the stanzas quoted, § 45 of Belyj's
Глоссолалия (Berlin, 1922) (on Aeria, the ancient homeland of "zvuko-ljudi"),
as well as Pasternak's "Opredelenie duši" (*Сестра моя жизнь*, 1922) : ...Нашу ро-
дину буря сожгла. | Узнаешь ли гнездо свое, птенчик? | О мой лист, ты
пугливей щегла! | Что ты бьешься, о шелк мой застенчивый? ‖ О, не бойся,
приросшая песнь! | И куда порываться еще нам? | Ах, наречье смертельное
'здесь' — | Невдомек содроганью сращенному. For other subtexts of the "Hay-
loft poems," see: K. Taranovsky, *Essays on Mandel'štam*, Cambridge, Mass., 1976,
21–47.

текстах", *IJSLP,* XII, 1969, 112 f.): in this particular case, the field 'art' and the field 'cure, protection.' In general, the interaction of the three semantic fields 'danger, disease,' 'protection, cure,' and 'art' is the source of the most prominent and dynamic motif of M.'s lyrical plots, which is expressed with the greatest poetic force in the poems of 1923:

Век мой, зверь мой, кто сумеет
Заглянуть в твои зрачки
И своею кровью склеит
Двух столетий позвонки?..

Чтобы вырвать век из плена,
Чтобы новый мир начать,
Узловатых дней колена
Нужно флейтою связать...

("Век")

И я хочу вложить персты
В кремнистый путь из старой песни,
Как в язву, заключая в стык
Кремень с водой, с подковой перстень.

("Грифельная ода")

Он лапу поднимал, как огненную розу,
И как ребенок всем показывал занозу,
Его не слушали...

("Язык булыжника")

Век. Известковый слой в крови больного сына
Твердеет. Спит Москва, как деревянный ларь,
И некуда бежать от века-властелина...
Снег пахнет яблоком, как встарь.
. . . .
По старине я принимаю братство
Мороза крепкого и щучьего суда.

Пылает на снегу аптечная малина
И где-то щелкнул ундервуд;
Спина извозчика, снега на пол-аршина:
Чего тебе еще? Не тронут, не убьют.
. . . .
Кого еще убьешь? Кого еще прославишь?
Какую выдумаешь ложь?
То ундервуда хрящ: скорее вырви клавиш —
И щучью косточку найдешь;

И известковый слой в крови больного сына
Растает, и блаженный брызнет смех...

(''1 января 1924'')

The theme of cure is associated in these poems not with the magic word, but with magic helpers (people or animals) and magic objects (talismans, amulets etc.) not necessarily belonging to the semantic field 'art,' although usually linked to it either by similarity or by contiguity. For the purposes of analysis of *GO* and *1 Jan*, it is useful to examine, in brief, the broad context of M.'s "talismanic" imagery, and especially its invariable association with the theme of time. The actual words 'talisman' and 'amulet' are used by M. in only a few instances:

Пусть в душной комнате, где клочья серой ваты
И склянки с кислотой, *часы* хрипят и бьют, –
Гигантские шаги, с которых петли сняты, –
В туманной памяти виденья оживут.

И лихорадочный больной, тоской распятый,
Худыми пальцами свивая тонкий жгут,
Сжимает свой платок, как *талисман* крылатый,
И с отвращением глядит на круг минут...

(1913)

...*Несется земля* – меблированный шар, –
И зеркало корчит всезнайку.

Площадками лестниц разлад и туман –
Дыханье, дыханье и пенье –
И Шуберта в шубе застыл *талисман* –[10]
Движенье, движенье, движенье...

(''На мертвых ресницах...'', 1935)

...И раскрывается с шуршаньем
Печальный *веер прошлых лет*,
Туда, где с темным содроганьем
В песок зарылся *амулет*;

---

[10] The talismanic image of music in this poem shoud be compared with an earlier piece, ''Жил Александр Герцович'' (1931) : И всласть с утра до вечера, | Заученную вхруст, | Одну сонату вечную | Твердил он наизусть ‖ [cf.: Одну молитву чудную | Твержу я наизусть] Пускай там итальяночка, | Покуда снег хрустит, | На узеньких на саночках | За Шубертом летит. ‖ Нам с музыкой-голу́бою | Не страшно умереть, | А там – вороньей шубою | На вешалке висеть...

Туда душа моя стремится,
За мыс туманный Меганом,
И черный парус возвратится
Оттуда после похорон!

("Еще далеко асфоделей", 1917)

In the first poem, time is represented as the movement of the clock; in
the second, as earth movement and the rhythm of breathing and of
music; in the third, as the spreading of the Bergsonian "fan of phenom-
ena":

Чтобы спасти принцип единства в вихре перемен и безостановочном
потоке явлений, современная философия, в лице Бергсона, чей глубоко
иудаистический ум одержим настойчивой потребностью практического
монотеизма, предлагает нам учение о системе явлений. Бергсон рассмат-
ривает явления не в порядке их подчинения закону временной последо-
вательности, а как бы в порядке их пространственной протяженности.
Его интересует исключительно внутренняя связь явлений. Эту связь он
освобождает от времени и рассматривает отдельно. Таким образом свя-
занные между собой явления образуют как бы *веер,* створки которого
можно развернуть во времени, но в то же время он поддается умопости-
гаемому свертыванию.

Уподобление объединенных во времени явлений такому вееру под-
черкивает только их внутреннюю связь и вместо проблемы причинности,
столь рабски подчиненной мышлению во времени и на долгое время по-
работившей умы европейских логиков, выдвигает проблему связи, ли-
шенную всякого привкуса метафизики...

("О природе слова")

In another essay ("O sobesednike"), M. identifies the object buried in the
sand with the poetic message addressed to "the reader in the future,"
which bridges the gap of time and becomes a source of mystical joy for
its finder:

...С кем же говорит поэт?.. Мореплаватель в критическую минуту
бросает в воды океана запечатанную бутылку с именем своим и описани-
ем своей судьбы. Спустя долгие годы, скитаясь по дюнам, я нахожу ее
в песке, прочитываю письмо, узнаю дату события, последнюю волю по-
гибшего. Я имел право сделать это. Я не распечатал чужого письма.
Письмо, запечатанное в бутылке, адресовано тому, кто найдет ее. На-
шел я. Значит я и есть таинственный адресат.

Мой дар убог, и голос мой негромок,
Но я живу — и на земле мое
Кому-нибудь любезно бытие:

> Его найдет далекий мой потомок
> В моих стихах; как знать? душа моя
> С его душой окажется в сношеньи,
> И как нашел я друга в поколеньи,
> Читателя найду в потомстве я.

Читая стихотворение Баратынского, я испытываю то же самое чувство, как если бы в мои руки попала такая бутылка. Океан всей своей огромной стихией пришел ей на помощь, — помог исполнить ее предназначение, и чувство провиденциального охватывает нашедшего. В бросании мореходом бутылки в волны и в посылке стихотворения Баратынского есть два одинаково отчетливо выраженных момента. Письмо, равно и стихотворение, ни к кому в частности определенно не адресованы. Тем не менее оба имеют адресата: письмо — того, кто случайно заметит бутылку в песке, стихотворение — "читателя в потомстве". Хотел бы я знать, кто из тех, кому попадутся названные строки Баратынского, не вздрогнет радостной и жуткой дрожью, какая бывает, когда неожиданно окликнут по имени.

These few instances of the actual use of the word *talisman* or *amulet* are merely a segment of the extensive semantic field 'magic objects' in M.'s poetry and prose (cf., e.g., such poems as "Est' celomudrennye čary," "Na perlamutrovyj čelnok," "Kogda udar s udarami vstrečaetsja," "Admiraltejstvo," "Tennis," "Priroda — tot že Rim," "Uničtožaet plamen'," "I ponyne na Afone" in *Kamen'*; "Zverinec," "Ne verja voskresen'ja čudu," "Zolotistogo meda struja,", "Čto pojut časy-kuznečik," "Tristia," "Kogda Psixeja-žizn'," "Ja slovo pozabyl," "Voz'mi na radost'," and "Komu zima, arak i punš goluboglazyj" in *Vtoraja kniga*).

Finally, in the essay "Xolodnoe leto," linked by a chain of lexico-semantic correspondences to both *GO* and *1 Jan*, three blind beggars sing Puškin's "Talisman," the last lines of which, if read in the historical and social, rather than the erotic, sense, could serve as an epigraph to M.'s poems of 1923: ...от преступленья, | ... | От измены, от забвенья | Сохранит мой талисман.

M.'s poetry has often been called "hermetic" by those who apply this adjective to anything they cannot quite understand. The truth is that some of M.'s poetry, *GO* and *1 Jan* in particular, is hermetic in the strict sense of the term. This does not imply that *GO* and *1 Jan* are meant to be a complex Saturnian talisman designed to protect the author and the reader from the two hungry "Saturnian" predators, Time and State, both consuming their children, but that M. the nominalist, unlike his earlier, hermetic,[11] or later, symbolist,[12] predecessors, uses "talismanic" semantics and quasi-magical compositional patterns in order to model the ultimate reality of word as such and its extremely complex relation to the extra-philological reality of time and social order.

This "talismanic" facet of M.'s poetic vocabulary is emphasized by the speech orientation (*речевая установка*) of his poems, the persuasive power[13] of which, especially during the period under investigation, tends

---

[11] On Agrippa's Saturnian magic in the arts of the Renaissance, see: E.Panofsky and F.Saxl, "Dürers Melencolia I", *Studien der Bibliothek Warburg*, 2, 1923. Some highly stimulating remarks on Petrarcan conceits used as talismanic images in Giordano Bruno's book of mystical love poetry, *De gli eroici furori*, are offered by F.A.Yates (*Giordano Bruno and the Hermetic Tradition*, London, 1964, 275 ff., 283, et passim).

[12] The talismanic vocabulary of such symbolists as Sologub, e.g., in *Plamennyj krug* or *Čarodejnaja časa* (on magic names in Sologub's art, see: O.Ronen, *Die Welt der Slaven*, XIII, 1968, 314 ff.) and Bal'mont, especially in *Liturgija krasoty, Sonety solnca, meda i luny*, and the essay *Poèzija kak volšebstvo*, is meant actually to open the path to the *realiora* of other worlds: Им думалось, что этим намечаются новые возможности искусства вообще, что искусство и есть та сфера, где единственно может осуществляться новое познание мировых сущностей, – при неподвижной кристаллизации прежнего религиозного откровения, с одной стороны, и при бессилии научной мысли ответить на мировые загадки – с другой (В.Иванов, "Границы искусства", *Борозды и межи*, 1916, 203). M., on the other hand, identified the symbolist attempt at finding for the poetic word a "higher" aim than itself with the same "Saturnian" hunger: Всяческий утилитаризм есть смертельный грех против эллинистической природы, против русского языка, и собственно безразлично, будет ли это тенденция к телеграфному или стенографическому шифру ради экономии и упрощенной целесообразности, или же утилитаризм более высокого порядка, приносящий язык в жертву мистической интуиции, антропософии и какому бы то ни было всепожирающему и голодному до слов мышлению ("О природе слова").

[13] See: Ю.Тынянов, "Ода как ораторский жанр", *Архаисты и новаторы*, Л., 1929, 51 et passim. Although this famous study was published for the first time as late as 1927 (in *Poètika*, III), the structure of *GO*, radically different from M.'s earlier odic experiments, seems to bear an imprint of Tynjanov's observations on the compositional principles of the 18th-century ode, especially Lomonosov's. Since Tynjanov's essay was written in 1922, it stands to reason that M. could have heard Tynjanov's lectures on this subject. As a member of the Moscow Linguistic Circle (see: R.Jakobson, "An Example of Migratory Terms and Institutional Models," *Omagiu lui A.Rosetti*, Bucharest, 1965, 429, about M.'s membership), M. followed with keen interest the latest developments in poetics and linguistics, and his own theoretical essays of that period show an extensive knowledge of the

to be incantation-like rather than oratorical. Unfortunately, the theor-
eticians who established the principle of speech orientation, B.Èjxenba-
um and Ju.Tynjanov, never examined M.'s poetry from this point of
view.[14] However, the incantation-like manner of M.'s own reading of his
poetry is attested by some of his contemporaries: Осип Мандельштам...
произносил строчки стихов, как будто был учеником, изучающим
могучее заклинание (В.Шкловский, *Жили-были,* М., 1964, 76); Он
горел, заклинал, верил, этот поэт, впоследствии оклеветанный и по-
гибший (М.Слонимский, *Книга воспоминаний,* М.-Л., 1966, 63);
cf. also Èrenburg's remark on M.'s poems being repeated as if they were
incantations ("как заклинания") in *Новый мир,* № 1, 1961, 143, and
N.I.Xardžiev's description of M.'s poetry recital in 1932 (in a letter to
B.M.Èjxenbaum quoted in: Clarence Brown, *Mandelstam,* Cambridge,
1973, 129): "He recited every poem that he had written (in the past
two years) in chronological order! They were such terrifying exorcisms
that many people took fright."

Talismanic images, more than anything else in M.'s universe of
discourse, proved to be the stumbling block for his interpreters and
critics.[15] However, once the quasi-hermetic nature of *GO* and *1 Jan*
is established, with its sidereal influences, talismans and amulets
(horseshoe, ring, pike bone), five elements, symbolic animals, insects
and fishes, and magic acts, it becomes possible to identify the lyrical

---

field (see especially: "Vypad," 1924; "Barsuč'ja nora," 1922, with references to
Èjxenbaum and Žirmunskij; "Zametki o poèzii," 1923; "Literaturnaja Moskva,"
I–II, 1922; "Burja i natisk," 1923). Cf. note 2 on p. 19.

[14] See: Б.Эйхенбаум, *Анна Ахматова,* Пб., 1923, with numerous obser-
vations on M.; "О камерной декламации", *Литература,* Л., 1927, 226–249;
"О Мандельштаме. 14 марта 1933", *День поэзии,* Л., 1967, 167–168; Ю.Ты-
нянов, "Промежуток", § 10, *Архаисты и новаторы,* 1929, 568 ff.   Tynjanov's
unusually "impressionistic" metaphors in this essay ("slova-vešči" in reference
to Pasternak; "teni slov" in reference to M.) are a veiled argument against Trockij's
famous dictum about the word as a "phonic shadow" (*звуковая тень*) of the act
(*Литература и революция,* М., 1923, 135).

[15] ... в его [М-ма] последнем стихотворении ('1 января 1924') почти
безумная ассоциация – 'ундервуд' и 'щучья косточка' (Ю.Тынянов, *ibid.,*
572). Мне не вполне удалось разгадать параллелизм 'Кремень с водой, с под-
ковой перстень' (В.Террас, ' 'Грифельная ода' Мандельштама", *Новый жур-
нал,* № 92, 1968, 168). Hostile critics of all hues, from infra-red Lelevič ("Гиппо-
кратово лицо", *Красная новь,* 1925, № 1, 297) to ultra-violet G.Ivanov (*Новый
журнал,* XLIII, 1955, 277), found *1 Jan* simply senseless.

plots of both poems. The plot of *GO* develops around the central event of enlightenment, the transition from a state of obliviousness, through recollection, to a state of superconscious creative ecstasy, and culminates in the discovery of a secret book of life and a magic curative act. The bearer of the active, dynamic function in *GO* is time represented metaphorically (flowing water); the theme of man and his path (Lermontov's *kremnistyj put'*), likewise developed in a series of metaphors, fulfills a passive function in the plot. This represents a reversal of the Lermontovian theme in "Vyxožu odin ja na dorogu" (one of the two most obvious subtexts of *GO*), which was described by K. Taranovsky[16] as the opposition between the *dynamic motif of the road* and the *static motif of life*. The dominant device of *GO*, in general, is the metaphor; however, the images of writing (slate, chalk, lead) and of contrasting sociopsychological types (cities, villages) are consistently metonymic.

In *1 Jan*, on the other hand, time appears as a passive, static principle and is expressed metonymically (the statue of *vek: siècle,* Saturn-Chronos, Father Time), or even as a retrogressive force, when M. returns briefly to the 'river of time' metaphor. Whereas the motif of life, in Taranovsky's terms, is here static (О глиняная жизнь!), the motif of the road, unlike in *GO,* is dynamic: the active function in the lyrical plot is fulfilled by the first-person protagonist (*сын века, un enfant du siècle*) setting out for a night journey in search of a magic cure. The plot structure of *1 Jan* (ailing father — son traveling on an errand and finding a curative object in the body of a predatory fish which attacks him) parallels that of the *Book of Tobit*. The dominant principle of the poem is metonymic, with the metaphors, traditionally allegorical (*мороз, щучий суд*) or riddle-like (*соната*), conveying the relation between political ideas and political reality.

Characteristically, the talismanic images are essentially metaphoric in *GO* (*кремень, вода, подкова, перстень*) and metonymic in *1 Jan* (*щучья косточка*).

In connection with the "talismanic" elements in the two poems, some attention may be justifiably paid to the possibly symbolic meaning that M. may have attributed to the number of strophes and lines in both.

---

[16] "О взаимоотношении ритма и тематики", *American Contributions to the Fifth International Congress of Slavists, Sofia 1963,* The Hague, 1963, 297. Cf. Ju. Frejdin's semiotic analysis of "Vyxožu odin..." in: *Тезисы докладов летней школы по оторичным моделирующим системам,* I, Тарту.

In the final book version, either poem consists of 9 strophes, and each strophe contains 8 lines, the relation between the number of lines and the number of strophes being that of pure evenness $(2 + 2 + 2 + 2)$ vs. pure oddness $(3 + 3 + 3)$ and, moreover, satisfying the conditions of the n + 1 formula, widespread in incantations, magic folk tales, etc.[17] The eurhythmic significance of 8 and 9 rests traditionally on the authority of Plato (*Epinomis* 991): "The meaning of these numbers [8 and 9] taught men concord and balance for the sake of the rhythmic games and harmony, and granted this to the blessed choral dance of the Muses." The Pythagorean and mediaeval Christian symbolism of nine, the triplication of the triple, has been explored by innumerable poets, from Dante (*Vita Nuova*, XXIX) to Andrej Belyj (*Символизм*, М., 1910, 494). For cabalistic numerologists, it was the symbol of truth, being characterized by the fact that when multiplied it reproduces itself (in mystic addition: e.g., $9 \times 8 = 72$; $7 + 2 = 9$). Composite numerals in 9 (*тридевять*) are frequent in Russian medicinal incantations; number nine by itself seems to be reserved specifically for *жаба* 'angina' (i.e., any throat aliment, as well as bronchial asthma).[18] Among the multiples of 9, cabalistic numerologists single out 72 as especially holy (being derived from the numerical values of the Tetragrammaton).[19] Its double, 144, is considered an extremely favorable number: it is the square of 12 (symbolic of cosmic order and sidereal time), its sum is 9 $(1 + 4 + 4)$, and it comprises multiples of 10 (return to unity) and 4 (earth and earthly elements), i.e., unites the heavenly nine with the earthly four: Блажен, кто завязал ремень | Подошве гор на твердой почве. Thus the total number of

---

[17] Вяч. Вс. Иванов и В.Н.Топоров, *Славянские языковые моделирующие семиотические системы*, М., 1965, 85–91.

[18] E.g., in the incantation published by L.Majkov, *Великорусские заклинания*, СПб., 1869 (= *Записки Имп. Русского географического общества по отделению этнографии*, II, 461), entry 100. The theme of painful respiration is prominent in M.'s poetry.

[19] On 72, see: *Еврейская энциклопедия*, Vol. 6, 302. On 144: Eliphas Lévi, *Les Mystères de la Kabbale*, Paris, 1920. Other occult French texts that M. may have read are: Papus, *Traité méthodique de science occulte*, Paris, 1891; Ely Star, *Les Mystères du verbe*, Paris, 1908. A usually unreliable source (G.Ivanov, *Novyj žurnal*, XLIII, 276) speaks of M.'s brief affair with theosophy. His latter attitude to theosophy was contemptuous: "vjazanaja fufajka vyroždajuščejsja religii" (review of *Zapiski čudaka*, 1923); "religija aptekarja" ("Devjatnadcatyj vek," 1922).

lines in the two poems appears to be no less significant than the number
of strophes in each.

The title of *1 Jan* offers further problems of this kind. When pub-
lished in *Russkij sovremennik,* 1924, No. 2, this poem consisted of
72 lines divided into 18 quatrains. Representing the title by numerals
(1.1.1924) and adding up all the digits one obtains 18 (Hebrew חי
'live'; this numeral is a common Jewish amulet); multiplication of the
digits will yield the number of lines in the poem: 1 x 1 x 1 x 9 x 2 x 4 =
= 72.

One may well ask whether such numerical symbolism was intended
by the author. M. was certainly far from being an occultist. However,
he was just as aware of the historical heritage of numbers as he was of
words:

> ...Между прочим, О.М. всегда учитывал число строк и строф в сти-
> хотворении и число глав в прозе. "Разве это важно?" – удивлялась я.
> Он сердился – для него мое непонимание было нигилизмом и невежест-
> вом: ведь не случайно же у людей есть священные числа – три, напри-
> мер, или семь... Число тоже было культурой, и получено, как преемст-
> венный дар от людей.
>
> В Воронеже у О.М. начали появляться стихи в девять, семь, десять и
> одиннадцать строк. Семи- и девятистрочья часто входили целым элемен-
> том в более длинное стихотворение. У него появилось чувство, что к
> нему приходит какая-то новая форма: "Ты ведь понимаешь, что значит
> четырнадцать строк... Что-то должны означать и эти семь и девять... Они
> все время выскакивают"... Но в этом не было мистики числа, а скорее
> испытанный способ поверки гармонии.
>
> (Н.Я.Мандельштам, *Воспоминания,* 1970, 286)

In spite of the close structural affinity between *GO* and *1 Jan,* these
two are not "twin poems" (to use the term employed by K.Taranovsky,
IJSLP, XII, 167, in reference to "Ja ne znaju, s kakix por" and "Ja po le-
senke pristavnoj"). "Twins" of variants[20] in M.'s poetic cycles usually
stem from a divergence of the original rhythmico-semantic impulse.
N.Ja.Mandel'štam, who calls M.'s twin poems 'dvojčatki' (among these,
she lists *1 Jan* and "Net, nikogda ničej ja ne byl sovremennik"), and the
triplets, 'trojčatki', discusses the poet's attitude to them in the chapters

---

[20] On the specific function of such "variants" in M.'s poetics, see: O.Ronen,
in: *Slavic Poetics,* 1973, 370. Ju.I.Levin analyzes some important structural
features of the variants in: *IJSLP,* XII, 122 124.

entitled "Cikl" and "Dvojnye pobegi,"[21] and makes, i.a., the following
important observation:

> ...Стихи, имеющие общее происхождение, иногда так расходятся,
> что на первый взгляд между ними совершенно не видно никакой связи:
> в процессе работы исчезли общие слова и строки, перекликающиеся
> друг с другом. Вообще работа над запутавшимся в клубок циклом
> носит характер дифференцирующий — один организм как бы отделяется
> от другого и каждому из них отдаются все принадлежащие ему призна-
> ки. Эта операция напоминает движения садовника, когда он отделяет
> веточки с жизненосными черенками (201)... В юности О.М. вытравлял
> следы общего происхождения у стихов или уничтожал одно из родст-
> венных стихотворений. Он долго не записывал "Современника" и "Я не
> знаю, с каких пор", не признавая за ними права на самостоятельную
> жизнь. В зрелый период его отношение резко переменилось: видимо,
> он решил узаконить самый принцип двойных побегов и не считал их
> больше вариантами: "Одинаковое начало? Ну и что? Стихи ведь раз-
> ные..." (210)

However, GO and 1 Jan appear, on the contrary, to have grown out
of two independent "stems" and converged. 1 Jan was composed half
a year after the publication of GO. Its concluding sections are, on the
whole, thematically closer to GO than its beginning is (incidentally,
the final line of 1 Jan repeats the adjective of GO's first line: Звезда
с звездой — могучий стык; Лишь тень сонат могучих тех), and the
early version of 1 Jan had a strophic division quite different from that
of GO. Apparently, at some stage of his work on 1 Jan, M. became
conscious of its affinity with GO and decided to strengthen it further.
As a result, the two poems, complementary from the generic point of
view, manifest such a rich and meaningful system of thematic simi-
larities and lexico-semantic contrasts as to make parallel analysis a
necessary condition of any interpretative effort.

---

[21] *Vospominanija*, N. Y., 1970, 200–216. The latter chapter, omitted from
Hope Against Hope, was translated and published by D.Rayfield: *Chapter 42 by
Nadezhda Mandelstam and The Goldfinch and Other Poems by Osip Mandelstam*,
London, 1976.

GENERIC FEATURES, RHYTHM, AND STROPHIC PATTERN OF OSIP MANDEL'ŠTAM'S ODES

The revival of the ode, which occurred in 20th-century Russian poetry as part of the general 'archaizing-innovatory' tendency and, in particular, as a reaction against the generic amorphousness of symbolism,[1] brought forth, i.a., such extremes as, on the one hand, the 'nominal' ode, i.e., a poem that is entitled 'ode', but is not an ode in any strict technical sense (e.g., Majakovskij's "Oda revoljucii," Cvetaeva's "Oda pešemu xodu," and Bagrickij's "Oda o rybovode"; the overtly paronomastic treatment of the word 'oda' in these three specimens is symptomatic, and should be compared with M.'s deeply concealed metonymic substitution of such paronomasia: Грифельная ода — *Ода воде), and, on the other hand, the laudatory crypto-ode of the sort that has been wittily described by Majakovskij: Он | берет | былую оду, || Славящую | царский | шелк, || 'Оду' перешьет в 'свободу' || И продаст, | как рев-стишок ("От поэтов — не продохнуть", 1928).

---

[1] On the system of postsymbolist genres, see: Б.Эйхенбаум, "О Мандель-штаме", День поэзии, L., 1967, 167 f. Ejxenbaum's scheme seems to derive from Ju. Tynjanov's "Ода и элегия", the original (1922) unpublished version of "Ода как ораторский жанр" (see: Поэтика, III, 1927, 102, n. 1). The symbolist odic experiments were either translations and adaptations of the Greek originals, or superficial stylization (Brjusov's "Хвала человеку", Šaginjan's "Ода времени", etc.). More interesting were the unfinished and unpublished attempts of Sologub ("К оде "Многострадальная Россия", first published in Стихотворения, Л., 1975, 348—349) and, especially, Konevskoj, whose "Наброски оды" (Собрание сочинений, 1904, 108—109) profoundly affected M.

Aware of the perils of fashionable stylization, M. wrote in 1920: Стрекозы вьются в синеве, | И ласточкой кружится мода; | Корзиночка на голове | Или напыщенная ода? ("Мне жалко, что теперь зима..."). The ode in question was probably Kuzmin's quasi-Pindaric "Враждебное море" (1917; dedicated to Majakovskij). M.'s poem contains other references to Kuzmin and has been written for O. Arbenina.

Bearing in mind the purely nominal, titular aspect in the essentially experimental revival of the archaic genre, I identify as odes only those poems of M. which the author himself called so directly ("Oda Betxovenu"; "Zverinec," subtitled 'Oda'; "Grifel'naja oda"). Indirectly, here belongs also "Našedšij podkovu," subtitled 'Pindaričeskij otryvok.' It should be remembered, however, that odic elements are very strong also in such poems as "Abbat," "A nebo buduščim beremenno," "Gde noč' brosaet jakorja," etc., and that, in general, much of M.'s poetry could be described as 'micro-odes,' using the term that Jurij Tynjanov applied to Tjutčev's "Ciceron." Incidentally, Tynjanov spoke in "Promežutok" of M.'s "abstract odes, in which, as in Schiller, 'sober ideas do a bacchic dance' (Heine)."[1a] This observation seems especially felicitous because the three major odes of M. are linked by the image of Dionysian ecstasy: И до тех пор не кончил танца, | Пока не вышел *буйный хмель.* || О *Дионис...* ("Ода Бетховену"); Козлиным голосом опять | Поют космátые свирели; И умудренный человек | Почтит невольно чужестранца, | Как полубога, *буйством танца* | На берегах великих рек ("Зверинец"); ...Зрел *виноград.* | День *бушевал...* ("Грифельная ода").

Unlike some of his contemporaries, M. was aware that the dead art of ode could not be revived by simple stylization:

> ... Державинской или ломоносовской оды теперь никто не напишет, несмотря на все наши "завоевания". Оглядываясь назад, можно представить путь поэзии, как непрерывную невознаграждаемую утрату. Столько же новшеств, сколько потерянных рецептов: пропорции непревзойденного Страдивариуса и рецепт для краски старинных художников лишают всякого смысла разговоры о прогрессе в искусстве.
>
> ("О современной поэзии. К выходу *Альманаха муз*", 1916)

Returning to this subject in 1922, M. stressed again the irreversibility of literary evolution and the absurdity of the idea of literary progress:

> Теория прогресса в литературе – самый грубый, самый отвратительный вид школьного невежества. Литературные формы сменяются, одни формы уступают место другим. Но каждая смена, каждое такое приобретение сопровождается утратой, потерей... Даже к манере и фор-

---

[1a] Tynjanov alludes to the following passage in *Aphorismen und Fragmente*: "Schiller: hier feiert der Gedanke seine Orgien – nüchterne Begriffe, weinlaubumkränzt, schwingen der Thyrsus, tanzen wie Bacchanten – bessoffene Reflexionen–".

ме отдельных писателей неприменима эта бессмысленная теория улучше-
ния... Автор "Бориса Годунова", если бы и хотел, не мог бы повторить
лицейских стихов, как теперь никто не напишет державинской оды...
Будем же говорить только о внутренней связи явлений и, прежде всего,
попробуем отыскать критерий возможного единства, позволяющий раз-
вернуть во времени разнообразные и разбросанные явления литературы.

("О природе слова")

As he searched for the "criterion of possible unity," M. gradually re-
discovered certain organizational principles of the 18th-century ode and
found internal affinity between them and various postsymbolist poetic
methods, including his own. In 1922, Jurij Tynjanov described these
relevant principles in his analysis of 18th-century odic style and thereby
provided M.'s poetic intuition with solid philological support (unless, on
the contrary, it was M.'s poetry that had influenced the direction and
scope of Tynjanov's observations[2]):

Ода, как витийственный жанр, слагалась из двух взаимодействую-
щих начал: из начала наибольшего действия в каждое данное мгновение
и из начала словесного развертывания. Первое являлось определяющим
для стиля оды; второе – для ее лирического сюжета; при этом лириче-
ское сюжетосложение являлось результатом компромисса между после-
довательным логическим построением (построение "по силлогизму") и
ассоциативным ходом сцепляющихся словесных масс. У Ломоносова
богатство каждой стиховой группы, строфы, отвлекает от схематиче-
го костяка "логического" построения...

И семантика поэтического слова строится под углом установки:
момент ораторского воздействия, вызывающий требование разнообра-
зия, внезапности и неожиданности, приложенный к стиху, вызывает тео-
рию образов: самою важною в слове является сила "совоображения",
"дарование с одною вещью в уме представленною купно воображать
другие как-нибудь с нею сопряженные". "Сопряжение идей" более ора-
торски действенно, чем единичные "простые идеи". Слово все дальше
отходит от основного признака значения: "витиеватое рассуждение име-
ет в себе нечто нечаянное или ненатуральное, однако, самой предложен-
ной теме приличное и тем самым важное и приятное" (Рит., 1 изд., пар.
11). Витиеватые речи рождаются от "перенесения вещей на неприличное
место". Витийственная организация оды рвет с ближайшими ассоциация-
ми слова как наименее воздействующими: "далековатые идеи, будучи

[2] See E.A.Toddes's commentaries to "Ода как ораторский жанр" in:
Ю.Тынянов, Поэтика. История литературы. Кино, М., 1977, 490–494. The
multiplicity of successive versions of Tynjanov's paper on ode makes it here, as in
many other instances, quite difficult to determine the direction of influence and
feedback between M. and Tynjanov.

сопряжены... могут составить изрядные и к теме приличные сложенные идеи" (1, пар. 27).

Итак, связь или столкновение слов "далеких" (по терминологии Ломоносова "сопряжение далековатых идей"; идея − слово в его конструктивной функции, слово развертываемое) создает образ; обычные семантические ассоциации слова уничтожаются, вместо них − семантический *слом*. Троп осознается как *"отвращение"* или *"извращение"* − выражение Ломоносова, превосходно подчеркивающее ломаную линию поэтического слова. Излюбленным приемом Ломоносова является соединение союзом далеких по лексическим и предметным рядам слов (зевгма)... Реализация образа совершается при этом дальнейшим развертыванием одной из 'сопряженных идей"; чем сильнее словесная реализация, тем глубже семантический слом, тем более в темный план уходит ясность предметно-семантического ряда...

При той важной роли, которую играет в оде ее звуковая сторона, "сопряжение идей" должно было опереться на нее.

Для Ломоносова характерна семасиологизация частей слова; см. *Грамматику,* пар. 106: "Началом (речения) причитаются те согласные буквы к последующей самогласной, с которых есть начинающееся какое-нибудь речение в Российском языке, тем же порядком согласных, например: у-жа-сный, чу-дный, дря-хлый, ибо от согласных сн, дн, хл начинаются речения снег, дно, хлеб".

Слово разростается у Ломоносова в словесную группу, члены которой связаны не прямыми семантическими ассоциациями, а возникающими из ритмической (метрической и звуковой) близости. Это выражается в повторениях и соседстве слов либо тождественных, либо сходных по основе: ... "Отрада пойдет вслед отраде | И плески плескам весть дадут" и т. д.; "Долы сокрыты далиной", "Твоей для славы лишь бы слыло"...

Это выражается далее в том, что слово у Ломоносова окружается родственной звуковой средой; здесь играет роль и отчетливая семасиологизация отдельных звуков и групп, и применение правила о том, что идея может развиваться и чисто звуковым путем, путем анаграммы (напр.: мир − Рим)...

("Ода как ораторский жанр", *Поэтика,* 3, Л., 1927, 105, 112−114)

Both principles, the principle of semantic heterogeneity and the principle of paronomasia, become prominent already in M.'s early odes. In "Oda Betxovenu" (1914), the polarity of semantic oppositions is almost oxymoronic: Бывает сердце так *сурово,* | Что и *любя* его не тронь! | И в *темной комнате* глухого | Бетховена *горит огонь.* | И я не мог твоей, *мучитель,* | Чрезмерной *радости* понять. | ... | О Дионис, как *муж* наивный | И благодарный как *дитя* ! | Ты перенес свой жребий дивный | То *негодуя,* то *шутя* ! | ... | Или с ,*рассеянным вниманьем* | На фортепьянный шел урок! ‖ Тебе *монаше*-

ские кельи – | *Всемирной радости* приют... The very notion of the deaf composer is fundamentally oxymoronic, and, in Russian, the epithet of Beethoven is inseparably linked to his name by the paronomastic recurrence of the stressed syllable: глу*хой* Бет*хо*вен, 'глу*хого* | Бет*хо*вена'. The sound texture of the poem as a total is characterized by the recurrence of the groups *pl, pln, plm, plmn (flmn)*: $_7$исполнитель, $_8$испепеленную, $_{17}$полнее, $_{19}$пламенея, $_{21}$фламандца, $_{36}$огнепоклонники, $_{37}$огонь пылает, $_{41}$пламя, $_{42}$полнеба, $_{45}$воспаленном; individual stophes usually have their additional subpatterns, e.g., strophe VI, with its 'sound metaphors' *tr (dr)* – *rt, žrt* – *ržt* – *trž:* $_{41}$жертвы, $_{42}$костер, $_{44}$разодран, шатер, $_{45}$промежутке, $_{47}$чертоге тронном, $_{48}$торжество, etc.

In the allegorical "heraldic" ode "Zverinec" (1916), with its oxymoronic epithets (дружелюбные орлы, ласковый медведь), hypallages (косматые свирели, сонные скалы), and etymologically motivated metonymized metaphors (*вино* времен — источник речи италийской; славянский и германский *лен*), Lomonosov's principles are carried a step further. Each strophe is based on semantic or stylistic oppositions cemented by various types of paronomasia:

Strophe   I: *эфир* – *свирель*
                светильник – *свирель*[3]
       II: *вол* – *лев*
                германец – *британец* (cf. VI)
                выкормил – *покорился*
      III: *палица* – *палочка*
                дикарь — *Геракл*

(it will be noted that the theme of war and peace is developed in "Zverinec" in terms of the opposition between civilization and culture, and in terms of two contrasting religious cults: the club of Hercules, a masonic symbol of power over the destructive forces of Nature, vs. the dry stick (of Prometheus?) as the source of light and warmth; the Phrygian man-eating Dionysus-Bassareus of the double-edged ax vs. the messianic child Dionysus-Zagreus of the Orphic sects; the Dionysian dichotomy was explored and popularized by Vjač. Ivanov, and eventually made use of in Belyj's "Sirin učenogo varvarstva", directed against the pro-war sentiments of Ivanov)

---

[3] In an early ms. version of strophe I quoted 'by N.Xardžiev (*Stix.* 1973, 270) the word *свирель* is absent, and the underlying paronomastic contrast is *мир* – *умирать*: Отверженное слово "мир" | ... | Мы научились умирать, | Но разве этого хотели?

Strophe IV: война — вино

лев — лен

("italijskoj" and "len" of IV are echoed in the first line of V: "Italija, tebe ne len'"', so that len and len' occur in adjacent lines; cf. M.'s later remark in RD 1967 18: "Семантические циклы дантовских песен построены таким образом, что начинается, примерно, 'мед', а кончается — 'медь'; начинается — 'лай', а кончается — 'лед'")

V: колесницы — домашней птицы

пращи — не взыщи

(high and low lexical elements are prominently contrasted in the rhyming position)

Италия — перелетев... плетень.

In strophe VI, binary contrasts are replaced by ternary sets of grammatical and semantic parallelisms: зверинец — чужестранец — танец; зверь — человек — полубог; Волга — рейнская струя — великие реки (the subtext here is Jazykov's "K Rejnu"); полноводней — светлей — умудренный.

Finally, the entire poem is saturated with reiterative sound figures pl – bl – vl (палица, палочка, всполошенное, плетень, полноводней, полубог; оскорбленная, неблагодарная, колыбель; волы, завладел, Волга, невольно, великие); pr – br – vr – fr (праарийской, перелетев, топорщится, пращи, заперев; британец, темнобурый, берегах; отверженное, свирели, зверье, звериные, времен, зверинце, зверей; эфир bis); gl – kl (глубине, голосом, галльский, глухую; скал, Геракла, иссякла, клеть, колыбель, колесницы); gr – kr (горных, германец, гребень, Геракла, пригреем, германский; выкормил, покорился, шкуры, дикарь); rl, tl – dl, tr – dr, etc.

The overall structure of M.'s odes, at all levels, may be defined as "intersection and overlapping of heterogeneous sequences". This type of structure was later described by M. in RD (Ch. II and VIII) and in the remarkable article "Literaturnyj stil' Darvina" (OM III 176—177):

Дарвин строго следит за профилем своего доказательства. В поисках различных опорных точек он создает настоящие гетерогенные ряды, то есть группирует несхожее, контрастирующее, различно окрашенное.[4]

---

[4] Cf. Blok's entry dated Dec., 1906, in Zapisnye knižki (M.–L., 1965, 84): Всякое стихотворение — покрывало, растянутое на остриях нескольких слов. Эти слова светятся, как звезды. Из-за них существует стихотворение. Тем оно темнее, чем отдаленнее эти слова от текста. В самом темном стихотворении не блещут эти отдельные слова, оно питается не ими, а темной музыкой пропитано и пресыщено. Хорошо писать и звездные и беззвездные стихи, где только могут вспыхнуть звезды или можно их самому зажечь.

Здесь требования науки счастливо совпадают с одним из основных законов художественного воздействия. Я имею в виду закон гетерогенности, который побуждает художника соединять в один ряд по возможности разнокачественные звуки, разнородные понятия и отчужденные друг от друга образы... Больше всего и охотнее Дарвин пользуется *серийным разворачиванием признаков* и сталкиванием пересекающихся рядов...

The sound texture of *GO* continues the tradition of "Oda Betxovenu" and "Zverinec". However, in comparison with the earlier two odes, it manifests a higher degree of semantic differentiation in its reiterative sound figures. The underlying phonological opposition of the poem, grave-compact-discontinuous vs. acute-diffuse-continuous (*kr/gr* vs. *sl/zl*), reinforces the thematic contrast: кремень — сланец, города — селенья, гряда — слоенье, грифельный — зеленый, гора — лес, etc.).

The revival of a dead genre is usually contingent not only, and not so much, on fulfillment of certain formal rules, but on a renewed awareness of the cultural value of the genre. Gradually expanding his thematic range, M. turned in 1914 to high civic poetry (*гражданская поэзия*) and succeeded in overcoming its traditional limitations. All of M.'s odes are animated by the socio-historical pathos of the Russian civic tradition, yet all are free of topical rhetoric or narrow political tendentiousness. The fatal opposition поэт / гражданин, created by Ryleev and developed by Nekrasov, is neutralized in M.'s civic poetry and replaced by the synthetic principle of мужественность (*'virtus'*, 'manly valor'):

Акмеизм не только литературное, но и общественное явление в русской истории. С ним вместе в русской поэзии возрождалась нравственная сила... Общественный пафос русской поэзии до сих пор поднимался только до 'гражданина', но есть более высокое начало, чем 'гражданин', — понятие 'мужа'. В отличие от старой гражданской поэзии, новая русская поэзия должна воспитывать не только граждан, но и 'мужа' ("О природе слова").

These words were written in 1922, and a skeptical reader might interpret them as an attempt to make acmeism acceptable in the eyes of the revolutionary state. However, there is documentary evidence that M.'s preoccupation with civic poetry began as early as 1914, the year when "Oda Betxovenu" was written. On March 30, 1914, in N.V.Nedobrovo's *Obščestvo poètov*, M. delivered a lecture entitled "Neskol'ko slov o graž-

danskoj poèzii".[5] Nor is it a mere coincidence that Ryleev's ode "Graž-
danskoe mužestvo" is one of the subtexts of "Oda Betxovenu":

Когда земля гудит от грома	Вкруг буря, град и гром гремит,
И речка бурная ревет	Шумят ручьи, ревет река...
Сильней грозы и бурелома,[6]	
Кто этот дивный пешеход?	Кто этот дивный великан?
"Ода Бетховену"	"Гражданское мужество"

The aim of the foregoing remarks was to outline the common gen-
eric principles of M.'s odes. However, as has already been pointed out,
GO significantly differs from its two earlier congeners. In terms of Tynja-
nov's odic dichotomy ("logical plot" vs. "associative unfolding of verbal
images"), "Oda Betxovenu" and "Zverinec", with their epic, personage-
and event-oriented plots motivated by extra-literary structures (music,
biography, history) belong to the somewhat eclectic (cf.: Tynjanov, loc.
cit., 105) 'logical' type (the so-called "сухая ода"), whereas the essen-
tially lyrical, self-oriented, and, to a large extent, self-descriptive GO,
the abstract plot of which emerges as a function of the associative verbal
unfolding ("сопряжение далековатых идей"), uncompromisingly fol-
lows the tradition of the so-called "бессмысленная ода".

M.'s odes are too short to afford any statistical conclusions concern-
ing the possible genre-specific difference between their rhythmic struc-
ture and the general patterns of M.'s iambic tetrameter, described by
K. Taranovsky.[7] Indeed, the striking feature of M.'s odes is that each has
a rhythmic pattern completely different from the rest: apparently, the
poet carried out conscious metrical experiments whenever he turned to
this experimental genre.

In his early odes, M. follows the theoretical principles of Belyj,[8]
rather than the 18th-century tendency toward heavily stressed down-

---

[5] See: V.N.Knjažnin's commentaries to *Письма Александра Блока*, Л.,
1925, 213; cf. the bibliographic reference in *OM* III 1969 483, where the date
of M.'s lecture is erroneously given as "Oct. 30". G.Ivanov, likewise a member of
Obščestvo poètov, remarked, with habitual disdain, that M. used to write "Jakubo-
vič-Mel'šin-like civic poetry" (*Новый журнал*, XLIII, 1955).

[6] These three lines are omitted in post-1916 editions.

[7] Кирилл Тарановский, "Стихотворения Осипа Мандельштама (с 1908
по 1925 год)", *IJSLP*, V, 1962, 97–101. All the comparative statistical data on
M.'s iambic tetrameter are quoted from that article.

[8] К.Ф.Тарановский, "Четырехстопный ямб Андрея Белого", *IJSLP*, X,
1966, 131–132.

beats[9] : the percentage of realized icti in "Oda Betxovenu" and "Zverinec" (appr. 75% and 73%, respectively) does not exceed the figures reported by K.Taranovsky for all of M.'s iambic tetrameters during 1914–1917 (75.1%), i.e., is close to the absolute minimum recorded for this meter.

The bipartite ("post-Puškinian") structure of "Oda Betxovenu" (1914), with a heavily stressed 2nd ictus and a sharp contrast between the strong and the weak icti, foreshadows Belyj's iambic tetrameter of 1916–1918, which, according to K.Taranovsky, is close to the verse of Jazykov and Baratynskij:

Icti	1	2	3	4
"Oda Betxovenu"	64.4	93.7	37.5	100
Mandel'štam, 1914–1917	73.8	83.3	43.3	100
Belyj, 1916–1918	68.2	94.2	35.1	100
Jazykov, 1829–1831	77.3	98.7	33.2	100
Baratynskij, 1829–1843	75.6	98.4	35.1	100

Variations	I	II	III	IV	V	VI
"Oda Betxovenu"	12.5	18.7	6.3	45.8	–	16.7
Mandel'štam, 1914–1917	16.0	11.4	16.0	41.1	0.8	14.8
Belyj, 1916–1918	14.5	14.9	5.8	47.9	–	16.9

The exceptionally low first ictus is achieved by the frequent use of variations II (Что и любя его не тронь) and VI (Испепеленную тетрадь); however, it must be noted that the first upbeat of these variations in "Oda Betxovenu" is often filled with stressed monosyllables (Кто покрестьянски, сын фламандца, | Мир пригласил на ритурнель?). These hypermetrical stresses create a "choriambic movement," a lifelong object of M.'s prosodic experimentation.[10]

---

[9] A striking instance of such archaizing tendency is Konevskoj's "Nabroski ody": 89.1% of the downbeats are realized, and 17 out of 30 lines are fully stressed.

[10] Cf. V.Pjast's observations on such lines as Ткань, опьяненная тобой and Здесь – трепетание стрекоз | Быстроживущих, синеглазых (1910) in: Современное стиховедение, Л., 1931, 78 f., 165 f. Eventually, in his translations of Petrarca, M. actually used stressed syllables of polysyllabic word units in metrically weak positions (Чуткие звери и немые рыбы).

The stress diagram of the second ode, "Zverinec" (1916), resembles in shape the "prolapsing" line of the 18th-century iambic tetrameter with the icti decreasing in strength from the first to the penultimate. However, the first and the third icti are considerably lower, and the difference between the first and the second ictus less sharp, than in the 18th century (or in Belyj's iambic tetrameter of 1904–1905):[11]

Icti	1	2	3	4
"Zverinec"	75.0	70.8	45.8	100
Belyj, 1904–05	81.5	68.5	57.1	100
Belyj, 1908–09	78.0	62.5	52.7	100
Trediakovskij, 1753	83.0	74.5	57.5	100
Lomonosov, 1764	92.5	69.7	55.3	100

Variations	I	II	III	IV	V	VI
"Zverinec"	8.3	8.3	29.2	37.5	–	16.7
Belyj, 1904–05	21.2	7.4	28.5	29.1	2.6	10.9
Belyj, 1908–09	13.9	8.4	30.4	26.7	7.1	13.5
Trediakovskij, 1753	28.1	8.5	20.9	29.4	4.6	8.5
Lomonosov, 1764	25.3	2.2	27.8	36.9	2.5	5.3

Beside the low incidence of the first variation, associated with the general rhythmical instability ("зыбкость") of M.'s early iambs, pointed out by K. Taranovsky, "Zverinec" is characterized by a total absence of variation V, i.e., the variation which realizes in the pure form the rhythmical drive of the poem (xх́ххххxх́), and a relatively high percentage of variation VI (hence the leveling out of the first and the second ictus). The rhythmical drive is, therefore, carried by variations III and IV. In comparison with "Oda Betxovenu", the third variation in "Zverinec" is strengthened at the expense of variations II and IV, the incidence of the two-stressed variations remaining the same in the two poems (V: 0; VI: 16.7%).

In *GO* (1923), M. combines certain rhythmical features of the earlier two odes: the bipartite line of "Oda Betxovenu" and the relative balance between the first two icti of "Zverinec". However, the rhythmical prin-

---

[11] Comparative data on Belyj and the 18th century are borrowed from K. Taranovsky, *loc. cit.*

ciple of *GO* is quite different, and reflects the general stabilization of M.'s iambic tetrameter that took place after 1919.[12] In fact, all the icti that may be filled with unstressed syllables are stronger in *GO* than they are in the average rhythmical diagram for 1919–1925; the percentage of variation I in *GO* is almost three times that in the early two odes, and the average ictus realization is 80.6% (vs. 75% in "Oda Betxovenu", 73% in "Zverinec", and 75.9% average for 1919–1925). This tendency toward full stressing marks M.'s return to the aesthetic criterion of Russian oratorical verse ("полноударность"). In general, the rhythmical structure of *GO* is remarkably close to the cumulative average calculated for the 20th-century Russian iambic tetrameter by K.Taranovsky:[13]

Icti	1	2	3	4		
GO	84.7	88.9	50.0	100		
Mandel'štam, 1919–1925	75.9	86.7	41.1	100		
20 c. iambic tetrameter	83.5	87.4	49.1	100		

Variations	I	II	III	IV	V	VI
GO	33.3	7.0	9.7	40.3	1.4	8.3
Mandel'štam, 1919–1925	20.4	9.3	11.5	42.2	1.9	14.8
20 c. iambic tetrameter	30.0	7.9	11.2	40.9	1.4	8.6

It will be noted that the post-Puškinian drive is expressed as weakly in *GO* as in M.'s early iambic tetrameter (1908–1913: 74.8% – 79% – 36.4% – 100%; the difference between the first and the second ictus is only 4.2 in 1908–1913, and 4.3 in *GO*) and that the sixth variation drops by almost one-half in comparison with the earlier two odes:"Это значит, что Мандельштам вовсе не заботился о выявлении двучленной инерции, а просто, отдавая предпочтение полноударным ямбам, старался укрепить ямбическую структуру своего стиха" (Тарановский, *IJSLP*, V, 101).

From the compositional point of view, the most interesting rhythmical feature of *GO* is the occurrence of three consecutive choriambs

---

[12] See: K.Taranovsky, *IJSLP*, V, 1962, 99–101.

[13] "Руски четверостопни jaмб у првим двема деценијама XX века", *Јужнословенски филолог*, XXI, 1955, Таб.

("Плод нарывал. Зрел виноград. | День бушевал...") marking the beginning of the salient median strophe.

The strophic forms of M.'s odes written in iambic tetrameters are octaves based on seven different types of rhyme scheme, of which only one, the octave of "Oda Betxovenu", is associated with 18th-century Russian odic tradition, although this association is by no means exclusive:[14] the alternating feminine-masculine rhyme scheme aBaBcDcD, used in Deržavin's "Blagodarnost' Felice", "Na smert' gr. Rumjancevoj", "Izobraženie Felicy", "Reka vremen", etc., became common in a wide variety of lyrical genres during the 19th century (cf. Puškin's "Napoleon", Ryleev's "Videnie", and Tjutčev's "14 dekabrja 1825", on the one hand, and "Dlja beregov otčizny dal'noj", on the other).

Each strophe of "Zverinec" has a rhyme scheme of its own, except the last one, which repeats the scheme of strophe II. All the initial hemistrophes are enclosed quatrains; the concluding hemistrophes are either enclosed, or, in odd nonmarginal octaves III and V, alternate. Such rhyme scheme variation within the same poem was rather uncommon in the 18th century (Deržavin's "Kapnistu" and "Vstoržestvoval i usmexnulsja" are among the better known examples). In the 19th century, this device was canonized by Tjutčev, whose strophic patterns often emphasized lexico-semantic references to 18th-century "subtexts" (the first 8 lines of "Bessonnica", e.g., repeat the rhyme scheme of "Na smert' knjazja Meščerskogo"). The characteristically Tjutčevian changes of the rhyme scheme within the same poem were described by K.Pigarev, who concluded his treatment of the subject with the following observation: "Изменение системы рифмовки при строфическом построении стихотворения само по себе еще не составляет специфической особенности Тютчева. Этим приемом пользовались и Пушкин ("Приметы", "Ты и вы", "Что в имени тебе моем", "Красавица"), и Лермонтов ("Договор", "Пророк"), и Баратынский ("Рим", "Младые Грации сплели тебе венок"), но у Тютчева он встречается значительно чаще, чем у кого-либо из современных ему поэтов, и в ряду других художественных средств способствует ритмико-интонационному многообразию его лирики" (Жизнь и творчество Тютчева, М., 1962, 309).

---

[14] See: В.Томашевский, Стих и язык, М.–Л., 1959, 256. Cf. M.Grammont's objection to this strophe in Petit traité de versification française, 78–79.

In "Zverinec", M. not only follows the Tjutčevian principle of strophic freedom (as exemplified,   i.a., in the thematically relevant "Neman"), but actually employs Tjutčev's favorite rhyme schemes. Strophe I of "Zverinec" (enclosing masculine rhymes in the first quatrain; enclosing feminine rhymes, in the second: AbbAcDDc) is modeled on the pattern of "Ciceron", strophe I, and "Kak vesel groxot letnix bur'"; strophes II and VI (AbbACddC), on "Den' i noč'",[15] "Molčit somnitel'-no Vostok", "Fontan", and "Neman" IV; strophe III, on "Ciceron" II (AbbAcDcD); strophe IV, on "29 janvarja 1837" (aBBaCddC). Strophe V (AbbACdCd) appears to be M.'s original invention (a variation of "Ciceron" II, which, in its turn, reverses the order of the traditional odic scheme AbAbCddC).

In *GO,* M. returned to strophic uniformity, but moved still further away from the traditional odic rhyme schemes. Each strophe of *GO* consists of two quatrains separated by a syntactic boundary: asyndetic parataxis marked by a comma in strophe I; parataxis with an anaphoric *i*-conjunction, marked by a comma, in IX; asyndetic parataxis in V, marked by the only semicolon occurring in the poem in such a position; sentence boundaries indicated by full stops or exclamation points in II–IV and VI–VIII. This pattern of punctuation generally corresponds to the compositional structure of the poem, ring-like and with a prominent median strophe. Each quatrain has alternating rhymes, beginning with the masculine and ending with the feminine. Such a rhyme scheme, AbAbCdCd, is certainly unusual for an ode, since the conventional odic octave, whether aBaBcDcD or AbAbCddC, normally ends in a masculine close. Fet's 32-line ode "Gory" (1843), a generic antecedent and a minor thematic subtext of *GO,* is a peculiar exception in this respect (as in many other ones): an unconventional and late experiment written in *ottava rima,* with the odd-numbered strophes beginning and ending in a feminine close (aBaBaBcc).

B.Tomaševskij, in his treatment of the only instance in which Puškin used the rhyme scheme AbAbCdCd in iambic tetrameters ("Čem cašče

---

[15] Strophe I of "Den' i noč'" is actually AbbAAccA, with a tautological rhyme in lines 4 and 8: Высокой волею *богов* – Друг человеков и *богов*. Strophe II of "Zverinec" employs a nearly tautological reiteration in lines 4 and 5 (На плечи сонных скал *орлы,* – | Германец выкормил *орла*), and the phonetical and grammatical structure of its rhymes is remarkably homogeneous in both hemistrophes: волы – водились – садились – орлы, орла – покорился – появился – хохла.

prazdnuet Licej...”), pointed out that this was the stanza of “innumerable French *romances*”, made popular in Russia by Žukovskij (“Moj drug, xranitel'-angel moj”) and Merzljakov (“Velizarij”). Tomaševskij's conclusion, however, is extremely cautious (“... в данном случае вряд ли Пушкин опирался на эту романсную традицию”), and throws no light upon the sources of the use of this strophe in oratorical poetry.[16] The *romance* tradition of the rhyme scheme AbAbCdCd was continued in the 19th century, i. a., by Baratynskij (“K Aline,” 1819), Venevitinov (“Domovoj,” 1826), and Lermontov, in the final strophe of “Ty pomniš' li, kak my s toboju” (1830), an early inception of the theme of which “Vyxožu odin ja na dorogu” was the conclusion. In the 20th century, Blok inherited the basic stanza form, its free variation, and the Lermontovian motif in “Pust' ja pokinu ètot grad” (final version, dated 1918, in *Za gran'ju prošlyx let,* Pb., 1920, 31).

There is, however, another tradition of AbAbCdCd[17] in the iambic tetrameter, overlooked by Tomaševskij. This is the tradition of Ryleev's *dumy*. Nine out of twenty-one pieces included in the 1825 edition of *Dumy* followed the rhyming pattern AbAbCdCd, which became so closely associated with Ryleev, that Küchelbecker, in “Ten' Ryleeva,” used it to convey Ryleev's direct speech: Несу товарищу привет | Из области, где нет тиранов, etc.

Combining, as it did, certain stylistic elements of the ode, the meditative elegy, and the historical ballad, the *duma* substituted the ode in the system of Russian romantic genres, and may be considered one of the 19th-century extensions of the ode. The use of the AbAbCdCd rhyme scheme in Tjutčev's “O čem ty voeš', vetr nočnoj?” almost certainly derived from the windy genre of Ryleev (”И ветры в дебрях бушевали”; ”В долинах ветры бушевали”; ”В полях осенних ветров свист”, ”Бушует ветр меж парусов”, etc.), rather than from placid *romances* of the Karamzinians.[18] Puškin's “Čem čašče prazdnuet Licej” likewise continued the theme of tragic meditation associated with the

---

[16] Б.Томашевский, *Стих и язык,* М.–Л., 1959, 256.

[17] In the 18th century, Deržavin used this arrangement in “K careviču Xloru,” II–III, a facetious epistolary ode divided into units of 12, 8, 8, 32, 12, 12, 15, 20 tetrametric lines, and a final quatrain of iambic hexameters.

[18] K.Pigarev (*op. cit.,* 309) mentions Ryleev's *dumy* as a possible strophic model of “O čem ty voeš', vetr nočnoj,” but erroneously refers in this connection also to “Kon' morskoj” (in which the iambic tetrameter alternates with the trimeter, as in ballads).

duma. Mid-19th-century poets, whenever they turned to the AbAbCdCd octave, e.g., Apollon Grigor'ev in *Gimny,* 3 ("Ne unyvajte, ne padet..." strophes I, II, III, VIII, and IX), Polonskij in "Imeretija" (the landscape of which foreshadows *GO*), and Tjutčev in "Neman" (strophes III and V), in their various ways followed and developed Ryleev's motives of civic sorrow and spiritual exaltation.

It is a matter of common knowledge that the title "Grifel'naja oda" is a reference to the slate tablet on which Deržavin drafted his last poem, "Reka vremen". For this reason, it is highly significant that *GO* has the same rhyme scheme as Ryleev's *duma* "Deržavin," which, together with Kapnist's ode "Na tlennost'", is the earliest partial cento based on quotations from Deržavin, and employing these quotations polemically as an *ipse dixisti* argument against the skepticism of "Reka vremen":

...Певцу ли ожидать стыда
В суде грядущих поколений?
Не осквернит он никогда
Порочной мыслию творений...

Творцу ли гимн святой звучит
Его восторженная лира, —
Словами он как гром гремит,
И вторят гимн народы мира.
О, как удел певца высок!
Кто в мире с ним судьбою равен?
Откажет ли и самый рок
Тебе в бессмертии, Державин?

Ты прав, певец: ты будешь жить;
Ты памятник воздвигнул вечный:
Его не могут сокрушить
Ни гром, ни вихорь быстротечный...

Considering the thematic affinities between the poems in question, it seems probable that the rhyme scheme of *GO* is a deliberate reversal of the "Reka vremen" strophe (aBaBcDcD), modeled after the pattern of certain 19th-century meditative poems, specifically: Ryleev's "Deržavin" and Tjutčev's "O čem ty voeš', vetr nočnoj," as well as Grigor'ev's third masonic hymn and Polonskij's "Imeretija." A less obvious, but, perhaps, even more influential model is Puškin's "Čem čašče prazdnuct Licej," as is evident from the lexical transference in line 7 of M.'s earliest draft of the introductory strophe:

Кремневых гор созвать Ликей.[19]

Before *GO,* M. used this strophe on a single occasion, in 1920, in a poem that was published for the first time in 1970, by N. Struve (*Вестник РСХД,* No. 98, Paris, 1970, 68). It should be quoted in full because it foreshadows the star theme of *GO* :

Где ночь бросает якоря
В глухих созвездьях Зодиака,
Сухие листья октября,
Глухие вскормленники мрака,
Куда летите вы? Зачем
От древа жизни вы отпали?
Вам чужд и странен Вифлеем
И яслей вы не увидали.

Для вас потомства нет – увы!
Беспо́лая владеет вами злоба,[20]

---

[19] *Стихотворения,* Л., 1973, 284; previously published by J. Baines, *Oxford Slavonic Papers,* NS, Vol. V, 1972, 67, 69, 73.

[20] This pentametric line in an iambic-tetrameter poem suggests that the text may be corrupt, since M. never used such metrical deviations spontaneously (cf. "Tvoe čudesnoe proiznošen'e," in which the pentameter marks the beginning of a tetrametric poem). N. Ja. Mandel'štam is vague regarding the date of the poem and rather inconsistent in her cryptic textological admission:

В 19 или 20 году в Коктебеле Мандельштам написал стишок: "У вас потомства нет, увы, беспо́лая владеет вами злоба"... Он не позволил мне запомнить его наизусть: важная профилактическая мера при современных режимах – не обременять память <...> Сам он тоже забыл вредный стишок, и только в Ростове, у Лени Ландсберга, маленького горбатого юриста, хранился один экземпляр вредной вещи. Леня приезжал в Москву в 22 году, и оказалось, что рукопись сохранилась. <...> Несколько лет назад <...> я <...> наткнулась <in a Rostov *samizdat* collection of M.'s poetry> на полный текст потерянного стихотворения, с одним, правда, искажением, которое я легко исправила по памяти. Выяснилось, что оно было записано в экземпляр "Стихотворений", купленных у букиниста. Вероятно, это была книга Лени Ландсберга... (*Vtoraja kniga,* Paris, 1972, 539–540).

N. Ja.'s interpretations of this forgotten poem (*op. cit.,* 130, 585) suffer from the same literal reading of metaphors and pronounced neo-Orthodox bias as some of her other comments on M.'s religious imagery, and one cannot help wondering whether the line which she has "easily corrected from memory" is the irregular *Беспо́лая владеет вами злоба.* In an explanatory note appended to the poem,

Бездетными сойдете вы
В свои поваппенные гробы.
И на пороге тишины
Среди беспамятства природы
Не вам, не вам обречены,
А звездам вечные народы.

1920. Коктебель.

---

the editors of *Vestnik* likewise claim that M. addressed it to the Bolsheviks ("сухие листья октября"), although it is difficult to understand how the flying dry leaves of October, its victims as it were, and October itself could mean the same thing (cf. a similar image in Axmatova's poem reconstructed by M. Kralin, which is mentioned in connection with "Gde noč' brosaet jakorja" by R. Timenčik in his study "Храм Премудрости Бога", *Slavica Hierosolymitana,* V–VI, Jerusalem, 1981, 301, n. 13).

The biographical and literary background of the poem forcefully suggests that its addressees, the 'dry leaves of October fallen away from the tree of life' (cf., beside the classical and New Testamental sources quoted by Timenčik, Bal'mont's "Proščanie s drevom," 1917: Это древо в веках называлось Россия, | И на ствол его острый наточен топор), are the fleeing Whites, between whose counterintelligence and M. there was no love lost in 1920. Two subtexts are, somewhat ironically, because of their anachronistically topical phrasing, relevant to the poem. One is Vjač. Ivanov's "Krasnaja Osen'" (*Kormčie zvezdy,* 1903): Красная Осень | Гонит поблекшие листья: | "Прочь улетайте | К теням Аида, | Плачущим вечно | По краткой жизни! | Прочь улетайте | С пажитей, ждущих | Новой весны!" ‖ Нисходит ночь, | И с черного неба | Глядят неприступно | На пажити смерти | Вечные звезды. The other, Lermontov's "Listok," was, according to eyewitnesses, popular among the White Army wits (along with such Lermontoviana as "Бежать – но куда же? На время – не стоит труда, | А вечно бежать невозможно"): Дубовый листок оторвался от ветки родимой | И в степь укатился, жестокою бурей гонимый; | Засох и увял он от холода, зноя и горя | И вот наконец докатился до Черного моря, etc. M. Bulgakov's description of refugee writers in "Записки на манжетах" (*Возрождение,* II, M., 1923; reprinted in *Звезда Востока,* 1967, 3) contains the same image: Сквозняк прохватил. Как листья летят. Один из Керчи в Вологду, другой из Вологды в Керчь. Лезет взъерошенный Осип [Мандельштам] с чемоданом и сердится: – Вот не доедем, да и только! – Натурально, не доедешь, если не знаешь, куда едешь! In M. himself, a Wrangel army newspaper in the Crimea evoked the image of the Russian autumn: Грязная, на серой древесной бумаге, всегда похожая на корректуру, газетка 'Освага' будила впечатление русской осени... ("Бармы закона").

The messianic symbolism of the poem ('Вифлеем', 'ясли'), which the editors of *Vestnik* interpret as a challenge to the godless Bolsheviks, is actually a *locus communis* in the poetry of the Russian Revolution (Blok, Belyj, Esenin, Kljuev; cf. my report on "Two Problems of Russian-Ukrainian Literary Relations in the Early

.Here, as in *GO* (''Звезда с звездой — могучий стык''), the immutable pattern of the constellations is used as a conventional symbol of the historical and spiritual destiny of individuals and nations (note the transfer of the traditional epithet "večnye" from "zvezdy" to "narody" and the use of the adjective "gluxie" in two different meanings in lines 2 and 4).

The Tolstojan historical determinism is combined in the poem with the occult idea of universal peace effected by the beneficial stellar influences; in *Vojna i mir*, IV.3.1, stars "whisper about the mysterious joy of forgiveness" at the moment when "the feeling of insult and revenge is replaced in the soul of the people by contempt and pity".

These two *GO*-type strophes written in 1920 are the beginning of M.'s polemic with Deržavin's last poem: "eternal nations", vs. "the river of time" which "drowns in the abyss of oblivion | Nations, kingdoms,

---

Twentieth Century," *Minutes of the Seminar in Ukrainian Studies held at Harvard University,* Cambridge, Massachussets, 1971–1972, No. II, 5). Kuzmin employed, and reversed, the same set of symbols in ''Рождение'' (*Петербургский сборник,* 1922): Без мук младенец был рожден, | А мы рождаемся в мученьях, | Но дрогнет вещий небосклон, | Узнав о новых песнопеньях. ‖ Не сладкий глас, а ярый крик | Прорежет тленную утробу. | Слепой зародыш не привык, | Что путь его — подобен гробу. ‖ И не восточная звезда | Взвилась кровавым метеором, | Но впечатлелась навсегда | Она преображенным взорам. ‖ Что дремлешь, ворожейный дух? | Мы потаенны, сиры, наги... | Надвинув на глаза треух, | Бредут невиданные маги.

A still more specific resemblance exists between "Gde noč' brosaet jakorja" and the poem of M.'s friend and fellow-acmeist Vladimir Narbut, entitled. and addressed to, "October": <...> И пестует, пятью мечами | пронзая дряхлый Вифлеем, | звезды струящееся пламя | ребенка перед миром всем. | И, старина, за возмужалым | за мудрым, за единым — ты | бредешь с Интернационалом, | крутя пожухлые листы (dated: ''Тирасполь, 1920 г.'' *Советская земля,* Харьков, 1921).

Nativity as a symbol of 1917 is still alive in current poetry, e.g., in D.Samojlov's interesting ''Ал. Блок в 1917-м'' (*Новый мир,* 1967, 12, 41–42), although it now requires such additional justification as a Blokian subtext: Да, странным было для него | То ледяное рождество, | Когда солдатские костры | Всю ночь во тьме не гасли, | Он не хотел ни слов, ни встреч. | Немела речь. Не грела печь. | Студеный ветер продувал | Евангельские ясли... ‖ Шагал патруль. Вот так же шли | В ту ночь седые пастухи | За ангелом и за звездой, | Твердя чужое имя. | ... | Когда солому ветер скреб | Над яслями пустыми. ‖ Полз броневик. Потом солдат | Угрюмо требовал мандат. | Куда-то прошагал отряд. | В котле еда дымилась... | На город с юга шла метель. | Замолкли ангел и свирель. | Снег запорашивал купель. | Потом звезда затмилась...

and kings". In this sense, "Gde noč' brosaet jakorja..." may be considered a first draft for *GO*: hence, their common strophic scheme is, in all probability, more than a coincidence: cf. the strophic similarity of such twin poems as "Čut' mercaet sumračnaja scena" and "V Peterburge my sojdemsja snova".

As is known, the normative neoclassical poetics emphatically forbids interstrophic enjambment in odes. A famous transgression of this rule occurs in Puškin's "Vol'nost'": Их меч без выбора скользит ‖ И преступленье свысока | Сражает праведным размахом (cf.: Tomaševskij, *loc. cit.,* 211). M. follows this rule in his odes with one notable exception. There is an enjambment at the end of the salient median strophe of *GO*: Вода голодная течет, | Крутясь, играя, как звереныш, ‖ И как паук ползет ко мне... Semantically, the enjambment is well motivated: water flows over, as it were, from strophe V to strophe VI (cf. in *Evgenij Onegin*, III.xxxviii/xxxix: И задыхаясь на скамью ‖ Упала...). However, there is also an element of veiled literary polemic in this prominent use of interstrophic enjambment. S.Bobrov in his mordant but, on the whole, intelligent and constructive critique of *Tristia* (*Печать и революция*, 1923, № 4, 259—262), wrote:

> Символисты утеряли — или не смогли найти — пушкинскую строфу, которая *бежит к читателю, как добрый ручей,* они не только склеивали катрэн из двух полустиший, часто друг к другу никакого касательства не имевших, кроме рифм, но даже печатали катрэны, разбивая их на полустишия (см. у Блока, напр., в "Снежной Маске"), Мандельштам перемудрил и это: у него каждая строка катрэна ничего ровно общего не имела ни с предыдущей, ни с последующей, получалась эдакая станца строки.

Bobrov's remark produced two results: M. altered the excessively fragmented, *stances*-like appearance of his verse by removing, in all later editions, the numbering of the strophes, of which he had been fond ("Zverinec", "Ne verja voskresen'ja čudu", "Meganom", "Čerepaxa", "Sumerki svobody", "Venicejskaja žizn'", and many other poems of the *Vtoraja kniga* period had prominently numbered strophes in the first publications), and made the median strophe of *GO*, presumably written immediately after Bobrov's review, "flow toward the reader" (or, rather, "crawl toward the writer, like a spider").[21]

---

[21] In N.I.Xardžiev's edition, the punctuation is altered in several places, and the comma after как звереныш is replaced by a full stop which can be explained phonosyntactically only as an "afterthought intonation" [see: К.Ф.Тарановский, "Из истории русского стиха XVIII в. (Одическая строфа AbAb‖CCdEEd в поэзии Ломоносова) ", *XVIII век,* Сб. 7, 1966, 107], but probably is just an editorial afterthought.

COMPOSITIONAL KEYS
TO THE MEANING OF *THE SLATE ODE*[1]

Беспорядок лирический значит то, что
восторженный разум не успевает чрезмер-
но быстротекущих мыслей разложить ло-
гически. Поэтому ода плана не терпит. Но
беспорядок сей есть высокий беспорядок
или беспорядок правильный. Между пери-
одов, или строф, находится тайная связь,
как между видимых прерывистых колен
перуна неудобозримая нить горючей мате-
рии.

Державин

Lexico-semantic parallelism is the main carrier of compositional
symmetry in *GO,* while the grammatical structure of the poem, although
less closely cohesive than that of M.'s shorter poems, nevertheless also
fulfills an important function in the compositional patterning.

The organization of *GO* is manifestly ring-like[2]: the final strophe
(IX) repeats three (syntactically modified) lines of strophe I (line 2,
with its Lermontovian reminiscence, is reiterated in 70; 3, in 67; 4, in
72). Moreover, the marginal strophes are linked by such important lexi-
cal elements as: *стык* (1, 71), *ученичество — учу* (7, 65), *грифель-
ный рисунок — грифельное лето* (6, 66) and *сланец — прослойка* (5,
68). This type of ring is identified by Žirmunskij as "slovesnoe" or "te-
matičeskoe" rather than "pesennoe kol'co." The thematic ring is, accord-
ing to Žirmunskij, a characteristic compositional device of the majority
of Deržavin's odes, often supported by the reiteration of rhyming words

---

[1] This chapter is based on my paper "*Грифельная ода.* Обзор композици-
онных приемов и материалы для расшифровки подтекста", written for Pro-
fessor Roman Jakobson's course on Modern Russian Poetry at Harvard (Spring
Term, 1967).

[2] See: В.Жирмунский, *Композиция лирических стихотворений,* Пб.,
1921, 64–68, 77; cf.: Б.Эйхенбаум, *О поэзии,* Л., 1969, 451, прим.

in the initial and final strophe, just as it is in *GO* : I − *стык, язык, песни, перстень;* IX − дневник, *язык,* персты, *стык, песни, перстень.*
Each marginal strophe contains 19 nouns. Ten nouns of I are repeated in IX. The remaining nine nouns are either linked by grammatical parallelism (*с звездой − с прослойкой*), or form pairs belonging to the same semantic field: *сланец облаков − царапины лета* (sky as a slate tablet); *рисунок − дневник; миры − свет; полусонки − тьма; бред − язва; ученичество − персты* (the fingers of Christ's skeptical disciple).

Strophe I consists exclusively of nominal and nominative (*назывные*) sentences, and has no verbs. In IX there appear two verbs of the 1st person and an adverbial participle, while the nominative cases of the words *стык, путь, язык, кремень*, and *перстень* in strophe I are, in IX, replaced by accusatives, with or without a preposition. This contrast in the grammatical inventory finalizes the transition from the theme of unconsciousness, developed in the first four strophes (see below), to the theme of the conscious creative will, which emerges in the second half of the poem and culminates in the Puškinian subtext of the verbs *хочу* and *учу* in strophe IX: Я понять тебя *хочу,* | Темный твой язык *учу.*

As it usually happens in the poems with an odd number of strophes, the median strophe V is marked very prominently.

It begins with three "choriambs," and the rhythmic shift is reinforced by the anaphoric parallelism with an internal rhyme ($_{33}$Плод нарывал... $_{34}$День бушевал...), the double syntactic chiasm ($_{33}$Плод нарывал. Зрел виноград. −− $_{33}$...Зрел виноград. $_{34}$День бушевал... i. e.: N−V/V−N and V−N/N−V), and the parallelism in the word boundaries:

$$33 \quad \overset{(\,\acute{})}{x} \mid x\acute{x}x \parallel \overset{(\,\acute{})}{x} \mid x\acute{x}x$$

$$34 \quad \overset{(\,\acute{})}{x} \mid x\acute{x}x \mid$$

Such an inception emphasizes a strong thematic shift. Grammatically, V is the only strophe that contains verbs of the past tense in main clauses (*нарывал, зрел, бушевал*). This is the only section of the poem that develops actively and exclusively the theme of Day, which elsewhere is represented either as dead (IV), or as not yet born (VIII). The central position of the word *полдень* in *GO* (36) obviously has an iconic significance (it will be noted that the noun *полдень* and the adjective *зеленый* co-occur in the median strophe of *GO,* as well as in the median strophe [VIII] of "Oda neskol'kim ljudjam," translated by M. during the same year).

The end of the median strophe is marked by the only strophic enjambment of *GO,* likewise iconic in character (see pp. 35–36).

Since the median strophe is so prominently marked, it is natural to assume that the entire ode is symmetrically divided into three groups of strophes, I–IV, V, VI–IX, i. e. 4+1+4. On the whole, in spite of the odd number of strophes, the ode's grammatical and lexico-semantic organisation exhibits the type of pattern that has been described by R.Jakobson for even strophe-number pieces.[3] To trace the vertical and the horizontal parallelism in the composition of the poem, the strophes should be arranged in the following graphic way:

	Left	Horizontal	Right
V			
e	I	– – – – – – – – –	VI
r			
t	II	– – – – – – – – –	VII
i		V	
c	III	– – – – – – – – –	VIII
a			
l	IV	– – – – – – – – –	IX

As a preliminary, let us point out the key lexico-semantic elements of the poem as a whole, namely, the group of elements or principles: *water (вода), earth (кремень), air (воздух), fire (горящий мел),* and *ether (звезды)*; the group of talismanic or symbolic artifacts, each of which is associated metonymically with one of the terrestrial elements and, as a protective object, with the stars: *перстень, подкова, отвес, доска* (slate tablet); and the group of binary semantic oppositions belonging to such various semantic fields as 'time', 'creative faculty', 'writing', 'space', 'social structure', etc., e. g.: *ночь – день, давно – теперь, тьма – свет, густая ночь – ночь "сломанная" ($_{46}$ночь ломая, $_{53}$ломаю ночь), бред – память, ученичество – учительство, язык – речь, речь – запись, черновик – твердая запись, мягкий сланец – черст-*

---

[3]   See, e.g.: "Девушка пела", *Orbis Scriptus,* München, 1966, 385 401.

вый грифель, свинцовая палочка – горящий мел, здесь – там, го-
ра – почва, высота – крепь, города – селения, овечий – козий,
теплый – ледяной, молочный – прозрачный, прямой – двойной, etc.

Each vertical column of strophes represents a thematic unity, fixed
at the lexical and grammatical levels.

The semantic system underlying the left column (I–IV) has the fol-
lowing constituents: 'thick night' (*густая ночь*) – 'fear' (*страх*) – 'de-
lirious visions and speech' (*бред, полусонки, видения*) – impersonality
(or collective subconsciousness): there is not a single pronoun of the
first person singular in the entire left column. All the finite verbs in this
column are present imperfective. The perfective aspect is observed only
in past participles ([24]*пресыщен,* [26]*выметен*) and in infinitives ([30]*сте-*
реть, [31]*стряхнуть*), all of which belong to the "negative" semantic field.

The odd and the even strophes of the left column are distinguished
by their respective sets of lexical parallelisms and contrasts:

I	III
кремень	кремень
овечьи	овечьи
старая	давно
вода	вода
воздух	воздух
могучий стык	могучее слоенье
мягкий сланец облаков	кремней могучее слоенье
молочный	прозрачный
ученичество	учит, проповедует
овечьи	козьи

II	IV
ночь	ночь
пеночка	птенец
черновик	(грифельная) доска
ночь	день
пеночка	коршунница
овечий	иконоборческий
свинцовая палочка	горящий мел
пишет	стереть

The quantitative distribution of certain grammatical and syntactic forms likewise reflects the odd vs. the even strophe confrontation. The odd strophes are thematically more static and contain fewer verbs and more than twice as many nouns in the nominative case as the even ones (in *RD* 1967 28, M. refers to "буддийский гимназический покой именительного падежа"). In general, the distribution of the nouns in the nominative is precisely symmetrical in the left column: I − 9, II − 4, III − 9, IV − 4. Each odd strophe contains two sentences with nominal predicates and zero copulae:

I	III
$_1$Звезда с звездой — могучий стык	$_{17}$Крутые козьи города —
	$_{18}$Кремней могучее слоенье;
$_6$Молочный грифельный рисунок —	$_{19}$И все-таки еще гряда —
$_7$Не ученичество миров,	$_{20}$Овечьи церкви и селенья.
$_8$А бред овечьих полусонок.	

I and III are the only strophes in the poem that contain no nouns in the accusative.

In each even strophe there are 13 nouns and 6 epithets. Four nouns in each are in the nominative. The accusative and the instrumental cases of nouns form a complementary distribution in the even strophes: II − 1 accusative and 5 instrumentals; IV − 1 instrumental and 5 accusatives.

A secondary pattern in the left column is produced by the anterior vs. the posterior contrast. The anterior strophes I and II are linked by the recurrent epithet *молочный/молочная*, semantically opposed to *прозрачный/прозрачные* of the posterior strophes III and IV. The unity of the anterior strophe group is underlined by the reiteration of the initial masculine rhymes of I (*стык–язык*) in the concluding hemistrophe of II (*сдвиг–черновик*). A parallel rhyme organization fulfills the same function in the posterior group of strophes: the feminine rhyme in the beginning of III (*слоенье–селенья*) returns at the end of IV (*впечатленья–виденья*).

On the other hand, the marginal strophes of the left column (I and IV), with their theme of delirious visual images, created in I and swept away in IV, are opposed to the theme of subliminal speech, writing, and learning in the medial strophes (II and III).

The thematic range of the right column is in sharp contrast to that of strophes I–IV. The basic motifs here are: 'memory' (*память*) – conscious creativity – 'broken night' (*ломаю ночь*) – 'firm writing' (*твердая запись*, vs. *черновик* of the left column) – 'angry flutter' (*стрепет гневный*) – personality. Perhaps the most important grammatical contrast between the left and the right columns is the frequent occurrence of the first person singular pronoun (*я*) and of the verbs in the first person singular (*слышу, ломаю, меняю, учу, хочу*) in the right column, and their total absence in the left column. The second person (in the only possessive pronoun of the poem, *твои*) and the vocative (*память*) are restricted to one strophe of the right column (VI). However, the set toward the second voice links horizontally the parallel strophes I, III and VI, VIII, which contain an open (I: Не ученичество миров, а бред...) or veiled (III: И все-таки еще гряда...) polemic with alien voices, or an internal dialogue between the voices of memory and self (VI and VIII). As a matter of fact, the interrogative sentences echo each other in VI and VIII (Твои ли, память, голоса?.. Кто я?) just as the assertive nominal sentences do in I and III.

At the level of lexical correspondences, the even vs. the odd strophes in the right column are less sharply contrasted than in the left one, and the parallelisms between the relevant strophes are fewer in number:

VI	VIII
ночь	ночь
учительствуют	ученик
на изумленной крутизне	на твердой почве
вырывая	завязал

VII	IX
царапалось	царапины
грифель	грифельное
пенье	песня
поймем	учу
черствый	старая
ночь	тьма

The distribution of nouns in the right column manifests an anterior vs. posterior, rather than an odd vs. even, arrangement: VI – 11; VII –

11; VIII − 16; IX − 19 (the total number of nouns is nearly equal in the left and in the right column: 56 and 57, respectively). However, the distribution of the nouns in the nominative case roughly follows in the right column the odd vs. the even principle: VI − 3, VII − 1, VIII − 3 + 3 with negation, IX − 0. Moreover, the range of grammatical cases is broader in the even strophes (6 in each) than in the odd ones (3 in each). In the entire poem, only the even strophes of the right column contain nouns in the dative case ($_{47}$лесам; $_{64}$подошве). The teleological significance of the grammatical shift from, e.g., the nominative *лес* in 23 to the dative *лесам* in 47 may be considered in the light of M.'s later theoretical statement: Нас путает синтаксис. Все именительные падежи следует заменить указующими направление дательными. Это закон обратимой и обращающейся поэтической материи, существующей только в исполнительском порыве. Здесь все вывернуто: существительное является целью, а не подлежащим фразы (*RD* 1967 58).

The anterior pair of contiguous strophes (VI and VII) is contiguous also semantically, containing several lexical reiterations and united by a single theme of voice and dictation: VI $_{44}$*грифельные,* $_{45-46}$*голоса* | *Учительствуют,* $_{46}$*ночь ломая;* VII $_{51}$*грифель,* $_{52}$*укажет голос,* $_{53}$*Ломаю ночь.* The posterior strophes (VIII and IX) are linked by the re-emerging theme of 'flint' ($_{61}$*кремень;* $_{70}$*кремнистый путь*), the synthesis of the themes of Night and Day ($_{60}$*Я ночи друг, я дня застрельщик;* $_{68}$*С прослойкой тьмы, с прослойкой света*), and the verbal inventory typical of the so-called binding formula (закреп) of Russian spells (заговоры): $_{63}$*завязал ремень;* $_{71}$*заключая в стык.*[4]

Between the two medial strophes of the right column, VII and VIII, there is a significant grammatical correspondence. Each contains two past tense verbs in subordinate clauses, neuter in VII ($_{50}$Что там *царапалось, боролось*) and masculine in VIII ($_{61}$Блажен, кто *называл;* $_{63}$Блажен, кто *завязал*). The conclusive portions of each medial strophe have prominent anaphoras in adjacent ($_{55}$*Меняю* шум, $_{56}$*Меняю* строй), or alternate ($_{61}$*Блажен, кто;* $_{63}$*Блажен, кто*) lines. In addition, VII and VIII are linked by the recurrent adjective ($_{54}$Для *твердой* записи, $_{64}$На *твердой* почве) and by organic paronomasia ($_{55}$*стрел,* $_{60}$за*стрельщик*).

---

[4] See: И.Чернов, "О структуре русских любовных заговоров", *Труды по знаковым системам,* II, Тарту, 1965, 168 and bibliography.

The marginal strophes of the right column, VI and IX, are united by the common theme of teaching and learning (учительствуют, учу), and the reiteration of a key word of the poem, *стык.*

The basic vertical compositional unity of the two columns has its iconic aspect. The poem as a whole, the two vertical columns, and each individual strophe manifest a vertical movement downward in the arrangement of the lexical elements that constitute the semantic field of 'space'. Hence the *sermon of the builder's plumb,* which, for M., is both an aesthetic and an ethical principle (see p. 120 ff.). The ode begins with the confrontation of the uppermost and the lowest levels (*Звезда с звездой / Кремнистый путь*). Its focus then moves downward, as if in the vertical perspective of a Chinese landscape painting, through the images of the clouds and the air, the descending bird, the water flowing down the ice-bound peaks, the steep face of the mountain glistening in the moonlight, to the foot of the mountain range and back to the flinty path. The significance of the two talismanic images, the horseshoe and the ring, is in joining the upper and the lower level.

On the other hand, the compositional principle of the ring governs the semantic field of 'poetry, creativity', developed in *GO* both directly and in M.'s favorite mineralogical and meteorological images,[5] and in such a way as to recreate in the ode the very impetus that has dictated it. Let us consider more closely the consecutive stages of the poetic process depicted in the ode:

1) an astral epiphany of the essence (lines 1–4);
2) a false nebulous vision, projected by the dormant collective mind (5–8);
3) a state of oblivion and introvert subliminal creativity (''черновик''), which is brought about by the internal circular flow of inspiration (Обратно в крепь родник журчит) and the external forward flow of time (проточная вода) perceived subliminally as 'fear' and 'shift' (the word *сдвиг* should, perhaps, be translated as 'fault', in the geological sense): (strophe II);
4) a sudden glow of nocturnal inspiration, and a mental upsurge sweeping away the daytime impressions which are recorded as 'visions' by the dormant mind (cf. Tjutčev's И как виденье внешний мир ушел and M.'s own событий | Рассеивается туман in "Otravlen xleb...") (strophe IV);

---

[5]   See: *RD* 1967 53–54; cf.: O.Ronen, *Studies Presented to Prof. Roman Jakobson by His Students,* Cambridge, Mass., 1968, 257, 259f.

5) a parenthetic recollection of the daytime events, obliterated by the 'flowing water', the inner substance or 'lining' of the 'verdant images' (cf. Annenskij's "Изнанка поэзии") (strophe V);

6) the resurgence of the creative and polyphonic verbal memory (as opposed to the inhibiting visual memory that haunts the dormant mind) when the stream of time and inspiration reaches the poet (strophe VI);

7) the dialogue between memory and the awakening self (45—52; 57—64);

8) the conscious and instantaneous writing dictated by memory (51—56);

9) the magic embodiment of the astral epiphany on earth through an ultimate act of creative comprehension (IX).

This is a complete thematic circle, in which 1 and 9 are the "clasp", diametrically opposed to 5; 2 is opposed to 8; 3, to 7; and 4, to 6. The opposition between 3 and 7 (i. e., strophes II and VIII, which contain a significant reiteration: Учеников воды проточной / Учеником воды проточной) is, as it were, a horizontal thematic diameter of the poem.

It is essential to compare M.'s development of the theme of poetic creation with the conceptual framework of Vjač. Ivanov's essay "О границах искусства" (*Борозды и межи,* 1916, 189—229) :

...Не представляет ли собою описанный им [Данте] экстаз одного из высочайших подъемов его духа в такую область сверхчувственного сознания, откуда человек не возвращается не обогащенный плодами этого подъема, который отмечает собой его остальную жизнь, как неизгладимое и решительное событие? И не видно ли с отчетливостью, как этот восторг, так могущественно восхитивший его над землей, потом как бы выпускает его из своих орлиных когтей и, бережно возвращая низводимому по ступеням нисхождения повседневную оболочку его земной душевности, отдает его целым родному долу? Тогда нападает на него раздумье и помысл о других людях, и желанье принести этим другим непонятную ему самому, но сознаваемую важною весть: он уже сам и сознательно нисходит на дно дола (191) <...> Наглядно выявляется здесь то, <...> что в деле создания художественного произведения художник нисходит из сфер, куда он проникает восхождением, как духовный человек; отчего можно сказать, что много есть восходящих, но мало умеющих нисходить, т. е. истинных художников (192) <...>

Творчество форм проявляется, следовательно, в трех точках: *а*) в мистической эпифании внутреннего опыта, которая может быть ясным видением высших реальностей только в исключительных случаях и лежит еще вне пределов художественно-творческого процесса в собственном смысле; *β*) в аполлинийском видении чисто художественного идеала, которое и есть то сновидение поэтической фантазии, что поэты привыкли именовать своими творческими "снами" ["аполлинийский сон — сон памяти о мелькнувшей ему эпифании, — являющий художнику идеальный образ его, еще не воплощенного, создания; ибо, по Пушкину, душа, которая 'трепещет и звучит', тотчас уже и 'ищет, как во сне, излиться, наконец, свободным проявленьем'" — 193]; *γ*) в окончательном воплощении снов в смысле, звуке, зрительном или осязаемом веществе (195) <...>

Обогащенный познавательным опытом высших реальностей, художник знает сокровенные для простого глаза черты и органы низшей реальности, какими она связуется с иною действительностью, чувствительные точки касания ее 'мирам иным'. Он отмечает эти определимые лишь высшим прозрением и мистически определенные точки, и от них, правильно намеченных, исходят и лучатся линии координации малого с великим, обособленного с вселенским, и каждый микрокосм, уподобляясь в норме своей макрокосму, вмещает его в себя, как дождевая капля вмещает солнечный лик (211—212) <...>

Удаление творческого духа в область трансцендентную действительности, освобождая его от волевых связей с нею, есть для художника первый шаг к пробуждению в нем интуитивных сил, а для человека в нем — уже род духовного восхождения, хотя бы открывающийся ему только в отрицательном своем обличии — в форме свободы от прежней связанности переживаемою действительностью. Он уже находится в чем-то реальнейшем, нежели прежняя реальность, хотя бы это реальнейшее сознавалось им только как область пустого безразличия <...>

Но сферы, доступные отчуждающемуся от прежде испытываемого мира творческому духу, не всегда представляются ему нагою пустынею. Чтобы подняться в эту пустыню, должен он перейти через полосу миражей, обманчивых марев, прельстительных, но пустых зеркальностей, отражающих ту же, покинутую им действительность, но преломленную в зыбком покрывале его собственных страстей и вожделений: нисхождение из этой непосредственно прилегающей к низшему плану сферы сделает произведение художника только мечтательным, своенравно-фантастическим, причудливо-туманным, и не будет в нем ни интуитивного познания вещей, ни непосредственного, стихийного сознания действительности, из которой художник уже вышел, но отразится в таком произведении лишь он сам в душевной своей ограниченности и уединенности. Тому же, кто действительно поднялся путем отчуждающего восхождения до подлинной пустоты, до суровой пустыни, могут открыться за ее пределами, сначала в некоей символической иероглифике, а потом и в менее опосредствованном лицезрении, начертания высших реальностей, как некие первые оболочки мира бесплотных идей. Здесь, на этом краю пустыни, бьют родники истинной интуиции. Достижение этих пределов открывает достигшему прежде всего то познание, что низшая реальность, от которой он восходил и к которой опять низойдет, не есть нечто по существу чуждое тому миру, что ныне он переживает, но объемлется им, этим высшим миром, как нечто покоющееся в его лоне. Правое восхождение возвращает духу его земную родину, тогда как мечтательное воспарение в вышеописанную миражную пелену его уединяет. Правое восхождение единственно восстановляет для художника реальность низшей действительности <...> (213–215).

С каким запасом познания нисходит он к той персти, глине, из которой должен лепить? С тем, опять-таки и прежде всего познанием, что самая эта глина — живая Земля, находящаяся в изначальном и природном соотношении с высшими и реальнейшими сферами бытия; что не должно и невозможно налагать на нее извне какую бы то ни было форму высшего закона, в ней самой не заложенного, или как данность, или как полярность, ищущая в нем своей восполнительной полярности. "Сама в перстах моих слагалась глина | В обличья стройные моих сынов" — говорит Промеθей, как творец человеческого рода в одной трагедии ("Сыны Промеθея", — Р. Мысль 1915, 1), потому что в этой персти, смешанной с прахом титанов, поглотивших предмирного младенца Диониса, еще живо было пламя растерзанного бога: "Моих перстов ждала живая персть..." Итак, высшим законом для нисходящего становится благоговение к низшему и послушание воле Земли, которой он приносит кольцо обручения с высшим, а не скрижаль сверхчувственных правд: только тогда творчество становится благовестием <...>

Итак, художник восходит до некоторой точки в сфере высших реальностей, переживание коих обусловливает впервые возможность интуиции, чтобы низойти затем к реальности низшей <...> В своем нисхождении художнику опять придется перейти через страну марев, но тут она для него уже безопасна, потому что он уже преодолел ее, преодолел на пути восхождения, как зеркальный соблазн чистого субъективизма. Напротив, теперь он намеренно замедлит в ней, чтобы создать из ее пластической туманности призраки — образцы своих будущих глиняных слепков. Эти, творимые им, бесплотные обличия — фантасмы или теневые "идолы", как сказали бы древние, — не имеют ничего общего с порождениями произвольной мечтательности: им принадлежит объективная ценность в той мере, в какой они ознаменовательны для открывшихся художнику высших реальностей и в то же время приемлемы для земли, как ближайшая к ней проекция ее душевности в идеальном мире. Эти, вызываемые художественными чарами, видения, суть аполлинийские видения, которыми разрешается дионисийское волнение интуитивного мига. Творчество этих призраков есть момент собственно мифотворческий; он заслуживает этого имени в той мере, в какой содержательно и прозрачно в нем откровение высших реальностей <...> (215–217).

For all the similarity between Ivanov's and M.'s treatment of the 'creative descent', there is a fundamental difference between their respective models of inspiration and creation. The subject of Ivanov's essay, in spite of the generality of its title, is the art of poetry; his meta-

phoric inventory, however, derives entirely from the field of visual arts.
M.'s ode, dealing, as has already been pointed out, with the relationship
between the Word and Time, develops the analogy between poetic struc-
tures and geological structures as records of the historical destiny of man
and Earth. In this respect, M.'s *Разговор о Данте* is the best commen-
tary to *GO*:

Структура дантовского монолога... может быть хорошо понята при
помощи аналогии с горными породами, чистота которых нарушена
вкрапленными инородными телами.

Зернистые примеси и лавовые прожилки указывают на единый сдвиг,
или катастрофу, как на общий источник формообразования.

Стихи Данта сформированы и расцвечены именно геологически. Их
материальная структура бесконечно важнее пресловутой скульптурно-
сти. Представьте себе монумент из гранита или мрамора, который в сво-
ей символической тенденции направлен не на изображение коня или
всадника, но на раскрытие внутренней структуры самого же мрамора
или гранита. Другими словами, вообразите памятник из гранита, воз-
двигнутый в честь гранита и якобы для раскрытия его идеи, – таким
образом вы получите довольно ясное понятие о том, как соотносится
у Данта форма и содержание (*РД* 1967 17).

Дант и его современники не знали геологического времени. Им были
неведомы палеонтологические часы – часы каменного угля, часы инфу-
зорийного известняка – часы зернистые, крупичатые, слойчатые (34–
35).

...камень как бы дневник погоды, как бы метеорологический сгус-
ток. Камень не что иное, как сама погода, выключенная из атмосфери-
ческого и упрятанная в функциональное пространство. Для того чтобы
это понять, надо себе представить, что все геологические изменения и
самые сдвиги вполне разложимы на элементы погоды. В этом смысле
метеорология первичнее минералогии, объемлет ее, омывает, одревли-
вает и осмысливает.

Прелестные страницы, посвященные Новалисом горняцкому, штей-
герскому делу, конкретизируют взаимосвязь камня и культуры, выра-
щивая культуру как породу, высвечивают ее из камня-погоды.

Камень – импрессионистический дневник погоды, накопленный
миллионами лихолетий; но он не только прошлое, он и будущее; в нем
есть периодичность. Он алладинова лампа, проницающая геологический
сумрак будущих времен.

(Compare Vjač. Ivanov's "Bel't", likewise influenced by Novalis, whom Ivanov
translated into Russian in 1914: Где не с лампадой рудокопа | Читаем Библию
времен, | Где силлурийского потопа | Ил живоносный обнажен, – || Оста-
лось в бытии, что было, – | Душа благую слышит весть, – | Окаменело и за-
стыло, | Но в вечно сущем вечно есть. | – *Cor ardens*, II, 180).

Соединив несоединимое, Дант изменил структуру времени, а может быть и наоборот: вынужден был пойти на глоссолалию фактов, на синхронизм разорванных веками событий, имен и преданий именно потому, что слышал обертона времени.

Избранный Дантом метод анахронистичен – и Гомер, выступающий со шпагой, волочащейся на боку, в сообществе Вергилия, Горация и Лукиана из тусклой тени орфеевых хоров, где они вчетвером коротают бесслезную вечность в литературной беседе, – наилучший его выразитель.

Показателями стояния времени у него являются не только круглые астрономические тела, но решительно все вещи и характеры (53–54).

GO, with its syncretism of subtexts from Ovid, Deržavin, and Lermontov, is, of course, itself a 'glossolalia' of synchronized voices. However, at this stage I am concerned not with the polyphony of *GO*, but with M.'s rejection of the romantic and symbolist principles formulated in Ivanov's "O granicax iskusstva". The symbolist notion of a spiritual vision (*видение*) depicted in words (*ut pictura poësis*) in accordance with a purely abstract and timeless aesthetic ideal, "the dream of creative fantasy" (*творческие сны*) is replaced in M.'s philosophy of poetic art by the notion of the verbal revelation and imperative dictated by the voices of memory (*обертона времени*) and determined by the model of the "Logos/Time" relationship which has been discussed earlier (p. 3 ff.):

Вообразите нечто понятое, схваченное, вырванное из мрака, на языке, добровольно и охотно забытом тотчас после того, как совершился проясняющий акт понимания–исполнения <...>

В поэзии важно только исполняющее понимание – отнюдь не пассивное, не воспроизводящее и не пересказывающее. Семантическая удовлетворенность равна чувству исполненного приказа (*РД* 6) <...>

Немыслимо читать песни Данта, не оборачивая их к современности. Они снаряды для уловления будущего. Они требуют комментария в Futurum.

Время для Данта есть содержание истории, понимаемой как единый синхронистический акт, и обратно: содержание есть совместное держание времени – сотоварищами, соискателями, сооткрывателями его.

Дант – антимодернист. Его современность неистощима, неисчислима и неиссякаема (*РД* 32).

The notion of poet as a visionary gives way to the notion of poet as the performer of a verbal task set by the internal voice:

Он преисполнен чувством неизъяснимой благодарности к тому кошничному богатству, которое падает ему в руки...

Секрет его емкости в том, что ни единого словечка он не привносит от себя. Им движет все что угодно, только не выдумка, только не изобретательство. Дант и фантазия – да ведь это несовместимо!.. Стыдитесь, французские романтики, несчастные incroyables'и в красных жилетах, оболгавшие Алигьери! Какая у него фантазия? Он пишет под диктовку, он переписчик, он переводчик... Он весь изогнулся в позе писца, испуганно косящегося на иллюминованный подлинник, одолженный ему из библиотеки приора.

Я, кажется, забыл сказать, что "Комедия" имела предпосылкой как бы гипнотический сеанс. Это верно, но, пожалуй, слишком громко. Если взять это изумительное произведение под углом письменности, под углом самостоятельного искусства письма, которое в 1300 году было вполне равноправно с живописью, с музыкой и стояло в ряду самых уважаемых профессий, то ко всем уже приложенным аналогиям прибавится еще новая – письмо под диктовку, списыванье, копированье.
<...> И когда уже написано и готово, на этом еще не ставится точка, но необходимо куда-то понести, кому-то показать, чтобы проверили и похвалили.

Тут мало сказать списыванье – тут чистописанье под диктовку самых грозных и нетерпеливых дикторов. Диктор-указчик гораздо важнее так называемого поэта (*РД* 50–51).

I have already outlined the various stages of the poetic process in terms of the thematic development of *GO* (pp. 44–45). It is now necessary to trace, in the light of what has just been said about M.'s philosophy of poetic art, the complex system of analogies which emerges from the network of horizontal parallelisms between the corresponding strophic constituents of the left and the right column (see the diagram on p. 39). It will be noted that the set of 'metaphors' in *GO* is, in fact, metaphoric only in the sense that it is based on the principle of similarity. These 'metaphors' retain their direct meaning, while their figurative meaning, if any, is inferred from comparison with their 'equivalents' elsewhere in the poem or in the subtexts. Since the ode is not symbol-oriented, and actually anti-symbolist in many respects, one may speak of the analogy as its pervasive semantic device, especially since M. himself uses this term in a relevant context of *Разговор о Данте*("аналогия с горными породами"). Such analogy is the main organizational principle of magic spells ("как у камня ничего не болело и не болит, так у раба божия X чтобы не болело" etc.). It is easy to observe that the left column of *GO* deals mainly with analogies to writing, whereas the right column deals with writing itself.

The first horizontal pair consists of strophes I and VI. Both contain the word *стык*, one of the key words of the poem: ₁Звезда с звездой — могучий стык; ₄₂Где каждый стык луной обрызган. The first junction, the junction of the stars, is the first and, hierarchically, the highest analogy to 'speech' and 'writing' in the poem. The former association is prompted by the Lermontovian subtext "И звезда с звездою говорит", directly referred to in the next line and used by M. also in "Koncert na vokzale" (publ. 1924): И ни одна звезда не говорит (in that poem, the cosmic union is achieved not by the stars, which are silent, but by music: Но, видит Бог, есть музыка над нами, | Дрожит вокзал от пенья аонид | И снова, паровозными свистками | *Разорванный, скрипичный воздух слит*). The ancient motif of the astral record, the Book of the Stars, has produced innumerable variants in the Russian poetry, from Baratynskij's звездная книга, through Bal'mont's Звезда лишь знак (*Сонеты солнца, меда и луны*) and Xlebnikov's Письмена черных ночей, доски судьбы (*Зангези*), to Nabokov's Признаюсь, хорошо зашифрована ночь, | Но под звезды я буквы проставил ("Слава"). The astrological associations of the image ("conjunction") are sufficiently obvious to be bypassed. The Kantian analogy between the stars and the categorical imperative, however, is supported here by line 52 (куда укажет голос) and by a number of other contexts, e.g.: А в небе танцует золото, | *Приказывает* мне петь ("Я вздрагиваю от холода...", 1911) and жестоких звезд соленые *приказы* ("Кому зима, арак...", 1922). Thus, the astral epiphany of *GO* is quasi-verbal, rather than visual, and "the powerful junction" of line 1 belongs to the semantic field of "command, instruction, sermon", so prominent in *GO* (concerning the source of the word *стык* and the association between the stars and psychostasia, see commentary to line 1; the ultimate meaning of the word is discussed in note to line 71).

The first junction is, therefore, a junction in the sky. The second junction, "splashed with moonlight on the surprised steep", is the top of the mountain, or the tip of a spire, or both (*каждый стык*), i. e. any junction uniting heaven and earth (cf. *крутые* козьи города and Еще гряда — овечьи церкви in strophe III, and the subtexts from Schiller and Slučevskij in 43—44). Lines 43—44 of strophe VI (На изумленной крутизне | Я слышу грифельные визги) are linked to lines 5—6 of strophe I (На мягком сланце облаков | Молочный грифельный рисунок) by a grammatical parallelism and a semantic contrast: 'visual image' vs. 'writing'. The contrast continues in lines 7—8 and 45—46:

Не ученичество миров, | А бред овечьих полусонок vs. Твои ли, память, голоса | *Учительствуют,* ночь ломая. The delirious vision of a "milky drawing" in strophe I is replaced in strophe VI by another slate tablet raised on high (see the quotation from "Slovo i kultura" on p. 3): a verbal manifestation of Logos on the mountain (cf. the Biblical and the New Testamental traditions, as well as Schiller's "Hymne an den Unendlichen" and Fet's "Gory").

It may be argued, of course, that "every junction" of strophe VI is the same "junction of the stars" that occurs in I. In fact, the word *крутизна* is calculatedly ambivalent, since it may refer both to the mountains and to the sky, while the delirious vision of lines 5–6 is conveyed through the image of milkily illuminated clouds (cf. Vjač. Ivanov's essay "Кручи" in *Записки мечтателей,* I, 1919, 103: ... никто из идущих не знает, что впереди и кручи ли в самом деле громоздятся, или мимо проплывают крутящиеся мороки...). However, the context of the words *крутой, крутизна, изумленный* in M.'s earlier pieces unequivocally supports my interpretation:

И поныне на Афоне
Древо чудное растет,
На крутом зеленом *склоне*
Имя Божие поет.   (1915)

В хрустальном омуте какая *крутизна*!
За нас сиенские предстательствуют *горы*
И сумасшедших скал *колючие соборы*
Повисли в воздухе, где шерсть и тишина.

С висячей лестницы пророков и царей
Спускается орган, Святого Духа крепость,
Овчарок бодрый лай и добрая свирепость,
Овчины пастухов и посохи судей.

Вот неподвижная земля, и вместе с ней
Я христианства пью холодный *горный* воздух,
Крутое Верую и псалмопевца роздых,
Ключи и рубища апостольских церквей.

Какая линия могла бы передать
Хрусталь высоких нот в эфире укрепленном,
И с христианских гор *в пространстве изумленном,*
Как Палестрины песнь, нисходит *благодать.*

(1919)

A further correspondence between the latter poem and ˉGO (овчарки) shall be considered in commentary to line 36. Here, in connection with the epithet крутой, one should note M.'s concealed bilingual paronomasia: крутое Верую = крутое *Credo.

The next pair of parallel strophes, II and VII, is linked by the common theme of inspiration (subliminal in II and conscious in VII), writing ("draft" in II, "firm record" in VII), and emotion ("fear" in II, "wrath" in VII). The speech-like purl (журчание) of a spring (II) corresponds to the articulate internal voice (VII); the song of the chiffchaff (II), to the singing of the arrows (VII); the milky lead as an instrument of writing (II), to the hard (черствый) slate pencil and the burning chalk (VII). The analogy between the geological processes and writing is the most salient feature of this horizontal strophic pair. The transition from the semantic field of 'weakness' to the semantic field of 'strength' should be considered in the light of Deržavin's subtext Тверже ль кремней человеки? ("К лире") and Mandel'štam's statement: Все стало тяжелее и громаднее, потому и человек должен стать тверже, так как человек должен быть тверже всего на земле и относиться к ней, как алмаз к стеклу. Гиератический, то есть священный, характер поэзии обусловлен убежденностью, что человек тверже всего остального в мире ("О природе слова", cf. the beginning of this passage, quoted on p. 23): The other semantic transition in this strophic pair, the transition from stupor to understanding, is emphasized by the parallelism of the first lines: $_9$Мы стоя спим в густой ночи — $_{49}$Мы только с голоса поймем. The imperfective aspect of the verbs in lines 9—13 (спим, журчит, пишет) is replaced by the perfective in lines 49—52 (поймем, поведем, укажет). On the other hand, the repeated imperfective пишет страх, пишет сдвиг (13) finds its parallel in the repeated imperfective меняю шум, меняю строй, with the case of the monosyllabic nouns shifting from the nominative to the accusative (55—56). An important grammatical and thematic affinity between II and VII is created by the adverbial shifters: $_{13}$здесь... здесь... — $_{50}$там, $_{52}$туда. The preterit in the subordinate clause of VII$_{50}$ (Что там царапалось, боролось) refers, i.a., to $_{13}$Здесь пишет страх, здесь пишет сдвиг (as well as to $_{29}$С иконоборческой доски; cf. $_{65-66}$ ...дневник | Царапин грифельного лета and the evocation of Deržavin's last poem in "Слово и культура" and "Девятнадцатый век": ...угроза, нацарапанная Державиным на грифельной доске; Державин на по-

роге XIX столетия нацарапал на грифельной доске несколько сти-
хов...).

The third pair of strophes, III and VIII, along with the median
strophe V, which does not participate in the vertical and horizontal
systems of parallelisms and oppositions, is characterized by the absence
of any reference to writing, or implements for writting. The theme of
poetry is represented in this pair only metonymically, as an extension,
and in terms, of its dominant social theme: strophe III deals with the
medium of the spoken poetic word ($_{23}$Воздуха прозрачный лес) and
its potential listener, the human society; strophe VIII, with the place
and function of the poet in this society. The dichotomy of social struc-
tures (*козьи города – овечьи церкви и селенья*, or, as M. described
it in "Гуманизм и современность", the "Egyptian" or "Assyrian"
vs. the "Gothic" type of "social architecture") is paralleled by the
double identity of the poet ($_{59}$Двурушник я, с двойной душой) and
his double vocation (see commentary to lines 60–64). Both strophes
form a single semantic field, but strophe VIII is marked by the transition
from the general to the particular (*все – я*) and from the product or im-
plement (*города, кремни, отвес*) to the producer or agent (*кровель-
щик, каменщик, корабельщик*; the association between the latter and
the "builder's plumb" is clarified by M.'s Pindaric fragment "Нашедший
подкову": Под соленою пятою ветра устоит *отвес*, пригнанный к
пляшущей палубе. | И *мореплаватель*, | В необузданной жажде про-
странства, | Влача через влажные рытвины хрупкий *прибор геомет-
ра*, | Сличит с притяженьем земного лона | Шероховатую поверх-
ность морей). The same transition from the general to the particular is
pronounced in the parallel lines 22 and 62: *Вода их учит – Учеником
воды проточной* (plural pronoun vs. singular noun). The parallel lines
17–20 and 57–60 are based on nominal sentences. The main clauses of
21–22 contain only the present tense (*проповедует, учит, точит*); the
subordinate clauses of 61–64, only the past tense (*называл, завязал*).
A grammatical parallelism and a semantic contrast are displayed by
$_{24}$*пресыщен* and $_{61/63}$*Блажен*. The only past perfective verb in the en-
tire poem, *завязал* (63), marks the synthesis of the dichotomy pervad-
ing these two strophes: Блажен кто завязал ремень | Подошве гор
на твердой почве.

In the final pair of parallel strophes, IV and IX, the theme of writing
and discipleship is augmented by the motif of the iconoclasm and of
'tactile verification' (which is an act of religious doubting and, at the

same time, a magic curative act): IV$_{29-30}$ С *иконоборческой* доски |
Стереть дневные впечатленья; IX$_{69-71}$ И я хочу *вложить персты* | В
кремнистый путь из старой песни, | *Как в язву*... The visual record
of the "daytime impressions", swept off the "iconoclastic board" in IV,
is transformed into a cosmic "diary" (*дневник* | Царапин грифель-
ного лета) in IX. Strophe IX solves also the opposition 'night' / 'day':
$_{65-66}$Кремня и воздуха язык | *С прослойкой тьмы, с прослойкой
света.* (It is interesting to compare M.'s solution of this romantic anti-
nomy with Lermontov's Byronic Ни день, ни ночь, — ни мрак, ни
свет!, on the one hand, and Goethe's Es wechselt Paradieseshelle | Mit
tiefer, schauervoller Nacht, on the other.)

Each of the two strophes under consideration contains three adver-
bial phrases of place, which manifest clear-cut directional oppositions:
IV $_{25}$*возле сот*, $_{29}$*с иконоборческой доски*, $_{31}$*с руки*; IX $_{70}$*в крем-
нистый путь*, $_{71}$*в язву*, $_{71}$*в стык*.

Just as strophes I and IX (the ring) are linked diagonally in terms of
our rectangular diagram (p. 39), so the other two diagonally opposed
marginal strophes, IV and VI, and the median strophe V contain certain
parallelisms, forming, as it were, the inner core of the ode. Strophes IV
and V are united by the common theme of the day that passed ($_{26}$День
пестрый, $_{34}$День бушевал, как день бушует) and the semantic fields
of the similes: $_{25}$Как *мертвый шершень*... $_{26}$...*выметен* с позором —
— $_{37}$Как *мусор*; $_{31}$как *птенца* –– $_{40}$как *звереныш*. A remarkable
recurrent sound pattern $_{25}$*Как мертвый шершень возле сот* | $_{37}$*Как
мусор с ледяных высот* emphasizes the semantic parallelism in these
lines. Moreover, the reiteration of the initial masculine rhymes of IV
(*сот – несет*) in the second hemistrophe of V (*высот – течет*) binds
these two strophes together in the same way as the anterior and the
posterior strophes of the left column are united (see p. 41). The or-
nithological metaphors are characteristic of strophes IV and VI: $_{27}$ночь-
коршунница несет $_{28}$Горящий мел, $_{31}$как *птенца*, –– $_{47}$...грифе-
ли... $_{48}$Из птичьих клювов вырывая. Strophes V and VI, completing
the sequence, are linked by the interstrophic enjambment, the reiter-
ation of sound patterns in *z* (V: *зрел, злых, изнанка, образов, зеле-
ных, звереныш*; VI: *ползет, обрызган, изумленной крутизне, визги*;
cf. also IV: *возле, позором, прозрачные*), and the derivational parono-
masia $_{33}$на*рывал*, $_{48}$вы*рывая*.

There remains one lexical reiteration to be accounted for. One of the
most important semantic elements of the ode, *горящий мел*, a meton-

ymy of writing and of the element of fire (M.'s metonymization of Lermontov's metaphor Из пламя и света рожденное слово), occurs twice: in strophe IV (left, even, posterior, marginal) and VII (right, odd, anterior, medial). This is the only totally aberrant syntagmatic recurrence in *GO*, since the correspondence between II_{16} and VIII_{62}, just as that between $I_{2,3,4}$ and $IX_{67,70,72}$, is accounted for in terms of the thematic and strophic ring (see pp. 37—38 and 45). However, this aberration is only apparent. A simple calculation shows that line 28, in which *горящий мел* occurs for the first time, is the golden section of the poem, i.e., it divides the poem in such a way that the ratio of the lesser and the greater part equals the ratio between the greater part and the total: $OA/OB = OB/OC = OC/OD = 0.678...$ Line 53, the thirteenth line of the right column, in which *горящий мел* occurs for the second time, is the golden section of the right column (the golden section of the left column, line 13, contains the thematic opposite of *горящий мел*: Здесь пишет *страх*). S.Èjzenštejn, in his theoretical work *Неравнодушная природа*,[6] has convincingly demonstrated the significance of the golden section (*sectio aurea*) as a compositional principle of Puškin's poetry. The poetry of Russian symbolism, likewise, offers numerous instances of the golden section as a means of compositional and semantic marking. Blok's poem "Вячеславу Иванову", for example, consists of nine quatrains and one five-line strophe: Был миг — неведомая сила, | Восторгом разрывая грудь, | Сребристым звоном оглушила, | Секучим снегом ослепила, | Блаженством исказила путь. The supernumerary line of this strophe, *Секучим* снегом ослепила, is the 16th line in a 41-line poem, i.e., the golden section. In A.Dobroljubov's "Песня из земли", the golden section breaks the pattern of the alternating feminine and masculine closes with a dactylic ending. Semantically, it is charged with a reference to the title of Dobroljubov's collection *Из книги невиди́мой*: Но дивной гармонии, размера *невиди́мого* | Исполнена песня из сердца земли (*Северные цветы*, 3, 1903, 112—113).

M., in his poetry ("Vek") and prose (a foreword to J.Romains' dramas), speaks of the golden measure, rather than the golden section. However, N.Ja.Mandel'štam mentions that he used to discuss "the golden section" with V.O.Nilender, the well-known translator and classical philologist.[7]

---

[6] *Избранные произведения*, III, M., 1964, 50—60.
[7] *Воспоминания*, N. Y., 1970, 241.

In overall terms, the composition of *GO* may be described as a conflict between the rectangular (left vs. right) descending system of parallelisms and oppositions and the ring-like, or ascending-descending system. The former (i.e., I–VI, II–VII, III–VIII, IV–IX) is completely consistent. The ascending-descending pattern I–IX, II–VIII, III–VII, IV–VI is broken by the total lack of correspondence between III and VII. In 1937, M. sacrificed the ascending-descending pattern altogether, along with lines 45–52, and preserved only the 'clasp' of the ring, the reiteration of strophe I in IX.

COMMENTARY TO *THE SLATE ODE*: SUBTEXTS AND CONTEXT

> Das Interesse der Einbildungskraft ist, ihre Gegenstände nach Willkür zu wechseln; das Interesse des Verstandes ist, die seinigen mit strenger Notwendigkeit zu verknüpfen. Sosehr diese beiden Interessen miteinander zu streiten scheinen, so gibt es doch zwischen beiden einen Punkt der Vereinigung...
>
> Das Schöne tut seine Wirkung schon bei der bloßen Betrachtung, das Wahre will Studium.
>
> *Schiller*

The title of the poem, "Грифельная ода",[1] is a reference to the last poem of Deržavin, written early in July, 1816:

> Река времен в своем стремленьи
> Уносит все дела людей
> И топит в пропасти забвенья
> Народы, царства и царей.
> А если что и остается
> Чрез звуки лиры и трубы,
> То вечности жерлом пожрется
> И общей не уйдет судьбы!

The meaning of the reference, which occurs also in M.'s essays "Слово и культура" and "Девятнадцатый век" (see above, pp. 53—54), becomes clear from Ja.Grot's commentary to the poem (Vol. III of the second Academy edition, 178—179):

> Эти стихи, вошедшие под принятым и нами заглавием ["Последние стихи Державина"] во все посмертные издания сочинений Державина, в первый раз напечатаны были, вскоре после смерти поэта, в *Сыне Отече-*

---

[1] An intermediate draft of the poem (March, 1923) was entitled "Грифель", according to N.I. Xardžiev's note (*Стих.*, 1973, 284).

ства 1816 г., ч. 31, № XXX, стр. 175, при заметке, которую прилагаем здесь... ''...За три дня до кончины своей, глядя на висевшую в кабинете его известную историческую карту: *Река времен* [''Рска времен, или эмблематическое изображение всемирной истории''. Она была составлена Страссом, директором гимназии в Клостербергене, и переведена с немецкого А.Варенцовым (см. *Журнал росс. Словесности* 1805, № 8). – Я.К.Грот], начал он стихотворение *На тленность,* и успел написать первый куплет.

Сии строки написаны им были не на бумаге, а еще на *аспидной доске* (как он всегда писывал начерно [Не всегда, а разве иногда. – Я.К.Г.]) и уже после смерти его положены на бумагу одним родственником. – Кончина его была тиха, подобно закату ясного солнца...''

Вскоре доска с последними стихами Державина была подарена его родственниками Императорской Публичной библиотеке, по усильной просьбе директора А.Н.Оленина (*Сын Отеч.* 1817, ч. 34, № 2, стр. 67). Там хранится она и поныне: ее всякий может видеть на стене, в отделении русских книг; но от начертанных на ней строк почти ничего уже не осталось...

In ''Девятнадцатый век'' (1922), M. described the historical and philosophical message of Deržavin's last poem in the following words: Здесь на ржавом языке одряхлевшего столетия со всей мощью и проницательностью высказана потаенная мысль грядущего — извлечен из него высший урок, дана его основа. Этот урок — релятивизм, относительность: а если что и остается...'' The slate tablet with Deržavin's words almost erased by time is itself an allegory of transience, but the poem inscribed on it, in spite of "the rusty language of the decrepit century," penetrates "the secret thought of the future" and thus paradoxically denies its own message. The absolute value of the poetic word *as such,* which resists the destructive flow of time by deriving from it mysterious and creative lessons, and becoming a permanent record of transience, is the major theme of *GO.* The very fact that a slate tablet is for M. a metonymy of the poetic draft, subject to changes and revisions,[2] paradoxically places this image into the semantic field of 'permanence': Черновики никогда не уничтожаются. В поэзии, в пластике и вообще в искусстве нет готовых вещей. <...> сохранность черновика — закон сохранения энергетики произведения (*RD* 1967 28–29).

---

[2] Cf. in "Юность Гете" (OM III 66): Большая грифельная доска на столе. Гете записывает мелком стихотворные строчки, стирает их губкой, снова пишет (based on *Dichtung und Wahrheit,* I, bk. 5). In a draft version of lines 47–48 (*Стих.,* 1973, 283), M. compared a cancelled draft to a stake supporting the grapevine: И виноградного тычка | Не стоит скормленное губкой.

GO contains no lexical elements actually taken from Deržavin's last poem (*времен – время* and *уносит – несет* are somewhat too general correspondences). Deržavin's *река времен* is represented in *GO* metonymically, as *проточная вода* and *вода голодная* (cf. *вечности жерлом пожрется*). The former metonymy may have been influenced by Xlebnikov's poem published for the first time in No. 4 of *Русский современник* (1924). M. may have had an opportunity to hear it from the author: Годы, люди и народы | Убегают навсегда, | Как *текучая вода*. || В гибком зеркале природы | Звезды невод, рыбы мы, | Боги призраки у тьмы.

The relationship between "Река времен" and the other obvious subtext of *GO*, "Выхожу один я на дорогу", presents another problem. M. persistently explored the last poems of various Russian poets ("Выхожу один...", written between May and July, 1841, was one of the last pieces by Lermontov, perhaps, the very last one). The reference to the draft of Fet's last poem, "Когда дыханье множит муки", in "Стихи о русской поэзии" (1931) follows the same pattern (Фета жирный карандаш). The sound texture of *GO* exploits the quasi-anagrammatic affinity between the first line of Deržavin's subtext and the second line of Lermontov's: Река в*ремен* в своем *стремленьи* and Сквозь туман *кремнистый* путь блестит (*кремнистый – стремленьи*). Thematically, M. blends in *GO* Lermontov's motif of poetic oblivion (...*забыться* и заснуть! | Но не тем холодным сном могилы) and Deržavin's motif of historical oblivion (И топит в пропасти забвенья).

STROPHE I

1. Звезда с звездой – могучий стык

The meaning of Lermontov's subtext "И звезда с звездою говорит", divided between this line and line 3 (*язык*), cosmic unity and order, has been discussed in brief on p. 51. This subtext is blended with several others and undergoes important semantic transformations. I shall first consider these additional subtexts and then the total context of the word 'star' in M.'s poetry.

The apparent source of the word *стык*, rather than *связь, звено, соединение, сплетение, сочетание*, etc., traditional in such contexts,[3] is Goethe's *Faust* (II:1, *ll.* 4642—3): Nacht ist schon hereingesunken, | *Schließt sich* heilig *Stern an Stern* (it is not impossible that this line has actually influenced Lermontov's "звезда с звездой"; in line 26, "день пестрый", M. uses another subtext of "Выхожу один...", Heine's "Der

---

   [3] Cf.: Я *связь миров* повсюду сущих (i. e., *nexus utriusque mundi*) (Державин, "Бог") ; Бесчисленных *миров* падет, изветхнув, *связь,* | Как холмы каменны, сорвавшись с гор высоких, | Обрушася падут во пропастях глубоких, — | Так *звезды* полетят, друг на друга валясь (Пнин, "Ода на Время") ; Sonnenstäubchen *paart* mit Sonnenstäubchen | Sich in trauter Harmonie, | Sphären ineinander *lenkt* die Liebe, | Weltsysteme dauren nur durch sie (Schiller, "Phantasie an Laura", developing Dante's theme "L'Amor che move il Sole e l'altre stelle"); Из пропастей эфира неземного, | Идет *к звену* блестящее *звено,*| Куя чертог, крепя сапфиры крова (Бальмонт, "Песня миров", *Сонеты солнца, меда и луны,* М., 1917; *ibid.*: Извечна *млечность* круглой высоты. | В ночной душе *звездятся* к небу *звуки,* cf. 5—8 of *GO*) ; Земля закована в небесное *звено* (*ibid.*, 32) ; Певучие ряды, *к звезде звезда* (*ibid.*, 34) ; Светло лететь по зову *звездных связей* (*ibid.*, 39) ; Звезды вечно с нами *слиты* ("Земля", *Литургия красоты*) ; Где долгий разговор ведет с звездой звезда ("Страна, которая молчит", *Солнечная пряжа,* М., 1921, 197; an obvious reminiscence of Lermontov) ; Воззвал ли Бог *миров* кочующих узоры | Иль призрак Имени, *сплетеньем* их творим, — | То свиток, манием развернутый моим (Лозинский, "Мысль", *Горный ключ,* 1916, 31; Kuzmin took issue with Lozinskij in the first poem of *Параболы*: Зодиакальным пламенем | Поля пылают, ‖ Кипит эфир, | Но все пересечения | Чертеж выводят | Недвижных букв ‖ Имени твоего) ; Огромные две звезды *соединялись* так близко; Юпитер с Венерой — с любовью мудрость [cf. the chiasm in line 4 of *GO*], и над Эльзасом стоит: *соединение в небе;* но на земле — разъединение (Белый, *На перевале,* Berlin—Pb.—М., 1923, 31) ; Я не ищу больного знанья, | Зачем, откуда я иду; | Я знаю, было там сверканье | *Звезды, лобзающей звезду* (Гумилев, "Credo", *Путь конквистадоров*) ; *Созвездья* благостно горят, | Указанные в зодиаке, | Планеты совершают *браки,* | Оберегая мой обряд (Кузмин, "Искусство", *Параболы,* 1923 [actually, Dec., 1922], 13. Another line of this poem, В колодце ль видны звезды, в небе ль?, foreshadows M.'s "star reflected in the black sweet water of a Novgorod well"); Звезду к звезде примкнул эфир, | Вихреобразный, крепче стали (Сологуб, "Широк простор, и долог путь", 1920).
   As a typical instance of feedback from M. to recent Russian translators of his foreign subtexts, one should mention S. Averincev's adaptation of Goethe's "Urworte. Orphisch": Со дня, как *звезд могучих сочетанье* | Закон дало младенцу в колыбели etc. The original reads: Wie an der Tag, der dich der Welt verliehen, | Die Sonne stand zum Grusse der Planeten, | Bist alsobald und fort und fort gediehen | Nach dem Gesetz, wonach du angetreten.

Tod, das ist die kühle Nacht," in Tjutčev's translation: a typical case of
M.'s tracing poetic images to their source).

Another subtext links the "junction of the stars" with the theme of
the flowing water and the union between heaven and earth: "Can you
bind the chains of the Pleiades, or loose the *cords* of Orion? | ... | Do
you know the ordinances of the heavens? Can you establish their rule on
the earth? | Can you lift up your voice to the clouds, that a flood of
waters may cover you? | Can you send forth lightnings, that they may go
and say to you, 'Here we are'" (cf. the Schiller subtext in line 46) "Who
has put *wisdom in the clouds,* or given *understanding to the mists*" (cf.
lines 5—8: На мягком сланце *облаков* | Молочный грифельный ри-
сунок — | *Не ученичество* миров, | А бред...), In the Russian version,
this obscure passage of the Book of Job is rendered differently, but the
meaning of the relevant first two verses remains the same: Можешь ли
ты *связать узел* Хима и разрешить *узы* Кесиль? (cf. the Vulgate:
"Nunquid *coniungere* valebis micantes *stellas* Pleiadas, aut *gyrum* Arcturi
poteris dissipare?") (*The Book of Job,* 38:31 ff.). The constellations
mentioned here were thought to affect seasons and produce clouds and
rains.

The "rainy Pleiades," a dense cluster of stars, which only a sharp eye
can distinguish from one another, are mentioned in M.'s early poem
В смиренномудрых высотах | Зажглись осенние плеяды. | И нету
никакой отрады, | И нету горечи в мирах. || Во всем *однообразный*
смысл | И совершенная свобода: | Не воплощает ли природа | Гар-
монию высоких числ?.. (cf. Tjutčev's Невозмутимый строй во
всем, | Созвучье полное в природе, — | Лишь в нашей призрачной
свободе | Разлад мы с нею сознаем and M.'s Я ненавижу свет | *Од-
нообразных* звезд). An apparent reference to the Pleiades ("a solitary
multitude of stars") occurs in a 1937 Voronež poem: Были очи острее
точимой косы — | По зегзице в зенице и по капле росы, — || И едва
научились они во весь рост | *Различать одинокое множество звезд*.

The phrase *одинокое множество* seems to derive from Vjač. Iva-
nov's "Спорады" (*По звездам,* 1909, 366, 367) :

> Вид звездного неба пробуждает в нас чувствования, несравнимые
> ни с какими другими впечатлениями внешнего мира на душу <...> Ни-
> когда живее не ощущает человек всего вместе, как множественного
> единства и как разъединенного множества...

An often-quoted hermetic poem by Vjač. Ivanov, a symbolist com-
mentary to Tjutčev's И в чуждом, неразгаданном, ночном | Он узна-

ет наследье родовое, establishes the occult bond between the imperative of the stars, the soul, the heritage of creative knowledge, and the river of time ("the tide of generations"): В ночи, когда со звезд Провидцы и Поэты | В кристаллы вечных форм низводят тонкий яд, | Их тайнодеянья сообщницы — Планеты | Над миром спящим ворожат. ‖ И в дрожи тел слепых, и в ощупи объятий | Животворящих сил бежит астральный ток, | И новая Душа из хаоса зачатий | Пускает в старый мир росток. ‖ И новая Душа, прибоем поколений | Подмыв обрывы Тайн, по знаку звездных Числ, | В наследье творческом непонятых велений | Родной разгадывает смысл. ‖ И в кельях башенных отстоянные яды | Преображают плоть, и претворяют кровь, | Кто, сея, проводил дождливые Плеяды, — | Их, *серп точа,* не встретит вновь. This poem, "Subtile virus caelitum", which precedes in *Cor ardens* I "Vitiato melle cicuta",[4] is not, strictly speaking, a subtext of *GO*. However, the ideas expressed in it partly determine the hermetic meaning of M.'s astral images and their association with the poetic Logos both in *GO* and in some other poems, especially "Кому зима, арак..." (Кому жестоких звезд соленые приказы | В избушку дымную перенести дано) and "Были очи острее точимой косы".

The meteorological association between the rise of the Pleiades and the whetting of the sickle or scythe ('harvesting iron') derives from Hesiod's *Labors and Days*: Лишь на востоке начнут восходить Атлантиды-Плеяды, | Жать поспешай; а начнут заходить — за посев принимайся. | На сорок дней и ночей совершенно скрываются с неба | Звезды-Плеяды, потом же становятся видными глазу | Снова в то время, как люди железо точить начинают (Veresaev's translation, *ll.* 383—387).

Vjač. Ivanov has also described very precisely that unity of the tradition and individual spiritual experience, which animates M.'s "astral" poetry:

> Внушение звездного неба есть внушение прирожденной и изначальной связанности нашей со всем, как безусловного закона нашего бытия, и не нужно быть Кантом или с Кантом, чтобы непосредственно воспринять это внушение ("Спорады", *По звездам,* 1909, 368).

---

4   On the significance of this poem (Мы, пчелы черных солнц, несли в скупые соты | Желчь луга — óмег и полынь) as a subtext of "Черепаха", see: К.Тарановский, "Пчелы и осы в поэзии Мандельштама", *To Honor Roman Jakobson,* III, 1967, 1977.

Sometimes M. used astral images as conventional symbols of the individual and historical destiny (Не вам, не вам обречены, | А звездам вечные народы). This aspect of the word *стык* deserves special comment. The period during which *GO* was written was generally believed at the time to be a period of 'junction', or an 'interval', both in terms of social history and in terms of literary history: the old had died, while the new had not yet been born. In 1923, Voronskij published a volume of literary and political articles entitled "На стыке", and Tynjanov composed his essay "Промежуток". M. wrote then: Европеизировать и гуманизировать XX столетие, согреть его телеологическим теплом, — вот задача потерпевших крушение выходцев XIX века, волею судеб заброшенных на новый исторический материк ("Девятнадцатый век"). For him, poetry itself was the junction of the stars of two centuries, and the sacrificial blood gluing together their broken vertebrae: Век мой, зверь мой, кто сумеет | Заглянуть в твои зрачки | И своею кровью склеит | Двух столетий позвонки?.. | Чтобы вырвать век из плена, | Чтобы новый мир начать, | Узловатых дней колена | Нужно флейтою связать.

As I have already said, the geological images in *GO* are analogies, and not symbols of the poetic word. The association between the star and the stone must, therefore, be established. This is provided by Goethe, whose geological theories ("Neptunism") are reflected in *GO* (cf. the references to the geological passages of *Wilhelm Meister* in "Путешествие в Армению", OM II 1966 190–191). Goethe's "Weltseele" in Vjač. Ivanov's interpretative translation (*Борозды и межи*, 1916, 327) reads:

А вы, мощные *кометы*, вы все дальше рветесь, в далекие дали, пересекая лабиринты солнц. Так, о *небесные силы*! овладеваете вы еще неоформленными мирами и зачинаете на них молодое творчество, чтобы они ожили в своем размеренном кручении и переполнились жизнью. Кружась сами и разверзая эфир, вы несете с собою подвижное цветение. *И камню в его глубочайших пластах предопределяете вы вечно устойчивую форму* (Und kreisend führt ihr in bewegten Lüften | Den wandelbaren Flor | Und schreibt dem Stein in allen seinen Grüften | Die festen Formen vor).

Novalis, to whom M. refers in *Razgovor o Dante* (*RD* 1967 53–54; cf. above, p. 48), offers another clue to this persistent association. The Hermit in *Heinrich von Ofterdingen* calls the miners' craft "astrology turned inside out":

"Ihr seid beinah verkehrte Astrologen", sagte der Einsiedler. "Wenn diese den Himmel unverwandt betrachten und seine unermeßlichen Räume durchirren: so wendet ihr euren Blick auf den Erdboden, und erforscht seinen Bau. Jene studieren die Kräfte der Felsen und Berge, und die mannigfaltigen Wirkungen der Erd- und Steinschichten. Jenen ist der Himmel das Buch der Zukunft, während euch die Erde Denkmale der Urwelt zeigt."

The Old Miner agrees:

"Die leuchtenden Propheten spielen vielleicht eine Hauptrolle in jener alten Geschichte des wunderlichen Erdbaus. Man wird vielleicht sie aus ihren Werken, und ihre Werke aus ihnen mit der Zeit besser kennen und erklären lernen. Vielleicht zeigen die großen Gebirgsketten die Spuren ihrer ehemaligen Straßen, und hatten selbst Lust, sich auf ihre eigene Hand zu nähren und ihren eigenen Gang am Himmel zu gehn. Manche hoben sich kühn genug, um auch Sterne zu werden, und müssen nun dafür die schöne grüne Bekleidung der niedrigern Gegenden entbehren. Sie haben dafür nichts erhalten, als daß sie ihren Vätern das Wetter machen helfen, und Propheten für das tiefere Land sind, das sie bald schützen bald mit Ungewittern überschwemmen."

(I. Teil, 5. Kapitel)

This passage is the obvious source of M.'s statement in *RD*: "Stone is the impressionistic diary of weather, accumulated through millions of years of trouble." However, for M., mineralogy and "astrology" are one: "...it is not only the past, but also the future: it has periodicity. It is Aladdin's lamp penetrating the geological dusk of time future."

The "delightful pages of Novalis," as M. described them, are more than casually relevant to the entire range of M.'s images of the poetic word and its twofold orientation, toward the past and toward the future: stone – akme – gothic spire or growing vertex of a plant – arrow – disembodied ray of light – star – shooting star waking earth from its sleep – talking stones inside Kaščej's sleepy mountain.[5]

At the first glance, it may appear that the subtexts of the first line of *GO* are far removed from its title. This is not so. In "Slovo i kul'tura," M. blends references to "Reka vremen" (Угроза, нацарапанная Державиным на грифельной доске) and to "Privratniku" (Кто поднимет слово и покажет его времени, ...будет вторым Иисусом Навином")

---

[5] See: O. Ronen, "Mandel'štam's Kaščej," *Studies Presented to Professor Roman Jakobson*, Cambridge, Mass., 1968.

(see   p. 4). "Privratniku" also contains a description of Deržavin's coat of arms (В моем звезда рукой держима), symbolic of the permanence of spirit: a hand holding a star above the clouds, with the device "Волей всевышнею держуся".

At this convenient juncture it is necessary to describe in brief the total context of M.'s astral imagery. Its ambivalence in terms of the semantic oppositions 'weak'/ 'strong', 'monotonously inarticulate'/ 'articulate', 'positive'/ 'negative', etc. has been noticed on numerous occasions.[6] N.Ja.Mandel'štam's *Vospominanija* (p. 215) contain an interesting recollection: По его [О. М.] примете, звезды приходят в стихи, когда порыв кончается или 'у портного исчерпан весь материал'. Гумилев говорил, что у каждого поэта свое отношение к звездам, вспоминал О. М., а по его мнению, звезды — это уход от земли и потеря ориентации. The words about the tailor who has run out of cloth are a reference to *Razgovor o Dante*: ...какая была необходимость приравнивать близящуюся к окончанию поэму к части туалета — *'gonna'*, — а себя уподоблять портному, у которого — извините за выражение — вышел весь материал (in Dante's *Commedia*, the stars appear in the last verse of each of the three parts; hence M.'s association). The second sentence of N.Ja.M. is not quite clear. I assume that the opinion quoted (*по его мнению*) is that of Gumilev, whose "Zvezdnyj užas" expresses precisely the idea of forsaking the earth for the inaccessible alien stars: ...время | Прежнее, когда смотрели люди | На равнину, где паслось их стадо, | На воду, где пробегал их парус, | На траву, где их играли дети, | А не в небо черное, где блещут | Недоступные чужие звезды.

In any case, the conversation reported by N.Ja. took place much later, in 1937. In the poem written during that year, some astral images belonged to the 'positive' semantic field: Звездным рубчиком шитый чепец — | Чепчик счастья; А ты в кругу лучись — | Другого сча-

---

[6] E. g., Лидия Гинзбург, *О лирике*, изд. 2-е, Л., 1974, 359; Ю.И.Левин, "Разбор одного стихотворения Мандельштама", *Slavic Poetics. Essays in honor of Kiril Taranovsky*, The Hague, 1973, 268; Ю.И.Левин, Д.М.Сегал, Р.Д.Тименчик, В.Н.Топоров, Т.В.Цивьян, "Русская семантическая поэтика как потенциальная культурная парадигма", *Russian Literature*, 7–8, § 10; O.Ronen, "A Beam Upon the Axe," *Slavica Hierosolymitana*, I, 1977, 162. Cf. G.I.Sedyx's polygenetically plagiaristic attempt with inadequate means "Опыт семантического анализа 'Грифельной оды' Мандельштама", *Научные доклады Высшей школы. "Филологические науки"*, № 2, 1978, 16.

стья нет — | И у звезды учись | Тому, что значит свет; Выздорав-
ливай же, излучайся, | Волоокого неба звезда; at the same time, M.
replaced the last strophe of "Ja vzdragivaju ot xoloda", 1912, Что, если,
над модной лавкою | Мерцающая всегда, | Мне в сердце длинной
булавкою | Опустится вдруг звезда (note the 'acmeistic' paraphrase
of Tjutčev's Лучи к ним в душу не сходили) by a frightening new
version: Что, если, вздрогнув неправильно, | Мерцающая всегда, |
Своей булавкой заржавленной | Достанет меня звезда? Two inter-
related subtexts underlie this revision. One is strophe 15 of Baratynskij's
"Osen'", reverberating with the catastrophic tidings of Puškin's death:[7]
Пускай, *приняв неправильный полет* | И вспять стези не обретая, |
Звезда небес в бездонность утечет, | Пусть заменит ее другая; | Не
явствует земле ущерб одной, | Не поражает ухо мира | Падения ее
далекий вой, | Равно как в высотах эфира | Ее сестры новорожден-
ный свет | И небесам торжественный привет. The other is Apollon
Grigor'ev's "Kometa": Когда средь сонма звезд, размеренно и строй-
но, | Как звуков перелив, одна вослед другой, | Определенный
путь свершающих спокойно, | Комета *полетит неправильной чер-
той,* | Недосозданная, вся полная раздора, | Невиданных стихий
неистового спора, | Горя еще сама и на пути своем | Грозя иным
звездам стремленьем и огнем, — | Что нужды ей тогда до общего
смущенья, | До разрушения гармонии?.. Она | Из лона отчего, из
родника творенья | В созданья стройный круг борьбою послана, |
Да совершит путем борьбы и испытанья | Цель очищения и цель
самосозданья. The keen ear of M., always sensitive to echoes and sub-
texts in the poetry of his predecessors, perceived in "Kometa", the last
line of which he quoted in a fragmentary draft dated 1932 (*RD* 1967 82),
what to the best of my knowledge no literary scholar or critic had no-
ticed:[7a] an answer to Baratynskij's tragic image of isolation, disharmony,
and death. Baratynskij's star and Grigor'ev's comet are symbols of indi-
vidual destiny itself; M.'s star, the cause and the portent of such a des-
tiny; but the notion of the irregular flight, irregular streak, irregular quiv-

---

[7] See I.M.Semenko's penetrating analysis of "Osen'" in *Поэты пушкинской
поры*, M., 1970, 267—275.
[7a] P.P.Gromov and B.O.Kosteljanec identified the obvious reference to
Puškin's беззаконная комета ("Портрет"), but not the second prong of Grigor'-
ev's double allusion (Аполлон Григорьев, *Избранные произведения*, "Библио-
тека поэта", Б. С., Л., 1959, 34, 524—527).

er, tragically aimless in Baratynskij, tragically purposeful in Grigor'ev, senselessly and accidentally cruel as blood poisoning in M., is the same.

"Ja vzdragivaju ot xoloda", revised in 1937, was one of the first items in the 'star' context of M. the acmeist (the earlier 'astral poems,' of which I shall speak later, were never included in *Kamen'*). Together with its twin poem, "Я ненавижу свет | Однообразных звезд", it expressed the reciprocal and mutually opposed nature of the stellar and the tellurian influences, symbolically united in the sign of the Macrocosm. In the first poem, the "dancing gold in the sky" which forced the artist to create against his own will was, in 1912, identified with the fashionable long hat pin (hence: модная лавка) of amorous (*L'amor che move*) inspiration (Люби, вспоминай и плачь), dangerous (Здесь — я любить боюсь) but tempting. The lyrical motifs of Blok's *Neznakomka* (Весть о паденьи светлейшей звезды) and *Balagančik* (cf. *Какая беда стряслась!* and Blok's И мы пели на улице сонной: | "Ах, *какая стряслась беда!*" | А вверху — над подругой картонной — | Высоко зеленела *звезда*) were clearly perceptible in spite of the multiplicity of other subtexts (Tjutčev, Turgenev, and even H.G.Wells). In 1937, the eternal flickering of the star (мерцающая всегда) was replaced by a single "irregular flinch," and the star beam became a "rusty pin" as repulsive as the omens and events of that lethal year. In a similar way M. transformed in 1937 also another of his earlier star images. Звезд *булавки* золотые of "Mne xolodno. Prozračnaja vesna" (1916) became: И висят городами украденными, | Золотыми обмол*в*ками, ябедами — | Ядовитого холода ягодами — | Растяжимых созвездий шатры — | Золотые созвездий жиры.[8]

In the other poem of 1912, "Ja nenavižu svet", the pointed spire of the gothic cathedral and the "arrow of a living thought" answered the hateful challenge of the stars by "wounding the empty breast of the sky" with a "thin needle."[9] During the same year, M. created the image of

---

[8] Cf. another interpretation of the "autometadescriptive" *обмолвки*, by M.Lotman ["О соотношении звуковых и смысловых жестов в поэтическом тексте", *Семиотика текста. Труды по знаковым системам*, XI (= *Acta et commentationes Universitatis Tartuensis*, 467), Tartu, 1980, 106], quoted in: Ю.Левин, "Заметки о поэзии М-ма тридцатых годов", II ('Стихи о неизвестном солдате') ", *Slavica Hierosolymitana*, IV, 1979, 198.

[9] See my paper in *Slavic Poetics. Essays in honor of Kiril Taranovsky*, 1973, 368–369.

the weak, milky stars (...и чем я виноват, | Что *слабых звезд* я ощу-
щаю *млечность*), which would return in 1922, in the chaotic universe of
the second "Senoval" poem:[10] Я дышал звезд млечных трухой, |
Колтуном пространства дышал.

In 1913 the 'star' vs. 'earth' opposition was replaced in M.'s poetry
by the opposition between the stars as the token of universal harmony and
cosmic inspiration (+) and the delirious mist of everyday events recollect-
ed in the creative memory as symbolic abstractions (–). The actual tran-
sition takes place in the poem in which two images of the stars belong to
two opposed semantic fields: ...Дев полуночных отвага | И *безумных
звезд* разбег, | Да привяжется бродяга, | Вымогая на ночлег. ‖ Кто,
скажите, мне сознанье | Виноградом замутит, | Если *явь* — Петра
созданье, | Медный всадник и гранит? ‖ ... ‖ И гораздо *глубже бре-
да* | Воспаленной головы | *Звезды, трезвая беседа*... In another
poem of 1913, the opposition is more obvious: Отравлен хлеб и воздух
выпит. | Как трудно раны врачевать! | Иосиф, проданный в Египет, |
Не мог сильнее тосковать! ‖ *Под звездным небом* бедуины, | За-
крыв глаза и на коне, | Слагают вольные *былины* | *О смутно пере-
житом дне*.[11] ‖ Немного нужно для наитий: | Кто потерял в песке
колчан, | Кто выменял коня — *событий* | *Рассеивается туман*; | И
если подлинно поется | И полной грудью — наконец | *Все исчезает:
остается* | *Пространство, звезды и певец!*

There are obvious parallels between the latter poem and *GO*: the
theme of art as cure; the memories of the day dispersing with the onset
of the true inspiration; and, finally, the image of the upright figures with
closed eyes under the starry sky: Под звездным небом бедуины, | За-
крыв глаза и на коне... — Мы стоя спим в густой ночи | Под теплой
шапкою овечьей.

In strophe I of *GO*, M. firmly differentiates the semantic field of
'strength, consciousness' (lines 1–4) from that of 'weakness, unconscious-

---

[10] See Kiril Taranovsky's studies of the 'Hayloft Poems': "O zamknutoj i ot-
krytoj interpretacii poètičeskogo teksta," *Amer. Contr. to the VII Intern. Congress
of Slavists,* Vol. I, 1973, 333–360; Chapter II of *Essays on Mandel'štam,* Harvard
UP, 1976, 21–47. There are many references to contemporary poetry in "Senoval":
e.g., to Èrenburg's *Раздумья* (Лиру разбил о камень севера, | Косматым ру-
ном оброс), and the key to the hierarchy of the subtexts of these extremely diffi-
cult poems is to be found, I think, in *Сестра моя жизнь.*

[11] Cf. Lermontov's "Spor": Бедуин забыл наезды | Для цветных шат-
ров | И поет, считая звезды, | Про дела отцов.

ness' (5–8): the powerful junction of the stars, the source of the strong and unifying cosmic feeling, is opposed to the milky drawing on the soft slate of the clouds, the timid delirium of drowsy sheep. The clouds, *GO*'s equivalent of Lermontov's mist, receive the epithet that used to characterize the stars in M.'s earlier poems: млечный > молочный.

A metaphysical dimension is added to our understanding of the "star junction" by two early, purely symbolist poems, written by M. in 1911 and not included in *Kamen'*: Душу от внешних условий | Освободить я умею: | Пенье-кипенье крови | Слышу — и быстро хмелею. || *И вещества, мне родного,* | Где-то на грани томленья, | *В цепь сочетаются снова* | *Первоначальные звенья.* || Там в беспристрастном эфире | *Взвешены сущности наши —* | *Брошены звездные гири* | На задрожавшие чаши. || И в ликованьи предела | Есть упоение жизни — | *Воспоминание тела* | *О неизменной отчизне*; Я знаю, что обман в видении немыслим, | И ткань моей мечты прозрачна и прочна; | Что с дивной легкостью мы, созидая, числим | И достигает звезд полет веретена. || Когда, овеяно потусторонним ветром, | Оно оторвалось от медленной земли, | И раскрывается неуловимым метром | Рай — распростертому в уныньи и в пыли. || Так ринемся скорей из области томленья | По мановению эфирного гонца — | В край, где слагаются заоблачные звенья | И башни высятся заочного дворца! || Несозданных миров отмститель будь, художник, — | Несуществующим существованье дай; | Туманным облаком окутай свой треножник | И падающих звезд пойми летучий рай! The main subtext of the first poem is Plato's *Timaeus*, 41–43: "...into the cup in which he had previously mingled the soul of the universe he [the creator] poured the remains of the elements, and mingled them in much the same manner... And having made it he divided the whole mixture into souls equal in number to the stars, and assigned each soul to a star; and having there placed them as in a chariot, he showed them the nature of the universe, and declared to them the laws of destiny... He who lived well during his appointed time was to return and dwell in his native star... His children heard and were obedient to their father's word, and receiving from him the immortal principle of a mortal creature, in imitation of their own creator they borrowed portions of fire, and earth, and water, and air from the world, which were hereafter to be restored — these they took and welded them together, not with indissoluble chains by which they were themselves bound, but with little pegs, ...making out of all the four elements each separate body, and fastening the courses of the immortal soul in a body which was in a state of perpetual influx and efflux."[12] This Platonic notion (often quoted by the representatives of Russian Symbolism in the Latin version: "Animas nostras partes esse caeli." – Plin. *Nat. Hist.* II.XXVI) is combined in M.'s poem with the Homeric motif of psychostasia: Взвешены сущности наши – | Брошены звездные гири. Thus, M. identified *eidola* with the essences (*сущности*) and the astral substance, recreated from the base elements by the unifying act of spiritual ecstasy.

In the second poem, Plato's subtext (the antipoetic diatribe and the description of Ananke's spindle in *Repub.* X) is treated polemically by being conducted through other subtexts, the most important of which are Puškin's "Poètu" and "Otcy-pustynniki", and Baratynskij's "Tolpe trevožnyj den' priveten...". Contextually, this poem is very close to "Otčego duša tak pevuča", inspired apparently by the reading of Andrej Belyj's "Pesn' žizni" in *Arabeski* (1911). Along with anti-Nietzschean "Rakovina" (1911), it represents one of the earliest of M.'s "defenses of poetry."

The selection of Puškin's poems as subtexts counterposed to Plato is motivated, besides thematic considerations, by a fortuitous anagram perceived, no doubt, by M. in the lines Ты им доволен ли, взыскательный художник? || Доволен? Так пускай *толпа* его бранит, and, in fact, the anti-poetic arguments of Puškin's mob in "Poèt i tolpa" are those of Plato. Thus also "Rakovina", directed against "Von den Dichtern", contains an anagram: ...ты оценишь | Ненужной раковины ложь (*оценишь – Ницше*).

M.'s early astral theme has another important aspect. In his essay "O sobesednike" (1913), the link between the poet and the "ideal reader" is compared to an exchange of communications between two planets: Скучно перешептываться с соседом. Бесконечно нудно буравить собственную душу (Надсон). Но обмениваться сигналами с Марсом — конечно, не фантазируя — задача, достойная лирического поэта... Быть может, для того, чтобы эти строки [Sologub's poem "Drug moj tajnyj, drug moj dal'nyj"] дошли по адресу, требуются те же сотни лет, какие нужны планете, чтобы переслать свой свет на другую планету.

---

[12] B.Jowett, *The Dialogues of Plato,* III, Oxford, 1924. Russian translations of *Timaeus* which M. may have used (Karpov, 1879; Malevanskij, 1882) are not available to me.

This is, then, another meaning that M. attributes, by blending it with Sologub's "Drug moj tajnyj" and Fet's "Ugasšim zvezdam", to Lermontov's "I zvezda s zvezdoju govorit". Eventually, the "fantasy" of interplanetary communication found its way into the late Symbolist verse, e.g., Bal'mont's "On", Brjusov's "Molodost' mira" (А сколько *учиться* — пред нами букварь еще! | *Ярмо на стихи наложить не пора ли,* | Наши зовы *бросить на планету* товарищу...), and especially his "Pou sto" (*Dali,* 1922), which I shall quote in part, because strophe I of *GO* contains a veiled argument against it: Ты ль пригоршнями *строфы* по радио, | Новый орфик, *на Марс,* готовишь? | Но короче аркан, — земной радиус: | Вязнешь по-пояс в прошлом, то-бишь! || Этот стих, этот вскрик — отзвук: выплакать | *Страх,* что враг камень в лоб загонит, | Черепка *скрип на сланце,* а вы — плакат | Там в межзвездном, — Lux-Zug, — вагоне! || Бедный *бред,* что везде *скреп* Эвклидовых | Тверд устой... || ...Смысл веков не броженье ль во лжи пустой! Время, место — мираж прохожий. For M., of course, it is not time, place, and history, but Brjusov's образы изменчивых фантазий, бегущие, как в небе облака, that are an empty mirage: Не ученичество миров, | А бред овечьих полусонок, and Brjusov's advice to "jettison the load of truth" (пробил час, где б выкидывать истин груз) is for him another symptom of the new cultural barbarism. Brjusov must have noticed these implications of *GO*; otherwise it is difficult to explain the incredibly ill-mannered and absurd criticism to which he subjected *GO* in *Pečat' i revoljucija,* 1923, No. 6, 66.

The image of the stars in *GO,* as I have attempted to demonstrate, is more polysemous and more broadly polygenetic than in any other poem of M.'s later periods. In this, and only this, sense, it is possible to speak of the resurgence of early M. the symbolist in the "Ode" (a similar situation is observed in Gumilev's later art). In the poems of *Tristia* and later, although the total context of M.'s astral imagery retains its early semantic and "pragmatic" dichotomy ('strong'/'weak'; 'just'/'unjust'; 'good'/'evil'), its symbolic meaning is stabilized within the more common cultural tradition (the doctrine of "influences"; Kant's famous dictum) and can be identified with 'fate' and 'moral imperative.'[13]

This meaning is generally preserved during the Voronež period in the stellar images of world conscience and justice (Волоокого неба *звез-*

---

[13] See: "A Beam Upon the Axe: Some Antecedents of Osip Mandel'štam's 'Umyvalsja noč'ju na dvore," *Slavica Hierosolymitana,* I, 1977, 160–162, 175.

да = Astraea), although it is significant that, in 1937, the initial symbolic vacillation of the image returns along with Lermontovian subtexts and the revival of the theme of "O sobesednike" in "Stixi o neizvestnom soldate".[14]

2. Кремнистый путь из старой песни

At the level of the text, strophe I shatters the elementary association 'stars' – 'Milky Way' by redistributing its elements vertically: *звезда с звездой* – кремнистый *путь* – на мягком сланце облаков *молочный* грифельный рисунок.

The sound texture of the end of line 1 and the beginning of line 2 forms the figure of anadiplosis (or, according to the terminology established in O.M.Brik's "Zvukovye povtory", 1919, *стык*) : ...*могучий стык* / *К*ремнистый путь... This is a specimen of M.'s iconic structures at two subtextual levels, pointing at Lermontov's syllabic palindrome not listed by Brik: кремнистый *путь* – *пустыня*.

In general, successive drafts of *GO* reveal a gradual gemination of subtexts. M. moves from purely Deržavinian frame of reference (кремнистых гор созвать Ликей, deriving from Deržavin's бугры кремнисты, кремнистый холм... гора с богатствами, скала кремнистая, etc., and Puškin's Deržavin-inspired с холмов кремнистых водопады and обломок гор кремнистых of the Lycean period) to Batjuškov's, Žukovskij's, and Tjutčev's "mountain vineyards." Then the subtexts multiply further, till, in the final draft, M. takes hold of Lermontov's subtext: the stars above and the flinty path below.

In "Koncert na vokzale" (publ. 1924), Lermontov's stellar harmony was polemically abolished by M. for the sake of Gogol's "music" as the only true source of unity in the dying "starless" 19th century, the age of the railroad, Baratynskij's "age proceeding along its track of iron," Polonskij's "century of space without the heavens," and Blok's "nineteenth century, the iron age." M. mourned the passing of that century in "Koncert na vokzale": music and the locomotives' whistles met "for the last time" at its funeral feast.

In *GO*, the theme of "Vyxožu odin ja na dorogu" is reinstated and overtly identified: Lermontov's stars are again the source of "powerful"

---

[14] See Ju.I.Levin's study of "Verses About the Unknown Soldier" and my supplementary note in: *Slavica Hierosolymitana*, IV, 1979.

harmony (могучий стык), and the path of the poet in the new age is
the flinty path of Lermontov.

The relationship between Deržavin's "Reka vremen" and Lermon-
tov's кремнистый путь has been outlined earlier (p. 61; cf. note to
lines 15—16). The passage from "Slovo i kul'tura", quoted in full on p. 3,
provides an additional link between the two subtexts, as well as a clue to
M.'s interpretation of Lermontov's image: Как трубный глас звучит
угроза, нацарапанная Державиным на грифельной доске. Кто под-
нимет слово и покажет его времени, как священник евхаристию —
будет вторым Иисусом Навином. Нет ничего более голодного, чем
современное государство, а голодное государство страшнее голод-
ного человека. Сострадание к государству, отрицающему слово, —
общественный путь и подвиг современного поэта.[15] The meaning of
these words is that the lonely sacrificial path of Russian poetry, кремни-
стый путь из старой песни, the mission of Lermontov's "Prorok" and
the wistful longing of his "Poèt", rather than the choice of "Vyxožu
odin", is to be continued in the 20th century because "the word is flesh
and bread, and shares their suffering," and because "the hungry state,"
terrible as it is, nevertheless "totally depends on culture" which alone
"insures it" against being devoured by an even hungrier predator, Der-
žavin's "time." The theme of "Vyxožu odin" is, therefore, ultimately
reversed in *GO* in favor of Lermontov's other aspiration, not Я б хотел
забыться и заснуть, but Проснешься ль ты опять, осмеянный про-
рок: the dense night and oblivion of strophes I—IV are replaced by the
state of total awareness in VI—IX and the conscious testing of the reality
of the flinty path: И я хочу вложить персты | В кремнистый путь из
старой песни. The acceptance of the kenotic "Via dolorosa" of the
suffering word (all of these metaphors must be understood in terms of
M.'s consistent "Russian nominalism, i. e., the notion of the reality of

---

[15] Cf. Vjač. Ivanov's poem "Sacra Fames" (*Cor Ardens*) and the final pass-
ages of his essay "Копье Афины" (*По звездам*, 52—53): Утверждая безуслов-
ную свободу художественного творчества, мы — индивидуалисты в сфере
эстетической <...> Несправедливо обвинять так настроенных в принципиаль-
ной защите личного или социального эгоизма, и индифферентизма общест-
венного. Они волят не своего и частного, а общего и сверхличного; и ничто
из общего и соборного не может быть им чуждо. Правда, они неподкупны в
своих оценках: они знают цену хлеба, и знают цену Слова. Но разве должно
не знать последней, чтобы пожалеть народ, не евший целых три дня?

word as such") and the unwillingness to escape from it into poetic obliviousness (родной звукоряд of the second "Senoval" poem) is the fundamental social message of *GO*.

The meaning of the words из старой песни has nothing to do with the musical rendering of Lermontov's poem, or with "everyday life, rather than literary tradition."[16] It is a modification (perhaps by analogy with "Из песни слова не выкинешь") of the idiomatic expression *старая песня* 'the same old story,' or *старая песня, пета бяху* ('одно и то же', according to Dal'), or *старая песня на новый лад,* and should be interpreted in the total context of such expressions in M.'s poetry, which lack any pejorative sense because what is reiterated becomes poetry: И снова скальд чужую песню сложит | И как свою ее произнесет; Онегина старинная тоска; Все было встарь, все повторится снова, | И сладок нам лишь узнаванья миг (cf. Axmatova's "блаженство повторенья", Gumilev's and M.'s "радость узнаванья", and M.'s "глубокая радость повторения"[17]); Старинной песни мир, коричневый, зеленый, | Но только вечно-молодой (here M. indeed refers to music: Schubert's *Lieder*); Я не знаю, с каких пор | Эта песенка началась, etc. The double sense of M.'s старая песня may be compared to the twofold meaning of the same expression in Fet's "Шарманщик": И — старая песня! — с тоской | Мы прошлое нежно лелеем.[18]

3. Кремня и воздуха язык

This is the beginning of a series of analogies between poetic and geological structures.[19] In Chapter XI of *Razgovor o Dante* (quoted on

---

[16] Г.Левинтон, "К проблеме литературной цитации", *Материалы XXVI научной студенческой конференции. Литературоведение. Лингвистика,* Тарту, 1971, 53; Г.Седых, *op. cit.,* 16–17.

[17] "Эпические мотивы" (1913); *Письма о русской поэзии,* XXV (1912), "Я слово позабыл, что я хотел сказать" (1920); "Слово и культура" (1921).

[18] I am grateful to Irena Ronen for bringing to my attention this parallel, as well as V.Xodasevič's pertinent observation: Новое время не только требует новых песен; оно по-новому слушает старые. Перемещаясь во времени, песня меняет цвет ("О Чехове", 1929; *Литературные статьи и воспоминания,* Н.-Й., 1954, 130).

[19] Before *GO,* M.'s stable associations were between poetry and architecture, not "wild stone." The immediate impetus for a discovery of the new range of "stone" analogies may have been provided by Xlebnikov's *Zangezi* (1922):<...> каменные листы основной породы <...> углы каменных книг подземного читателя.

p. 48), following Goethe (especially *Italienische Reise,* which provided subtexts for many of M.'s poems, including "Priroda – tot že Rim i otrazilas' v nem") and Novalis, M. described the language of stone as a record of meteorological history. In "V ne po činu barstvennoj šube" (1925), the history of the 19th century is seen as "stable weather"; <...> я хочу окликнуть столетие, как устойчивую погоду, и вижу в нем единство непомерной стужи <...> (cf. "Шаги командора": Из непомерной стужи). ...Константин Леонтьев... более других склонен орудовать глыбами времени. Он чувствует столетия, как погоду... Finally, in a poem written during the same year as *GO,* M. speaks about the language of cobbles as the record of human history: Язык булыжника мне голубя понятней, | Здесь камни – голуби, дома как голубятни, | И светлым ручейком течет *рассказ подков* | *По звучным мостовым* прабабки городов (cf. Goethe's *Römische Elegien* I: "Saget, Steine, mir an! o Sprecht, ihr hohen Paläste! | Straßen, redet ein Wort! .." and the poem by the unanimist G.Chenevière, translated and published by A.Èfros in *Современный запад,* IV, 1923: Народ, ступающий тяжко *по булыжнику улиц,* | ... | Народ, ступающий тяжко по земному покрову, | *Как по странице, где чертят ежечасно твою историю* | Все гвозди твоих *подошв*).

Later, in 1930, the "book-like earth" appears in "Armenija" XII–XIII and the variant of the latter: ...и уже никогда не раскрою | В библиотеке авторов гончарных | Прекрасной *земли пустотелую книгу,* | *По которой учились* первые люди; Лазурь да глина, глина да лазурь, | Чего ж тебе еще? Скорей глаза сощурь, | Как близорукий шах над перстнем бирюзовым, | *Над книгой звонких глин, над книжною землей,* | *Над гнойной книгою,* над глиной дорогой, | *Которой мучимся как музыкой и словом*; Колючая речь араратской долины – | Дикая кошка – армянская речь – | *Хищный язык городов глинобитных –* | Речь голодающих кирпичей... .

The theme of the painful and predacious "book-like earth" and its "wild-cat language" in the Armenian cycle is a further development of the association created in "Jazyk bulyžnika," with its image of the hurt lion-cub, between the stones of Paris, human martyrdom, and the suffering word (hence the possible New Testamental allusion of *голубя понятней*: просты как голуби, simplices sicut columbae, *Mt.* 10:16). The association is rooted subtextually in Börne's tribute to Paris, reported by Heinrich Heine: Hier sprechen die Steine und singen die Bäume, und so ein Stein hat mehr Ehrgefühl und Gottes Wort, nämlich die Märtyrgeschichte der Menschheit, weit eindringlicher, als alle Professoren zu Berlin und Göttingen (*Ludwig Börne,* III. Buch).

In *GO, kremen'* stands also for the supreme ethical virtue of poetry: Гиератический, т. е. священный, характер поэзии обусловлен убежденностью, что *человек тверже всего остального* в мире (''О природе слова''; cf. p. 53). The source of this meaning is found in *Isaiah* 50:7: ...Я держу лицо Мое, как *кремень,* и знаю, что не останусь в стыде. According to a traditional interpretation, flint symbolizes here the determination of the Servant of the Lord.[20]

In M.'s translation of a poem by R.Schickele (published in *Molodaja Germanija,* Xar'kov, 1926), *flint* is used as a metaphor for noble ambition: Учитесь, люди, умирать геройски, | Чтобы других вскормила тень вашей смерти. | Навстречу неизбежности, навстречу богу-духу, | Которому граним громады слов, | Образы-глыбы... | Свобода: *честолюбия кремень,* | Сил зажигательница, | Страсти будительница... | Дорогу красоте, | Что вызвездит из жажды, | Как крупная, вечерняя звезда... | Кто служит совершенству, примет ужас | От вечности. | Пусть честолюбие на службе духа крепнет... In a much earlier poem (''Šarmanka'', 1912), there is a curious image of flint as a source of dynamic inspiration amidst the routine of an ordinary day: ...Какой обыкновенный день! | Как невозможно вдохновенье — | В мозгу игла, брожу, как тень. || Я бы приветствовал *кремень* | *Точильщика,* как избавленье — | Бродяга — я люблю *движенье.* Finally, a passage out of ''Putešestvie v Armeniju'' links flint with arrows (cf. line 55), plants, air, and lightning (cf. 43—44 and my notes on *kamen' — acme* in *Slavic Poetics,* 1973, 368—369): Зачаточный лист настурции <...> похож также на *кремневую стрелу* из палеолита <...> Линии пещерного наконечника получают дуговую растяжку <...> Растение — это звук, извлеченный палочкой термен-вокса, воркующий в *перенасыщенной* [cf. lines 23—24: И *воздуха* прозрачный лес | Уже давно *пресыщен* всеми] волновыми процессами сфере. Оно посланник живой грозы, перманентно бушующей в мироздании [note the political implication of the adverb] — в одинаковой степени *сродни и камню и молнии...* (*OM* II 1971 153—154).

In developing the polysemy of the word 'кремень', M. may have been influenced by a passage in Potebnja's *Мысль и язык,* 1922, 168—169, in which the figurative meaning of this word is used as an illus-

---

[20] *The Interpreter's Dictionary of the Bible,* II, N. Y., 1962, 278.

tration of 'internal form': "Кремень-человек", "В кремне огня не увидать", etc. Potebnja's notion of 'internal form' as a realization of the etymologically determined semantic potentialities of the word was used by M. in his search for a linguistic substantiation of his poetics of meaning (see: "O prirode slova"). In a way, indeed, the principle of subtext is an expansion of the principle of 'internal form,' which implies an awareness not only of the etymology of a word, but also of its use in the poetry of the past.

As every major theme of M.'s art, the theme of 'speaking stone' is treated in two mutually opposed keys (this ensures, i. a., a balanced aesthetic approach and prevents inflated overstatement). In this instance, one key is the sublime attitude inherited from Novalis; the other, a parodic stance of militantly antisymbolist acmeism. Both keys, a species of romantic irony, are present in some Voronež poems, e. g., "Ottogo vse neudači" (cf. Nabokov's double solutions of a traditional romantic theme in *Dar* and "Ultima Thule": Busch is "not as bad as that," and Falter may after all be a quack). In "Pis'mo o russkoj poèzii" (1922; *OM* III 1969 31), M. unkindly suggests that Vjačeslav Ivanov's "cosmic poetry" resembles the lyrico-dramatic allegory of Stepan Trofimovič Verxovenskij: даже минерал произносит несколько слов ("даже, если припомню, пропел о чем-то один минерал, то есть предмет вовсе неодушевленный" – *Бесы*, Ch. I). This is probably a reference to "Valun" (*Cor ardens*), "Carstvo prozračnosti" (*Prozračnost'*), in which precious stones sing "Yes," and "Noč' v pustyne" (*Kormčie zvezdy*), where a stream and shooting stars talk. The imagery of these poems is not alien to *GO* (e. g.: Сияли древле звезды те же; | Белел крутой небесный скат; | Был тих ночлег овечьих стад; | Был зимний воздух резче, реже... | И Дух отверз уста светил, | И камни, и стада внимали), but it is easy to see in *GO* an antithetic treatment of Ivanov's opulent, but poetically predictable, style, lacking "sense of measure" ("Burja i natisk") and the "unexpectedness" which, according to "O sobesednike," is "the air of poetry," and his erudite, but semiotically ready-made, model of the world. Ivanov's use of subtexts essentially differs from M.'s in a single fundamental respect: his subtexts never develop a poetic function because they are not designed to be perceived as distanced reiteration. M. noticed this in "Burja i natisk": Архаика Вячеслава Иванова происходит не от выбора тем, а от неспособности к относительному мышлению, то есть к сравнению времен.

The theme of air and breathing in M.'s poetry has been examined by K. Taranovsky[21]. The association between rhythm, breathing, and 'geological structures' is formulated in M.'s critique of Jules Romains (*OM* II 1971 361): Повышение и понижение голоса, подъем, спуск, *дыхание речи*, походка, малейшее движение *связано со строением самой почвы*, диктуется необходимостью приспособления к ее шероховатостям, к ее неровностям, к ее геологической архитектуре (cf. *RD* 1967 10: Мне не на шутку приходит в голову вопрос, сколько подметок, сколько воловьих подошв, сколько сандалий износил Алигьери за время своей поэтической работы, путешествуя по козьим тропам Италии. *Inferno* и в особенности *Purgatorio* прославляет человеческую походку, размер и ритм шагов, ступню и ее форму. Шаг, сопряженный с дыханием и насыщенный мыслью, Дант понимает как начало просодии...). Hence, the 'flinty path' is both the ethical and the aesthetic duty of the poet.

The lack of air, understood as the physical and, figuratively, the social medium of the poetic word, is fatal for poetry. Blok spoke in 1921 about the lack of air (*отсутствие воздуха*) that had killed Puškin ("O naznačenii poèta"). "Tjažek vozdux nam zemli": this is indeed a tragic biographical leitmotif of 19th-century Russian poetry. Puškin's last words, preserved by Dal' and Žukovskij, were "Tjaželo dyšat', davit." Asphyxiating Fet, the litigious Desdichado, "comically ostracized" by radical critics, would "break the ice of humdrum weekdays to inhale, at least for a moment, the pure and free air of poetry."[22] His image haunted M. since school days (see "V ne po činu barstvennoj šube" and the lines devoted to Fet in "Stixi o russkoj poèzii"). "A kopeck's worth of rationed air" is the tax on freedom collected by Puškin's little sea devil (Прибежал бесенок, задыхаясь, | Весь мокрешенек) in   "Vlez besenok v mokroj šerstke" (note here the double punning effect of the word *слобода*: Балда, свобода); "to fight for the subsistence air" is the glory that is the share of the survivors in "Stixi o neizvestnom soldate." Both metaphors (the third is *ворованный воздух* in *Četvertaja proza*) evoke the lines of Tjutčev: Он мерит воздух мне так бережно

---

[21] *Essays on Mandel'štam*, Cambridge, Mass., 1976, 10–14, 33–34. On the physiological relationship between breathing and the aesthetic perception, see: Л. Выготский, *Психология искусства*, М., 1969, 207 & n.

[22] *Вечерние огни*, Выпуск III, Предисловие. Cf. my notes to line 22 of *1 January 1924*.

и скудно... | Не мерят так и лютому врагу... | Ох, я дышу еще болезненно и трудно, | Могу дышать, но жить уж не могу ("Не говори: меня...").

Finally, the flint and the air are inseparably linked in M.'s model of Russian poetry with Lermontov, whose life was a "flinty path" and whose death was an "airy grave": Научи меня, ласточка хилая, | Разучившаяся летать, | Как мне с этой воздушной могилою | Без руля и крыла совладать? || И за Лермонтова Михаила | Я отдам тебе строгий отчет, | Как сутулого учит могила | И воздушная яма влечет. The subtext of these lines are *Demon* (На воздушном океане | Без руля и без ветрил), the description of the duel over the precipice in *Geroj našego vremeni,* and such lines as Как я рвался на волю к облакам; Мой дух утонет в бездне бесконечной; Редеют бледные туманы | Над бездной смерти роковой; И лишь едва чувствительная тягость | В моем полете мне напоминала | Мое земное краткое изгнанье; etc. The air is the element of Lermontov's demon and the traditional abode of the fallen angels.[23] M.'s friend and fellow member of the Guild of Poets Mixail Lozinskij blended the two Lermontovian subtexts, "Demon" and "Vyxožu odin ja na dorogu," in his remarkable poem "On v junosti menja tomil" (1912), which had influenced, i.a., M.'s "Ja slovo pozabyl": Как память *воздуха родного,* | В моей царил он тишине, | Как *губы мучившее* мне | *Невспоминаемое слово,* || Что знал я там, где вечен строгий | И мертвый *блеск* и где легли | Среди безжалостной земли | Окаменелые дороги (*Gornyj ključ,* 1916, 99; cf. *ibid.,* 109: И *на губах, как темное* пятно, | *Холодных* губ *горит напечатленье* and M.'s А *на губах как черный лед го-*

---

[23]   Сатанаил... был свергнут с неба, и воздух, в котором он летел, стал его пребыванием (Князь С.Н.Трубецкой, *Учение о Логосе,* М., 1906, 348; cf. *Eph.,* 2:2, "the prince of the power of the air"). In Kuzmin's poem, Lermontov is exiled to the air for being unfaithful to the earth: *В лазури бледной* он узнает, | Что был лишь начат долгий *путь,* | Ведь часто и дитя кусает | Кормящую его же грудь. Blok's fantastic version of Lermontov's death, the fall of the rebellious angel, closely prefigures the "air hole" motif of "Stixi o neizvestnom soldate": ...падший Ангел-Демон — *первый лирик.* Проклятую песенную легенду о нем создал Лермонтов, слетевший в пропасть к подошве Машука, сраженный свинцом ("О лирике", 1907).

рит | Стигийского *воспоминанье* звона in the same "forgotten word" poem).[24]

In *GO,* the air is the medium of sound, oversaturated with voices (lines 23–24), and what has been just said about the air as the element of Lermontov's demon explains not the paradigmatic meaning of *vozdux* in *GO,* but the association between *vozdux* and *kremen'* in a quasi-Lermontovian universe of discourse. This association is supported by Lermontov's recurrent image of rocks hanging in the air, which always expresses separation, longing, and memory: Я видел груды темных скал, | Когда поток их разделял, | И думы их я угадал: | Мне было свыше то дано! | Простерты в воздухе давно | Объятья каменные их | И жаждут встречи каждый миг; | Но дни бегут, бегут года — | Им не сойтися никогда! (*Мцыри* ; cf. "Время сердцу быть в покое" and "Стояла серая скала на берегу морском") ; Хвалил людей минувшего он века, | Водил меня под камень Росламбека, | Повисший над извилистым путем, | Как будто бы удержанный аллою | На воздухе в падении своем, | Он весь оброс зеленою травою; | И не боясь, что камень упадет, | В его тени, храним от непогод, | Пленительней, чем голубые очи | У нежных дев ледяной полуночи, | Склоняясь в жар на длинный стебелек, | Растет воспоминания цветок!..[25] (*Измаил-бей*) .

---

[24]   See my article "The Dry River and the Black Ice," *Slavica Hierosolymitana,* I, 1977, 180 ff. Lozinskij's oxymoron, the dark spot that burns, also derives from Lermontov: Пусть я кого-нибудь люблю: | Любовь не красит жизнь мою. | Она, как чумное пятно | На сердце, жжет, хотя темно.

V.N.Toporov has recently uncovered an intermediate item between Lozinskij's subtexts and M.'s "Ja slovo pozabyl": Šilejko's "Muza" (1914): И на губах горит гроза | Еще не найденного слова (*Russian Literature,* VIII–III, May 1979, 298, 324). The image of frozen words in Silejko's poem (Окоченелые слова | Опять становятся живыми) derives from *Pantagruel,* IV, Ch. LV–LVI.

[25]   Novalis remained outside the range of Lermontov's reading, according to V.Éjxenbaum ("Художественная проблематика Лермонтова", *О поэзии,* Л., 1969, 186). Cf. Lermontov's early tale "Nezabudka," presumably based on Platen's "Vergissmeinnicht" (М.Ю.Лермонтов, *Собр. соч. в 4-х томах,* т. 1, М., 1957, 368) .

4. Кремень с водой, с подковой перстень

From the point of view of its sound texture and grammar, the line is a perfect chiasm. The nominative ring (*кремень – перстень*) is opposed to the instrumental core (*с водой – с подковой*) as the individual (*свое*) to the general and external (*чужое*), or the inevitable ('fate') to the changeable ('fortune'). The odd members are linked by contiguity, and their union is beneficial (cf. M.'s early poem: В лазури месяц новый | Ясен и высок. | Пробуют *подковы* | Громкий *грунт дорог*. || Глубоко вздохнул я —| В небе голубом, | Словно зачерпнул я | Серебряным ковшом. || *Счастия тяжелый* | Я надел *венец*,[26] | В кузнице веселой | Работает кузнец); the even members, likewise, are linked by contiguity ("The Ring of the Nibelungs" and innumerable lyrical poems of the European and Russian tradition), and their union causes or indicates disaster. The anterior members are opposed to the posterior members as natural elements to talismanic artifacts.

The four items occur together (with only the horseshoe replaced by the hooked iron of a ploughshare) in Ovid's *Ex Ponto* IV. x. 3–8:

> ecquos tu *silices*, ecquod, carissime, *ferrum*
>   duritiae confers, Albinovane, meae?
> *gutta cavat lapidem*, consumitur *anulus* usu,
>   atteritur pressa *vomer aduncus* humo.
> *tempus edax* igitur *praeter nos omnia perdit*:
>   cessat duritia mors quoque victa mea.

Cf. *Art. amat.* lib. I. 473–476: ferreus adsiduo consumitur anulus usu, | interit adsidua vomer aduncus humo. | quid magis est saxo durum, quid mollius unda? | dura tamen molli saxa caventur aqua. Having substituted the horseshoe, which was not used in the classical antiquity, for the ploughshare,[27] M. expanded the meaning of Ovid's artifacts and transformed them into talismanic images of permanence-in-transience.

---

[26] Cf. Lermontov's Молю о счастии, бывало, | Дождался, наконец, | И *тягостно* мне *счастье* стало, | Как для царя *венец* ("Как в ночь звезды падучей пламень").

[27] The ploughshare, not unlike the horseshoe, is one of M.'s metaphors for poetry in its historical function: Поэзия – плуг, взрывающий время так, что глубинные слои времени, его чернозем, оказываются наверху ("Слово и культура"); Он – эхо и привет, он – веха, нет – *лемех*. | *Воздушно-каменный театр времен растущих* ("Где связанный и пригвожденный стон...",

The meaning of the first hemistich, *Кремень с водой,* will be explored in note to lines 15–16, while in this section I shall deal with the two talismanic images, the horseshoe and the ring.

The conventional association of both with fate or lot is clear: the horseshoe is a symbol of lucky chance which has to be found; the ring, a symbol of permanent foreordained destiny which itself finds its subject (this stable motif of folk tales, magic rituals, etc. is developed in the story of Polycrates).

Both the ring and the horseshoe are allegories of time. The ring is the conventional allegoric attribute of Saturn, signifying eternal recurrence and, in later mystical traditions, the union of Time and Eternity (cf. M.'s line Тяжелее платины Сатурново кольцо in "Venicejskaja žizn'" and V.Ivanov's "Prooemion", *Cor ardens* II, 51). The horseshoe, in M.'s poetic models of historical time, stands for the finite rhythmical sequence reduced to "a single synchronistic act" (*RD* 1967 32), which, in "Našedšij podkovu," is the contact between the horseshoe and the stone of the road: Звук еще звенит, хотя причина звука исчезла. | Конь лежит в пыли и храпит в мыле, | Но крутой поворот его шеи | Еще сохраняет воспоминание о беге с разбросанными ногами – | Когда их было не четыре, | А по числу *камней дороги,* | *Обновляемых в четыре смены* | По числу отталкиваний от земли пышущего жаром иноходца. || Так, | *Нашедший подкову* | Сдувает с нее пыль | И растирает ее шерстью, пока она не заблестит, | Тогда | Он вешает ее на пороге, | Чтобы она отдохнула, | И больше уж ей не придется *высекать искры из кремня.*[28] A horse dies, but the horseshoe becomes a talisman which protects human home (cf. in "Gumanizm i sovremennost'," published shortly before "Pindаričeskij otryvok": Как оградить человеческое жилье от грозных потрясений, где застраховать его стены от грозных толчков истории, кто осмелится сказать, что человеческое жилище, свободный дом человека не должен стоять на земле, как лучшее ее украшение и самое прочное из

1937). The metaphor is inspired by the etymology of Lat. *versus* < vertere (hence, e. g., Juvenal's pun in *Sat.* VII. 48–49: nos tamen hoc agimus tenuique in pulvere sulcos | ducimus et litus sterili *versamus aratro*).

[28]   Cf. M.'s translation of Barthel's "Früh klingt mein Schritt": Кузнец кует | *Подкову – время.* | Но где же день | Желанный всеми? The horseshoe is pure 'otsebjatina.' The original reads: So Schlag um Schlag | Die Zeit verschmiedet. | Wann kommt der Tag, | Den Licht umfriedet.

всего, что существует?). The "red horseshoe of buildings" is M.'s re-
peated image of the "powerful central unity," the rhythmic heart of the
St. Petersburg epoch of Russian history: Архитектурная идея Петер-
бурга неизбежно приводит к представлению мощного центрального
единства. <...> Петербург естественно течет в мощный гранитный
водоем Дворцовой площади, к *красной подкове зданий*, рассечен-
ной надвое глубокой меднобитной аркой с *взвившейся на дыбы
ристалищной четверкой* ("Кровавая мистерия 9-го января", 1922);
Нам сердце на штыки позволил взять Пилат, | Чтоб сердце биться
перестало! || И укоризненно мелькает эта тень, | Где *зданий крас-
ная подкова*; | Как будто слышу я в октябрьский тусклый день: |
Вязать его, щенка Петрова ("Когда октябрьский нам нам готовил
временщик", 1917). The memory of this "powerful unity," its rhythm
preserved in poetry, is what remains after the death of a historical era[29]
(А если что и остается | Чрез звуки лиры и трубы), and must protect
man's new home.

In two Russian poems the horseshoe is an attribute of Pegasus. One
is "Difiramv Pegasu" by 'žalkij Sumarokov,' a parody of Lomonosov's
and Petrov's "Pindaric" ode style (hence: *О конь, о конь пиндаронос-
ный*): Ржет конь, и вся земля трепещет, | И луч его подковы бле-
щет. It is significant that images of cataclysms, cities destroyed, and
cities rebuilt by the stone-moving lyres of Orpheus and Amphion are
prominent in all "Vzdornye ody": Ефес горит, Дамаск пылает; Стрем-
глав Персеполь упадает; Пекин горит, и Рим пылает, | О светской
славы суета! | Троянски стены огнь терзает; Поставь Фебанские ты
стены | На мрачных северных брегах; Что лира в руки отдается |
Орфею, Амфиону нынь. | Леса, сей песнью наслаждайтесь | Высоки
стены созидайтесь, etc.

The other poem is by Sologub: Конь Аполлона! | Я недостойна |
твоих копыт. | Ведь не такую | Скует подкову | Тебе Гефест. ||
— Молчи, подкова! | Тебя я выбрал, | Тебя хочу. | Я Аполлона |
Стремлю с Олимпа | К земным путям (*Собрание сочинений*, XVII,
SPb., 1914, 257). Sologub's symbolic man-made horseshoe must help
heavenly poetry reach the 'earthly path.'

---

[29]   Cf.: S.J. Broyde, "Osip Mandel'štam's 'Našedšij podkovu'," *Slavic Poetics.
Essays in honor of Kiril Taranovsky*, The Hague, 1973, 62–63.

In one of the versions of M.'s "Ariost" (1933—1935), the horseshoe of the winged horse is identified contextually with the earthly and temporal aspect of poetry: Над розой мускусной жужжание пчелы, | В степи полуденной — кузнечик мускулистый, | Крылатой лошади подковы тяжелы, | Часы песочные желты и золотисты.

Union with the earth, the force of gravity and its overcoming by means of rhythm (cf. in "Avtoportret": Так вот кому летать и петь | И слова пламенная *ковкость,* | Чтоб прирожденную неловкость | Врожденным ритмом одолеть) : such is the invariant abstract meaning of 'podkova' that emerges from the total context of M.'s poetry.

There is in M.'s art an almost mythological ambivalent antithesis[30] designed, it appears, as a form of magic: the projection of some of his own attributes upon his dreaded namesake, and vice versa (Я и сам ведь такой же, кума). Thus Puškin and Alexander I share their destinies in "Zasnula čern'" (1913).[31] In the fatal satire "My živem pod soboju ne čuja strany" (1933) the talismanic image of the horseshoe, with some of its semantic properties preserved ('random luck' combined with 'marksmanship' through the reference to the game of horseshoes; 'heaviness,' 'contact with the earth'), is given to the "Kremlin mountaineer": Как подкову кует за указом указ — | Кому в пах, кому в лоб, кому в бровь, кому в глаз.

This ambivalent antithesis underlies also the extremely complex "Iron" poems of 1935 (*OM* II 1971 464 and *Vestnik RXD,* 118, 1976— II): the era of iron (Идут года железными полками | И воздух полн железными шарами; cf.: Эра звенела как шар золотой) and the iron

---

[30]   Явление контекстного сближения, взаимопроникновения, даже уподобления словарно противоположных семантических признаков мы будем называть *амбивалентной* антитезой (Д.М.Сегал, ″Наблюдения над семантической структурой поэтического произведения″, *IJSLP,* XI, 1968, 167).

[31]   'The harlequin dreaming of bright glory' (Здесь арлекин мечтал о славе яркой) is a montage of Puškin's Что слава? Яркая заплата and his references to Alexander I: В лице и в жизни арлекин; …покойный царь | Со славой правил; Нечаянно пригретый славой; Меня газетчик прославлял, etc. It was the other aspect of Alexander (Недаром лик сей двуязычен) that M. identified with Puškin (И Александра здесь замучил зверь) : the torture of the secret knowledge which D.Merežkovskij compared to the fox eating out the Spartan boy's innards (*Aleksandr I,* Ch. II, *Sobr. soč.,* VII, 62 ff.). Puškin's subtexts contradict N.I.Xardžiev's note to this poem in *Стих.,* 1973, 308: ″Арлекин — император Павел I″.

word (Lermontov's железный стих; cf. И бросить им в глаза желез-
ный стих, | Облитый горечью и злостью and И лучше бросить тыся-
чу поэзий, | Чем захлебнуться в родовом железе) both are part and
parcel of the ancestral iron heritage,[31a] "colorless in chalybeate water"
(Оно бесцветное в воде, железясь) and "dissolved in our blood" (И
пращуры нам больше не страшны, | Они у нас в крови растворены).
Here the "horseshoe decrees" of "My živem pod soboju ne čuja strany"
receive an unexpectedly ethereal, Lermontovian (На воздушном океа-
не) epithet: Мне кажется, мы говорить должны | О будущем совет-
ския страны, | Что ленинское-сталинское слово — | Воздушно-оке-
анская подкова. The key to this metaphor is found in "Naušniki, nauš-
nički moi": the horseshoe-shaped radio earphones through which the poet
hears the voice of Moscow in the ether: Необоримые кремлевские сло-
ва of "Oboronjaet son." Thus M. overcomes the inherited Lermontovian
temptation to answer with "an iron word of bitterness and malice" the
iron compulsion of the era, the emblem of which is the garrote-like horse-
shoe, which shall, after all, enter the future as a permanent relic of the
time together with the "lachrymal gland of poetry" choking in the "cut
of its ancestral iron" (И железой поэзия в железе | Слезящаяся в ро-
довом разрезе). This newly found spirit of humble defiance would
animate the rest of M.'s Voronež poems.

The other talismanic artifact in this line is the ring, перстень.
Nietzsche's symbol of the eternal return, the ring of rings,[32] underwent
functional modification in M.'s metapoetic philosophy, at first in the
spirit of Belyj's *Arabeski* (subtexts of "Otčego duša tak pevuča" can be
found in "Pesn' žizni" and "Fridrix Nicše"). Eventually the eternal re-
currence became the fulcrum and justification of M.'s pan-poetic world
view (Все было встарь, все повторится снова, | И сладок нам лишь
узнаванья миг[33]), and, conversely, harmony was described as "crystal-

---

[31a] Cf. Xlebnikov's epitaph of Lermontov: И умер навсегда | Железный
стих, облитый горечью и злостью. | Орлы и ныне помнят | Сраженье двух
желез... | Певец железа — он умер от железа ("На родине красивой смерти
Машуке").

[32] ...oh wie sollte ich nicht nach der Ewigkeit brünstig sein und nach dem
hochzeitlichen Ring der Ringe, — dem Ring der Wiederkunft? ("Die sieben Siegel,"
Also sprach Zarathustra, III. Th.).

[33] *Tristia*. The first line of this poem, Я изучил науку расставанья, blends
Ovid's *ars amandi* with Nietzsche's *Manchen Abschied nahm ich schon, ich kenne
die herzbrechenden letzten Stunden* ("Auf den glückseligen Inseln").

lized eternity," "a cross-section of time," "a Kantian category cut across by the seraph's sword" ("Puškin and Skrjabin").

What makes Nietzsche's symbol of recurrence into a talisman, an image of the time-resisting, eternally returning spiritual heritage, is the story of Venevitinov's ring from Herculanum (see "K moemu perstnju" and "Zaveščanie," Venevitinov's last poems) and Puškin's ring with a Hebrew inscription,[34] à propos which he wrote "Talisman". M. developed the theme of the poet's ring in "Stixi o russkoj poèzii," written after the disinterment of Venevitinov's remains.[35]

This Saturnian talisman protects its possessor against moral degradation and oblivion (от преступленья, | От сердечных новых ран, | От измены, от забвенья | Сохранит мой талисман!), but not against personal danger (От недуга, от могилы, | В бурю, в грозный ураган, | Головы твоей, мой милый, | Не спасет мой талисман). Poetry is bought at a tragic price: Видно, даром не проходит | Шевеленье этих губ, | И вершина колобродит, | Обреченная на сруб (these lines, in which *вершина* is an allusion to *acme,* show that M. shared Baratynskij's "superstition": Сей сладкий трепет вдохновенья | Предтечей жизненных невзгод). Connaturally, constancy and loyalty, the acmeist virtues, demand a heavy ransom. The theme of freedom and faithfulness is treated in ambivalently antithetic terms in a piece that appears, at a superficial glance, to be a love poem: О свободе небывалой | Сладко думать у свечи, | "Ты побудь со мной сначала, — | Верность плакала в ночи, — || Только я мòю корону | Возлагаю на тебя, | Чтоб свободе, как закону, | Подчинился ты, любя..." || — "Я свободе, как закону, | Обручен, и потому | Эту легкую корону | Никогда я не сниму. || Нам ли, брошенным в пространстве, | Обреченным

---

[34]   The inscription read: ‏שמחה בנ ר יוסף הזקן זל‎. See photograph, translation, and description in: *Описание Пушкинского Музея Императорского Александровского Лицея,* СПб., 1899, 11–12. The golden ring with an octangular signet of cornelian (сердолик) was given by the dying Puškin to Žukovskij, then passed from his son to Ivan Turgenev, who left it to Viardot. She presented it to the Puškin Museum. Seeing his own name, "of blessed memory," on Puškin's ring, M. must have experienced a sensation he has described in "O sobesednike": <...> кто <...> не вздрогнет радостной и жуткой дрожью, какая бывает, когда неожиданно окликнут по имени. In 1917, the ring was stolen from the Museum (*А. С. Пушкин в воспоминаниях современников,* 2, М., 1974, 444).
[35]   See my paper in *Slavic Poetics,* 1973, 380–381.

умереть, | О прекрасном постоянстве | И о верности жалеть!" The
poem has originally been entitled "Svoboda."[36] Its meaning is three-
fold: intimate, political, and religious; as in other poems of 1915 ("I po-
nyne na Afone," "Bessonnica. Gomer. Tugie parusa"), the "light crown"
of the all-powerful imperative is Divine Love (cf.: На головах царей бо-
жественная пена, *aphrós*). The third strophe blends contrastively Ler-
montov's И тягостно мне счастье стало, | Как для царя венец   (cf.
p. 83) and Vjač. Ivanov's Венец венцов тебе довлеет — | Счастия лег-
кий венец: "Довольно" (*Кормчие звезды*); the fourth contains a re-
ference to *Демон* (Кочующие караваны | *В пространстве брошен-
ных* светил; Когда он верил и любил...). The theme of the poem, be-
trothal with freedom, returns in "Dekabrist" (1917), as well as the ambi-
valent antithesis of freedom and constancy: "Еще волнуются живые
голоса | О сладкой *вольности* гражданства!" | Но жертвы не хотят
слепые небеса: | *Вернее* труд и *постоянство*. In a draft published in
Stix., 1973, 273, this strophe reads: "С глубокомысленной и нежною
страной | Нас обручило постоянство". | Мерцает, как кольцо на
дне реки чужой, | Обетованное гражданство. The ring of the Nibe-
lungs, the ransom of Walhalla, Siegfrid's love-pledge (M. knew, of course,
that Bakunin had been a prototype of Wagner's Siegfrid) on the bottom
of the Rhine, "the alien river," is the "promised *res publica*," обетован-
ное гражданство, the pledge of the eternal spiritual bond between Ger-
many and Russia brought home by the veterans of the Rhine Campaign.
Recalled in the oubliette of the Siberian exile after the defeat of the
December rebellion, the songs of the Tugendbund (Бывало, голубой в
стаканах пунш горит. | С широким шумом самовара | Подруга
рейнская тихонько говорит, | Вольнолюбивая гитара) evoke another
image of the Rhine, the image of the deadly Lorelei: Все перепуталось
[cf. Nikolin'ka Bolkonskij's prophetic dream: Вдруг нити, которые
двигали их, стали ослабевать, *путаться*], и некому сказать, | Что,
постепенно холодея, | Все перепуталось, и сладко повторять: |
Россия, Лета, Лорелея.

Such is the complex but logical polysemy of the signet ring, forged
in accordance with Goethe's precepts of talisman-making in *West-Öst-
licher Divan.*

---

[36] According to the diary of S.P.Kablukov published by A.Morozov in:
Вестник РХД, 129, 1979 (III), 148.

For the sake of completeness, one final subtext in which the horse-shoe and the ring occur together must be quoted, mainly because it is also the source of line 6 in "Сестры тяжесть и нежность" (Легче камень поднять, чем имя твое повторить; Легче камень поднять, чем вымолвить слово "любить" in early publications): Не устану тебя восхвалять, | О внезапный, о страшный, о вкрадчивый! | На тебе расплавляют металлы. | Близ тебя создают и куют | Много тяжких *подков,* | Много кос легкозвонных | Чтоб косить, чтоб косить, | Много *колец* для пальцев лилейных, | Много колец, чтоб жизни сковать, | Чтобы в них, как в цепях, годы долгие быть | И устами остывшими *слово "любить"* | Повторять (Бальмонт, "Гимн огню", *Будем как солнце* ; first published in *Северные Цветы,* 1901).

5—6.   На мягком сланце облаков
Молочный грифельный рисунок

I have already dealt with 'the slate tablet in the sky' marginally in the preceding sections, in connection with the stages and types of poetic inspiration (pp. 44—49 and 70—71). In M.'s early poetry, such words as *облако, туман, туманный,* etc. preserve their symbolist semantics, signifying the intermediate stage between the conscious and the unconscious: Как *облаком* сердце одето | И камнем прикинулась плоть, | Пока назначенье поэта | Ему не откроет Господь (1910 ?); Я качался в далеком саду | На простой деревянной качели, | И высокие темные ели | Вспоминаю в *туманном бреду* (1908); Как *тень* внезапных *облаков,* | Морская гостья налетела[37] (1910); Твердь умолкла, умерла. | С колокольни *отуманенной* | *Кто-то* снял колокола || ... | Как пустая башня белая, | Где *туман* и тишина. || Утро, нежностью бездонное, | *Полуявь и полусон —* | *Забытье* неутоленное — | *Дум туманный перезвон...* (1911); Небо тусклое с отсветом странным — | *Мировая туманная боль —* | О позволь мне быть также *туманным* | *И тебя не любить мне позволь* (1911); *Нерешительная рука* | *Эти вывела облака,* || И печальный встречает взор | *Отуманенный их узор.* || *Недоволен* стою и тих, | *Я — создатель ми-*

---

[37] M. sent this poem to Vjač. Ivanov (see А.А.Морозов, "Письма О.Э.Мандельштама к В.И.Иванову", *Записки отдела рукописей,* 34, М., 1973, 271), and Ivanov answered it, I think, in his poem "Parus" (*Nežnaja tajna,* 1912). Subsequently, M. eliminated the symbolist ending of his poem.

ров моих, ‖ *Где искусственны небеса* | И хрустальная *спит* роса (1909); Образ твой, *мучительный и зыбкий,* | Я не мог *в тумане* осязать. | 'Господи!' – сказал я по ошибке, | Сам того не думая сказать. ‖ Божье имя, как большая птица, | Вылетело из моей груди. | Впереди *густой туман* клубится, | И пустая клетка позади (1912; cf. *Faust* I, 3454–8: ...Gott! | Ich habe keinen Namen | Dafür!   Gefühl ist alles; | Name ist Schall und Rauch, | Unnebelnd Himmelsglut); Сентиментальное волненье | *Туманной музыкой* одень (1912); Ты прошла *сквозь облако тумана...* | *...Как сквозит и в облаке тумана* | *Ярких дней зияющая рана* (publ. in August, 1914, see p. 150; cf. *Сквозь туман* кремнистый путь *блестит* and lines 70–71 of *GO*, with their image of the gaping wound). After 1913, the range of ocurrence of *туман, туманный* becomes restricted to the theme of memory, the kingdom of the dead, and M.'s blend of the two in the tradition of Tjutčev (Душа моя – Элизиум теней) and Baratynskij (Элизий в памяти моей): В туманной памяти виденья оживут (1913); Лепешку медную *с туманной переправы* (1920); ...и только слабый звук | *в туманной памяти* остался (1920); Туда душа моя стремится, | За *мыс туманный* Меганом, | *И черный парус возвратится* | Оттуда после *похорон* (1917); С такой *монашкою туманной* (1916; see Cvetaeva's memoir in *OM* III 323); На звучный пир в *элизиум туманный* (publ. 1924).

In "Otravlen xleb i vozdux vypit" (1913), the 'mist' is the memory of the day's events, dispelled by nocturnal inspiration: *Событий* | Рассеивается *туман.* Clouds and mist are, in fact, a conventional symbol of transient events as phenomena and appearance, which obscure the immutable higher truth.[38] To identify "the soft slate tablet of the clouds" in *GO* it is necessary to turn to the passage which immediately follows in M.'s essay "Devjatnadcatyj vek" the already quoted remark on Deržavin's slate board:

---

[38] Deržavin interpreted the emblematic engraving designed to illustrate his poem "Na Novyj God" as follows: Мрачные облака, беспредельную связь между собою составляющие, изображают события человеческие... (Ф. Буслаев, "Иллюстрация Державина", *Мои досуги,* II, M., 1886, 134). Traditionally, clouds and mist signify events unrolling before poetic imagination: Ах, лейся, лейся, ключ отрадный! | Журчи, журчи свою мне *быль...* | Иль только *сон воображенья* | *В пустынной мгле нарисовал* | Свои пустынные *виденья,* | Души *неясный* идеал (Пушкин, "Фонтану Бахчисарайского двор-

Сущность познавательной деятельности девятнадцатого столетия заключалась в *проекции*. Минувший век не любил говорить о себе от первого лица (!), но он любил проецировать себя *на экране чужих эпох* <...> Своей бессонной мыслью, как огромным шалым прожектором, он раскидывал *по черному небу истории*; гигантскими световыми щупальцами шарил *в пустоте времен*; выхватывал из мрака тот или иной кусок <...> И все науки вместе шарили по беззвездному небу (а небо этого столетия было удивительно *беззвездным*) своими методологическими щупальцами, не встречая сопротивления *в мягкой отвлеченной пустоте* <...>

Девятнадцатый век был проводником буддийского влияния в европейской культуре. Он был носителем чужого, враждебного и могущественного начала, с которым боролась вся наша история, – активная, деятельная, насквозь диалектическая, *живая борьба сил*, оплодотворяющих друг друга. Он был колыбелью Нирваны, не пропускающей ни одного луча активного познания:

> В пещере пустой
> Я зыбки качанье
> Под чьей-то рукой,
> Молчанье, молчанье...[39]

Скрытый буддизм, внутренний уклон, *червоточина*. Век не исповедывал буддизма, но носил его в себе, *как внутреннюю ночь*, как слепоту крови, *как тайный страх и головокружительную слабость* <...>

После восемнадцатого, который ничего не понимал, не располагал малейшим чутьем сравнительно-исторического метода и, как слепой котенок в корзине, был заброшен среди непонятных ему *миров*, наступил век всепонимания – век релятивизма, с чудовищной способностью к *перевоплощению*, – девятнадцатый. Но вкус к историческим перевоплощениям и всепониманию не постоянный и преходящий и наше столетие начинается под знаком величественной нетерпимости, исключительности и сознательного непонимания других миров...

ца"); И рой *видений*... | Тебя лелеет беспрерывно... | И *в влажном облаке тумана* | *Рисует* он перед тобой | Перстом волшебным некромана (Полежаев, "Кориолан"); Созданье ли *болезненной мечты*, | Иль дерзкого *ума воображенье,* | Во глубине полночной темноты | Представшее очам моим *виденье?* – | Не ведаю: но предо мной тогда | Раскрылися *грядущие года,* | *События* вставали, развивались, | Волнуяся *подобно облакам*, | И полными эпохами являлись (Баратынский, "Последняя смерть"); *Гряда облаков* | Отходит, как *волны событий* (Белый, "Смерть", *Золото в лазури*); Жизнь *протуманилась – и тучей* | Ползет в эфире голубом. ‖ Всклубились *прошлые годины* | Там куполами облаков. | А дальше – мертвые *стремнины* | В ночь *утопающих веков* ("Рок", *Урна*); ...движение мысли дробит отраженные *облака мировых мифотворчеств* (Белый, "О смысле познания").

[39] This is the third strophe of Verlaine's "Un grand sommeil noir..." in F.Sologub's translation ("Ja v černye dni...").

The imagery of this essay, though not its message, has been influenced by Blok's "Vozmezdie," Ch. I:[40] Век девятнадцатый, железный, | Воистину жестокий век! | Тобою в *мрак ночной, беззвездный* | Беспечный брошен человек! | *В ночь умозрительных понятий* | ... | Но тот, кто двигал, управляя | Марионетками всех стран, — | Тот знал, что делал, насылая | *Гуманистический туман:* | Там, в сером и гнилом тумане, | Увяла плоть, и дух погас, | И ангел сам священной брани, | Казалось, отлетел от нас. | ... | Тот век немало проклинали | И не устанут проклинать. | И как избыть его печали? | Он *мягко стлал* — да жестко спать... The paronomastic affinity between Blok's *мягко стлал* and M.'s *мягкий сланец* is obvious. "Events" projected by the collective mind of an era upon the "black sky of history" are soft empty abstractions (субстанция, сделанная из метафизической ваты — *OM* III 29), which are to be swept away in strophe IV of *GO* (cf. Blok's Сотри случайные черты in the Prologue to "Vozmezdie").

In M.'s later poetry, softness is an emphatically negative feature in the expressive "aura" of the word 'cloud.' In "Stixi o russkoj poèzii," softness associates with cruelty: И в сапожках мягких ката | Выступают облака (the pun on *кот в сапогах / кат в сапогах* is integrated with Nietzsche's metaphor "Den ziehenden Wolken bin ich gram, diesen schleichenden Raub-Katzen" — "Vor Sonnenaufgang," *Also spr. Zarath.*, III). Hence, in the same verse cycle, the honest clouds of Baratynskij are as rough as his soles: Баратынского подошвы | Раздражают прах веков, | У него без всякой прошвы | Наволочки облаков (see: *Slavic Poetics*, 1973, 381—383).

Three poems written in spring 1937 contain M.'s last images of clouds and vapor. The clouds of "Ja videl ozero, stojavšee otvesno" are, like the sky of *Stone*[41] and "The Morning of Acmeism," the aim of the challenge of the gothic cathedral, now transformed into a "vertical lake":

---

[40]   Blok, in his turn, was influenced by Polonskij's "Vek": *Век девятнадцатый, мятежный...* | В твореньях нет творца, в природе нет души. | Твоя вселенная — броженье сил живых, | Но бессознательных, творящих, но слепых... | *Нет цели в вечности, жизнь льется, как поток.* This is the link between Blok and Deržavin. Cf. my note on "Vozmezdie." Polonskij's "Vek," and Gumilev's fragment "Трагикомедией — названьем "Человек" in: "К истории акмеистических текстов", *Slavica Hierosolymitana*, III, 1978, 69—70.

[41]   See note to this poem in *Stixotvorenija*, 1973, 303.

И, влагой напоен, восстал песчаник честный, | ... | Мальчишка-океан встает из речки пресной | И чашками воды швыряет в облака. The epithet of the sandstone, "honest," is instrumental in creating an implied contrast. In the second version of "Zabludilsja ja v nebe," the athletic clouds (a thematic development of Дантовых девять | Атлетических дисков[42]), "wrestlers of fascination" (Облака – обаянья борцы – | Тише: тучу ведут под уздцы; cf.: тара | Обаянья в пространстве пустом in "Stixi o neizvestnom soldate," written two weeks earlier), appear to be recollected visions of St.Petersburg statues by Baron Klodt; the poem is linked with M.'s last explicit recollection of his city, "Slyšu, slyšu rannij led," by the theme of Dante and the image of the early spring ice. Finally, the "milky figment" of "Ja k gubam podnošu ètu zemlju" (И становятся ветками прутья | И *молочною выдумкой пар*) repeats the semantics of *Молочный* грифельный *рисунок* (cf. also *Молоко с буддийской синевой* in the fragments of 1931).

Applied to the clouds, the epithet "milky" in *GO* seems to derive from Lomonosov's "Oda na den' bračnogo sočetanija...". However, Lomonosov's clouds are diurnal and idyllic (Там мир в полях и над водами, | Там вихрей нет, ни шумных бурь; | Между млечными облаками[43] | Сияет злато и лазурь!), whereas the nocturnal clouds of *GO* receive their epithet as a result of the dissimilation and metaphoric substitution of the word *молния* in the paronomastic collocation *молнии молочной,* attested in the drafts.

---

[42]   A curious parallel (disk in the sky and athletic clouds) occurs in Ch. 4 of Aldous Huxley's *Brave New World,* fragments of which appeared in Russian in *Internacional'naja literatura,* 1935, No. 8: "...the Charing-T Tower lifted towards the sky a disk of shining concrete. Like the vague torsos of fabulous athletes, fleshy clouds lolled on the blue air above their heads." Cf., however, the famous "Laocoon" lines in Pasternak's "905 год": Точно Лаокоон | Будет дым | На трескучем морозе, | Оголясь, | Как атлет, | Обнимать и валить облака.

[43]   Cf. in Bal'mont, the poet whom M. identified with 'a little cloud' in "О собеседнике": Зачем хотим мы вечности? Звучней ли мы волны? | Светлей ли в нежной *млечности,* чем *тучка* вышины (*Зарево зорь,* 1912, 122).

**7—8. Не ученичество миров,
       А бред овечьих полусонок.**

A variant of the final draft of lines 5—8 reads: На мягком сланце облаков | *Молочных грифелей зарницы* | Не ученичество миров, | *А бред овечьей огневицы.* This suggests that the prototype of lines 5—8 as a whole should be sought in Tjutčev: Ночное небо так угрюмо, | Заволокло со всех сторон. | То не угроза и не дума, | То вялый безотрадный сон. | Одни зарницы огневые, | Воспламеняясь чередой, | Как демоны глухонемые, | Ведут беседу меж собой (thus at the deepest subtextual level of strophe I Lermontov's stars speaking to each other meet Tjutčev's conversing summer lightnings). *Зарницы огневые* are blended in *огневицы* in such a way that the word preserves the unusual connotation with which Tjutčev endowed it in "Son na more": Но над хаосом звуков носился мой сон. | Болезненно-яркий, волшебно-немой, | Он веял легко над гремящею тьмой. | В *лучах огневицы* развил он свой мир... The lexico-syntactic pattern of Не ученичество... | А бред овечьих полусонок is likewise modelled on Tjutčev: ...не свое... | А бред пророческих духов ("1856").

Миры should not be identified here with the stars (cf., e.g., Bal'mont's "Na ognennom piru": Ум человека я, чья мысль быстрей зарницы, | Сознание миров живет во мне, звеня), just as 'the milky slate drawing' is not the Milky Way. 'The worlds' are the worlds of consciousness as they were understood by the German romantics and their Russian disciples. The main subtext of line 7, "the discipleship of the worlds," is Blok's "O sovremennom sostojanii russkogo simvolizma" (*Apollon*, 1910, No. 8; separate edition: P., "Alkonost," 1921). The symbols of this essay, the "lilac-blue worlds of art" pierced by the "golden sword" of "Someone's luminous gaze," derive from the concepts and images developed by Novalis in the final pages of *Heinrich von Ofterdingen*: the multiple worlds of creative imagination and of higher reality, united by conscience, "the sublime voice of the universal whole." Blok wrote, i.a.:

<...> лиловые миры захлестнули и Лермонтова, который бросился под пистолет своею волей <...> И когда гаснет золотой меч, протянутый прямо в сердце ему чьей-то Незримой Рукой — сквозь все многоцветные небеса и глухие воздухи миров иных, — тогда происходит смешение миров, и в глухую полночь искусства художник сходит с ума и гибнет <...> Мы пережили безумие иных миров, преждевременно потребовав чуда; то же произошло ведь и с народной душой: она прежде срока потребовала чуда, и ее испепелили лиловые миры революции.

<...> Все мы как бы возведены были на высокую гору <...> мы <...> бежали от подвига <...> Подвиг мужественности должен начаться с *по- слушания.* Сойдя с высокой горы <...> Впиваясь взором в высоту, найдем ли мы в этом пустом небе след некогда померкшего золота? Или нам суждена та гибель, о которой иногда со страхом мечтали художни- ки? Это – гибель от 'играющего случая' <...> Этой лирикой случая жил Лермонтов <...> Мой вывод таков: путь к подвигу, которого требует наше служение, есть – прежде всего – ученичество, самоуглубление, пристальность взгляда и духовная диета. Должно учиться вновь у мира <...> Художник должен быть трепетным в самой дерзости, зная, чего стоит смешение искусства с жизнью, и оставаясь в жизни простым человеком.

The earliest draft version of strophe I was still closer to Blok's idea of "learning from the world": Какой бы выкуп заплатить | За *учени- чество вселенной* | Чтоб горный грифель приучить | Для твердой записи мгновенной. It should be noted that *вселенной* may be the dative, not the genitive, case: заплатить выкуп вселенной за учени- чество.

The other symbolist subtext relevant here is Belyj's "O smysle po- znanija":

Если б вскрылось нам интуитивное веденье, то мир *я,* моего, мно- гих *я* мы умели б свободно читать; и мы видели б самое образование *я*; нам бы *я* открылось, *как мир: мир миров.* Соединение *я* и *я* всего ми- ра случилось бы в акте интуитивного веденья <...> *Самосознание камня мне было б открыто* (!). В имагинации – соединенье критической мыс- ли, научной, с мифической, *сонно-образной мыслью забытого прошлого* в мысль образа; преодолеваются в ней две эпохи: старинного и нам дан- ного мышленья; овладение стародавнею мыслью, которая есть *сон, гре- за,* в имагинации приоткрывает нам мир обычного сна <...> В интуиции соединение софийности мысли с еще более древнею данностью состоя- ния сознания – столь глухого, что его не характеризуешь никак; разве только как чувство не жизни даже, а состояния *космичности,* 'всячно- сти'; образом и подобием этого чувства в сознании нашем является: смерть; *образ жизни камней* есть эта именно форма жизни; и в этом ми- ре 'есмы мы' до жизни; и после смерти; <...> соединение жизни и смер- ти мы здесь постигаем, как собственно жизнь в жизни *я*; и это *я* есмь не *я,* а Христос; упраздняются в нас ритмы собственно-мысли; из вне- мыслия мысли впервые встает теперь *Слово: говорит шумом време- ни*[44]; самосознание наше пересекаемо тут с самосознанием духов вре-

---

[44]   This appears to be one of the sources from which M. may have taken the title of his first prose collection: *Šum vremeni.* The other source, quite different in meaning, may be Rozanov (*Sredi xudožnikov,* SPb., 1914, 184): Шум   времени

мени, т. е. Н а ч а л; соединяются концы и начала; соединяется альфа с омегой; и линия времени − круг; разрываются оболочки софийности мысли на собственно Слово; и это слово есть Логос. В интуиции углубляется в нас представление о *духовной конкретности*; здесь дух проницает нам, так сказать, наши кости.

In *GO*, M. rejects Belyj's 'imagination' as the source of wisdom ('облака мировых мифотворчеств') and accepts completely his 'intuition,' the path of stone, which leads to the Word, speaking with the noise of time.

An additional subtext from Slučevskij will contribute to the understanding of the complex semantic network upon which the hemistrophe under consideration is based: Как много очерков в природе? Сколько их? | *От темных недр земли до края небосклона,* | От дней гранитов и осадков меловых | До мысли Дарвина и до его закона! ‖ Как много *профилей* проходит *в облаках,* | В живой игре теней и всяких освещений; | Каких нет очерков в моллюсках и цветах, | В обличьях людей, народов, поколений? ‖ А *сказки снов людских*? А грезы всяких свойств | Болезней и смертей? А *бред* галлюцината? | *Виденья* мрачные психических расстройств, − | Все братья младшие в груди большого брата! ‖ А в *творчестве людском*? О нет! Не оглянуть | Всех типов созданных и тех, что народятся; | Людское *творчество* − как в небе *Млечный Путь*: | В нем новые *миры* без устали *родятся*! ‖ Миры особые в одном большом миру! | А все прошедшее, все что ушло в былое... | Да, бесконечности одной не по нутру | Скоплять все мертвое и сохранять живое... ("Formy i profili"; cf. "V Kieve noč'ju", in connection with the theme of stones and the river of time: Суть в созданном людьми, их тяжкими трудами, | В каменьях, не в лучах, играющих на них, | *Суть в исчезаньи сил, когда-то столь живых,* | *Сил возникающих и гибнущих волнами,* − | А кроткий месяц тут, конечно, не при чем | С его *бессмысленным* серебряным лучом).

It seems that the image of the slate drawing in the sky continued to occupy M. during the summer of 1923, since in "Xolodnoe leto" (first published in *Ogonek*, No. 16, July 15, 1923) he provided a variant solution to the semantic task of combining in the same passage the images

---

есть "история" в смысле сцены, драки, свалки, шума и грязи. Наши тихие дома не имеют истории и чем меньше в них "историй" − тем, конечно, лучше. Cf. also Belyj's *Kotik Letaev*, 1922, 260: шумы времени ожидают меня, ожидает Россия меня, ожидает история.

of the blackboard, sky, water, clouds, chalk, stone, discipleship, and mindless stupor. The following quotation represents the type of context that does not add anything to the understanding of the text under consideration, but illustrates M.'s method of parallel solutions of the same problem in poetry and in prose: Хорошо в грозу, в трамвае А, промчаться зеленым поясом Москвы, догоняя грозовую тучу. Город раздается у Спасителя ступенчатыми меловыми террасами, меловые горы врываются в город вместе с *речными* пространствами. Здесь сердце города раздувает меха. И дальше Москва пишет *мелом*. Все чаще и чаще выпадает белая кость домов. *На свинцовых досках грозы* сначала белые скворешники *Кремля* и, наконец, *безумный каменный* пасьянс *Воспитательного Дома,* это *опьянение* штукатуркой и окнами... Compared to *GO*, the plane of the realia is transformed beyond recognition. One of the transformations, however, the transformation of *kremen'* into *Kreml'*, is worth tracing further. M.Sedlov, in his essay "Kreml'" (*Trudy i dni,* 1922, No. 3, 50 ff.), introduced the Kremlin as the symbol of the ultimate structure erected by human consciousness: Кремль сознания, объединяющий все принадлежащие ему страны [i.e., science, art, and religion], есть культура... A further development of the Kremlin metaphor is found in M.'s "O prirode slova" (1922), with the use of the opposition 'мягкая пустота' / 'Кремль' (cf.: *мягкий сланец / кремень*): Одна книга Розанова называется *У церковных стен.* Мне кажется, Розанов всю жизнь шарил *в мягкой пустоте*, стараясь нащупать, где же *стены русской культуры*... Все кругом подается, все рыхло, *мягко и податливо*. Но мы хотим жить исторически, в нас заложена неодолимая потребность найти твердый орешек Кремля, Акрополя, все равно как бы ни называлось это ядро, государством или обществом... У нас нет Акрополя. Наша культура до сих пор блуждает и не находит своих стен. Зато *каждое слово словаря Даля есть орешек Акрополя, маленький Кремль, крылатая крепость номинализма,* оснащенная эллинским духом на борьбу *с бесформенной стихией, небытием, отовсюду угрожающим нашей истории.*

Such is the meaning of the 'hard' vs. 'soft' ('flint' vs. 'cloud') opposition in *GO*.

The final line of strophe I and the first two lines of strophe II are united by at least one common subtext. The expression *овечьи полусонки* (the latter word being a hapax legomenon and, apparently, a neologism, created by blending *полусон* and *просонки*[45]) and, in strophe II, *мы стоя спим* etc. evoke in the memory of the reader certain passages of Čexov's "Sčast'e," with its sleeping and thinking sheep, and figures of men talking about charmed treasures and talismans: У широкой степной *дороги,* называемой большим *шляхом,* ночевала *отара овец* <...> тянулся *Млечный путь* и дремали *звезды* <...> *Овцы спали. На сером фоне* зари, начинавшей уже покрывать восточную часть неба, там и сям видны были силуэты не спавших овец; *они стояли* и, опустив голову, о чем-то *думали. Их мысли, длительные, тягучие, вызываемые представлениями только о широкой степи и небе, о днях и ночах,* вероятно, *поражали и угнетали их самих до бесчувствия,* и они, *стоя* теперь как вкопанные, не замечали ни присутствия чужого человека, ни беспокойства собак... <...> есть другая жизнь, которой нет дела до зарытого счастья и овечьих мыслей.

STROPHE II

9. Мы стоя спим в густой ночи

The subject of strophe II is the creative tension of the many, which corresponds phylogenetically ("rodovaja poèzija" – see note to next line) to the subliminal initial stage of the individual, personal act of creation.

Interpreting in "Stixija i kul'tura" (1908) the earthquake that destroyed Messina as a portent of the future social cataclysm (в сердце нашем уже отклонилась стрелка сейсмографа), Blok compared culture to Nietzsche's "Apollinian dream": Но бывает и бывало уже так, что всю ночь напролет стоит стража на башнях, охраняя сон своих. <...> Они стояли высоко и думали высокую думу, но тех, во имя кого они не спали всю ночь, нет уже на лице земли: их по-

---

[45]   Cf. Brjusov's "Volšebnoe zerkalo" (first published in the magazine *Korabl'*, Kaluga, January 1923, No. 1–2): Где Октябрь загудел в *просонки* | Человечества, я *учу...* and Tjutčev's "Kak ni dyšit polden' znojnyj": В сладкий сумрак *полусонья* | Погрузись и отдохни.

хитила стихия — подземная, или народная, ночь. <...> великий сон
и разымчивый хмель — сон и хмель бесконечной культуры. Говоря
термином Ницше — "аполлинический сон". <...> Цвет интеллиген-
ции, цвет культуры пребывает в вечном аполлиническом сне, или —
в муравьином сне. In "Vladimir Solov'ev i naši dni," written after the
cataclysm, the image returned, no longer as the symbol of "ant-like"
activity, but of animal fear and prostration: Человек, косный по при-
роде, часто проявляет животные черты, притом черты, роднящие
его с животным не в его силе, инстинктах, ловкости, а в его слабо-
сти, в беспомощности, в беспамятстве. Чем решительнее и грознее
изменяется окружающий мир, тем чаще человек стремится не заме-
тить этого, заткнуть уши, потушить сознание и притвориться, что
ничего особенного не происходит. <...> Вот почему я думаю, что
в эпоху, когда мир уже весь был охвачен огнем, когда уже все его
тело, и физическое и социальное, было покрыто трещинами и рана-
ми, — люди спали крепче, чем когда-либо; сон этот можно сравнить
со сном иных людей вчерашнего и сегодняшнего дня.

Blok's prophetic theme is ambivalently and metadescriptively se-
conded by Tjutčev's "Videnie," the subtext of *густая ночь*: Тогда гус-
теет ночь, как хаос на водах, | Беспамятство, как Атлас, давит су-
шу; | Лишь Музы девственную душу | В пророческих тревожат
боги снах! (cf., in connection with both subtexts, the first strophe of
"Sredi svjaščennikov levitom molodym" and its image of the watchman
in the thickening Judaean night).

A direct and personal impulse may have prompted M. to identify
himself with the sleepers. One of Cvetaeva's poems dedicated to him
(according to N.I.Xardžiev's note in *Stixotvorenija*, 1973, 271), dated
March 20, 1916, and composed, it appears, as an immediate reaction
to "Zverinec" (И дружелюбные садились | На плечи сонных скал
орлы), portrayed M.'s creative lethargy and the gathering of the noc-
turnal birds of prey around him (cf. the avian imagery of *GO* and its
drafts): Приключилась с ним странная хворь, | И сладчайшая на
него нашла оторопь. | Все стоит и смотрит ввысь, | И не видит ни
звезд, ни зорь | Зорким оком своим отрок. || А задремлет —
к нему орлы | Шумнокрылые слетаются с клекотом, | И ведут
о нем дивный спор. | И один — властелин скалы — | Клювом кудри
ему треплет. || Но дремучие очи сомкнув, | Но уста полураскрыв —
спит себе. | И не слышит ночных гостей, | И не видит, как зоркий
клюв | Златоокая вострит птица (*Версты*, М., 1922, 21).

10. Под теплой шапкою овечьей

The narrow metaphoric meaning of this line becomes clear from the total context of M.'s poetry and prose: Старухи овцы — черные халдеи (i.e., star-gazers), | Исчадье ночи *в капюшонах тьмы* ("Обиженно уходят на холмы..."); И зернами дыша рассыпанного мака, | На голову мою надену *митру мрака* ("Кто знает, может быть..."); Воздух, что шапкой томит ("Сеновал" I); ...гренадер... в нахлобученной мохнатой *бараньей шапке*. Головной убор, похожий на *митру* ("Ребяческий империализм"); Я всегда смутно чувствовал особенное значение Финляндии для петербуржца, и что сюда ездили додумать то, чего нельзя было додумать в Петербурге, *нахлобучив по самые брови низкое снежное небо и засыпая* в маленьких гостинницах... ("Финляндия"); cf. Lermontov's Шапку на брови надвинул — | И навек затих and his footnote: Горцы называют шапкою облака... ("Спор").

The association between the 'sheepskin sky' and fear is prompted by the proverb: Небо с овчинку показалось. Elsewhere in M., the low sky and low ceiling are associated with oppression, fear, and nightmare: То же, повсюду низкое, суконно-потолочное небо; Над полем свесилось низкое, суконно-полицейское небо (*Египетская марка*; this is the landscape of *История города Глупова*: Кругом пейзаж, изображающий пустыню, посреди которой стоит острог; сверху, вместо неба, нависла серая солдатская шинель); Страх <...> посылает нам сны с беспричинно-низкими потолками (*Египетская марка*).

The contrastive context of M.'s essay "Vypad" (published in 1924) elucidates the literary-historical meaning of the image:

> Когда из широкого лона символизма вышли индивидуально законченные поэтические явления, когда род распался и наступило царство личности, поэтической особи, читатель, воспитанный на родовой поэзии, каковой был символизм, лоно всей новой русской поэзии, — читатель растерялся в мире цветущего разнообразия, *где все уже не было покрыто шапкой рода, а каждая особь стояла отдельно с обнаженной головой*. После родовой эпохи, влившей новую кровь, провозгласившей канон необычайной емкости, после *густой* смеси, торжествовавшей в *густом* благовесте Вячеслава Иванова, наступило время особи, личности. Но вся современная русская поэзия вышла из родового символического лона. У читателя короткая память – он этого не хочет знать. О желуди, желуди, зачем дуб, когда есть желуди.

The patriarchal oaks of ancestral poetry persisted in several drafts of *GO*: Без шапок стоя спят одни | Колодники лесов дубовых |

Овечье небо над ... родник; in the draft of the central strophe, изнан-
ка образов зеленых 'the lining of the green images' ultimately replaced
'the green blind oaks': Теперь кто за руку возьмет | Старейшину
слепцов зеленых; Теперь вода владеть идет | И поводырь дубов зе-
леных | С кремневых гор струя течет etc. Another trace of the abol-
ished 'oaks' can be found in lines 23–24.

   A parallel image of the ancestral symbolist poetry as the sleep of
literature has been created by M. in "V ne po činu barstvennoj šube":
Придти к В.В. домой почти всегда значило его разбудить. <...>
Спячка В.В. была литературным протестом, как бы продолжением
программы старых "Весов" и "Скорпиона". <...> Спячка В.В. ме-
ня пугала и притягивала. Неужели литература — медведь, сосущий
свою лапу, — тяжелый сон после службы на кабинетной тахте? Я
приходил к нему разбудить зверя литературы. The metaphoric bear
derives from Lermontov's epigraph, borrowed from Goethe, to "Žurna-
list, čitatel' i pisatel'": *Les poètes ressemblent aux ours, qui se nourissent
en souçant leur patte.* The litterateur of "V ne po činu..." is protected by
a tall fur-cap: Под пленкой вощеной бумаги к сочинениям Леонтьева
приложенный портрет, *в меховой шапке-митре* — колючий зверь,
первосвященник мороза и государства. Теория скрипит на морозе
полозьями извозчичьих санок. Холодно тебе, Византия? Зябнет и
злится писатель-разночинец в не по чину барственной шубе. The en-
tire scene has been inspired by the apparition of Vladimir Solov'ev in
Andrej Belyj's "Simfonija 2-aja, dramatičeskaja": Недавно видели по-
чившего Владимира Соловьева, как он ехал на извозчике *в меховой
шапке* и с поднятым воротником! Перед **видившим** распахнул шу-
бу Владимир Соловьев, показал себя и крикнул с извозчика: "Ко-
нец уже близок: желанное сбудется скоро". Оба очутились на мо-
розном холодке и морозный холодок выкрасил им носы. The final
passage of "V ne po činu..." (Нельзя зверю стыдиться пушной своей
шкуры. Ночь его опушила. Зима его одела. Литература — зверь.
Скорняк — ночь и зима) likewise owes something to Belyj's description
of Ibsen, Tolstoj, Nietzsche, Rodenbach, Huysmans, Wilde, Sar Péladan,
Lombroso, Nordau, Ruskin, and Leo XIII[46] at Europe's funeral in the

---

[46] Cf. a somewhat different identification of Belyj's personages by D.Tschi-
žewskij in his introduction to: Andrej Belyj, *Četyre simfonii,* Slavische Propyläen,
Bd. 39, München, 1971, XVI.

"Second Symphony": Как погребали Европу осенним пасмурным днем титаны разрушения, обросшие мыслями, словно пушные звери шерстью.

11. Обратно в крепь родник журчит

The primary prototype is, according to K.Taranovsky's observation, Tjutčev's В родную *глубь* спешат ручьи ("Снежные горы") (a case of borrowing by rhythm and sound, in S.Bobrov's terminology).

The paronomastic attraction between *krep'*, which replaced Tjutčev's *glub'*, and *kremen'* is obvious.

It is important to note that the 'spring flowing back into the enclosure of the well' (*крепь* is here *колодезная крепь*, i.e., *сруб*; cf.: "Soxrani moju reč' navsegda") is not the spring of the river of time, but the spring of subliminal linguistic inspiration, notwithstanding M.'s image of the river flowing backward in "Puškin i Skrjabin." In general, the return of the stream *ad fontes* is associated with memory in 20th-century Russian poetry: Путь — по теченью обратному — | К родным ключам (В.Иванов, "День ото дня...", *Гюлистан*, I, 1916); И вот река течет бессмертья лугом, | К началу вверх, откуда ключ забил... | И прошлого лелеет отраженья, | Омытые в водах пакирожденья. |То Памяти река. Склонись у вод, | И двойников живых своих увидишь... (В.Иванов, "Деревья", *Записки мечтателей*, 1921); "Так знайте же, что реки — вспять, | Что камни — помнят!" (Цветаева, "Два зарева", *Ремесло*, 1923[47]). M. transformed this image, perhaps under the influence of Musset's "Souvenir" (La source desséchée où vacillait l'image | De leurs traits oubliés): Вспоминать — идти одному обратно по руслу *высохшей реки* ("V ne po činu barstvennoj šube").

M.'s "spring flowing back" is the spring of oblivion, rather than memory. Tjutčev's motif of universal oblivion out of which subliminal inspiration is born is prominent here, just as it is in another poem dealing with amnesia, "Ja slovo pozabyl": *В беспамятстве ночная песнь поется.* The occurrence of three Lermontovian images of poetic inspiration in GO (*бред, родник, язва*) suggests that the basic subtext here is "Ne ver' sebe": Не верь, не верь себе, мечтатель молодой, | Как *язвы*, бойся вдохновенья... | Оно — тяжелый *бред* души твоей больной, | Иль пленной мысли раздраженье... || Случится ли тебе в заветный, чуд-

---

[47]   I am grateful to Margaret Troupin for bringing this item to my attention.

ный миг | Открыть в душе давно безмолвной | Еще неведомый и
девственный *родник,* | Простых и сладких *звуков* полный, — | Не
вслушивайся в них, не предавайся им, | Набрось на них покров
забвенья: | Стихом размеренным и словом ледяным | Не передашь
ты их значенья (the last two lines give a clue to $_{56}$ Меняю строй на
стрепет гневный).

In two texts by Bal'mont, the spring flowing back into itself is di-
rectly identified with the irrational, purely musical fount of subliminal
poetic inspiration: ...Музыка — колдовство, всегда колеблющее в на-
шей душе первозданную нашу основу, незримый ручей наших пе-
сен, *водомет, что течет в себя из себя* (*Поэзия как волшебство,* М.,
1922, 30); С звездою, блистая, сплеталась звезда, | Тянулась звезда
до звезды. | Я помню, я понял впервые тогда | Зиждительность
светлой *Воды.* ‖ ... ‖ ...Под светом планет паутинным | Журчал не-
умолчно фонтан. ‖ О, как был уживчив тот сонный | И вечно жи-
вой водоем, | Он полон был мысли бездонной | В *журчаньи* бес-
смертном своем. ‖ Из раковин звонких сбегая, | И влагу в лоб-
заньях дробя, | Вода трепетала сверкая, | *Он лился в себя — из
себя*[48] ("Вода", *Литургия красоты*). It is a curious coincidence that
Vera Inber, in her memoirs (*Stranicy dnej pereviraja,* 1967, 22, entry
dated Sept. 7, 1934), ascribes a line from Bal'mont's "Voda" to Mandel'-
štam (Inber's quotation reads: Ах, боль, когда бы не пришла, | Всегда
приходит слишком рано; Bal'mont, "Voda" 5: Боль, как бы ни при-
шла, приходит слишком рано; Vološin quoted this line in his early
poem "Ja ždal stradan'ja stol'ko let" in the form similar to Inber's: "О,
боль, когда бы ни пришла, | Всегда приходит слишком рано").

As in line 9, subtexts by Blok add more general historical impli-
cations to M.'s meaning. In "Nemye svideteli" (1909), Blok wrote:

<...> чем меньше живого на земле, тем явственней подземный голос
мертвых. Современная культура слушает голос руды в глубоких зем-
ных недрах. Как же не слышать там того, что лежит безмерно ближе,
совсем под нашими ногами, закопанное в землю или само чудесно по-
грузившееся туда, уступившее место второму и третьему слою, кото-
рым, в свою очередь, суждено погрузиться, "возвратиться в родную
землю" (revertitur in terram suam)?

---

[48] Cf. Deržavin's "Bog": Себя собою составляя, | Собою из себя сияя,
| Ты свет, откуда свет истек.

Blok's Scriptural quotation (contaminated *Gen.* 3:19, *Ps.* 145:4, and *Eccl.* 12:7) returned in "Krušenie gumanizma," the essay to which M. devoted much thought and against which he directed his article "Gumanism i sovremennost'." The following passages provide a key to the catastrophic theme of strophe II:

> Один из основных мотивов всякой революции – мотив о возвращении к природе; этот мотив всегда перетолковывается ложно; его силу пытается использовать цивилизация; она ищет, как бы пустить его воду на свое колесо; но мотив этот – ночной и бредовой мотив; для всякой цивилизации он – мотив похоронный; он напоминает о верности иному музыкальному времени, о том, что жизнь природы измеряется не так, как жизнь отдельного человека или отдельной эпохи; о том, что ледники и вулканы спят тысячелетиями, прежде чем проснуться и разбушеваться потоками водной и огненной стихии. < ... >
>
> Всякое движение рождается из духа музыки, оно действует проникнутое им, но по истечении известного периода времени это движение вырождается, оно лишается той музыкальной влаги, из которой родилось, и тем самым обрекается на гибель. Оно перестает быть культурой и превращается в цивилизацию. Так случилось с античным миром, так произошло и с нами.
>
> Хранителем духа музыки оказывается та же стихия, в которую возвращается музыка (revertitur in terram suam unde erat), тот же народ, те же варварские массы.

12. Цепочкой, пеночкой и речью

The three *instrumentales comparationis*, inanimate, animate, human, are united by a common semantic feature: they all imply a sequence. The first two words served as titles of Deržavin's poems. "Cepočka," a free translation of Goethe's "Mit einem goldenen Halskettchen," creates the usual association with love poetry (cf. K. Taranovsky's remarks on *ožerel'e* in: *To Honor Roman Jakobson*, 1967, 1993, and *IJSLP*, XII, 1969, 166 f.): Послал я средь сего листочка | Из мелких колец тонку нить. On the other hand, the chain of inspiration is also a traditional poetic image, deriving from Plato's *Ion* (*òrmathós*, the chain descending from the Muse through the poet to the audience; cf. Batjuškov's Не Аполлон, но я кую сей цепи звенья). Derzavin's "Penočka" (Пеночка, как ты проснешься, | ... | Про кого ты запоешь) was, according to the poet's note, quoted by Grot (*Šoc.*, II, 157), written in his sleep.

The source of the third simile (*журчит... речью*) is Puškin: Сладку *речь*-то говорит, | Будто *реченька журчит*; Мои *стихи*, сливаясь и журча, | Текут, *ручьи* любви... (cf. M.'s "Knižnyj škap": Цвет *Пушкина*? Всякий цвет случаен — какой цвет подобрать к *журчанью речей*?).

13. Здесь пишет страх, здесь пишет сдвиг

A special research will eventually be devoted to M.'s theme of fear, which develops from the earliest В священном страхе тварь живет, through "Koncert na vokzale" (Я опоздал. Мне страшно. Это сон) and *Egipetskaja marka* (Страх берет меня за руку и ведет. Белая нитяная перчатка. Митенка. Я люблю, я уважаю страх. Чуть было не сказал: 'Мне с ним не страшно!' Математики должны были построить для страха шатер, потому что он координата времени и пространства...), to *Četvertaja proza* (Животный страх стучит на машинках, животный страх ведет китайскую правку на листах клозетной бумаги, строчит доносы, бьет по лежачим, требует казни для пленников). The best epigraph to such a study would be found in N.Ja.Mandel'štam's *Vospominanija*: ...тот страх, который сопровождает сочинение стихов, ничего общего со страхом перед тайной полицией не имеет. Когда появляется примитивный страх перед насилием, уничтожением и террором, исчезает другой таинственный страх перед самим бытием. Об этом часто говорил О.М.: с революцией, у нас на глазах пролившей потоки крови, тот страх исчез.

Two antithetic subtexts, Tjutčev and Baratynskij, underlie the theme of fear in *GO*: На мир таинственный духов, | Над этой бездной безымянной, | Покров наброшен златотканный | Высокой волею богов. | День — сей блистательный покров — | День, земнородных оживленье, | Души болящей исцеленье, | Друг человеков и богов! ‖ Но меркнет день — настала ночь; | Пришла — и с мира рокового | Ткань благодатную покрова, | Сорвав, отбрасывает прочь... | И бездна нам обнажена | С своими *страхами и мглами,* | И нет преград меж ей и нами — | *Вот отчего нам ночь страшна!* ("День и ночь"); *Толпе* тревожный день приветен, но *страшна* | Ей *ночь безмолвная.* Боится в ней она | Раскованной мечты видений своевольных. | Не легкокрылых грез, детей волшебной тьмы, | *Видений дня*[49] боимся мы, | *Людских сует*, забот юдольных. ‖

---

[49] In one of the drafts, Baratynskij's subtext is represented quite obviously: И я ловлю могучий стык | Видений дня, видений ночи.

Ощупай возмущенный мрак: | Исчезнет, с пустотой сольется | Тебя пугающий призрак, | И заблужденью чувств твой ужас улыбнется. || ...привычный гость на пире | Неосязаемых властей, | Мужайся, не слабей душою | Перед заботою земною: | Ей исполинский вид дает твоя мечта; | Коснися облака нетрепетной рукою, – | Исчезнет; а за ним опять перед тобою | Обители духов откроются врата.

In *GO*, *день*, *ночь* and *вода* belong essentially to the same semantic field 'predatory, rapacious': *как... шершень, ...день*; *ночь-коршунница; вода голодная... как звереныш.* Yet the conscious mind is not afraid of any of these predators: *Я ночи друг, я дня застрельщик.* | *Блажен, кто называл кремень* | *Учеником воды проточной.* The source of fear in strophe II is neither the "vision of the day" nor the "vision of the night", but the chaotic oblivion which blurs these visions: И наша жизнь стоит пред нами, | Как призрак, на краю земли, | И с нашим веком и друзьями | Бледнеет в сумрачной дали; || ... | А нас, друзья, и наше время | Давно забвеньем занесло! (Tjutčev, "Bessonnica"). In *RD* 1967 13, M. defines this fear: ...*ужас настоящего, какой-то* terror praesentis. Здесь беспримесное настоящее взято как чурание. *В полном отрыве от будущего и прошлого настоящее спрягается как чистый страх, как опасность* (cf.: Немногие для вечности живут, | Но *если ты мгновенным озабочен –* | *Твой жребий страшен* и твой дом непрочен. – "Paden'e – neizmennyj sputnik straxa...", 1912).

The subjective fear is only a subliminal reaction of the dormant mind to the objective historical shift or "fault" (*сдвиг*), a geological catastrophe: Некий таинственный общий сдвиг – вот знамение переживаемых времен, – сдвиг не только всех ценностей и основоположений духовной жизни, но и еще глубже – сдвиг в самом восприятии вещей, сдвиг основ жизни душевной... Что же удивительного в том, что наиболее чуткие и смелые переживают в самих себе сдвиг той оси, на которой вращается здоровая духовная личность, уподобляясь, по сравнению Платона, планетному телу, описывающему свои небесные круги, определяемые гармонией сфер, по темной земле... (В.Иванов, *Борозды и межи*, 1916, 342).

In *RD*, M. speaks of the geological shift as a formative factor: Зернистые примеси и лавовые прожилки указывают на единый сдвиг, или катастрофу, как на общий источник формообразования (17).

14. Свинцовой палочкой молочной

The relationship between 'fear' and 'lead' (пишет страх... | Свинцовой палочкой) is allegorical: lead is the metal of Saturn, which rules the fearful and melancholic temper, and the old age; it portends war and death. Deržavin used this emblematic image in "Izobraženie Felicy": Представь, чтоб тут кидала взоры | Со отвращением она | На те ужасны приговоры, | Где смерть написана, война | *Свинцова грифеля* чертами, | И медленно б крепила их, | И тут же горькими слезами | Смывала бы слова все с них. The Saturnian allegory, which underlies the plot of *1 janvarja 1924,* is directly presented in "Venicejskaja žizn'" (Ибо нет спасенья от любви и *страха*: | Тяжелее платины *Сатурново* кольцо), and obscured by a cause-and-effect association in "Jazyk bulyžnika" (*испуганные* стайки | Клевали наскоро крупу *свинцовых* крох).

This relatively simple metonymic allegory replaces in the final text of *GO* the considerably more elaborate periphrases of the drafts: Наследник (? or: Соперник? cf. Сопутник молний in "Videnie murzy") молнии молочной, and Ручья и молний брат молочный (there are "pointillistic" reflections of Xlebnikov's "Sestry-molnii" in *GO*: Люди все вы молнии и все равны, | Ровно как овцы стада; Потом задремала со стадом овец; Я книга засохших морей; Я камень. | А я учебником детей | Сейчас по воздуху летала, etc.). In the latter draft, Deržavin's chalk, the milky "foster-brother of the stream and lightnings," is related to the symbols of the fleeting fame in the Italian epigraph to Batjuškov's "Umirajuščij Tass": ...E come alpestre e rapido *torrente,* | Come acceso *baleno* | In notturno sereno, | Come aura o fumo, o come stral repente, | Volan le nostre fame... ("Torrismondo." Trag. di T. Tasso).

Other drafts refer to a stream of "grape milk" (И в виноградном молоке), which repeats the concluding motif of "Na kamennyx otrogax Pièrii" (мед, вино и молоко[50]) and prefigures "grape meat" (виноградное мясо) of "Batjuškov." The "river of milk" (cf. in Deržavin's "Vodopad": Под зыбким сводом древ, как сном | Покрыты, волны тихо льются, | *Рекою млечною* влекутся) in the shores of flint suggests an

---

[50] To the subtexts listed by K. Taranovsky (*Essays on Mandel'štam,* 1976, 97) I should like to add Horace (*Carm. Lib.* II. xix): fas pervicaces est mihi Thyiadas | *vinique fontem lactis* et uberes | cantare rivos atque truncis | lapsa cavis iterare *mella.*

underlying interlingual Russian-German pun on молочная река в ки-
сельных (Kiesel!) берегах; the pun is less grotesque than it seems to
be, considering Goethe's description of his magic experiments with
liquor silicum in *Dichtung und Wahrheit* (Book 8), certain details of
which, including the slate board, M. remembered very well.

An interesting semantic movement is traceable in the progress from
the draft fragment ...родник | Ломает зуб[50a] камней свинцовых to
Свинцовой палочкой молочной. It reveals the oxymoronic aspect of
the parallel adjectives ('senile'/'infantile'), which should be compared to
the ambivalent image of the old child[51] in "Jazyk bulyžnika": зубов
молочных ряд | На деснах старческих.

It is a typical sample of M.'s phonosemantic technique that свинцо-
вой inherits a syllable from виноград of the cancelled draft (the inter-
mediate stage between виноград and палочка, semantically, is И вино-
градного тычка | Не стоит пред мохнатой губкой; an "antiautometa-
descriptive" statement in terms of the "law of conservation of the draft"
formulated in *RD,* as this instance proves), and that палочка is a parono-
mastic attractor (молочной) just as it is in "Zverinec" (палочка —
всполошенное).

15. Здесь созревает черновик

The verb *sozrevat'* foreshadows ₃₃Зрел виноград, and both lines
refer, i.a., to poetry. For M., the situation of man, and, in particular, of
poet, in relation to time is twofold: he is a child and disciple of time, and
the most powerful force resisting it. In an early poem, this twofold situ-
ation is expressed in the image of the foam congealing in an expansion
of a narrow stream: Где вырывается из плена | Потока шумное стек-
ло, | Клубящаяся стынет пена, | Как лебединое крыло. || О, время,
завистью не мучай | Того, кто во время застыл. | Нас пеною воз-
двигнул случай | И кружевом соединил. The foam acquires in this
text some of those qualities with which M. usually endows the stone
(Кружевом, камень, будь!; Живая линия меняется, как лебедь),

[50a] This is a characteristic transformation of the common idiom describing
the effect of icy water: зубы ломит; заломило зубы (cf. in "Stixi o russkoj
poèzii": расхаживает ливень < идет дождь).

[51] See Д.М.Сегал, "Память зрения и память смысла", *Russian Literature,*
7/8, 1974, 127−128.

and the very verb *воздвигнул* implies architecture, while *мучай* of this text is related to *вода их учит* by the common Russian pun (cf.: Лермонтов — *мучитель* наш in "Stixi o russkoj poèzii"). The line Того, кто во время застыл is a wistful reference to Puškin's ironic Блажен, кто во-время созрел, | Кто постепенно жизни холод | С летами вытерпеть умел (Потока шумное стекло is also an echo of Puškin's line: Залива зыбкое стекло).

The clue to the identity of the 1st pers. pl. pronoun in the penultimate line of the poem is provided in "Komissarževskaja":

> Надо мной и над многими современниками тяготеет косноязычие рождения. Мы учились не говорить, а лепетать — и, лишь прислушиваясь к нарастающему шу́му века и выбеленные *пеной* его гребня, мы обрели язык.

In "Burja i natisk," M. used the same set of metaphors to describe polemically the history of 20th-century literary currents in Russia:

> ... после половодья 'бури и натиска' литературное течение невольно сжимается до естественного русла, и запоминаются навсегда именно эти, несравненно более скромные границы и очертания. Русская поэзия первой четверти века переживала два раза резко выраженный период 'бури и натиска'. Один раз — символизм, другой раз — футуризм. Оба главные течения обнаружили желание *застыть* на гребне и в этом желании потерпели неудачу, так как история, подготовляя гребни новых волн, в назначенное время повелела им пойти на убыль, возвратиться в лоно общей материнской стихии языка и поэзии.

M. seems to answer in this passage Blok's warning against the "specialized branching" of Russian literature. One wonders whether M. could have read the anti-acmeist "Bez božestva, bez vdoxnoven'ja" (written in April 1921) in manuscript prior to its publication in 1925.

The basic meaning of 'černovik' in *GO* has already been discussed earlier, on pp. 53—54 and 60—61, as far as the analogy between geological processes and writing is concerned. Another meaning of the word emerges, in connection with the social theme of strophe III, from a passage in I. Èrenburg's *Julio Jurenito*, which is based entirely on the imagery of M.'s "Sumerki svobody" and "Gumanizm i sovremennost'" (the latter appeared in print after the publication of *Julio Jurenito*, but Èrenburg must have been familiar with M.'s opinions): Теперь человечество идет отнюдь не к парадизу, а к самому суровому, *черному*, *потогонному* чистилищу. Наступают, как будто, полные *сумерки свободы. Ассирия и Египет будут превзойдены этим неслыханным новым рабством.* Но каторжные галеры явятся *приготовительным классом,* залогом свободы — не статуи на площади, не захватанной выдумки писаки, а свободы творимой, непогрешимого равновесия, предельной гармонии (p. 241 of the 1922 Berlin edition).

M.'s ambivalent treatment of Roman history comprises, i.a., the theme of the plebeian, fearful and peevish "ovine Rome" of flocks and shepherds ("nom de pasteur, fatal à cette terre," as Joachim du Bellay wrote), which is compared in one poem ("Negodovan'e starčeskoj kifary") to a Crimean Tatar village, in others ("Na rozval'njax, uložennyx solomoj"; "Kogda v temnoj noči zamiraet"), to Moscow. Hence the possible relevance to the historical meaning of this line, especially in view of Du Bellay's theme in lines 16 and 22, and the "Petrine" paronomasia кремень — *Рим,* of Xlebnikov's notion of Rome's fate as a "draft of Moscow": И если востока орда | Улицы Рима ограбила, | И бросила белый град черным оковам, | ... | Выросла снова гора черепов | Битвы в полях Куликова — | Это Москва переписывала набело | Чернилами первых побед | Первого Рима судьбы черновик ("Зангези").

Paronomastically, the word *černovik* is an extension of the draft-attested *ručej* (*rodnik* in the final text). Cf., in "Gogotur i Apšina," *Черный рев ручья* хевсурского, and, in Bal'mont's already quoted "Voda," Ручей, как *чаровник,* дремотно шепчет, манит.

16. Учеников воды проточной

This kenning-like periphrasis, the riddle of which is solved in ₆₁₋₆₂Блажен, кто называл кремень | Учеником воды проточной, has an essentially metaphoric *mot d'appui* (*černovik učenikov; učeniki vody protočnoj*), while the meaning of the adnominal genitive is metonymic in relation to the *mot d'appui* (compare the metaphoric genitive construction of ₂₃Воздуха прозрачный лес). Puškin initiated the struggle for a semantically justified choice of the prop word in periphrases,[52]

---

[52] See his letter to Vjazemskij of August 14/15, 1825, with a critique of "Narvskij vodopad": Но ты питомец тайной бури. Не питомец, скорее родитель — и то не хорошо — не соперник ли? Vjazemskij then replaced *pitomec* by *sozdan'e.* On Puškin's periphrases of this type, see especially A.D.Grigor'eva's study in: *Поэтическая фразеология Пушкина,* М., 1969, 22—36. Concerning the meta-

and it is fitting that M.'s conceit should be a transformation of the tra-
ditional periphrasis occurring in one of Puškin's earliest poems, "Kol'na
(Podražanie Ossianu)": И вот уже Тоскар подходит | К местам, где
в темные леса | Бежит седой источник Кроны | И кроется в доли-
ны сонны. | Воспели барды гимн святой; | Тоскар обломок гор
кремнистых | Усильно мощною рукой | Влечет из бездны волн сре-
бристых, | И с шумом на высокий брег | В густой и дикой злак
поверг; | ... | И обратил он к камню речь: | "Вещай, *сын шумного
потока,* | О храбрых поздним временам! | ... | Вопросит сын ино-
племенный: | "Кто памятник воздвиг надменный?" | И старец,
летами согбен, | Речет: "Тоскар наш незабвенный, | Герой умчав-
шихся времен!" (it is curious how certain details of this earliest of
Puškin's 'monuments' reverberate through his later poetry, culminating
in "Ja pamjatnik sebe vozdvig nerukotvornyj").

To understand M.'s paronomastic paraphrase of the proverb Вода
точит камень, it is necessary to recall several well-known versions of
the original maxim by Choerilus of Samos: *Petrēn koilainei rhanis hyda-
tos endelecheiē* (cf. *Job* 14:19). In any Greek dictionary M. could have
seen Cicero's strange misquotation of this aphorism, in which *endelecheia*
'patience' is replaced by *entelecheia* (*Tusc.* 1.10.23). This may have
affected the interpretation of Tjutčev's "Problème" in "Utro akmeizma":
Камень как бы возжаждал иного бытия. Он сам обнаружил *скры-
тую в нем потенциально способность* динамики... In *GO*, it is the
flowing water that teaches the stone to realize its dynamic potential.
M.'s metonymic nouns expressing the idea of the road, movement, spiri-
tual self-realization, becoming[53] "fulfill the function of the verb." In
his notes on Chénier (*OM* III 1969 144–145), M. spoke also *pro domo
sua* when he described the switching of the functions of Chénier's parts
of speech, e.g.:

---

phoric/metonymic ambivalence of M.'s periphrases based on kinship terms etc., cf.:
"Mandel'štam's Kaščej," *Studies Presented to Prof. Roman Jakobson*, Cambridge,
Mass., 1968, 261.

[53] D.E.Maksimov ("Идея пути в поэтическом сознании Ал. Блока", *Бло-
ковский сборник,* II, Тарту, 1972, 87–92; *Поэзия и проза Ал. Блока,* Л.,
1975, 95–102) was quite wrong, I think, in asserting "the absence of the theme of
the road" in M.'s poetry (and in the poetry of Annenskij, Gumilev, and Axmatova),
although he correctly qualified the notion of the path denied to the acmeists as that
of "development" (Растение в мире – это событие, происшествие, стрела, а не
скучное бородатое развитие. – "Putešestvie v Armeniju"). It is highly doubtful,

Десятый стих: Et l'oeil au ciel, la main sur la massue antique, — характеризуется активностью существительного "massue" – палица. Существительное взято в действенном глагольном значении, скорее как *потенция действия* и напряженная готовность мышечной силы героя, чем как вещь.

In the notes to line 4 I have already quoted Ovid's *Gutta cavat lapidem* in its relevant context. 'Stone' is replaced by 'flint' in another Latin version of the proverb: *teritur* robigine mucro | ferreus et *parvo saepe liquore silex* (Properti *Eleg.* Lib. II. xxv. 15–16).

Giordano Bruno (*Candelaio*, Act III, Scene III) blended *Gutta cavat lapidem* and *Repetitio mater studiorum*, thus creating the closest parallel to M.'s pun: Gutta cavat lapidem non bis, sed saepe cadendo: | Sic homo fit sapiens bis non, sed saepe legendo.

The obvious paronomastic relationship between *точить* and *учить* is used in such Russian proverbs as, e.g., Тупо сковано, не наточишь; глупо рождено, не научишь (Dal'). In general, Dal''s definition of the verb *учить* is a good clue to its meaning in *GO*: учить — школить, держать строго, *часто наказывая, для нравственного образования, послушания*.

It will be recalled that *кремень* is as much a metonymy of *кремнистый путь* as *вода проточная* is a metonymy of *река времен*. In "Devjatnadcatyj vek" M. misquoted Deržavin in a way which prefigured and emphasized in advance, as it were, the latter metonymy[53a]: Река времен в своем *теченьи*. The element of reproach and self-pity is absent from M.'s attitude to time, no matter how cruel it is to individual destinies:

> Жесток XV век к личным судьбам. Многих порядочных и трезвых людей он превратил в Иовов, ропщущих на дне своих смрадных темниц и обвиняющих бога в несправедливости. <...> Но из хора узников резко выделяется голос Виллона. Его бунт больше похож на процесс, чем на мятеж. Он сумел соединить в одном лице истца и ответчика <...> Он нежен, внимателен, заботлив к себе не более, чем хороший адвокат к своему клиенту. Самосострадание – паразитическое чувство, тлетворное для души и организма. Но сухая юридическая жалость, которой дарит себя Виллон, является для него источником бодрости и непоколебимой уверенности в правоте своего 'процесса' ("Франсуа Виллон", 1913).

---

however, that Blok's idea of *путь* was развитие either: Наш путь стрелой татарской древней воли...

[53a] Cf. the earliest transformation of "Reka vremen" in M.'s poetry: *Уносит времени прозрачная стремнина*.

M.'s 'flint' may be compared with Bal'mont's "Kamen' skal" (*Budem kak solnce*): По воле изменяться мне нельзя, | Я камень скал, с их вынужденным стоном.[54] | Недвижно я меняюсь, еле зримо... | Измены дней запечатлели след, | Все тени мира здесь проходят мимо, | Но в смене волн для камня счастья нет. However, discipline rather than bondage is the model of the relationship between man and history in *GO*.

A more specific meaning of the lesson taught by the 'flowing water' is identified in the note to line 22.

STROPHE III

17. Крутые козьи города

As has been pointed out earlier (p. 54), this strophe deals with the dichotomy of social structures, described in several essays by M. in terms of two types of architecture and of geographical landscape. Both types are based on a vertical hierarchic principle and, as such, opposed to the horizontal 'amorphous paradise' of Russian chiliasm, of which M. wrote in "Petr Čaadaev" (see note to line 21). The first of the two hierarchic types of social architecture, 'steep cities of the goats' (juxtaposed with 'sheep's villages and churches' within the somewhat modified framework of Christian symbolism as 'State' vs. 'Church', or the earthly city vs. the heavenly city), is described teleologically in "Gumanizm i sovremennost'":

> Бывают эпохи, которые говорят, что им нет дела до человека, что его нужно использовать, как кирпич, как цемент, что из него нужно строить, а не для него. Социальная архитектура измеряется масштабом человека. Иногда она становится враждебной человеку и питает свое величие его унижением и ничтожеством.
>
> Ассирийские пленники копошатся, как цыплята, под ногами огромного царя, воины, олицетворяющие враждебную человеку мощь государства, длинными копьями убивают связанных пигмеев, и египтяне и египетские строители обращаются с человеческой массой, как с материалом, которого должно хватить, который должен быть доставлен в любом количестве.

---

[54] Cf. M.'s Где связанный и *пригвожденный стон*, | Где Прометей – *скалы* подспорье и пособье? (1937. Воронеж).

Cf. Vjač. Ivanov in *Rodnoe i vselenskoe:*

> Град Земной, в августиновском смысле, твердыня противления и
> ненависти к Богу, отстроится тогда, когда личность будет окончательно
> поглощена целым...

In the essay "Slovo i kul'tura," M. uses the 'sheep' vs. 'goats' oppo-
sition virtually in its original New Testamental (*Mt.* 22:32 ff.) sense:

> Социальные различия и классовые противоположности бледнеют
> перед разделением ныне людей на друзей и врагов слова. Подлинно
> агнцы и козлища. Я чувствую почти физически нечистый козлиный дух,
> идущий от врагов слова. Здесь вполне уместен аргумент, приходящий
> последним при всяком серьезном разногласии: мой противник дурно
> пахнет.[55]

In one of the early drafts of *GO*, the Gospel association is preserved
much clearer than in the final text: $_{17}$*Нагорный* колокольный сад[56]
$_{18}$Кремней могучее слоенье $_{19}$На *виноградниках* стоят $_{20}$Еще и
церкви и селенья. The epithet *нагорный*, along with $_{21}$*проповедует*,
creates a distinct reference to the Sermon on the Mount (line 19 of the
draft can also be interpreted as an allusion to *Isaiah* 5:1—8 and the
Parable of the Vineyard, *Mt.* 20). The images of 17—18 and 19—20 of
the draft are not opposed to each other (or, if they are, the terms of the
opposition are not +/—, but 'high, mighty' vs. 'low, humble'). This
type of opposition is preserved in the final text: the adjective *козий*
(which, by the way, forms a partial palindromic anagram of *язык* in
line 3) lacks the pejorative sense that is characteristic of *козлиный*
in M.'s vocabulary (cf. *козел, козлятина* etc. in *Četvertaja proza* and
козлиный голос in "Zverinec"). Its symbolic (metonymic) significance
derives from the association between mountain goats and steep heights:
небо козье ("1 января 1924"); козье молоко феодосийской луны
("Мазеса да Винчи"); козьи тропы Италии (*RD* 10). The ambivalence
in the treatment of the earthly city is induced by a semantic recoding
of the Christian symbolism of "V xrustal'nom omute kakaja krutizna,"
and of *Mt.* 5:14 (Не может укрыться город, стоящий на верху горы),
under the possible influence of Blok's "Siena," with its theme of the
theomachic Gothic: От соседних лоз и пашен | Оградясь со всех сто-

---

[55] Cf. the ending of Heine's "Disputation."
[56] Cf. *колокольный град* in Cvetaeva's "O muza plača..."

рон, | Острия церквей и башен | Ты вонзила в небосклон!.. || Иль, сама о том не зная, | С безрассудством красоты, | Строгой готикой играя, | В сердце Бога метишь ты.

18. Кремней могучее слоенье.

Cf.: Рабы, чтобы молчать, и камни, чтобы строить (”Природа тот же Рим...”) and Čaadaev's letter to A.I.Turgenev (1832): ... это не обычный город, *скопление камней и люда,* а безмерная идея... Неужели, кроме гранитной пирамиды, вам не нужно другого человеческого создания, которое было бы способно противостоять закону смерти?

The theme of the community of stones develops in Russian poetry from Lermontov's “Otryvok” (...Живу, как камень меж камней. | ... | Теперь я вижу: пышный свет | Не для людей был сотворен. | Мы сгибнем, наш сотрется след, | Таков наш рок, таков закон; | Наш дух вселенной вихрь умчит | К безбрежным, мрачным сторонам. | Наш прах лишь землю умягчит | Другим, чистейшим существам...) to Gumilev's “Ljudjam nastojaščego” (Для чего мы не означим | Наших дум горячей дрожью, | Наполняем воздух плачем, | Снами, смешанными с ложью.[57] || Для того ль, чтоб бесполезно, | Без блаженства, без печали | Между Временем и Бездной | Начертить свои спирали. || Для того ли, чтоб во мраке, | Полном снов и изобилья, | Бросить тягостные знаки | Утомленья и бессилья. || И когда сойдутся в храме | Сонмы радостных видений, | Быть тяжелыми камнями | Для грядущих поколений). It is interesting to note that Xlebnikov's architecture of the future is vertical, consists of one layer, and rejects stones altogether: Здесь площади из горниц, в один слой, | Стеклянною страницею повисли, | Здесь камню сказано 'долой' (“Город будущего”, *Харчевня зорь,* 1920).

The epithet *могучий* is repeated twice in *GO* and returns in the last line of *1 Jan.* It is consistently applied to alliterating nouns which express the notion of junction and harmony: могучий стык, могучее слоенье, могучие сонаты.

---

[57] The subtext of this strophe is Baratynskij's “Poslednij poèt”: И зачем не предадимся | *Снам* улыбчивым своим? | *Жарким* сердцем покоримся | *Думам хладным,* а не им!

19. И все-таки еще гряда.

Here M. introduces the alternative type of 'social architecture,' stressing that its character is also vertical (*гряда*), rather than horizontal. The word *гряда* implies a succession of vertical formations and appears to illustrate M.'s notion of the ecclesiastic hierarchy of the meek, *овечьи церкви и селенья*, which may have been influenced by "Letter Eleven" of P.Florenskij's *Stolp i utverždenie istiny* (Все равны в христианской общине, и в то же время, вся структура общины иерархична... величайший демократизм — строжайший аристократизм). Unlike Florenskij, who was a consistent enemy of Humanism, M. associated this type of social structure, not so much with cult, as with culture. In "Gumanizm i sovremennost'" he wrote:

> Но есть *другая* социальная архитектура, ее масштабом, ее мерой тоже является человек, но она строит не из человека, а для человека, не на ничтожестве личности строит она свое величие, а на высшей целесообразности в соответствии с ее потребностями.
>
> Все чувствуют монументальность форм надвигающейся социальной архитектуры. Еще не видно горы, но она уже отбрасывает на нас свою тень, и, отвыкшие от монументальных форм общественной жизни, приученные к государственно-правовой плоскости девятнадцатого века, мы движемся в этой тени со страхом и недоумением, не зная, что это — крыло надвигающейся ночи или тень родного *города*, куда мы должны вступить.
>
> Простая механическая громадность и голое количество враждебны человеку, и не новая социальная пирамида соблазняет нас, а социальная готика: свободная *игра* тяжестей и сил, человеческое общество, задуманное как сложный и дремучий архитектурный лес [cf.: 23*И воздуха прозрачный лес*], где все целесообразно, индивидуально, и каждая частность аукается с *громадой*...
>
> Если подлинно гуманистическое оправдание не ляжет в основу *грядущей* социальной архитектуры, она раздавит человека, как Ассирия и Вавилон.

The adversative *И все-таки еще* echoes *Но есть другая*, and there is an obvious paronomastic link between *гряда* of *GO* and *другая, игра, громада, грядущая* of "Gumanizm i sovremennost'." In general, the sound reiterations of 17—20 seem to be patterned on Lomonosov's Блаженство сел, градов ограда, on the one hand (the theme of *blaženstvo* will be developed in strophe VIII, compositionally corresponding to III), and on some passages of Xlebnikov's "Truba Gul'-mully," on the other (e.g.: Гонит ветер овцами гор | По выгону мира. | Над кремневой равниной овцами гор | Темных гор пастись в городах). The manifestly polemical tone of the line may have been prompted by Maja-kovskij's "Naš marš," the likely source of the *goroda/grjada* rhyme: Бейте в площади бунтов топот! | Выше, гордых голов гряда! | Мы разливом второго потопа | перемоем миров города (cf. the insistent image of 'the mounds of human heads' in M.'s verses about Stalin: Он свесился с трибуны как с горы | В бугры голов; Уходят вдаль людских голов бугры). According to N.Ja.Mandel'štam (*Vospomina-nija,* 1970, 256), M. used to be irritated by "Naš marš": "Что это значит?" — частый аргумент О.М. против раздражавших его стихов. Он так спросил меня про стихи Маяковского: "наш бог — бег, сердце — наш барабан"... Мне нравился этот треск, пока я не задумалась о том, что это значит. А вообще к Маяковскому О.М. относился хорошо...

Ideas of social architecture were also expressed in two earlier essays by M.:

> Кто первый провозгласил в архитектуре подвижное равновесие масс и построил крестовый свод — гениально выразил психологическую сущность феодализма. Средневековый человек считал себя в мировом здании столь же необходимым и связанным, как любой камень в готической постройке, с достоинством выносящий давление соседей и входящий неизбежной ставкой в общую игру сил...
>
> ("Франсуа Виллон", 1910)

> Там, в лесу социальной церкви, где готическая хвоя не пропускает другого света, кроме света идеи, укрывалась и созревала главная мысль Чаадаева, его немая мысль о России... Туда, где все — необходимость, где каждый камень, покрытый патиной времени, дремлет, замурованный в своде, Чаадаев принес нравственную свободу [note the semantically contrastive paronomasia *svod – svoboda*], дар русской земли, лучший цветок, ею взращенный. Эта свобода стоит величия, застывшего в архитектурных формах...
>
> ("Петр Чаадаев", 1915).

20. Овечьи церкви и селенья

The adjective *овечьи* serves as a synonymic substitute in the implied paronomastic opposition: *krutoj – krotkij*. Its traditional symbolic value (God's flock) requires no special explanation, although it should be noted that in "Komu zima — arak..." (1922), the image of the sheep becomes ambivalent, perhaps under the influence of the rebellious flock in

Fuente ovejuna, which M. saw performed in Kiev, on May 1, 1919:[58]
Немного... | ...бестолкового *овечьего* тепла (cf.: ...внутреннее теп-
ло грядущего, тепло целесообразности, хозяйственности и телеоло-
гии in "Gumanizm i sovremennost'"); Пусть заговорщики торопятся
по снегу | *Отарою овец...* The general connotation of a plebeian upris-
ing is produced here both by the *Fuente ovejuna* association and by M.'s
1915 poem: Обиженно уходят на холмы, | Как Римом недовольные
плебеи, | Старухи овцы...[59]

Both the archaic Rome (*ovečij Rim*) and Feodosija are described by
M. as 'sheep's towns': Теплый и *кроткий овечий* город превратился
в ад ("Старухина птица"); Подобно большинству южно-бережных
городов-амфитеатров, он бежал с горы *овечьей* разверсткой, голу-
быми и серыми *отарами* радостно-*бестолковых* домов ("Бармы
закона"); *Овечьим стадом* ты с горы сбегаешь ("Феодосия"). Be-
side the association with "selenija pravednyx," the meaning of M.'s
selen'ja is affected by an Axmatova subtext, "Pridu tuda..." (1916):
Таинственные темные селенья — | Хранилища молитвы и труда
(cf. in M.'s "Ljublju pod svodami sedyja tišiny," 1921: Соборы вечные

---

[58] Cf. in "Komissarževskaja": Природа – революция – вечная жажда, вос-
паленность (быть может, она завидует векам, которые по-домашнему сми-
ренно утоляли жажду, отправляясь на *овечий водопой...*).

[59] The general mood of "Komu zima – arak" (the poem that is thematically
related to Axmatova's "Kogda v toske samoubijstva" and "Ne s temi ja, kto brosil
zemlju"), as well as certain specific details (the smoky cabin in which the future is
revealed, the sheep, the rustling straw, the senseless tenderness toward the 'alien,'
and the resigned and patient expectation) derive from Heine's "Karl I." (*Roman-
zero*): Im Wald in der Köhlerhütte sitzt | Trübsinnig allein der König; | Er sitzt an
der Wiege des Köhlerkinds | Und wiegt und singt eintönig: | 'Eiapopeia, was rasch-
elt im Stroh? | Es blöken im Stalle die Schafe – | Du trägst das Zeichen an der Stirn
| Und lächelst so furchtbar im Schlafe. | ...Du wirst ein Mann und schwingst das
Beil, | Schon zittern im Walde die Eichen... | ...Schlafe, mein Henkerchen, schlafe!
(cf. Annenskij's remarks on this poem in *Knigi otraženij* II, 61: Шуршит солома,
по стойлам блеют овцы; все было бы так мирно, не поблескивай из черного
угла топор). The congenerous imagery of Esenin's "Kobyl'i korabli" (1919) has
also contributed its share to "Komu zima – arak": Тихонько гладить шерсть и
ворошить солому < Причащайся соломой и шерстью. Presumably, M. has
noticed the recondite affinity between the images of the doomed king in "Karl I."
and the doomed poet of pastoral Russia (Срежет мудрый садовник-осень |
Головы моей жолтый лист), which follows up thematically an earlier instance of
Heine's influence upon Esenin: Я пастух – мои палаты... (1914) < König ist der
Hirtenknabe (*Die Harzreise*).

Софии и Петра, | Амбары воздуха и света, | Зернохранилища все-
ленского добра | И риги нового завета). The idea of the double na-
ture of Rome, pride and meekness, has been inspired, i. a., by Son-
net 18 of Du Bellay's *Les Antiquités de Rome*: Ces grands monceaux
pierreux, ces vieux murs que tu vois, | Furent premièrement le clos d'un
lieu champêtre: | Et ces braves palais, dont le temps s'est fait maître, |
Cassines de pasteurs ont été quelquefois. || Lors prirent les bergers les
ornements des rois, | Et le dur laboureur de fer arma sa dextre: | Puis
l'annuel pouvoir le plus grand se vit être, | Et fut encore plus grand le
pouvoir de six mois: || Qui, fait perpétuel, crut en telle puissance, |
Que l'aigle impérial de lui prit sa naissance: | Mais le Ciel, s'opposant
à tel accroissement, || Mit ce pouvoir ès mains du successeur de Pierre, |
Qui sous nom de pasteur, fatal à cette terre, | Montre que tout retourne
à son commencement.

The conjunction *cerkvi i selen'ja* in *GO* points at a rearrangement
of three discrete pairs of antonyms into a single thematic dichotomy:
'goats' − 'cities' − [secular] 'power' vs. 'sheep' − 'villages' − 'church'.
The theme of 'peasant churches' was later developed in "Armenija"
with a significant change of the epithet from *ovеč'i* to *byčač'i*: Плечь-
ми осьмигранными дышишь | Мужицких бычачьих церквей.

21. Им проповедует отвес

Beside *GO*, the plumb line, *otves*, figures in M.'s poetry twice, both
times in connection with *les* 'forest' (on one occasion, a metaphor of
the Gothic cathedral; on the other, a metonymy of the ship mast):
Стихийный лабиринт, непостижимый *лес,* | Души готической рас-
судочная пропасть, | Египетская мощь и христианства робость, |
С тростинкой рядом дуб, и всюду царь − *отвес* ("Notre Dame");
Вот *лес,* корабельный, мачтовый... | В разъяренном *безлесном* воз-
духе. | Под соленой пятою ветра устоит *отвес,* пригнанный к пля-
шущей палубе, | И мореплаватель, | В необузданной жажде прост-
ранства, | Влача через влажные рытвины *хрупкий прибор геометра,*
| Сличит с притяжением земного лона | Шероховатую поверхность
морей ("Нашедший подкову").

A closely related emblem of authority (in this case, of an aesthetic
norm) appears in "Admiraltejstvo": ...И в темной зелени фрегат или

акрополь | Сияет издали, воде и небу брат.[60] || Ладья воздушная и *мачта*-недотрога, | Служа *линейкою* преемникам Петра, | Он учит: красота — не прихоть полубога, | А хищный глазомер простого столяра.

In 1928, the plumb line appeared in the second version of the essay "Petr Čaadaev" (replacing the word *perpendikuljar,* used in the first publication):

> Есть великая славянская мечта о прекращении истории в западном значении слова, как ее понимал Чаадаев. Это — мечта о всеобщем духовном разоружении, после которого наступит некоторое состояние, именуемое миром. <...> Еще недавно сам Толстой обращался к человечеству с призывом прекратить лживую и ненужную комедию истории и начать 'просто жить'. В 'простоте' — исключение идеи 'мира':

> > Жалкий человек...
> > Чего он хочет?.. Небо ясно,
> > Под небом места много всем. ["Валерик"]

> Навеки упраздняются, за ненадобностью, земные и небесные *иерархии.* Церковь, государство, право исчезают из сознания, как нелепые химеры, которыми человек от нечего делать, по глупости, населил 'простой', 'Божий' мир, и, наконец, остаются наедине, без докучных посредников, двое — человек и вселенная:

> > Против неба, на земле,
> > Жил старик в одном селе... ["Конек-горбунок"]

> Мысль Чаадаева — строгий *отвес* к традиционному русскому мышлению...

The same essay is quoted further according to the original publication (*Apollon*, 1915, No. 6—7):

---

[60] Cf. one of the drafts of *GO*: Тебе ль на грифельной доске | *Ручья и молний брат молочный* | Кремневых гор созвать Ликей | Учеников воды проточной. Apparently, M. at first sought his vertical emblem of authority in the image of the water flowing downward (с кремнистых гор вода течет), with a possible reference to Deržavin's "Vodopad," its allegorical lesson and its images of the milky river (волны... | Рекою млечною влекутся), lightnings and thunder, the peaceful brook, and the flinty hill (Кремнистый холм дал страшну щель). In "A nebo buduščim beremenno," written during the same year as *GO*, it is the thunder that does the preaching: Давайте слушать грома проповедь, | Как внуки Себастьяна Баха | И на востоке и на западе | Органные поставим крылья (cf. "Бах", 1913; "Encyclica," 1915; and "В тот вечер не гудел стрельчатый *лес органа*", 1918).

Там, *в лесу социальной церкви,* где готическая хвоя не пропускает
другого света, кроме света идеи, укрывалась и созревала главная мысль
Чаадаева, его немая мысль о России.

The metaphors of "Notre Dame" and of "Petr Čaadaev" derive from
the same source,[61] Čaadaev's Fourth Letter ("O zodčestve"):

> Что может быть общего между пирамидою фараона и стрельчатым
> сводом, между каирским обелиском и шпилем западно-европейского
> храма? ...обратите внимание на эту геометрическую фигуру – треуголь-
> ник, – которая вмещает в себе и так хорошо очерчивает и тот, и другой.
> Заметьте, далее, общий опять-таки обоим характер бесполезности или,
> вернее, простой монументальности. Сопоставьте *вертикальную линию,*
> характеризующую оба стиля, с горизонтальной, лежащей в основании
> эллинского зодчества... пирамидальная архитектура является чем-то
> священным, небесным, горизонтальная же – человеческим и земным
> [cf. Gogol's "Ob arxitekture nyněšnego vremeni": Слово ширина должно
> исчезнуть. Здесь одна *законодательная идея – высота*].

Let us now turn to the original meaning of the plumb line emblem,
which, judging by the previously quoted contexts, embodies for M.
both an ethical and an aesthetic principle.

The latter, as formulated in "Admiraltejstvo" (...служа *линейкою*
преемникам Петра | Он учит: красота – ...хищный *глазомер* прос-
того *столяра*) , derives from Plato's *Philebus* 51, 56, quoted below in the
German translation with which M. may have been familiar:

> Unter Schönheit der Gestalten nämlich will ich hier nicht das verstanden
> wissen, was sich die große Menge dabei denkt, wie z.B. die von lebenden
> Wesen oder von Gemälden, sondern ich verstehe darunter ein gewisses Gera-
> des – so fordert es die Untersuchung – und ein Kreisförmiges und auf Grund
> dessen die durch Rundhobel hergestellten Flächen und Körper, wie auch durch
> *Richtschnur* und *Winkelmaß*... Den diese sind, wie ich behaupte, nicht bezie-
> hungsweiseschön, wie andere Dinge, sondern immerdar an und für sich schön...
> Die Baukunst aber, die sich am meisten der Maße und Werkzeuge bedient,
> erheben, glaube ich, diese Hilfsmittel, die ihr einen hohen Grad von
> Genauigkeit geben, zu einer höheren Stufe der Kunst, als es bei den meisten
> Wissensfächern der Fall ist. – Worauf bezieht sich das? – Auf die *Schiffbau-
> kunst* und den *Häuserbau* und und viele andere Gebiete der *Zimmermanns-*

---

[61] Peter Steiner found the other, most convincing, source of M.'s plumb-line
the preacher: the Abbé Plomb, one of the characters of *La Cathédrale* by Huys-
mans (see: "Poem as Manifesto: Mandel'štam's 'Notre Dame'," *Russian Literature*,
V–3, July 1977, 243 ff.).

kunst. Denn sie bedient sich des *Richtmaßes*, glaube ich, des Rundhobels, des *Lotes* [*diabetes*], der *Richtschnur* und einer Art künstlicher Schraube.[62]

The references to ship-building, house-building, and carpentry provide also an obvious subtext of lines 57—58: Кто я? не *каменщик прямой*, | Не кровельщик, не *корабельщик*.

The clue to the moral and social meaning of the 'plumb line' is offered by the Bible, in which it signifies the testing of the truth and rectitude of the House of Israel, as well as the punishment for wrong-doing (*Amos* 7:7—8): Такое видение открыл Он мне: вот, Господь стоял на *отвесной* стене, и в руке у Него *свинцовый отвес* [note that the 'plumb line' is implicitly linked with the 'lead stick' of line 14]. И сказал мне Господь: "что ты видишь, Амос?", я ответил: "отвес". И Господь сказал: "вот, положу отвес среди народа Моего, Израиля; не буду более прощать ему. The same symbol occurs in *Isaiah* 34:11 (вервь разорения и *отвес* уничтожения).

The symbolic lodges of Freemasonry adopted the plumb line as one of their 'moveable jewels' (*klejnody*, according to Russian terminology). This emblem was worn specifically by the Junior Warden (*второй надзиратель*, *2e surveillant*), and interpreted in accordance with *Amos* 7 (in various Masonic monitors,[63] the description of the plumb follows a Scriptural selection taken from the Book of Amos), e.g.:

> The infallible Plumb-rule, which like Jacob's ladder forms a line of Union between Heaven and Earth, and is the Criterion of Moral Rectitude and Truth, teaches us that to walk with Humility and Uprightness before God, neither turning to the right hand nor the left from the strict path of Virtue, is a duty incumbent on every Mason. Not to be an Enthusiast, persecutor, slanderer, or reviler of Religion, not bending toward avarice, injustice, malice, or envy and contempt of our Fellow Creatures, but giving up every selfish propensity which may tend to injure others, and steering the bark of this life over the

---

[62] *Platons Dialog Philebos*, übersetzt und erläutert v. Dr. Otto Apelt, "Der Philosophischen Bibliothek," Bd. 145, Leipzig, 1912, 106, 114.

[63] E.g., Preston's *Illustrations of Masonry*, Webb's *The Free-Mason's Monitor*, etc.

rough seas of passion without quitting the helm of rectitude,[64] is the highest degree of perfection to which human nature is capable of attaining.[65]

M.'s acquaintance with Masonic symbols must have been based largely on Western sources, or on direct information, since the few published Russian texts on the meaning of Masonic rituals and emblems consistently, and perhaps intentionally, misinterpret the significance of some of the jewels and even misname them. T.Sokolovskaja[66] lumped together the level and the plumb by stating that both signified equality, whereas actually the emblem of equality was the level alone (i.e., the criterion of horizontality). This misinterpretation, in itself, illustrates what M. has had to say about the 'traditional Russian thinking' and 'Čaadaev's plumb-line' in the essay quoted above.

The sermon of the plumb-line in *GO* is not equality, at least not equality in the social sense, but moral rectitude as the principle upon which human hierarchy must be based to resist the destructive force of time. In "Gumanizm i sovremennost'," M. expressed with utmost clarity his attitude toward the principle of the level:

> В странах, угрожаемых землетрясениями, люди строят плоские жилища, и стремление к плоскости, отказ от архитектуры, начиная с французской революции, проходит через всю правовую жизнь девятнадцатого века, который весь прошел в напряженном ожидании подземного толчка, социального удара. Но землетрясение не пощадило и плоские жилища. Хаотический мир ворвался – и в английский home и в немецкий Gemüt; хаос поет в наших русских печках и заслонках. Как оградить человеческое жилье от грозных потрясений, где застраховать его стены от подземных толчков истории, кто осмелится сказать, что человеческое жилище, свободный дом человека не должен стоять на земле, как лучшее ее украшение и самое прочное из всего, что существует?

---

[64] Cf. M.'s image of the plumb on high seas in "Našedšij podkovu," which derives from Masonic emblematics (cf. Vjač. Ivanov's "Lira i os'," 1914: Отвес греха в пучину брось), as well as from contemporary geodetic research (see the article on *Otvesnaja linija* in *Enciklopedičeskij slovar' Brokgauza i Efrona*).

[65] *The Oxford Ritual of Craft Freemasonry*, London, 1879, 89. Concerning the masonic theme of strophe VIII of *GO*, see note to line 57.

[66] *Русское масонство и его значение в истории общественного движения*, СПб., s.a. [1907], 99 (cf., however, 39, where the author says: "отвес знаменовал прямоту и чистосердечие"); "Обрядность вольных каменщиков", in: *Масонство в его прошлом и настоящем*, ed. by S.P.Mel'gunov and N.P.Sidorov, II, M., 1915, 98 *et passim*.

M.'s anti-egalitarianism was in keeping with the historiosophic spirit of the age that produced Berdjaev's *Filosofija neravenstva,* Suvčinskij's *Èpoxa very,*[67] etc. What distinguished M. from this current of neo-Orthodox thought was his consistent defense of humanism. The concluding paragraphs of "Gumanizm i sovremennost'" were directed first and foremost against Blok's "Krušenie gumanizma,"[68] but M.'s praise of the 'teleological warmth' of home economy, purely utilitarian and yet elevated to the position of a universal ethical principle,[69] was an apparent antithesis to Berdjaev's rejection of the secular as a time-resisting force.[70]

It will be recalled that in "Kassandre," the poem dedicated to Axmatova apparently on the occasion of the centennial anniversary of Puškin's ode "Vol'nost',"[71] M. replaced the last item in the French triple formula, in the spirit of that ode, and used the word *ravenstvo* in Puškin's sense (equality before the law, Граждан над *равными* главами | Их

---

[67] This essay was published in the Eurasian collection *Isxod k vostoku* (Sofia, 1921) and dedicated to V.V.Gippius, M.'s and Suvčinskij's teacher of Russian literature. "Gumanizm i sovremennost'" certainly echoes Suvčinskij's conclusion: И не оскудевшими доктринами коллективистических теорий будут определены взаимоотношения на ново прозревших людей в грядущую эпоху, которая определится русским опытом, не на плоской основе нивеллирующего коммунизма они будут зиждиться, а на мощном устое человеческого свода, в котором самоутверждается каждая личность и этим утверждает целое, вдохновенно вознося его в высь на подобие купола, раскинутого над нами. On the other hand, M.'s earlier essay "Petr Čaadaev" obviously influenced some of Suvčinskij's ideas.

[68] Note also the direct polemic with "Golos iz xora" in M.'s words: Грядущее холодно и страшно для тех, кто этого не понимает... etc.

[69] Монументальность надвигающейся социальной архитектуры обусловлена ее призванием организовать мировое хозяйство на принципе всемирной домашности *на потребу человеку,* расширяя круг его домашней свободы до пределов всемирных... ("Гуманизм и современность").

[70] ...Подлинно онтологическое сопротивляется разрушающему потоку времени. Разрушающим потоком времени сносится все слишком земное, все устроенное *для земного благополучия...* (*Философия неравенства,* Письмо пятое: "О консерватизме").

[71] M. must have followed the Jakuškin-Morozov controversy concerning the dating of "Vol'nost'," and accepted Jakuškin's (and Tomaševskij's) opinion that it was composed not later than December 1817. His own poem is dated December 1917 and contains lines ...зачем | Стояло солнце Александра | *Сто лет назад,* сияло всем.

меч без выбора скользит): На площади с броневиками | Я вижу человека: он | Волков горящими пугает головнями: | Свобода, равенство, закон!

In certain Voronež poems written in January 1937, the theme of equality (embodied in the image of Central Russian plains) is developed with characteristic ambivalence: Что делать нам с *убитостью равнин...* | И не ползет ли медленно по ним | Тот, о котором мы во сне кричим, — | Пространств несозданных Иуда?; Ты наслаждаешься *величием равнин*; *Равнины* дышащее чудо, etc. In the poem of an apparent acceptance of the 'equality of the plains' (that acceptance is tempered by the contrastive paronomastic relationship between lines 1 and 3), M. nevertheless speaks again of the hills (hills of Voronež and of Tuscany; cf. За нас сиенские предстательствуют горы): *Не сравнивай: живущий несравним.* | С каким-то ласковым испугом | Я соглашался *с равенством равнин,* | И неба круг мне был недугом... || Где неба больше мне — там я бродить готов —[72] | И ясная тоска меня не отпускает | От молодых еще воронежских холмов | К всечеловеческим — яснеющим в Тоскане. This piece marks M.'s return to 'the sermon of the plumb,' as the vertical images prevail again in subsequent Voronež poems: Народу нужен свет и воздух голубой, | И нужен хлеб и снег *Эльбруса*; Воздушно-каменный театр времен растущих | *Встал на ноги...*; Я видел озеро, стоявшее *отвесно,* etc. Just as in 1917 M. upheld 'man's place in the universe' (Не город Рим живет среди веков, | А место человека во вселенной), so in 1937 the

---

[72] Cf. Lermontov's "Moj dom vezde, gde est' nebesnyj svod...". This theme may be traced back to L. Annaeus Seneca (*Ad Helviam matrem de consolatione,* VIII. 5–6): Alacres itaque et erecti, quocumque res tulerit, intrepido gradu properemus. emetiamur quascumque terras: nullum inveniri exil/ium intra mundum [*pot*]est alienum homini [est]. undecumque ex aequo ad coelum erigitur acies, paribus intervallis omnia divina ab omnibus humanis distant. Proinde dum oculi mei ab illo spectaculo, cuius insatiabiles sunt, non abducantur, dum mihi solem lunamque intueri liceat, dum ceteris inhaerere sideribus, dum ortus eorum occasusque et intervalla et causas investigare velocius meandi vel tardius, spectare tot per noctem stellas micantes et alias inmobiles, alias non in magnum spatium exeuntes sed intra suum se circumagentes vestigium, quasdam subito erumpentes, quasdam igne fuso praestringentes aciem, quasi decidant, vel longo tractu cum luce multa praetervolantes, dum cum his sim et coelestibus, qua homini fas est, inmiscear, dum animum ad cognatarum rerum conspectum tendentem in sublimi semper habeam: quantum refert mea, quid calcem?
To M., however, some places offer "more sky" than others.

upright man was for him the only true measure of social architecture: Украшался отборной собачиной | Египтян государственный стыд — | Мертвецов наделял всякой всячиной | И торчит пустячком пирамид. || То ли дело любимец мой кровный, | Утешительно-грешный певец — | Еще слышен твой скрежет зубовный, | *Беззаботного права истец*... || *Рядом с готикой* жил озоруючи | И плевал на паучьи права | Наглый школьник и ангел ворующий, | *Несравненный* Виллон Франсуа.

Taken together, the imagery of lines 21–24 (sermon of the builder's plumb; the doctrine of the running water; the transparent forest of voices in the air) evokes Shakespeare's "tongues in trees, books in the running brooks, sermons in stones" (*As You Like It*, Act II, Scene I).

22. Вода их учит, точит время

Now M. turns to the social, historical, and cultural aspect of the theme of transience. For Deržavin, the lesson of the flowing water was impermanence: И топит в пропасти забвенья | Народы, царства и царей. M. identified this lesson of Deržavin as "relativism": in fact, the "relativity" of Deržavin's correlated pronouns which stand for time-resisting values (А если *что* и остается | Чрез звуки лиры и трубы, | *То* вечности жерлом пожрется | И общей не уйдет судьбы).

For M., as for Čaadaev, the essence of historical permanence and transience is embodied in Rome, the city, the idea of Roma Aeterna, and the name, "repeated under the eternal dome of the sky" in "Encyclica" and dismissed for its "perishable impressiveness" in "Pust' imena cvetuščix gorodov." In *GO*, the paradoxical answer to M.'s riddle, the lesson learned by the flint-stones (thus the stones of St. Petersburg in Xlebnikov's "Čortik" learn to be stones) from the flowing water is secretly linked with Rome, the city of Peter the Stone. Du Bellay expressed this lesson in Sonnet 3 of *Les Antiquités de Rome*: Nouveau venu, qui cherches Rome en Rome | Et rien de Rome en Rome n'aperçois, | Ces vieux palais, ces vieux arcs que tu vois, | Et ces vieux murs, c'est ce que Rome on nomme. || Vois quel orgueil, quelle ruine: et comme | Celle qui mit le monde sous ses lois, | Pour dompter tout, se dompta quelquefois, | Et devint proie au temps, qui tout consomme. || Rome de Rome est le seul monument, | Et Rome Rome a vaincu seulement. | *Le Tibre seul, qui vers la mer s'enfuit*, || *Reste de Rome. O mondaine inconstance!* | *Ce qui est ferme, est par le temps détruit*, | *Et ce qui fuit, au temps fait résistance.*

Significantly, this line is the only place in *GO* where 'time' is named directly, rather than represented figuratively, and distinguished from the 'flowing water.' The metaphoric value of the verbs in this line, modeled, it seems, on the punning proverb *Littera docet, littera nocet,* results from the chiasmatic transformation of **voda ix točit, učit vremja* (cf. notes to lines 15 and 16), a combination of two classical adages: *Petrēn koilainei rhanis hydatos endelecheïē* (Choer. Sam.) and *All' ekdidaskei panth' ho gēraskōn chronos* (Aesch. *Prom. Vinct.,* 981); or their modern versions: *Voda točit kamen', Le temps est un grand maître,* etc. In "Našedšij pod-kovu," M. has Время срезает меня, как монету; in "Xolodok ščeko-čet temja" (1922), И меня срезает время, | Как скосило твой каб-лук. The verb *točit'* is used by M. elsewhere, in "Čto pojut časy-kuzne-čik" (1918), with reference to mice: Что зубами мыши точат | Жизни тоненькое дно (cf. the common epithet that mice and time share in Latin poetry: *mus edax, tempus edax*).

In *Vtoraja kniga* (1972, 604; *Hope Abandoned,* 1974, 538), N.Ja. Mandel'štam mentioned that the 'silvery mouse' in the lines После по-луночи сердце пирует, | Взяв на прикус серебристую мышь (1931) may have been suggested by Vološin: Кто-то, кажется, Волошин, ска-зал Мандельштаму, что в греческой мифологии белая мышь симво-лизирует время. Но скорее всего она пришла из пушкинской: "жиз-ни мышья суетня"... Elsewhere, in a letter recently published in *Vest-nik RXD,* she referred to "Indian mythology" as the source of this sym-bol of time. Both of her clues are essentially correct, as is K.Taranov-sky's discussion of Bal'mont's "Dožd'" in connection with "Čto pojut časy-kuznečik" (*Essays on Mandel'štam,* 70–71). The entire matter, including the mouse as a presumable symbol of the fleeting and pro-phetic moment in the cult of Apollo Smintheus, Bal'mont's "V uglu šur-šali myši," and Puškin's "Žizni myš'ja begotnja," is discussed in Maks Vološin's essay "Apollon i myš'" (*Severnye cvety,* Al'manax pjatyj, 1911, 85–115). An additional subtext for the image of the midnight mice is a line in Vjač. Ivanov's "Xory misterij": И зуб полуночных мышей.

As for the image of time the mouse gnawing at the thin foundation of life ('the bottom of life's bark' in "Čto pojut časy-kuznečik"), it is, in fact, ultimately of Indian origin. In all probability, it has been inspired by the fable out of "Varlaam i Ioasaf" quoted in Tolstoj's *Ispoved'*:

> Давно уже рассказана восточная басня <...> Спасаясь от зверя, пут-
> ник вскакивает в безводный колодец, но на *дне* колодца видит драко-
> на <...> И несчастный <...> не смея <...> спрыгнуть на *дно* <...> ухва-
> тывается за ветви растущего в расселине колодца дикого куста <...>
> он все держится и видит, что две *мыши*, одна черная, другая белая, рав-
> номерно обходя стволину куста, на котором он висит, *подтачивают*
> ее <...> Так и я держусь за ветви *жизни*, зная, что неминуемо ждет дра-
> кон смерти <...> мед уже не радует меня, а белая и черная *мышь* —
> день и ночь — *подтачивают* ветки <...> Те две капли меда, которые доль-
> ше других отводили мне глаза от жестокой истины, — любовь к семье и
> к писательству <...> — уже не сладки мне <...> когда я видел дракона
> и *мышей, подтачивающих мою опору.*[73]

To understand M.'s train of thought as he passes from line 22 to 23,
it is important to remember that in *Ispoved'*, too, the fable quoted above
is immediately followed by the image of the dense forest of life and of
human knowledge:

> Если бы я был, как человек, живущий в лесу, из которого, он зна-
> ет, что нет выхода, я бы мог жить <...> (cf. in "Našedšij podkovu": Воз-
> дух замешен так же густо, как земля, — | *Из него нельзя выйти*, в него
> трудно войти. ‖ Шорох пробегает по деревьям...) ; Так я блуждал в этом
> лесу знаний человеческих между просветами знаний математических и
> опытных <...> и между мраком умозрительных знаний <...> и убедил-
> ся, наконец, в том, что выхода нет...

23. И воздуха прозрачный лес

This and the next line are semantically organized by their under-
lying paronomasia: *prozračnyj — presyščen*. M.'s predilection for the
epithet *prozračnyj* in reference to 'forest,' whether in the direct mean-
ing or the figurative ('forest of voices,' 'forest of shadows': Лес безлист-
венный *прозрачных* голосов, *полупрозрачный* лес, *прозрачные* ду-
бравы in "Kogda Psixeja-žixn' "; *прозрачные* дебри in "Voz'mi na ra-

---

[73] Cf. also the fable itself in: А.Кирпичников, *Греческие романы в новой
литературе: Повесть о Варлааме и Иоасафе*, Харьков, 1876; А.Н.Веселовский,
"О славянских редакциях одного аполога Варлаама и Иоасафа", *Сб. Отд.
рус. яз. и слов. Имп. Акад. Наук*, XX, № 3, СПб., 1879. *Ispoved'* was written in
1882. Another version of the fable is found in Žukovskij's translation of Rückert
("Dve povesti"). Here, too, the wording is quite close to that of "Čto pojut časy-
kuznečik": И быструю работу дня и ночи — | Мышей, грызущих *тонкий ко-
рень жизни* (> *Жизни тоненькое* дно). "Čeremuxa" replaces in M.'s poem Žu-
kovskij's 'branch of raspberry.'

dost' "), reflects Puškin's usage: Еще прозрачные леса | Как будто пухом зеленеют (cf.: Мне холодно. Прозрачная весна | В зеленый пух Петрополь одевает); Полупрозрачная наляжет ночи тень (the 'semitransparent forest' in M.'s "Psyche" poem is the forest of shadows; concerning the subtext of M.'s 'transparent spring' / 'transparent death,' see: K. Taranovsky, *Essays on Mandel'štam,* Cambridge, Mass., 1976, 157).

The same epithet is applied by M. to *vozdux* (e. g., В *прозрачном* воздухе, как в цирке голубом in "Priroda – tot že Rim"; В сухом *прозрачном* воздухе in "Feodosija"), while, on the other hand, the air is sometimes described in terms of forest or wood: *Дремучий* воздух пуст ("Я наравне с другими"); В разъяренном *безлесном* воздухе ("Нашедший подкову"); В *дощатом* воздухе ("Как дерево и медь"). Moreover, a threefold metaphoric relationship emerges in M.'s poetry and prose between *vozdux, les,* and *vokzal* (the glass-plated railway station at Pavlovsk, where concerts used to be given): И я вхожу в стеклянный *лес вокзала* ("Концерт на вокзале"); Уже весь *воздух* казался огромным *вокзалом* для жирных нетерпеливых роз (*Египетская марка*).

In notes to line 3, M.'s use of the words *vozdux, vozdušnyj,* etc. was discussed in terms of the Lermontovian subtext and in connection with the theme of breathing as a metonymy of poetic creativity (cf. in *Četvertaja proza*: Настоящий труд это – брюссельское кружево, в нем главное – то, на чем держится узор: воздух, проколы, прогулы). Here, it is necessary to discuss the same word with reference to the semantic field that organizes the meaning of strophe III: 'community of men' (i. a., 'church'), 'social medium of the word,' in general. In a 1910 poem "Iz omuta zlogo i vjazkogo,"[74] M. established the opposition 'air' / 'water' as the symbolic terms of the dichotomy between Christianity and Judaism (cf. also "V ogromnom omute prozračno i temno," 1910, and "Neutolimye slova," 1915; in all the three poems, the water is a deep and stagnant pool, *omut*). The 1919 poem "V xrus-

---

[74] The subtext of this poem is Sologub's "Ljublju bluždat' ja nad trjasinoju" (*Vesy,* 1908, No. 9, 9). Cf.: Я счастлив жестокой обидой | И в жизни, похожей на сон, | Я каждому тайно завидую | И в каждого тайно влюблен and Я *возлюбил* мечтою пленною | Безумную любовь. | Мои порочные стремления, | Все то, чем я прельщен, – | В могучих чарах наваждения | Многообразный *сон.* | Но он томит *больной обидою.* | Идти путем одним | Мне тесно. *Всем во всем завидую,* | И стать хочу иным.

tal'nom omute kakaja krutizna" represents M.'s first attempt to cancel
this dichotomy in a Judaeo-Christian synthesis: the sky itself becomes
a 'crystal pool,' *xrustal'nyj omut,* and the Biblical and New Testamental
images appear side by side: С висячей лестницы пророков и царей
(i. e.,   Jacob's ladder) | Спускается орган, Святого Духа крепость
(note that *organ* here is an equivalent of *otves* in *GO*); Овчины пасту-
хов и посохи судей; Я христианства пью холодный горный воздух,
| Крутое Верую и псалмопевца роздых.

The same synthetic parallelism is observed in the other of M.'s
poems of Christian devotion, "Ljublju pod svodami sedyja tišiny," 1921:
И в ветхом неводе Генисаретский мрак | Великопостныя седмицы.
‖ Ветхозаветный дым на теплых алтарях...; Амбары воздуха и све-
та, | Зернохранилища вселенского добра | И риги Нового Завета.
This is the last of M.'s poems in which Christian images are used in the
immediate religious sense. In his later poetry, they appear as part of the
generalized cultural subtext, usually pictographic (Leonardo's "Last
Supper," Raphael, Rembrandt), and the word *vozdux* is understood as
the 'basic necessity of life' (*vozdux prožitočnyj* in "Stixi o neizvestnom
soldate"), the social medium of the poetic word, the 'messenger'(Я об-
ращался к воздуху-слуге, | Ждал от него услуги или вести;   this   is
obviously Prospero's servant Ariel), the 'witness' (Этот воздух пусть
будет свидетелем in "Stixi o neizvestnom soldate," in which the light
traveling in deep space becomes, as in Frammarion's fantasy, a perma-
nent record of earthly battles), or, in "Kuda mne det'sja v étom janva-
re" (1937), the 'dead air' of total isolation: И, спотыкаясь, *мертвый
воздух* ем, | И разлетаются грачи в горячке, ‖ А я за ними ахаю,
крича | В какой-то *мерзлый деревянный короб:* | "Читателя! Со-
ветчика! Врача! | На лестнице колючей разговора б!".

This 'secularization' of the air imagery and the neutralization of the
religious elements in the opposition 'air' / 'water' took place in "Našed-
šij podkovu": Воздух бывает темным, как вода,[75] и все живое пла-
вает в нем, как рыба, | Плавниками расталкивая сферу, | Плот-
ную, упругую, чуть нагретую... From then on, 'air' becomes a meto-

---

[75] The contrastive subtext of this line is found in Blok's "Aviator": Лишь
воздух, ясный, как вода... (cf. also: Качнув две лопасти свои, | Как чудище
морское в воду, | Скользнул в воздушные струи).

nymy of the poetic utterance in its communicative, social aspect,[76]
rather than a metaphor.

The 'forest' metaphor in *Воздуха прозрачный лес* might be inter-
preted in the light of the remark which M. made in his introduction to
Max Barthel's Russian edition (*Завоюем мир!*, 1925, 4): Интересно,
как пульсируют у Бартеля самые обычные ''поэтические'' образы:
так, напр., *лес* неоднократно становится у него, с глубокой внут-
ренней логикой, *воплощением коллективной мощи и действия...*
However, in M.'s translation of Barthel (''Гроза права'', *Завоюем мир!*,
40), the 'forest of the air' is 'dilated', not 'surfeited,' by voices: И пень-
ем птиц расширен воздух — | Брат-лес бытийствует, шумит (cf.
витийствуя шумит in ''Bessonnica''). The 'transparence' of the 'forest
of the air' in *GO*, so similar to the 'leafless forest of transparent voices'
in ''Kogda Psixeja-žizn','' suggests that this is the forest of the dead
voices of the past,[77] especially in view of its striking contrast with M.'s
earlier description of the 'forest of the social church' in ''Petr Čaadaev'':
Там, в лесу социальной церкви, где готическая хвоя не пропускает
другого света, кроме света идеи...

24. Уже давно пресыщен всеми

The contrastive paronomasia *prozračnyj* les — *presyščen* is produced
by the reciprocal shift of adjectives in two unmarked expressions (*про-
зрачный* воздух — *густой лес: *густой воздух — *прозрачный* лес),
with a synonymic substitution of *густой by *пресыщен (cf.: *Воздух
замешен так же густо, как земля, | Из него нельзя выйти...* in   ''Na-
šedšij podkovu'').

The air for M. is a permanent record of the sounds of human history:
Звук еще звенит, хотя причина звука исчезла (''Нашедший подко-
ву''); Этот воздух пусть будет свидетелем, | Дальнобойное сердце
его... (''Стихи о неизвестном солдате''). The idea ultimately derives
from Edgar Allan Poe's dialogue ''The Power of Words'':

> *Agathos.*   ...You are well aware that, as no thought can perish, so no act
> is without infinite result. We moved our hands, for example, when we were

---

[76] The metonymic meaning, of course, existed also in M.'s earlier poetry, but
after 1923 it became dominant, while the metaphoric meaning virtually disappeared.

[77] Cf., in Zabolockij's much later poem: Входил без страха в лес, | И мыс-
ли мертвецов прозрачными столбами | Вокруг меня вставали до небес.

dwellers on the earth, and, in so doing, we gave vibration to the atmosphere which engirdled it. This vibration was indefinitely extended, till it gave impulse to every particle of the earth's air, which thenceforward, *and for ever,* was actuated by the one movement of the hand. This fact the mathematicians of our globe well knew... It was deducible from what they knew, that to a being of infinite understanding – one to whom the *perfection* of the algebraic analysis lays unfolded – there could be no difficulty in tracing every impulse given the air – and the ether through the air – to the remotest consequences at any even infinitely remote epoch of time. It is indeed demonstrable that every such impulse *given the air,* must, *in the end,* impress every individual thing that exists *within the universe;–* and the being of infinite understanding – the being whom we have imagined – might trace the remote undulations of the impulse – trace them upward and onward in their influences upon all particles of matter – upward and onward for ever in their modifications of old forms – or, in other words, *in their creation of new* – until he found them reflected – unimpressive *at last* – back from the throne of the Godhead. And not only could such a being do this, but at any epoch, should a given result be afforded him – should one of these numberless comets, for example, be presented to his inspection – he could have no difficulty in determining, by the analytic retrogradation, to what original impulse it was due. This power of retrogradation in its absolute fulness and perfection – this faculty of referring to *all* epochs, *all* effects to *all* causes – is of course the prerogative of the Deity alone – but in every variety of degree, short of the absolute perfection, is the power itself exercised by the whole host of the Angelic intelligences.

Oinos. But you speak merely of impulses upon the air.

Agathos. In speaking of the air, I referred only to the earth; but the general proposition has reference to impulses upon the ether – which, since it pervades, and alone pervades all space, is thus the great medium of *creation.*

Oinos. Then all motion, of whatever nature, creates?

Agathos. It must: but a true philosophy has long taught that the source of all motion is thought – and the source of all thought is –

Oinos. God.

Agathos. I have spoken to you, Oinos, as to a child of the fair Earth which lately perished – of impulses upon the atmosphere of the Earth.

Oinos. You did.

Agathos. And while I thus spoke, did there not cross your mind some thought of the *physical power of words*? Is not every word an impulse on the air? [The italics are by Poe.]

Flammarion modified Poe's idea in *Récits de l'infini,* and Bal'mont used it in the final, seventh part of his poem "Vozdux" (*Liturgija krasoty*; it is tempting to compare Bal'mont's *vozdux žiznennyj* with *vozdux prožitočnyj* of "Stixi o neizvestnom soldate," as well as certain other details).

Certain passages in "Slovo i kul'tura" also help to interpret M.'s
'satiated,' 'saturated' air as the cultural medium replete with all the
'transparent,' disembodied voices of the past:

> ... бывают такие эпохи, когда человечество, не довольствуясь сегод-
> няшним днем, тоскуя по глубинным слоям времени, как пахарь жаждет
> целины времен <...> это уже было: и слова, и волосы, и петух, который
> прокричал за окном, кричал уже в Овидиевых тристиях, глубокая ра-
> дость повторения, <...> головокружительная радость: Словно темную
> воду, | Я пью *помутившийся воздух,* | Время вспахано плугом и роза
> землею была. Так и поэт не боится повторений <...> Не стоит выдумы-
> вать своей поэтики.

Further in the same essay, as he speaks about the glossolalia of mod-
ern poetry, M. seconds the opinion expressed by Andrej Belyj[78] a decade
earlier:

> Ныне происходит как бы явление глоссолалии. В священном иссту-
> плении поэты говорят на языке всех времен, всех культур. Нет ничего
> невозможного. Как комната умирающего открыта для всех, так дверь
> старого мира распахнута перед толпой. Внезапно все стало достоянием
> общим. Идите и берите. Все доступно: все лабиринты, все тайники, все
> заповедные ходы. Слово стало не семиствольной, а *тысячествольной*
> цевницей, оживляемой сразу дыханием всех веков...

The image of the thousand-pipe syrinx in this essay is very simi-
lar to the 'transparent forest of the air' in *GO* (cf. "V tot večer ne gudel
strel'čatyj *les organa*"), and it is the 'breath of all ages' that saturates it.
The air, gorged with food, is manifestly opposed in *GO* to the hungry
water of time. It will be recalled that the theme of the sky 'replete with

---

[78] Новизна современного искусства лишь в подавляющем количестве
всего прошлого, разом всплывшего перед нами; мы переживаем ныне в ис-
кусстве все века и все нации; прошлая жизнь проносится мимо нас (А. Бе-
лый, "Эмблематика смысла" § 23, *Символизм*, 1910, 143). Belyj's statement
and his conclusion (Это потому, что мы стоим перед великим будущим) is an
optimistic echo of Nietzsche's "Vom Lande der Bildung": Alle Zeiten und Völker
blicken bunt aus euren Schleiern; alle Sitten und Glauben reden bunt aus euren
Gebärden <...> Lieber wollte ich doch noch Tagelöhner sein in der Unterwelt und
bei den Schatten des Ehemals [cf. M.'s "Ja v xorovod tenej..."] — Feister und voller
als ihr sind ja noch die unterweltlichen <...> Alle Zeiten schwätzen wider einander
in euren Geistern; und aller Zeiten Träume und Geschwätz waren wirklicher noch,
als euer Wachsein ist! (*Also sprach Zarathustra*, II. Teil).

wheat'[79] is introduced also in "A nebo buduščim beremenno" (Пшени-цей сытого эфира; | А ты глубокое и сытое, | Забременевшее ла-зурью...) and in "Slovo i kul'tura" (Говорят, что причина револю-ции — голод в междупланетных пространствах. Нужно рассыпать пшеницу по эфиру). Finally, in *1 Jan,* it is time that falls asleep in a snowdrift of wheat (...спать ложилось время ‖ В сугроб пшеничный).

Yet another thematic aspect of lines 23—24 is associated with M.'s interest in the French literary current of unanimism, in which he appar-ently hoped at one time to find a European equivalent of the Russian acmeism. This is what he wrote in his essay on Jules Romains (1927):

> ...Раскрыв смысл французского наименования школы, получим: поэзия *массового дыхания,* поэзия *коллективной души* <...> На ред-кость дружное литературное единение. Литературные братья – унани-мисты не боятся совпадений и сходства, как бы стараются походить друг на друга. <...> выражено желание говорить простыми словами о простых, грубых и обыкновенных вещах [cf. M.'s lines: О временах простых и грубых | Копыта конские твердят]. <...> Это героическая поэзия обыкновенного человека, насыщенная уважением к его судьбе, к его личности, к его радости и страданию <...> в стихах и прозе унани-мистов часто, наподобие формулы, встречается обращение: 'один из многих, кто-нибудь'. (См. Дюамель – 'Ода нескольким людям'). [Cf. such an address in M.'s later poem "Ešče daleko mne do patriarxa":   Взять за руку *кого-нибудь:* "Будь ласков, – | Сказать ему, – нам по пути с тобой..."]. Они принесли во французскую литературу своеобразную эстетику расы, жажду здоровья и равновесия. Им нужно возрождение расы романской и братской – германской. Им нужно слышать, как вырастает в гудение *"наслоенный шум от тысячи дыханий",* они готовы благословить и города и деревни, согретые радостным человеческим теплом здоровой расы... "Кто-нибудь", "один из многих" – стал мерой вещей, золотой мерой века, источником ритма и силы [cf.   M.'s "Vek": И в траве *гадюка дышит* | *Мерой века золотой,* for another of his para-phrases of the Protagorean adage *Pantōn chrēmatōn metron anthrōpos*].

---

[79] The theme derives from the theosophic system of G. Gurdjieff, a record of which was published by P. Ouspensky in his book *In Search of the Miraculous* (N. Y., 1949). According to Gurdjieff, organic life on the Earth must be able to satisfy certain planetary demands, which are identified as 'hunger,' otherwise it would not fulfill its function, and war and slaughter would result. On Gurdjieff's influence, see: K. Taranovsky, *Essays on Mandel'štam,* 1976, 6, 137.

A recent study of unanimistic imagery[80] contains a special section entitled "Exhalation," in which the author makes the following relevant point as she discusses the theme of group-formation and — transformation: "All life is a conflict of masses... Not always is force exhibited; sometimes there is a gentle influence, an infusion in the masses by outgoing fluids, breath, essences: 'La conscience... reçoit la faible *exhalaison* que fleure leure essence.' In speaking of the power of the church, it is said: 'C'était le plus grand des êtres unanimes | Et toute la cité transfusait en lui.' 'La boutique lui sufflait son halene'," etc.

The characteristically altered quotation 'наслоенный шум от тысячи дыханий' in M.'s essay on Romains comes from his translation of Duhamel's "Ode à quelques hommes," the title of which is mentioned by M. parenthetically: О! больше не жалеть! Пусть теплое *слиянье* | *Всех ваших голосов в могущественный хор* | Во мне старинное уймет глухое беспокойство, | *Как наслоенный шум от правильных дыханий,* | Выростая в гуденье над кровельным сном, | Навсегда в моей памяти покрывает громы, | Раскованные ветром из скрипучих *стволов.* (O! que je ne regrette rien! Que *la puissance | De vos voix réunies pour un choeur chaleureux* | Etouffe en moi la plus ancienne inquiétude, | *Comme le bruit de vos haleines régulières* | Grondant sur le sommeil de toutes les maisons | Couvre, dans ma mémoire, à jamais, le tonnerre | Que déchaîne le vent du soir sur les forêts).

Similar images appear in M.'s translations of Max Barthel and René Schickele: Крепчайший ствол гудит органом... | Дыханье масс! Сердцебиенье; Я руку поднял и мелькает роща рук, | Встал — духов конница расположилась вкруг! ‖ ...У них дыханье, жизнь... (the poem quoted last deals with the 'heavenly squadron' of ancestors, which Schickele describes as his 'bodyguards'); Люди казались вдавлены друг в друга | И спаяны могуществом дыханья; etc.

M.'s interest in unanimism was, apparently, short-lived, and his later note on Duhamel (*OM* III 87—89) reflected a disenchantment with the cult of average man, — the 'golden measure' had become the 'golden middle': Дюамель <...> постоянно снижал и Франса, и Ромен Роллана и даже Жюль Ромена до *золотой середины.* During the early 'thir-

---

[80] K.D.Wyatt, *Unaministic Imagery in XX Century French Literature,* Romance Monographs, Inc., No. 7, University, Mississippi, 1974, 66. Cf. Leo Spitzer's study of Romains' language, *Stil-studien,* II, Munich, 1928, 208 ff.

ties, M.'s readings in biology prompted him to develop the theme of 'voices of the past' in terms of genetic memory, somewhat in the vein of Schickele's "Die Leibwache," translated by him (that poem reflected the influence of Maeterlinck's ideas, especially as expressed in *Les fiançailles*). In "Putešestvie v Armeniju," M. drew an analogy between the biological process of growth in an oversaturated mitogenic field and the act of re-collection, visual and verbal (which, for M., was the supreme creative impulse):

> Растение — это звук, извлеченный палочкой терменвокса, воркую-щий в перенасыщенной волновыми процессами сфере < ... > Кому незна-кома зависть к шахматным игрокам? Вы чувствуете в комнате своеоб-разное поле отчуждений, струящее враждебный к неучастникам холодок. А ведь эти персидские конники из слоновой кости погружены в раствор силы. С ними происходит то же, что < ... > и с эмбриональным полем профессора Гурвича < ... > Задача разрешается не на бумаге, и не в ка-мере-обскуре причинности, а в живой импрессионистической среде, в храме воздуха, света и славы Эдуарда Манэ и Клода Монэ. Правда ли, что наша кровь излучает митогенетические лучи, пойманные немцами на звуковую пластинку, лучи, способствующие, как мне передавали, уси-ленному делению ткани? Все мы, сами о том не подозревая, являемся носителями громадного эмбриологического опыта: ведь процесс припо-минания, увенчанный победой усилия памяти, удивительно схож с фено-меном роста. И здесь и там — росток, зачаток, — черточка лица или полу-характера, полузвук, окончание имени, что-то губное или небное, слад-кая горошина на языке, — развивается не из себя, но лишь отвечает на приглашение, лишь вытягивается навстречу, оправдывая ожидание.

'The sphere oversaturated with wave processes' is an obvious restate-ment of *GO*'s 'transparent forest of the air, saturated by everybody' (cf. the description of the air as a 'sphere' in "Našedšij podkovu").

STROPHE IV

25. Как мертвый шершень возле сот

The image of the dead hornet outside the beehive continues M.'s 'bees-and-wasps' theme[81] and echoes, contrastively, the 'dead bees' of

---

[81] See: K. Taranovsky, "Pčely i osy v poèzii Osipa Mandel'štama," *To Honor Roman Jakobson*, III, The Hague, 1966; *Essays on Mandel'štam*, 1976, Chapter 5.

"Voz'mi na radost'," creating a symmetrical contextual pattern, in which the dead bees are associated with the night (как маленькие пчелы, | Что умирают, вылетев из улья. || Они шуршат в прозрачных дебрях *ночи*), and the dead hornet, with the day. It is wrong to interpret the latter image as "the creative principle, the bright and gaudy day that falls victim to the negative principle, 'night the she-kite'."[82] M.'s *day* is as rapacious as his *night* is ($_{25-26}$Как мертвый шершень... | День пестрый; $_{34}$День бушевал; $_{36}$И в полдень злых овчарок шубы). His acceptance of both *night* and *day* in lines 59–60 stems from the Tjutčevian subtext ("О, вещая душа моя!") and (this being another masonic strophe) from the famous inconsistency of the Zarastro / Nachtkönigin opposition in the *Zauberflöte*. It is significant that the metaphors of 'day,' 'night,' and 'water' manifest a paronomastic affinity: ше*рш*ень, ко*рш*унница, зве*рёныш* (an anagram of the word стра*ш*ный can be perceived in $_{25}$ше*рш*ень возле *сот*, $_{27}$ко*рш*унница несет, and $_{40}$Крутясь, играя, как зве*рёныш*).

The theme of the day inimical to poetry (cf. M.'s translation of Barthel, *Zavojuem mir!*, p. 86: Проснулся день, враждебный музыке и снам) is prominent in M.'s earlier poetry: Сегодня дурной день, | Кузнечиков хор спит; И день сгорел, как белая страница; Какой обыкновенный день! | Как невозможно вдохновенье; etc. Hence, the image of the hornet, a traditional enemy of the bees, a gaudily colored (yellow with red speckles) thief of their honey. The ultimate origin of the image can be traced back to Vergil's *Georg.* IV:245 *asper crabro imparibus se immiscuit* (apibus) *armis*, but Deržavin's "Odes Written at Mt. Čitalagaj," II. "Oda na poricanie" (a prose translation of Frederick the Great's "An die Verleumdung") provide a more specific subtext:

12. Между тем как в прекрасных вертоградах наших, с цветов перелетая на цветы, для своего нектару собирает пчела сладость, то в то же время бесплодный рой шерстнев [*Wespen* in the original], для собирания своего яду, высасывает со вредных трав горесть. Когда к трудолюбивому царству пчел припалзывают ненавистные шерстни, тогда царица оных взвивается к небесам.

[82] В.Террас, "'Грифельная ода' О.Мандельштама", *Новый журнал*, 92, 1968, 169.

By metonymic extension of the meaning described by K. Taranovsky (see n. 81) ('honey': poetic word, joy of life, etc.), in other texts by M., such words as *soty* 'honeycomb,' *vosk* 'wax' refer to cultural and religious communities as vessels of the word (St. Petersburg, churches of Moscow and of Armenia): Прозрачная весна над черною Невой | Сломалась. *Воск* бессмертья тает. | О, если ты звезда, — *Петрополь, город* твой, | Твой брат, Петрополь, умирает (1918); И грубому времени *воск* уступает певучий (1920); Ее *церквей* благоуханных *соты,* | Как дикий *мед,* заброшенный в леса...[83] (1916); Закутав рот, как влажную розу, | Держа в руках осьмигранные *соты,*[84] | Все утро дней на окраине мира | Ты простояла, глотая слезы (1930).

In connection with the emblematics of the previous strophe, it may be noted that, in Freemasonry, the beehive is an emblem of industry appropriated to the third degree and identified at the more recondite symbolic levels with the ark, a symbol of the second birth from death to life. An illustration showing a beehive with dead drones (idlers) and wasps (detractors) scattered in front of it can be found in many Masonic monitors.

A minor topical allusion to the literary polemic of the day provides lines 25—26 with an amusing side meaning. Vadim Šeršenevič's superficial but colorful imaginist manifesto *2 x 2 = 5* (1920) contained a provocative and somewhat self-contradictory passage: Познавание не путем мышления, а путем ощупывания, подобно тому, как "весна ощупывает голубыми ручьями тело земли". В имажинизме немыслим не только поэт слепец, как Козлов, но и читатель-слепец. Поймущий Тютчева, Бальмонта слепец не поймет реальных образов Мариенгофа, так же, как глухому чужда поэзия Бальмонта. Наши стихи не для кротов. M. took issue with this pronouncement twice. On the first occasion, in "Slovo i kul'tura" (1921), he wrote: То, что сказано о вещности, звучит несколько иначе в применении к образности: Prends l'éloquence et tords lui le cou! [the image of the 'night's boiling gold

---

[83] Cf. another description of Moscow churches in "O, ètot vozdux smutoj p'janyj": А в запечатанных соборах, | Где и прохладно и темно, | Как в нежных глиняных амфорах, | Играет русское вино. ‖ ... ‖ Архангельский и Воскресенья | Просвечивают, как ладонь, — | Повсюду скрытое горенье, | В кувшинах спрятанный огонь. For a development of the 'honey cast to the forests' theme, see below, notes to lines 47—48.

[84] The 'octagonal honeycomb' is, of course, the Armenian church (cf.: Плечьми *осьмигранными* дышишь | Мужицких бычачьих церквей).

scalding the vulture's neck' in an early draft of *GO* evokes a faint echo of this famous precept]. Пиши безобразные стихи, если сможешь, если сумеешь. Слепой узнает милое лицо, едва прикоснувшись к нему зрячими перстами, и слезы радости, настоящей радости узнаванья, брызнут из глаз его после долгой разлуки (cf. notes to line 38). His other statement on imaginism was more direct and considerably more hostile. M. defended Xlebnikov 'the mole' and predicted that 'the representatives of the Moscow metaphoric school who called themselves imaginists' would eventually be swept away like so much waste paper: Хлебников возится со словами, как крот, между тем он прорыл в земле ходы для будущего на целое столетие, между тем представители московской метафорической школы, именующие себя имажинистами, выбивающиеся из сил, чтобы приспособить язык к современности, остались далеко позади языка, и их судьба быть выметенными, как бумажный сор (''О природе слова'', 1922).

The similarity between the treatment of the 'hornet' in *GO,* associated with *zloba dnja* (in both the original and the contemporary Russian idiomatic sense of the expression), and the sentence pronounced on imaginism in "O prirode slova" is so close as to suggest a pun on the name of Šeršenevič. The likelihood of an allusion to imaginism is corroborated by the evidence of the drafts of *GO,* in which the theme of the day is conducted, albeit in a markedly different key, through certain images of Esenin's "Ključi Marii" (the embroidered towel, the bark of a tree; Esenin's essay contained an oblique uncomplimentary reference to M.'s poem "Zolotistogo medu struja"): Ночь, как горящую кору | Тобой я освежаю сердце | И утираюсь поутру | Твоим, день, пестрым полотенцом; Ночь, как горящую кору | Я влагой освежаю сердце | Твоим расшитым [or : Расшитым, пестрым] полотенцом; И ночь-коршунница несет | Ключи кремней (cf.: Заря-заряница or Матерь Мария ключи обронила, Садовников, № 2015).

26. День пестрый выметен с позором

See notes to lines 33—36 for an interpretation of the historical day that passed. The theme of an ignominious rejection of that day in *GO* should be compared with its acceptance in *1 Jan* ($_{61}$ Ужели я предам позорному злословью).

The general meaning of this line derives from Tjutčev's "Kak ptička s ranneju zarej": На мне, я чую, тяготеет | Вчерашний зной, вчераш-

ний прах!.. ‖ О, как пронзительны и дики, | Как ненавистны для
меня | Сей шум, движенье, говор, крики | Младого, пламенного
дня... | О, как лучи его багровы, | Как жгут они мои глаза!.. |
О ночь, ночь, где твои покровы, | Твой тихий сумрак и роса!..
The last strophe of this poem is one of the subtexts of *1 Jan* (line 23).

The specific source of the words *den' pestryj*, too, is found in
Tjutčev: Если смерть есть ночь, если жизнь есть день, — | Ах, умаял
он, *пестрый день*, меня!.. | И сгущается надо мною тень, | Ко сну
клонится голова моя — ‖ Обессиленный, отдаюсь ему... | Но все
грезится сквозь немую тьму, | Где-то там, над ней, ясный день бле-
стит, | И незримый хор о любви гремит... This is a free translation of
Heine's *Die Heimkehr* 87: Der Tod, das ist die kühle Nacht, | Das Leben
ist der schwüle Tag. | Es dunkelt schon, mich schläfert,[85] | Der Tag hat
mich müd' gemacht. ‖ Über mein Bett erhebt sich ein Baum, | Drin singt
die junge Nachtigall; | Sie singt von lauter Liebe, | Ich hör es sogar im
Traum.

It is characteristic of M.'s synthesizing and synchronizing historical
approach that the apparently polygenetic quotations (*кремнистый путь,
день пестрый*) are, in fact, traceable to a common origin, because Ler-
montov's "Vyxožu odin ja na dorogu" has also been inspired, according
to I.M.Boldakov's observation,[86] by Heine's "Der Tod..." (the influence
is obvious in stanza 5: Чтоб всю ночь, весь день мой слух лелея, |
Про любовь мне сладкий голос пел, | Надо мной чтоб вечно зеленея
| Темный дуб склонялся и шумел).

27. И ночь-коршунница несет

Koršunnica (cf. врагиня-ночь in "A nebo buduščim beremenno"
and ночь-дикарка in "Klič,"[87] a translation from Max Barthel) is a
neologism and a *hapax legomenon*. The nearest cognate listed by Dal'
is *коршунья* (Novgorod dialect), which means, however, not 'female
kite,' but '*наседка-курица*'.

---

[85] Heine's poem has also become part of Xodasevič's workshop: ...меня кло-
нит к смерти, | Как вас под вечер клонит ко сну.

[86] *Сочинения* М.Ю.Лермонтова, 1891, II, 405–406.

[87] Beside the image of the forest (cf. note to 23), this 'translation' contains
a rearrangement of numerous other elements of *GO* (note that the 'day' in "Klič"
is the future day, and not the day that passed as in *GO*) : Еще царюет *ночь-дикар-
ка* | И полыхает в сердце тень, — | Но в кузнице страданья яркой | Изображен
грядущий *день*. | *Язык* грядущего богатый: | В нем *орлий крик, огонь* и

At an earlier opportunity (*Studies Presented to Professor Roman Jakobson by His Students,* 1968, 252), I have already pointed out that this line is, in S.Bobrov's terminology, a 'borrowing by rhythm and sound' from Gumilev's "Moj čas":

И ночь-*коршунница* несет
Совы, *кочевницы* высот.

The 'night' / 'kite' metaphor likewise derives from Gumilev: А когда на пески | Ночь, как коршун посядет...[88] ("Suèckij kanal," *Šater,* 2nd ed.). To achieve agreement in the grammatical gender, M. created the neologism *koršunnica* by analogy with *orel/orlica* and *golub'/golubica,* on the one hand, and with numerous appositions in *-nica* applied to the word *noč'* in Russian poetry, on the other: Ночь-волшеб*ница* (Kol'cov); Как незаметно подступила | Успокоитель*ница ночь*!.. || Одна ты радоваться хочешь | Тому, что есть, *вещунья ночь.* | О чем же тьмой ты мне пророчишь? | — Еще ты много *стрел* отточишь, | Ликуй, но бойся, — шепчет ночь. || Зачем и чем меня тревожишь | Ты, предвещатель*ница* ночь?.. (Sologub, "Šopot noči," *Koster dorožnyj*); *Ночь* бледнеет знакомой *кудесницей* | Детских снов (Pjast, *Ograda,* 1922, 98); Дарохранитель*ница* Бога, | О, *ночь*-молчаль*ница* (Vjač. Ivanov, "Pčela"). In one of the drafts of *GO,* the lines that correspond to 27–28 of the final text read: И ночь-коршунница несет | *Ключи* кремней и грифель кормит. This draft version shows an affinity with certain 'nocturnal' poems of *Cor ardens*: *Ключарница* глубин глубоких — Полночь чарая, | Розы усладной хмель устам палимым даруя, |

крепь... (cf. in a draft of *GO*: язык, | Который *клекота* короче). In general, "Klič" is a fascinating blend of automatic reminiscences: Вставайте с мрачного ночлега, | Тупого данники труда (Вставай, проклятьем заклейменный); Учитесь властвовать собою (!); Но хладнокровно и умело | Я сердце вылущил в груди (Но равнодушно и спокойно | Руками я замкнула слух), etc.

[88] Elsewhere, Gumilev associated 'kites' with oppressive night thoughts: Еще один ненужный день, | Великолепный и ненужный! | Приди ласкающая тень, И душу смутную одень | Своею ризою жемчужной [cf. in M.'s "Rakovina": Оденешь ризою своей] | И ты пришла, ты гонишь прочь | *Зловещих птиц* — мои печали. | О, повелитель*ница ночь*... ("Вечер", *Жемчуга*); Зачем они ко мне собрались, думы, | Как воры ночью в тихий мрак предместий? | Как *коршуны,* зловещи и угрюмы ("Думы", *Романтические цветы*). 'Kite' is the metaphor of 'memory' in A.Grigor'ev's "Venezia la Bella": Проклятый *коршун памяти* глубоко | Мне в сердце когти острые вонзил, | И клювом жадным вся душа изрыта...

Вожатая владыч*ица* неотвратимых встреч, | Заклятий Солнца раз-
решитель*ница* — Матерь Ночь, | Слепого связня, Хаоса, глухонемая
дочь ("Zaklinanie"); Единую из золотых завес | Ты подняла пред
восхищенным взглядом, | О, *Ночь*-садов*ница*! и щедрым садом |
Раздвинула блужданий зыбкий *лес.* ‖ Так, странствуя из рая в рай
чудес, | Дивится дух нечаянным отрадам, | Как я хмелен янтарным
виноградом | И гласом *птиц,* поющих: "Ты воскрес". ‖ Эрот с не-
бес, как огнеокий *кречет,* | Упал в их сонм, что сладко так певуч; |
Жар-Птицы перья треплет он и мечет. ‖ Одно перо я поднял: в зо-
лот-*ключ* | Оно в руке волшебно обернулось... | И чья-то дверь
послушно отомкнулась ("Zolotye zavesy" XVI).

Another early draft reveals intersecting subtexts by Blok and Cvetae-
va. The former is relevant also to $_{30}$*Стереть* дневные впечатленья; the
latter contains the image of 'hawkish night' (ястребиная ночь is a trans-
form of the idiomatic locution воробьиная ночь) :

Ночь, золотой твой кипяток	Видишь, и мне наступила на *горло,*
Стервятника ошпарил горло	Душит *красавица-ночь*...
И ястребиный твой желток	Краски последние смыла и *стерла*...
Глядит из каменного жерла.	(Блок, "С каждой весною...")

                                    — *Ястребиную ночь*
            Бог не пошлет по мою лебединую душу!
                (Цветаева, "Знаю, умру на заре") .

28. Горящий мел и грифель кормит

In several Russian folk riddles, night is described as a bird: Махнула
птица крылом, | Покрыла свет одним пером (Д.Садовников, *За-
гадки русского народа,* № 1958); Летит орлица | По синему небу, |
Крылья распластала | Солнышко закрыла (№ 2045). Especially im-
portant as the source of M.'s image is the following riddle: Летит птица
Глаголь, | Несет во рту огонь (№ 199). The association between the
word (*glagol*) and the fire in this riddle would, of course, enter, in M.'s
poetic system, the paradigm of such poetic images as Глаголом   жги
сердца людей; Из пламя и света | Рожденное слово; ...осиянно |
Только слово...; etc.

The paronomasia коршун*ница* — *кормит* is likewise inspired by
the Russian folklore, viz., by the songs and dialogues which accompany
the children's game of *koršun*: Коршун, коршун цыплятник, | Приди
ко мне во вторник, | Я курочку заколю, | Твоих деток *накормлю*;

Коршун... Дед! что делаешь? – Землю рою. – На что? – Копейку ищу. – На что? – Соли купить. – На что?.. etc. – Твоих детей *по-кормить.*[89]

Among the literary subtexts of the image, Deržavin's "Izobraženie Felicy" merits special attention. Beside providing a subtext of line 14 (Где смерть написана, война | *Свинцова грифеля* чертами), it combines three other images that prefigure *GO* (the erasure, the waterfall, and the feeding of the fledglings): И тут же горькими слезами | Смывала бы слова все с них. || Но милости б определяла | Она с смеющимся лицом, | Златая бы струя бежала | За скоропишущим пером | И проливала бы с престолу | В несчетных тысячах прохлад, | Как в ясный день *с крутых гор долу* | Лучистый с шумом водопад. || Представь мне, в мысли восхищенной, | Сходила бы с небес она; | Как солнце грудь, в ткани зеленой, | Рукой метала семена; | Как *искры огненны* дождились | Златые б зерна в *снедь птенцам*; | Орлы младые разбудились | И воскрилялись бы к лучам. The 'golden seeds, like sparks of fire' emblematize in Deržavin's poem the enlightenment, i. e., the theme of 'instruction' is obviously present here, too (Где бедных пищей насыщает, | Где брошенных берет сирот, | Где их лелеет, возращает, | Где просвещает свой народ).

M. thus blends the 'destructive' flow of "Reka vremen" and the 'instructive' stream of "Izobraženie Felicy," remaining faithful to the polarized contextual meaning of Deržavin's emblematic metaphor.

In the drafts of *GO*, the theme of feeding is associated with the 'hungry' visual images of the past day: Необходимо прекратить | Голодных образов кормленье | С иконоборческой доски | Стереть дневные впечатленья; И как стряхнуть, как сеть с руки, | Птенца голодного кормленье | И крохоборствуя с доски | Стереть дневные впечатленья. A typical metonymic shift takes place in these drafts: visual images which are 'food' for writing are described as hungry (*голодные образы*), while the nestling (M.'s metaphor for 'pencil,' line 48) turns into a discarnate, transparent vision of the day's impressions in lines 31–32 of the final text. The lyrical impulse is described as a persistent, hungry swan in M.'s later poem ("Slyšu, slyšu rannij led," 1937): Или

---

[89] Professor Roman Jakobson suggested the game of *koršun* as the source of this paronomasia and brought to my attention the book in which this version of the game is described: Е. А. Покровский, *Детские игры преимущественно русские (в связи с историей, этнографией и т. п.)*, 2nd ed., M., 1895, 162 f.

тень баклуши бьет | И позевывает с вами, ‖ Иль шумит среди людей, | Греясь их вином и небом, ‖ И несладким *кормит* хлебом | Неотвязных лебедей... (cf. Livšic's poem about Puškin, "Kak dušno na rassvete veka," 1925: И ты молчишь и медлишь, время, | Лениво кормишь лебедей).

It will be recalled that, in 1923, M. described Pasternak's poetry as 'a direct result of the specialized physiological structure of a [songbird's] throat' ("Zametki o poèzii"), and it is to Pasternak that M.'s theme of the nocturnal bird feeding can be traced: Я клавишей стаю *кормил с руки* | Под хлопанье крыльев, плеск и *клекот.* | Я вытянул руки, я встал на носки, | Рукав завернулся, *ночь* терлась о локоть. ‖ И было темно. И это был пруд | И волны. — И птиц из породы люблювас, | Казалось, скорей умертвят, чем умрут | Крикливые, черные, крепкие *клювы.* ‖ И это был пруд. И было темно. | *Пылали* кубышки с полуночным дегтем. | И было волною обглодано дно | У лодки. И грызлися птицы о локте. ‖ И ночь полоскалась в гортанях запруд. | Казалось, покамест *птенец не накормлен,* | И самки скорей умертвят, чем умрут | Рулады в крикливом, искривленном горле (*Поверх барьеров*)[90].

The 'burning chalk' with which 'night the she-kite' feeds the slate board replaces now the *milky lead* of line 14 as the writing instrument, signifying the awakening of the conscious creative mind, which sweeps away the oppressive visions projected by the subliminal collective memory.

In purely textual terms, the word *мел* is a paronomastic substitution of **мёд,* the expectation of which is built in line 25 *vozle sot* both semantically and phonetically ($sot + m'el = m'ot$) (cf. M.'s remarks on paronomasia in Dante, with *мёд / медь* and *лай / лёд* as examples in: *RD* 18). On the other hand, a semantic confrontation of lines ₆*Молочный грифельный рисунок,* ₇*Свинцовой палочкой молочной,* and ₂₈*Горящий мел и грифель кормит* is brought about by the paronomastic affinity of *молочный* and *мел.*

---

[90] The poem was popular in M.'s set: Книга Пастернака "Поверх барьеров" была замечена даже в строгом и взыскательном Петербурге. Гумилев декламировал с удовольствием: Я клавишей стаю кормил с руки | Под хлопанье крыльев, плеск и клекот (Н.Оцуп, "Борис Пастернак", *Звено*, 6-й г. изд., № 5, 1ᵉʳ mai 1928, 263–264); M.'s ornithological terminology in "Zametki o poèzii" has been traced back to Pasternak's "Neskol'ko položenij" (1922) by L.Fleishman (*Борис Пастернак в двадцатые годы*, München, s. a., 16–17).

In terms of M.'s total context, the meaning of the word *mel* should be considered on the basis of the 1913 poem "Bax," alongside with the theme of the 'iconoclastic board.' In *GO,* the epithet горящий may have been prompted by the folklore locution бел-горючь-камень.

As an example of a variant performance of the same semantic and phonetic task, it is interesting to note the abstract resemblance between lines 27–28 of *GO* and certain lines of "Jazyk bulyžnika...", written during the same year: Здесь толпы детские – событий попрошайки, | Парижских *воробьев* испуганные стайки – | *Клевали* наскоро крупу *свинцовых* [cf. line 14 of *GO*] крох – | *Фригийской* [cf. *гриф*ель] бабушкой рассыпанный *гор*ох.

29. С иконоборческой доски

The 'anti-visionary' theme of lines 5–8 (cf. pp. 49, 90 ff.) gains here its full momentum, as M. reaffirms the ascendance of the verbal and musical principle over the notion of the visual image, which he has already proclaimed earlier in his 'Lutheran' poems: Здесь прихожане – дети праха | *И доски вместо образов*[91], | Где *мелом*, Себастьяна Баха, | Лишь цифры значатся псалмов ("Бах"). Hence the association between the 'chalk' and the 'iconoclastic' writing, which is emphasized by the implied paronomastic pair *коршунница* – **кощунница.*

A similar description of the night sky as a 'concealed' icon occurs in "Na temnom nebe, kak uzor" (1909): *Божница неба заперта* – | Ты скажешь – время опрокинула | И, словно ночь, на день нахлынула | Холмов холодная черта.

30. Стереть дневные впечатленья

Cf. *Стерла звуки ночь огромная* in M.'s translation of Važa Pšave-la's "Godotur i Apšina," which was published in 1923 and is infused, like other poems of that year, with the lexical elements of *GO* (e. g.: Дремлет гор семейство темное, | Изваянье вечной горечи; | Льдистой митрой удручаются | Отрешенные от зелени. | И прозрачны

---

[91] The idea derives from Heine: ... Die Zahlen auf besagtem Stück Holze sind die Psalmennummern, welche gewöhnlich mit Kreide auf einer schwarzen Tafel verzeichnet werden und auf den ästetischen Sinn etwas nüchtern wirken, aber jetzt durch obige Erfindung sogar zur Zierde der Kirche dienen und die so oft darin ver-missten Raffaelschen Bilder hinlänglich ersetzen (*Die Harzreise*).

козьи пастбища | Из гранитной крепи выбиты, | И вскипает злобной пеною | Черный рев ручья хевсурского).

The apparent source of the image is K.R.'s translation of *Hamlet* (Act I, Sc. 5): Да, с памяти страниц *сотру* я все заметы | Пустые, вздорные, все книжные реченья, | Все *образы* и все былые *впечатленья* (Yea, from the table of my memory | I'll wipe away all trivial fond records, | All saws of books, all forms, all pressures past...).

A curious intermediate subtext may be perceived in Ševyrev's "V al'bom": Так *выметаете* и вы | ... | Пыль *впечатлений ежедневных* | И *мусор* ветренной молвы.

The impressions of the historical day are those which have already been discussed in the notes to lines 5–8: the delirium of the collective mind possessed by fear, the 'accidental traits' which the artist must erase: Над нами сумрак неминучий, | Иль ясность Божьего лица. | Но ты, художник, твердо веруй | В начала и концы <...> | *Сотри случайные черты* – | И ты увидишь: мир прекрасен. | Познай, где свет, — поймешь, где тьма... (Блок, "Возмездие") (cf. ₆₈С прослойкой тьмы, с прослойкой света).

31–32. И, как птенца, стряхнуть с руки
Уже прозрачные виденья

The principal context-induced meaning of the epithet   *прозрачный* is 'discarnate, spectral' (i. e., *прозрачный – призрачный*; cf. the non-metaphoric meaning of the same adjective in line 23).

The image of the fledgling on the poet's hand is inspired by Scene 19 of Annenskij's "Famira-kifared." In his review of this play (*OM* II 1971 415–416), M. identified the fortune-telling bird, Thamyris's mother, with indifference towards one's fate, alien to tragedy: Пока Фамира был причастен к музыке, он метался между женщинами и звездами. Но когда кифара отказалась ему служить и музыка лучей померкла в выжженных углем глазах, он, жутко безучастный к своей судьбе, сразу становится чужд трагедии, как птица, что сидит на его простертой ладони.

As a reference to Deržavin's slateboard, the *'transparent visions'* are the memories of the past century, of its 'empty and transparent' principles, described by M. in "Zametki o Šen'e," which have to be abandoned for the sake of the 'living water of poetry': Людям самим было страшно от *прозрачности* и пустоты понятий. La Verité, la Liberté, la Nature, la Déité, особенно la Vertu вызывают почти обморочное головокружение мысли, как *прозрачные,* пустые омуты <...> Поэтический путь Шенье, это — уход, почти бегство от 'великих принципов' к *живой воде поэзии...*

The ambivalent semantics of the catachresis *стряхнуть с руки...* *виденья* is the result of the syntactic blending of two phrases: стряхнуть с руки птенца and стряхнуть [сонные] виденья (from the idiomatic expression стряхнуть сон; cf. in "Gogotur i Apšina": Дуры-птицы свистом-щебетом | Гомонят сильнее прежнего; | Как Арагва черно-талая | Воет, роется и прядает, | *И с ресниц дремоту стряхивают* | *Пробужденные окрестности*). Thus Baratynskij blended отряхнуть прах, прах земли, and отряхнуть сон in line 111 of "Osen'": Иль, отряхнув видения земли, an apparent prototype of M.'s collocution (cf. Vladimir Solov'ev's "Začem slova": И тяжкий сон житейского сознанья | Ты отряхнешь, тоскуя и любя).

The simile *видения / птенец* is a metonymic development of the poetic cliché *крылатый сон* (cf. Brjusov's "Sny," with an epigraph from Tjutčev, "Sny igrajut na prostore": Ваши грезы *ночь уносит* | В высь своей тропой, | Кроткий месяц отблеск бросит | На крылатый рой... || Спите, люди! Спите, дети! | Грезам нет границ! | Пусть летают в лунном свете | *Сны, как стаи птиц!*).

As for the association between the 'impressions of the day' and the 'visions,' commonly associated with the night, it is established by the subtext of Baratynskij (see p. 106): *Видений дня* боимся мы, | Людских сует, забот юдольных.

The draft version Необходимо прекратить | Голодных образов кормленье suggests a transition from *кормить с руки* (cf. Pasternak's "Improvizacija" quoted on p. 145) to *стряхнуть с руки.*

In another draft, these lines read И не стряхнуть, как сеть с руки | Уже прозрачные виденья (or : ...как сеть с руки | Ночного грифеля кормленье). The visual image created here requires no explanation: elsewhere M. speaks of a 'net of motley mist' (*А в сетке пестрого тумана,* "Когда показывают восемь"; cf. $_{26}$*день пестрый*) and the 'net of dense twilight' ("Proslavim, brat'ja..."). The latter context is important because it combines those images which in the line under consideration replace each other: Мы в легионы боевые | Связали *ласточек,* — и вот | Не видно солнца, вся стихия | Щебечет, движется, живет. | Сквозь *сети – сумерки густые –* | Не видно солнца и земля плывет. The apparent source of the image is the Biblical and New Testamental 'net' symbol, blended with the Apocalyptic 'sackcloth of hair.' However, the meaning is modified further: as in "Sestry — tjažest' i nežnost'" the nets signify the bond of love and tenderness (*нежные сети*), so in "Sumerki svobody" they signify the bond of political allegiance. This net, obscuring the sun, is a source of apparent distress (cf. Z.Gippius' poem "Mereži," 1902: Сквозь эту мглу, сквозь эту сетку, | Друг друга видим мы едва. | Чуть слышен голос через клетку, | Обезображены слова). In the final strophe of "Vek," likewise, the 'gracious firmament' of Tjutčev's "V časy, kogda byvaet" (И с тверди благосклонной, | С лазуревых высот) is hidden or replaced by the bird net of indifference: И с высокой сетки птичьей, | От лазурных влажных глыб | Льется, льется безразличье | На смертельный твой ушиб. The ultimate components of this polygenetic image of the New Sky, beside the *Revelation*, are Aristophanes' *Birds* and Mozart's *Magic Flute*.

STROPHE V

33–34. Плод нарывал. Зрел виноград
　　　День бушевал, как день бушует

Strophe V is devoted to those images of the day which have been wiped off in strophe IV, so that it forms a digression, as it were, prompted by an act of vivid recollection. In some drafts, the first hemistrophe of V actually precedes the first hemistrophe of IV, so that the identity of the 'gaudy hornet' and the imagery of strophe V is beyond doubt.

The compositional significance of these lines from the rhythmical point of view has been discussed earlier (pp. 25, 27–28, 38). Their prosodic (choriambic) and lexical (reiterated word *день*) model is found in Žukovskij's translation of "The Prisoner of Chillon" (the opening line of XIV): *День приходил — день уходил.* As an evidence of M.'s thematic syncretism, these lines are especially striking: the leitmotifs of art and of history are developed here, not in a parallel, but in an integrated manner, in the same set of images.

The general contextual meaning of the words *плод* and *виноград* in M.'s poetic corpus suggests that their stable connotation is poetry, the ripening of the poetic word. In the opening poem of *Kamen'* (2nd and

3rd eds.), Звук осторожный и глухой | *Плода,* сорвавшегося с древа [note the etymological affinity between *sorvavšegosja* and *naryval*], | Среди немолчного напева | Глубокой тишины лесной, the subtext, Puškin's Что в имени тебе моем? | Оно умрет, как шум печальный, | Волны, плеснувшей в берег дальный, | *Как звук ночной в лесу глухом,* indicates that the 'wary and muted sound of the falling fruit' refers to the name of the poet. The union between the name and the forgotten image appears to be the implication of the line *И снова яблоня теряет дикий плод* (modeled after Žukovskij's translation of Homer, *...дико* растет Персефонин широкий | Лес из ракит, свой *теряющих плод*) in M.'s 'Lethean' poem "Ja v xorovod tenej...": Сначала думал я, что имя — серафим, | И тела легкого дичился, | Немного дней прошло, и я смешался с ним | И в милой тени растворился. ‖ И снова яблоня теряет дикий *плод,* | *И тайный образ мне мелькает...* In *GO* itself, there is a prominent paronomastic attraction between ₃₃*нарывал* and ₆₁*называл.* Ripening fruits are presented as threatening portents (cf. *Amos* 8) in the poem "Ty prošla skvoz' oblako tumana" (published in August, 1914!) which shares the Lermontovian subtext (cf. note to line 71) and certain lexical elements with *GO:* Светит *день* холодный и недужный... | Я брожу свободный и ненужный. | Злая осень ворожит над нами, | *Угрожает спелыми плодами,* | *Говорит вершинами с вершиной* | И в глаза целует *паутиной.* | ... | Как сквозит и в *облаке* тумана | *Ярких дней зияющая рана.* In a later poem, likewise characterized by thematic syncretism ("Stixi o neizvestnom soldate"), 'grapes' become a metaphor for the ominous stars (note the recurrent verb *угрожать* in both contexts): Шевелящимися *виноградинами* | *Угрожают* нам эти миры, | И висят *городами* украденными, | Золотыми обмолвками, ябедами — | Ядовитого холода ягодами — | Растяжимых созвездий шатры — | Золотые созвездий жиры. The text is semantically organized by paronomastic structures, either actual (*виноград*инами — *угро*жают — *город*ами *укра*денными), or dissimilated by means of synonymic substitution: виноградинами угрожают < **грозные гроздья,* probably a reference to the Apocalyptic grapes of wrath; cf.: И топчешь, *грозный,* | *Грозды* людские | В точиле гнева (Волошин, "Не ты ли", *Anno mundi ardentis,* 1916) and Только зреют грозди гнева | Под овчиною отца (Эренбург, "Взвился рыжий, ближе! ближе!", *Опустошающая любовь,* 1922; this poem contains a characteristic allusion to M.'s poetry: В бурдюке глухого сердца | *Итал*ийское *вино*). The 'raceme' / 'star' association, linked again with the theme of menace, appears also in one of M.'s last poems, in which, along with the actual pun *кисти — кистенями,* yet another paronomasia is implied, *соцветье — *созвездье*: На меня нацелилась груша да черемуха — | Силою рассыпчатой бьет меня без промаха. ‖ *Кисти вместе с звездами, звезды вместе с кистями,* — | Что за двоевластье там? В чьем *соцветьи* истина? ‖ С цвету ли, с размаха ли бьет воздушно-целыми | В воздух, убиваемый *кистенями* белыми. ‖ И двойного запаха сладость неуживчива: | Борется и тянется — смешана, обрывчива.

The central motif of "Ja budu metat'sja po taboru ulicy temnoj" is picked up, after twelve years, in this poem, and it is worth noting that both poems contain reminiscences of Xlebnikov: Пели пули *табора улиц* ("Верую, пели пушки и площади"); В каждой винтовке ветка черемухи ("Праздник труда"); Цветы сражались пыльцой, | Билися битвами запахов, | Кто медовее — будет тот победитель. | И давали уроки другой войны, | И запахов весенний пулемет... | Битвами запаха бились цветы, | Летали душистые пули... | Люди, учитесь новой войне, | Где выстрелы сладкого воздуха, | Окопы из брачных цветов, | Медового неба стрельба, боевые приказы ("Э—э! ы—ым! весь в поту").

The 'grape' as a metaphor for 'the genuine freshness of poetry' (Только *стихов виноградное мясо* | Мне освежило случайно язык) has been discussed by K.F.Taranovsky.[92] It may be added that, for M., especially in relation to German poetry (cf., in "K nemeckoj reči," Я буквой был, был *виноградной строчкой*), *виноград* is a metonymy as well: Шиллер, Гете, Кернер и Шекспир по-немецки — старые лейпцигско-тюбингенские издания <...> а на виньетках *виноградные кисти* ("Книжный шкап"). The association between the grape and 'storm,' 'rage' (*день бушевал*) is established both in M.'s poetry (Виноград, как старинная битва, живет) and prose (Нотный *виноградник* Шуберта всегда расклеван до косточек и *исхлестан бурей* <...> Рукопись — всегда буря, истрепанная, исхлестанная. Она — черновик сонаты... [*Египетская марка*]). *Vinograd* and *plod* appear together in a poem by Fet, which must have attracted M.'s attention because of its 'Russian-Mediterranean' theme: Смотри, красавица, — на

---

[92] "The Problem of Context and Subtext in the Poetry of Osip Mandel'-štam," *Slavic Forum,* The Hague, 1974, 150; *Essays on Mandel'štam,* Cambridge, Mass., 1976, 2.

матовом фарфоре | Румяный *русский плод и южный виноград...* ‖
...Их розно солнышко и прежде озаряло, – | *Но дорог красоте со-*
единенья миг (the last line served, apparently, as a model of M.'s much-
quoted verse И сладок нам лишь узнаванья миг). Still closer themati-
cally to lines 33–34 is Vjačeslav Ivanov's "Xory misterij" (*Prozračnost'*):
И золотой избытка смех, | *И рдяный плод, и пьяный гроздь,* | *И*
дня сияющий доспех, | И лунный лен, и полог *звезд.* However, the
most important subtext of these lines, which presents the pattern of re-
lationship between time, maturation, and erosion (i. e., the 'creative' and
the 'destructive' aspects of M.'s 'teacher' and 'beast') in exactly the same
images that M. uses in *GO*, is Ovid's *Tristia* IV. vi. 9–15:[93]

vinograd	tempus *ut* extensis *tumeat facit uva racemis,*
naryval	*vixque merum capiant grana quod intus habent;*
	tempus et in canas semen producit aristas,
plod	et ne sunt tristi *poma* sapore cavet.
točit	hoc *tenuat* dentem terram renovantis aratri,
kremen'	hoc rigidas *silices,* hoc adamanta *terit.*

Ovid's subtext, of course, refers not to art, but to life: to the living
plants that ripen and grow from within (hence, in line 38 of *GO*, 'water'
is the 'lining of the verdant images'), and the dead iron and flint that are
eroded from without. Yet this subtext is thematically quite consistent
with *GO* (cf. p. 83 for a discussion of a thematically similar Ovidian
subtext of line 4), for, interpreted in the light of M.'s prosaic context,
lines 33–34 yield a meaning which is quite different from the one that
emerges from his poetry. The prosaic context in question is *Šum vre-*
meni, which provides also a key to lines 35–36 (see next section):

> ...Разве Каутский – Тютчев? Разве дано ему вызывать космические
> ощущения ('и паутины тонкий волос дрожит на праздной борозде')?
> А представьте, что для известного возраста и мгновения Каутский <...>
> тот же Тютчев, то есть источник космической радости, податель сильно-
> го и стройного мироощущения, мыслящий тростник и покров, накину-
> тый над бездной.

(This passage reflects the same syncretism of social and poetic
thought that is observed in *GO*: Kautsky's brochures and their effect are
described in terms of quotations out of Tjutčev).

---

[93] An interesting semiotic analysis of these lines was published by Ju.K.Ščeg-
lov in: *Труды по знаковым системам,* 3, Тарту, 1967, 172–175.

В тот год в Зегевольде, на курляндской реке Аа, стояла ясная осень с паутинкой на ячменных полях <...> В кирпично-красных, изрытых пещерами слоистых берегах германской ундиной[94] текла романтическая речка и бурги по самые уши увязли в зелени. Жители хранят смутную память о недавно утонувшем в речке Коневском[95]. То был юноша, достигший преждевременной зрелости и потому не читаемый русской молодежью: он шумел трудными стихами, как лес шумит под корень. И вот, в Зегевольде, с эрфуртской программой в руках, я по духу был ближе Коневскому, чем если бы я поэтизировал на манер Жуковского и романтиков, потому что зримый мир с ячменями <...> и солнечной паутиной я сумел населить, социализировать, рассекая схемами, подставляя под голубую твердь далеко не библейские лестницы[96], по которым всходили и опускались не ангелы Иакова, а мелкие и крупные собственники, проходя через стадии капиталистического хозяйства.

Что может быть сильнее, что может быть органичнее: я весь мир почувствовал хозяйством, человеческим хозяйством – и умолкшие сто лет назад веретена английской домашней промышленности еще звучали в звонком осеннем воздухе! Да, я слышал с живостью настороженного далекой молотилкой в поле слуха, как *набухает и тяжелеет не ячмень в колосьях,*[97] *не северное яблоко, а мир, капиталистический мир набухает, чтобы упасть* ("Эрфуртская программа").

It has already been stated (p. 18) that the verb *бушевал, бушует* is induced by the context of Dionysian ecstasy (*Зрел виноград*), typical of all of M.'s odes (cf. *буйный хмель* in "Oda Betxovenu" and *буйство танца* in "Zverinec"). It is interesting to compare line 34, the apparent meaning of which is 'That day raged as the day usually rages,' with line 3

---

[94] The 'German undine,' 'Lorelei' in M.'s poetry is the image of German radical thought, the perilous temptress: Подруга *рейнская* тихонько говорит, | Вольнолюбивая гитара... | ... | Россия, Лета, *Лорелея* ("Декабрист"); И что лиловым гребнем *Лорелеи* | Садовник и палач наполнил свой досуг ("Стансы"). Cf. the reference to the fatal temptation of the German speech in the opening lines of "K nemeckoj reči."

[95] Konevskoj's "Nabroski ody" (1900) is the only true generic forerunner of *GO* in the poetry of Russian symbolism. M. used it as a subtext in "Vek": Кровь строительница хлещет (И вместе вне и вдаль стремится | Строительница жизни кровь).

[96] Cf.: С *висячей лестницы* пророков и царей | Спускается орган, Святого духа крепость ("В хрустальном омуте..."), on the one hand, and Я по лесенке приставной | Лез на всключенный сеновал, on the other.

[97] Cf., in the Ovid excerpt above: tempus et *in canas semen* producit *aristas*. For the image of the world as a ripe fruit, cf. "Mittags" in *Also sprach Zarathustra* IV: <...> gelbe Trauben in Fülle <...> Ward die Welt nicht eben vollkommen? Rund und reif? <...> Oh des goldnen runden Balls!

of M.'s "translation" (actually, a very free adaptation) of "Utopia" by Max Barthel[98] (the German original shows that M. alone is responsible for those images that his "Utopia" and *GO* have in common):

Люблю внимать средь грохота и теми	Utopia! umrauscht von Melodien
Утопии заморским *голосам*:	Selige Insel in des Zeitmeers Flucht!
По-старому еще бушует время,	Umbetet und von Haß bespien:
По-новому шумят ее *леса*.	Wie habe ich nach dir gesucht!
Угадываю наигрыш бесплотный,	O erster Ton, hinausgefungen,
Рожденный хриплой музыкой войны,	Als Krieg nach Blut und Leben schrie!
И звуки песни, прежде мимолетной,	Dann Ton an Ton zum Lied
В *органный голос* масс воплощены.	verschlungen
	Zur Millionenharmonie.
Утопия, под купол твой *свинцовый*,	Utopia durch deine Donnerbrandung,
Под твой сияющий зенит,	Von deinem hohen Licht verklärt,
Под купол твой — лазорево-грозовый	In wildem Sturm zu Ziel und Landung
Челн современника скользит, etc.	Mein sehnsuchtvoller Nachen fährt, etc.

It seems that the actual meaning of line 34 is 'The [past] day raged as the [present] day does.' The Žukovskian subtext День приходил — день уходил and M.'s line 3 of "Utopia" *По-старому еще бушует вре-мя* certainly suggest such a reading.

35–36. И в бабки нежная игра,
И в полдень злых овчарок шубы

"Sem'ja Sinani" in *Šum vremeni* provides these lines with an autobiographical frame of reference, just as "Èrfurtskaja programma" has helped to clarify the preceding two lines. The game of *babki*,[99] the shepherd dog, the Precursor (St. John the Baptist, see notes to lines 63–64), the Apocalyptic Shepherd who shall rule with a rod of iron, the mixture of tenderness and animality are all present in M.'s affectionate, respectful, and somewhat apprehensive portrait of his dead childhood friend:

---

[98] In *OM* I–2 1967 350–351, 564, this poem is carelessly attributed to Ernst Toller. Actually it appears in Barthel's *Arbeiterseele*, Jena, 1920, 145, and is the title poem of his verse collection *Utopia*, Jena, 1920. It is included in *Zavoju-em mir!* (p. 52).

[99] For a description of this game, see: А.Терещенко, *Быт русского наро-да*, IV, SPb., 1848, 60–61. The metacarpal, metatarsal, and vertebral bones used in the game were usually those of sheep. The famous statue of the boy playing *babki* (Врозь расступись; не мешай русской удалой игре) is actually by N.Pimenov.

Движения его, когда нужно, были крупны и размашисты, как у *мальчика, играющего в бабки* в скульптуре Федора Толстого, но он избегал резких движений, сохраняя меткость и легкость для *игры* <...> Ему подошла бы овчарка у ног и длинная жердь: на щеках и подбородке золотистый *звериный* пушок. Не то русский мальчик, *играющий в свайку*[100], не то итальянский Иоанн Креститель с чуть заметной горбинкой на тонком носу.

Он вызвался быть моим *учителем*, и я не покидал его, покуда он был жив, и ходил вслед за ним, восхищенный ясностью его ума, *бодростью*[101] и присутствием духа. Он умер накануне прихода *исторических дней*, к которым он себя готовил, к которым готовила его природа, как раз тогда, когда *овчарка* готова была улечься у его ног и тонкая жердь *Предтечи* должна была смениться *жезлом Пастуха*. Звали его Борис Синани. Произношу это имя с нежностью и уважением.

The theme of *babki* and the theme of tenderness in M.'s poetry are both firmly associated with the images of death and youth. In "Na rozval'njax, uložennyx solomoj,"[102] the association is produced by the name *Uglič* (А в Угличе играют дети в бабки); in "Sem'ja Sinani," by the death of Boris; in "Našedšij podkovu," it directly signifies the end of the Christian era and the beginning of the Apocalyptic 'Time of Troubles': *Дети играют в бабки позвонками умерших животных.*[103] | *Хрупкое летоисчисление нашей эры подходит к концу.* In "Vek," the wave of blood plays with the invisible vertebrae of the sacrificial beast, the age: И невидимым *играет* | *Позвоночником волна.* | Словно *нежный хрящ* ребенка, | *Век младенческой земли.* | Снова в жертву, как *ягненка*, | *Темя жизни принесли...* || ... *И еще набухнут почки*, | *Брызнет зелени побег*, | *Но разбит твой позвоночник*, |

---

[100] Another Carskoe Selo statue (by A. Loganovskij) described by Puškin. It was *svajka* that Carevič Dmitrij played in Uglič when he fell upon the knife. Cf. M. Lotman's observations on the metonymic substitution in this instance: *Труды по знаковым системам*, XI, Тарту, 1980, 113, 119 n. 36.

[101] Cf.: Овчарок *бодрый* лай ("В хрустальном омуте...").

[102] See: K. Taranovsky, "Mandel'štam's Monument Not Wrought by Hands," *California Slavic Studies*, 6, 1971; *Essays on Mandel'štam*, 1976, 115–120; cf. N. Xardžiev's note in *Stixotvorenija*, L., 1973, 270 (his interpretation appears to be based on date correspondence alone and should be treated skeptically; see, however, Z. Minc's compromise solution in her paper "Военные астры", *Вторичные моделирующие системы*, Тарту, 1979, 108).

[103] The ultimate subtext evoked by this line are the words of Hamlet: "Did these bones cost no more the breeding but to play at loggats with them" (Act 5, Scene 1). Pasternak translated *loggats* as *babki*: Стоило ли растить эти кости, чтобы потом играть ими в бабки? Kroneberg's version reads: кегли.

Мой прекрасный жалкий век. The semantics of 'tenderness' in M.'s poetry is largely modeled by the line *Сестры — тяжесть и нежность — одинаковы ваши приметы,* e.g.: *с стигийской нежностью* ("Когда Психея-жизнь"); *Железной нежностью хмелеет голова* ("Разрывы круглых бухт"); *нежная чума* ("От легкой жизни"); *Всю смерть ты выпила и сделалась нежней* ("Соломинка"); *нежные гроба* ("На каменных отрогах Пиерии"); the tender and murderous game of the French Revolution is the subject of "Jazyk bulyžnika," which has much in common with both *GO* and *1 Jan*: Здесь клички месяцам давали, как котятам, | А молоко и кровь давали *нежным львятам*; | ... | Большеголовые там руки поднимали | И клятвой на песке как яблоком *играли* (M. refers here to the oath at the Jeu-de-Paume, hence the translated *jeu de mots: paume – pomme*).

The tender game of knucklebones is, for M., the essence of historical change; the dying shepherd, its protagonist.

The third game, beside *babki* and *svajka,* associated with Boris Sinani in *Šum vremeni* is *gorodki*: Здесь мы играли в городки, и, лежа на финских покосах, он любил глядеть на простые небеса холодно удивленными глазами князя Андрея. In the 1931 poem "Soxrani moju reč' navsegda," this game reappears in a thematically relevant context of chiliastic self-sacrifice: Лишь бы только любили меня эти мерзлые плахи, | Как, *нацелясь на смерть, городки* зашибают в саду — | Я за это всю жизнь прохожу хоть в железной рубахе | И для казни петровской в лесу топорище найду[104].

V. Ivanov's "Xory misterij" is a contemporary subtext of M.'s Apocalyptic pastoral: Вы, пастыря железный жезл! | *Овчарки* божиих овец! | Крушители могучих чресл, | Опустошители сердец! Another poem out of *Prozračnost'*, "Dem Weltverbesserer," dedicated to A.S. Jaščenko, shares certain images (the ice-cold mountain stream, the sheep, the heralds of the new Millenium, the ambivalent mixture of traits characterizing the new Shepherd), and the general attitude of apprehensive sympathy, with M.'s portrait of Boris Sinani and with strophe V of *GO*: Ты — что поток, чей буйственный задор | Бежит в снегах. Как сталь

---

[104] The subtext of the final line of this extremely difficult poem is Heine's "Heinrich": Fern in meinen deutschen Landen | Heben sich die Eichenwälder, | Und im Stamm der höchsten Eiche | Wächst der Holzstiel für die Streitaxt. The conflict of the hieratic and the secular is the common underlying motif of M.'s poem and of its German subtext.

студеной влаги, | Тягчится, потемнев, твой жесткий взор | В боре-
нии мыслительной отваги, || Когда средь нас иль на поле бумаги |
Ты ринешься в миропобедный спор... | Миг — и в лазури тонет кру-
гозор, | Пасутся овцы, за звездою маги || Идут, и ты несешь венки
олив | И миру мир... с ярмом, о деспот-мистик, | Казацкой вольни-
цы и казуистик || Равно дитя, — все в русском сердце слив!.. | Вер-
ней оракул всех характеристик: | Льдом не застынь, кто холодно
бурлив!

Line 36 merits certain additional remarks because of the sharp con-
trast it exhibits both at the level of the text (*в полдень — шубы*) and
at the level of the context, when compared to the oxymoronic 'kind fer-
ocity' of the shepherd dogs (*Овчарок бодрый лай и добрая свире-
пость*) in "V xrustal'nom omute." The notion of the fold, for M. as for
the fathers of the church, rests squarely upon the principle of spiritual
authority. That authority, depending on the context and the cultural
frame of reference, can be either the 'organ' (*орган, Святого Духа
крепость* in "V xrustal'nom omute") and the 'thunder with which the
Church speaks' ("Encyclica"), or the Erfurt Program (*Эрфуртская про-
грамма, марксистские пропилеи, рано, слишком рано приучили вы
дух к стройности, но мне и многим другим дали ощущение жизни
в предысторические годы, когда жизнь жаждет единства и стройно-
сти...*)[105], as long as it expresses the idea of hierarchic order, 'the ser-
mon of the plumb line.' The party arguments are for M. the continuation

---

[105] The editors of M.Cvetaeva's *Neizdannye pis'ma*, Paris, 1972, are baffled
by her words (p. 360) "Сижу и рву в клоки подлую книгу М. *Шум времени*"
The explanation is quite simple: just as N.Struve today labels M. a 'Christian,' so
Cvetaeva in 1926 must have labeled him a Marxist.
My view of this matter seems to have been confirmed recently by an informed
Soviet editor, who has treated Cvetaeva's reaction to *Šum vremeni* with understand-
able reticence, unable to state explicitly that it is the cause of the Volunteer Army
that Cvetaeva defends in this instance against M.'s "aesthetic, alienated, and soul-
less stance": Отношение Цветаевой к Мандельштаму как к личности не было
однозначным. Так, в 1926 г., прочитав книгу его мемуарных очерков "Шум
времени" (Л., 1925), она была возмущена и написала гневную отповедь
"Мой ответ Осипу Мандельштаму". Ее особенно задела глава под названием
"Бармы закона", где она увидела эстетский, отстраненный и бездушный
взгляд автора на Крым периода гражданской войны. Однако Цветаева не за-
вершила свой ответ Мандельштаму, оставшийся в черновой рукописи (А.Са-
акянц, "Комментарии", Марина Цветаева, *Сочинения,* том II, *Проза,* М.,
1980, 502).

of the theological arguments and the age-old spiritual rift between the
Slavophiles and the Westernizers: ...духовность была с ними, и в скуд-
ных партийных полемиках было больше жизни и больше музыки,
чем во всех писаниях Леонида Андреева ("Семья Синани"). Hence
the same lexical inventory in M.'s descriptions of any Messianic com-
munity, Christian or socialist: *дух – пастух – овчарки – овцы – игра
в бабки – овчины – шубы – меха – мехи*[106] *– орган – дух.*

In one of the drafts of *GO*, the 'fur coats' belong to the sheep:
И вот калачиком лежат | Овечьи свернутые шубы (above these lines
there are words *Стриг шерсть. Вязал снопы,* an association that may
lead to Puškin's "Svobody sejatel' pustynnyj"). M.'s vacillation between
the sheep and the shepherd dogs is symptomatic: in "V ne po činu barst-
vennoj šube," the fur coat is a distinctive feature of the 'high priest of
frost and the state,' and of the radical litterateur, alike; in "Šuba,"[107] it
is the symbol of the New Economic Policy, the new social injustice in the
redistribution of the expropriated "unwholesome alien property," the
shame and guilt of which is shared by the author: Тяжело мне в моей
шубе, как тяжела сейчас всей Советской России случайная сытость,
случайное тепло, *нехорошее добро с чужого плеча.* Finally, in *Četver-
taja proza,* the poet renounces the fur coat as the coat of arms of the
Russian literary guild, taken away from the humblest of Russian literary
personages ("Vse my vyšli iz 'Šineli' Gogolja"), whose day of vengeance
has come: Я – скорняк драгоценных мехов, едва не задохнувшийся
от литературной пушнины, несу моральную ответственность за то,
что внушил петербургскому хаму желание процитировать как паск-
вильный анекдот жаркую гоголевскую шубу, сорванную ночью на
площади с плеч старейшего комсомольца – Акакия Акакиевича.
Я срываю с себя литературную шубу и топчу ее ногами.

Paronomastically and semantically, line 36 *И в полдень злых овча-
рок шубы* prepares a transition from *Плод* of line 33 to *ледяные* вы-
соты of line 37.

The iconic significance of the word *полдень* in *GO* is clear: it oc-
curs at almost the exact center of the poem. The bursting fruit and the
noon (*плод – полдень*) of *GO* should be compared with the similar

---

[106] Cf. my remark on *мехами сумрака* ("Kak svetoteni mučenik Rem-
brandt") in: "M.'s Kaščej," *Studies Presented to Prof. R.Jakobson,* 1968, 255.
[107] First published in *Sovetskij jug,* Rostov, 1 February 1922; reprinted in:
OM IV 1981 93–96. Cf. notes to line 60 of *1 January 1924.*

image in the central strophe of "Ode à quelques hommes": Je n'écouterai
plus l'explosion stridente | De la gousse nerveuse et crispée du genêt |
Lâchant ses graines à midi (in M.'s translation: Я не услышу выстрела
хлопушек, | Искривленных и раздражительных стручков, | Лопаю-
щихся в полдень).

In other poetic contexts by M., *polden'* is, as a whole, associated
with the Christian theme, specifically, with Grace: В тумане полдня... |
Влача остаток власти Рима ("Аббат"); И в полдень матовый го-
рим, как свечи" ("Лютеранин"); И Евхаристия, как вечный пол-
день, длится" ("Вот дароносица...). The contextual contrast that is
created by its use in *GO* may be compared with the occurrence of the
word *zenit* both in the 'Christian' "Vot daronosica..." (*Богослужения
торжественный зенит*) and in the 'Socialist' "Utopija" (see p. 154):
Под твой сияющий зенит (cf. *Взять в руки целый мир, как яблоко
простое* and <...> *не северное яблоко, а мир, капиталистический
мир* набухает, чтобы упасть!). Just as in *GO, zenit* (i. e., *polden'*) is
associated in "Utopija" with supreme abundance: *Ты зрелой жизни
изобилье* (in the original: Du bist das Paradies der Fülle) (cf. also the
parallel infinitives *стереть, стряхнуть* in lines 30—31 of *GO,* and
смять, сбросить in "Utopija": И ветошь страха и бессилья | Смять
судорожно, сбросить с плеч!).

37. Как мусор с ледяных высот

Phonetically, the line echoes ₂₅*Как мертвый* шершень *возле сот.*
The reiteration is motivated semantically by the return to the theme of
'casting away the day's images.' The water flowing downward in this
hemistrophe is the 'refuse of the icy heights,' not the 'spring' of line 11.

However, although its image evokes Deržavin's "Vodopad" (Не так
ли с неба время льется) and the final strophe of M.'s own "Vek" (И с
высокой сетки птичьей, | От лазурных влажных глыб | Льется,
льется безразличье | На смертельный твой ушиб), line 37 shares one
subtext, Tjutčev's "Snežnye gory," with line 11 (which echoes В род-
ную глубь спешат ручьи): И между тем как полусонный | Наш
дольний мир, лишенный сил, | Проникнут негой благовонной, | Во
мгле *полуденной* почил, — || Горе, как божества родные, | Над из-
дыхающей землей, | *Играют выси ледяные* | С лазурью неба огне-
вой. In fact, all of Tjutčev's Alpine theme serves here as a partly con-
trastive subtext (the contrast is, of course, created by the word *musor*):

Но который век белеет | Там на высях снеговых; Сияет белая гора, | Как откровенье неземное; Какие росы и прохлады | Оттуда с шумом льются к нам! and, especially: И надо всем *вершины ледяные,* | То бледные, то огненно живые!.. || Потом *с высот,* где разлучаясь[108] *воды* | В широкие *полдневные* равнины, | Как бы *на пир* стремят свое теченье — | Отколь не раз, как льдистые лавины, | Полночные срывалися народы — | В Италию, родимое владенье. | Он сводит Вдохновенье (''Байрон'').

The 'icy heights' preserve in *GO* their Tjutčevian sense,[109] but the flow of inspiration that they yield, 'the hungry water' of time, is described as *мусор,*[110] the refuse of eternity.

M. associated Tjutčev's poetry iself with the 'eternal snow of the Alps,' which in the 20th century melts and flows down to 'human homes.' The following excerpt from M.'s essay "K jubileju F.K. Sologuba" illustrates the line under consideration and foreshadows the reorientation of later M. toward the voice of the 'plains' (cf. p. 126) and the 'roots,' the polyphony of colloquial speech:

> Поэзия Сологуба связана с глухим старческим временем — восьмидесятыми и девяностыми годами в истоках своих и с отдаленнейшим будущим связана своей природой. <...> В наследство от прошлого он получил горсточку слов, скудный словарь и немного образов.[111] Но

---

[108] Cf. in the draft of strophe V: Водораздел *холмов.*

[109] Cf. V. Ivanov's development of this Tjutčevian theme in "Oready": С престола *ледяных* громад, | Родных *высот* изгнанник вольный, | Спрядает светлый водопад | В теснинный мрак и плен юдольный (compare   Tjutčev's "Kakoe dikoe uščel'e").

[110] Cf. Axmatova's Когда б вы знали, из какого сора | Растут стихи...

[111] Cf. M.'s remarks on Sologub in "Zametki o poèzii," a rude pun on the poet's real name (Teternikov, i. e., *глухая тетеря*) and an incisive discussion of his vocabulary:

> Благодаря тому, что борьба с монашески интеллигентской Византией на военном поле поэзии после Языкова заглохла и на этом славном поприще долго не являлось нового героя, русские поэты один за другим стали глохнуть к шуму языка, становились тугими на ухо к прибою звуковых волн и только через слуховую трубку различали в шуме словаря свой собственный малый словарь. Пример: глухому старцу в ''Горе от ума'' кричат: ''Князь, князь, назад'' (Сологуб). Небольшой словарь еще не грех, и не порочный круг. Он замыкает иногда говорящего и пламенным кругом, но он есть признак того, что говорящий не доверяет родной почве и не всюду может поставить свою ногу [compare 63–64 Блажен, кто завязал ремень | Подошве гор на твердой почве] .

как дитя, *играющее камушками, он научил нас играть и этими скудны-*
ми дарами времени с ясной свободой и вдохновеньем. <...>

Прозрачными горными ручьями текли сологубовские стихи с *аль-*
пийской, тютчевской вершины. Ручейки эти журчали так близко от на-
шего жилья, от нашего дома. Но где-то тают в розоватом холоде аль-
пийском вечные снега Тютчева. Стихи Сологуба предполагают *существо-*
вание и таянье вечного льда. Там, наверху, в тютчевских Альпах их при-
чина, их зарождение. Это *снисхождение в долину,* спуск к жилью и
житью снеговых, эфирно-холодных залежей русской поэзии, может быть
слишком неподвижных и эгоистических в ледяном своем равнодушии
и доступных лишь для отважного читателя. Тают, тают тютчевские снега
через полвека. Тютчев спускается к нашим домам: это второй акт, необ-
ходимый, как — выдыхание после вдыхания, как гласная в слове после
согласной, это не перекличка, даже не продолжение, а кругооборот ве-
щества, великий оборот естества в русской поэзии с ее Альпами и равни-
нами <...> Не к перепевам и к застывшим формам он нас зовет. И луч-
ший урок из его поэзии: если можешь, если умеешь, делай новое, если
нет, то прощайся с прошлым, но так прощайся, чтобы сжечь это прошлое
своим прощанием.

It is in this line, in the middle of the ode, that M. inaugurates the
theme of 'creative descent' (cf. pp. 44—47).

In "Burja i natisk," as in the Sologub anniversary essay, M. gives him credit for
massacring the poetic clichés of the fin de siècle (note the epithet *musornyj* in re-
ference to the emotional undercurrent of the decadent lyricism):

Влияние Сологуба <...> выразилось чисто отрицательно: доведя до
крайней простоты и совершенства путем высокого рационализма при-
емы старой русской лирики упадочного периода, включая Надсона,
Апухтина и Голенищева-Кутузова, очистив эти приемы от *мусорной*
эмоциональной примеси и окрасив их в цвет своеобразного эротическо-
го мифа, он сделал невозможными всякие попытки возвращения к про-
шлому и, кажется, фактически не имел подражателей. Органически со-
страдая банальности, нежно соболезнуя мертвенному слову, Сологуб
создал культ мертвенных и отживших поэтических формул, вдохнув в
них чудесную и последнюю жизнь. Ранние стихи Сологуба и "Пламенный
круг" циническая и жестокая расправа над поэтическим трафаретом, не
соблазнительный пример, а грозное предостережение смельчаку, кото-
рый впредь попробует писать подобные стихи.

Sologub seems to have answered M.'s critique in his poem "Ax, ètot večnyj
izumrud," dated 7 June 1923: И небо словно бирюза, | И вечное дыханье роз, |
И эта вечная гроза | С докучной рифмою угроз! || Но если сердце пополам |
Разрежет острый Божий меч, | Вдруг оживает этот *хлам,* | Слагаясь в творче-
скую речь. || ... || Душа поет и говорит, | И жить и умереть готов, | И сказка
вечная горит | Над вечной мукой старых слов.

38. Изнанка образов зеленых

The 'verdant images,' in the narrow context of the strophe, are a re-ference to 'fruit' and 'grapes' of line 33: the living stream of time that makes fruit 'burst with ripeness' (*tempus ut... tumeat facit uva racemis*) is their 'internal lining' (cf. in *RD* 18—19: У Данта не одна форма, но множество форм. Они выжимаются одна из другой, и только услов-но могут быть вписаны одна в другую. Он сам говорит: 'Io premerei di mio concetto il suco' [*Inf.* XXXII, 4] — Я выжал бы сок из моего представления, из моей концепции, — то есть форма ему представ-ляется выжимкой, а не оболочкой <...> Но выжать что бы то ни было можно только из влажной губки или тряпки[112]; and *RD* 7: Поэтическая речь есть <...> ковер, сотканный из влаги). The word *iznanka* itself may have been suggested by that section of Annenskij's *Kniga otraženij* II which deals with the attitude of the artist (i. a., Ler-montov) towards life: "Iznanka poezii."

The complex polysemy of its imagery makes it difficult to recognize in this strophe a transformation of Deržavin's odic landscape, Там бле-щет брег в реке зеленый ("Благодарность Фелице"); Источник шум-ный и прозрачный, | Текущий с горной высоты... || Гора, в день стадом покровенну, | Себя в тебе, любуясь, зрит; | В твоих водах изображенну | Дубраву ветерок струит... ("Ключ"), so often imi-tated by later poets (cf., e.g., Žukovskij's "K Voejkovu": Ты зрел, как тихими водами | Меж виноградными садами | Он, зеленея, проте-кал | И ясной влагой отражал | Брега, покрытые стадами).

Draft versions of *GO* show that, originally, M. substituted meta-phoric details of the landscape for the word *obrazy*: Теперь, кто за ру-ку возьмет | Старейшину *слепцов зеленых* | С кремневых гор вода течет...; Теперь вода владеть идет | И поводырь дубов (слепцов) зеленых | С кремневых гор струя (вода) течет,.. etc. The 'green oaks' (cf. note to line 10) were, apparently, another reminiscence of "Vyxožu odin ja na dorogu" (Надо мной чтоб вечно *зеленея* | *Тем-ный дуб* склонялся...), blended with Vjač. Ivanov's "Derev'ja" (in which the river follows the trees, and not the other way round: И вот ре-ка течет бессмертья лугом | К началу вверх, откуда ключ забил, |

---

[112] The image derives not so much from Dante as from Pasternak's *Poverx bar'erov*: Поэзия! Греческой губкой в присосках | Будь ты, и меж *зелени* клейкой | Тебя б положил я на мокрую доску | *Зеленой* садовой скамейки... || ...А ночью, поэзия, я тебя выжму, | Во здравие жадной бумаги.

Растениям вослед, немым подругам, | Которых ты предчувственно любил, | И плошлого лелеет отраженья, | Омытые в водах паки-рожденья. ‖ То Памяти река...). The choice of the metaphor *slepcy* for 'images') stands in direct relation to M.'s well-known description of the 'internal form':

Пиши безобразные стихи, если сможешь, если сумеешь. *Слепой* узнает милое лицо, едва прикоснувшись к нему зрячими перстами < ... > Стихотворение живо внутренним образом, тем звучащим *слепком* формы, который предваряет написанное стихотворение. Ни одного слова еще нет, а стихотворение уже звучит. Это звучит внутренний образ, это его осязает слух поэта.
И сладок нам лишь узнаванья миг!
(''Слово и культура'').

Apparently, just as *slepec* stands in the draft of *GO* as a paronomastic substitute for *slepok*[113] (following the pattern suggested in the essay), so *iznanka* in the final text of the ode replaces *uznavan'e*.

The polysemy of the word *iznanka* agrees well both with the subtexts and with the evidence of the drafts. Since it means also the 'seamy side of the verdant images,' the word implies some kind of retribution for the creative aspect of time, the bursting fruit and the ripening grapes, revealed to the poet (cf. the draft: За виноградный этот край, | За впечатлений край зеленый, | Меня как хочешь покарай, | Голодный грифель, мой звереныш and its subtext in Baratynskij's ''Осень'': Цветущий брег за мглою черной, | Возмездий край). The counterpoint of the 'green images' and the 'icy heights' in this strophe, which

---

[113] Concerning the paronomastic 'plot' слепой узнает слепок, see my paper ''The Dry River and the Black Ice,'' *Slavica Hierosolymitana*, I, 1977, 179. M.'s image of the internal form of the word and the 'eidolological' principle of the acmeist poetics owes something to Konevskoj's ''Mysli i zamečanija'' (*Stixi i proza*, M., 1904, 226–227): В слове бесконечно великое совмещено с бесконечно малым. Вся полнота и широта мыслей, стремлений, побуждений, расположений, образов звуков, вкусов, запахов, прикосновений, ощущений напряжения мышц, тепла и холода — сосредоточена, сжата в этих крупицах, условных звуковых значках. Волшебная власть их в том именно, что у каждого из них есть значение вещественное, вполне твердое и устойчивое: они не расплывчаты, как звуки музыки, и вместе с тем в этом твердом составе скрыты неисчислимые и неисследимые, призрачные глубины, оттенки, тени и дымки: эти твердые печатки, монетки и *слепки* бесконечно сжимаемы и растяжимы, т. е. упруги. В этих вещественных, замкнутых подобиях, идолах (eidola) вся необъятная полнота духа и бога.

describes a revelation at noon, ultimately derives from Hölderlin's "Patmos": ...Aber im Lichte | Blüht hoch der silberne Schnee; | Und *Zeug' unsterblichen Lebens* | An unzugangbaren Wänden | Uralt der *Epheu* wächst und getragen sind | Von lebenden Säulen, Cedern und Lorbeern | Die feierlichen, | Die göttlichgebauten Palläste... || ...Und es *grünen* | Tief an den Bergen auch lebendige *Bilder.* The same symbolic sequence, the eternity of ice carrying the promise of spring and resurrection, occurs in *Egipetskaja marka: Лед* был геометрически-цельный и здоровый, *не тронутый смертью и весной.* Но на последних дровнях проплыла замороженная в голубом стакане *зеленая хвойная ветка,* словно молодая гречанка в открытом гробу (cf. the theme of the 'swallow on the snow,' 'Stygian tenderness and a green branch,' etc. in "Čut' mercaet prizračnaja scena" and the 'Lethean' poems).

39. Вода голодная течет

M.'s drafts include a succession of four images of hunger: memory (О память хищница моя | Иль кроме шуток ты звереныш); impressionistic imagination (Необходимо прекратить | Голодных образов кормленье | С иконоборческой доски | Стереть дневные впечатленья); writing (Голодный грифель мой звереныш); and, finally, time (see M.'s interpretation of "Reka vremen" in "Slovo i kul'tura," quoted on p. 3 and 75).

The hungry stream of time which has inspired Deržavin's last poem, checked its progress, and obliterated its draft is fatefully different from the traditional Hesiodean image of the spring of inspiration, e.g., in Lomonosov's "Oda na vzjatie Xotina" (Врачебной дали мне воды: | Испей и все забудь труды), or Deržavin's "Ključ," or, for that matter, Hölderlin's 'innocent water' (*unschuldig Wasser*) which flows down from the Summits of Time (*die Gipfel der Zeit*) in "Patmos."

40. Крутясь, играя, как звереныш

The simile derives from Puškin's "Kavkaz": Где *Терек играет* в свирепом весельи; || *Играет* и воет, *как зверь молодой,* | Завидевший пищу из клетки железной, | ... | И лижет утесы *голодной* волной (cf. also *Mednyj vsadnik*: Нева вздувалась и ревела, | Котлом клокоча и *клубясь,* | И вдруг, *как зверь* остервенясь, | На город кинулась).

On the other hand, the sound texture and the syntax (the sequence of the adverbial participles *krutjas', igraja*) of this line resemble Tjutčev's line *Как* бы *резвяся* и *играя* (*зве*реныш partly repeats the consonantal make-up of *резвяся*). In general, "Vesennjaja groza" manifests the same basic pattern of consonantal reiteration as *GO* (*gr/kr; sl/zl*): *грозу, гром, играя, грохочет, гремят, горы, кормя,* etc.; *повисли, солнце, золотит, лесу, весело, землю,* etc.

Semantically, the line continues the theme of $_{31}$*птенец* and $_{36}$*игра*, and paronomastically foreshadows $_{43}$*крутизн*а (*крутясь* + $_{38}$*изна*нка).

STROPHE VI

41. И как паук ползет ко мне

The iconic aspect of the enjambement and its frame of reference (S. Bobrov's review of *Tristia*) has been discussed on pp. 35–36). The fact that the subtext of line 40 is Puškin's "Kavkaz" reinforces the allusion to Bobrov's words about 'Puškin's strophe that runs toward the reader like a good brook.'

The simile *pauk,* while belonging to the same semantic field of 'predatory insects' as $_{25}$*seršen',* is metadescriptive of the 8-line strophe and the 8-syllable line that 'crawls over' to the next stanza, the first one in the ode that contains the 1st person singular pronoun.

J. Baines's report that this line should read И как паук ползет *по мне* (rather than *ко мне*) is unverifiable, and she presents no evidence in favor of her emendation, or in favor of her statement that M. 'feels terror at the water crawling over him like a spider − his horror of spiders was equal to Dostoevsky's.'[114] It is true, however, that the spider in Svidrigajlov's notorious fancy is associated with eternity (cf. Bal'mont's "Čisla" in *Zarevo zor'*: Ты знаешь − 8 есть число | Того, чье имя − Вечность... | И восьминогий нам паук, | Чтоб лик являть загадок, |

---

[114] *Oxford Slavonic Papers,* NS, 5, 1972, 77. The reading *po mne,* preferred, according to D. Segal's recollection, by N. Ja. Mandel'štam, occurs in a draft of strophe VI, still blended with the second hemistrophe of IV (И не стряхнуть, как сеть с руки, etc.).

Из паутины создал круг...; Annenskij's Девиз Таинственной похож |
На опрокинутое 8; etc.). In the rest of M.'s poetic corpus the 'spider'
image is manifestly ambivalent in terms of the positive/negative oppo-
sition: И распластался храм Господень, | Как легкий *крестовик-
паук* (''На площадь выбежав, свободен''); Так соборы кристаллов
сверхжизненных | Добросовестный *луч-паучок*, | Распуская на реб-
ра, их сызнова | Собирает в единый пучок. ‖ Чистых линий пучки
благодарные, | Собираемы тонким лучом, | Соберутся, сойдутся
когда-нибудь, | Словно гости с открытым челом (''Может быть, это
точка безумия''). Clearly, in both cases, the contexts not only are not
negative, but actually express the notion of Grace, or of transcendent
bliss emanating from the future. It is the adjective *паучий* that embodies
the negative qualities in M.'s later poetry: *глухота паучья* (''Ламарк'');
паучьи права (''Чтоб приятель и ветра и капель''). As for the word
паутина, it belongs to the positive semantic field almost always (the soli-
tary exception is found in a pre-*Kamen'* poem which, however, estab-
lishes the link between 'spider' and 'water': Я вижу каменное небо |
Над тусклой *паутиной* вод. | В тисках постылого Эреба | Душа
томительно живет).

42. Где каждый стык луной обрызган

The meaning of the word *стык* in this strophe has been discussed
in detail on pp. 51–52. The thematic affinity between this line and
$_{5-6}$На мягком сланце облаков | Молочный грифельный рисунок
is reaffirmed by the 'milk' metaphor in "Mazesa da Vinči": ...на улицу,
уже *омытую козьим молоком феодосийской луны.*

In spite of the tempting parallel in "Zasnula čern'" (Луной облита
бронзовая дверь), it is difficult to assign to the lunar image any other
function except referring the reader back to the visionary nocturnal
setting of strophe I.

43. На изумленной крутизне

See the discussion of this line on pp. 51–53, in connection with
В хрустальном омуте какая крутизна and ...в пространстве изум-
ленном. In a canceled draft, this line read: Иль это только снится мне
(an obvious borrowing from Blok's "Neznakomka," with which the
strophe shares the theme of the mystical vision).

The metaphoric epithet *izumlennaja* krutizna is motivated by a metonymic shift (hypallage), implying eyes raised in astonishment, as is evident from the following contexts: На темном небе, как узор, | Деревья траурные вышиты; | Зачем же выше, и всё выше ты | *Возводишь изумленный взор*? (cf. Tjutčev's lines Взор постепенно из долины, | Подъемлясь, всходит к высотам) ; А ты, глубокое и сытое, | Забременевшее лазурью, | Как чешуя, многоочитое, | И альфа, и омега бури, – | Тебе – чужое и безбровое – | Из поколенья в поколенье | Всегда высокое и новое | *Передается удивленье* (''А небо будущим беременно'').

44. Я слышу грифельные визги

The image of the slate writing on high (note the implied German paronomasia *Griffel – Gipfel* and the possible 'bird' association *Gryphon*) derives from Schiller's "Hymne an den Unendlichen" (inspired by *Ex.* 19 ff.). The poem is quoted in full to illustrate also the spiritual attitude reflected in lines 5–8 of *GO*, the draft of which read: Молочных *грифелей зарницы* | Не ученичество миров, | А бред овечьей огневицы.

> Zwischen Himmel und Erd, hoch in der Lüfte Meer,
> In der Wiege des Sturms trägt mich ein Zackenfels,
> Wolken türmen
> Unter mir sich zu Stürmen,
> Schwindelnd gaukelt der Blick umher,
> Und ich denke dich, Ewiger.
>
> Deinen schauernden Pomp borge dem Endlichen
> Ungeheure Natur! Du, der Unendlichkeit
> Riesentochter,
> Sei mir Spiegel Jehovas!
> Seinen Gott dem vernünft'gen Wurm
> Orgle prächtig, Gewittersturm!
>
> Horch! er orgelt – Den Fels, wie er herunterdröhnt!
> Brüllend spricht der Orkan Zebaoths Namen aus.
> *Hingeschrieben*
> *Mit dem Griffel des Blitzes*:
> Kreaturen, erkennt ihr mich?
> Schone, Herr! wir erkennen dich.

Another inscription, produced by the junction of the sky and a cathedral spire, M. may have noticed in Slučevskij's poem "Strasburgskij sobor": И башня, как огромный палец, | На титанической руке, |

Писала что-то в небе темном | На незнакомом языке. || Не башня двигалась, но — тучи... | И небо, на оси вертясь, | Принявши буквы, уносило | Их неразгаданную связь (cf. M.'s octave "Kogda, uničtoživ nabrosok": Он так же отнесся к бумаге, | Как купол к пустым небесам).

The analogy between the revelation on the mountain and the act of poetic comprehension and inspiration, Mt. Sinai and Mt. Parnassus, is prompted here by Fet's ode "Gory": Мне так легко, — я жизнь познал, | И грудь так сладко дышит ею, | Я никогда не постигал, | Что ныне сердцем разумею: | Зачем Он горы выбирал, | Когда являлся Моисею, | И отчего вблизи небес | Доступней таинства чудес! In one of the most important programmatic poems of acmeism, "Vos'mistišie," Gumilev has formulated the principle of the 'sublime slow tongue,' высокое косноязычье, which the poet shares with Moses (*Ex.* 4:10): Ни шороха полночных далей, | Ни песен, что певала мать, | Мы никогда не понимали | Того, что стоило понять. | И, символ горнего величья, | Как некий благостный завет, | Высокое косноязычье | Тебе дается, поэт. Not later than 1910, M. inaugurated this theme in "Mne stalo strašno žizn' otžit'," the poem which described the fear of not being able to express and transmit the revelation: И в пустоте, как на кресте, | Живую душу распиная, | Как Моисей на высоте, | Исчезнуть в облаке Синая (cf. also "Как облаком сердце одето", written during the same period).

45—46. Твои ли, память, голоса
Учительствуют, ночь ломая

M.'s later treatment of the section of the ode which begins with these verses and treats the subject of memory (see below the supplementary note on the lines omitted in 1937) suggests that the interrogative sentence in lines 45—48 is not a rhetorical question. The identification of the authoritative voice which instructs the awakened consciousness with memory is a tentative one.

The common acmeist preoccupation with historical, cultural, literary, and personal memory as a creative aesthetical factor and a curative ethical force is well-known.[115] In identifying the source of the creative

---

[115] See, e. g.: Ю.И.Левин, Д.М.Сегал, Р.Д.Тименчик, В.Н.Топоров, Т.В.Цивьян, "Русская семантическая поэтика как потенциальная культурная парадигма", *Russian Literature*, 7—8, 1974, 50—51.

vision with the Platonic *anamnesis,* M., at least during the *Kamen'* and *Vtoraja kniga* periods, followed Vjač. Ivanov's view of 'predvečnaja pamjat'': Она — источник всякого личного творчества, гениального прозрения и пророчественного почина (''Древний ужас'', *По звездам,* 1909, 394).

The extant fragments of "Puškin and Skrjabin" point at a direct connection between the Dionysian revelation and anamnesis in M.'s poetic mythology: *...виноградников старого Диониса*: мне представляются закрытые глаза и легкая, торжественная маленькая голова, чуть запрокинутая кверху. Это *муза припоминания* — легкая Мнемозина, старшая в хороводе. С легкого, хрупкого лица спадает маска забвения, проясняются черты; торжествует память — пусть ценою смерти: умереть значит вспомнить, вспомнить значит умереть <...> Вспомнить во что бы то ни стало! Побороть забвение — хотя бы это стоило смерти...''. Hence the direct relationship between recollection and martyrdom also in *GO*: it should be kept in mind that memory as a curative force is the central motif in the plots of all the three longer poems of 1923: *GO, 1 Jan* (*Он будет вспоминать...*; *искать потерянное слово*; *двадцатый вспоминая год*) and *"Našedšij podkovu"* (*...повязкой на лбу,* | *Исцеляющей от беспамятства*; *...крутой поворот его шеи* | Еще сохраняет *воспоминание* о беге,.. etc.).

It appears that the programmatic theme of memory was initiated among the poets of the Guild by Mixail Lozinskij (cf. pp. 81—82). It is especially significant, therefore, that lines 45—46 are modeled after Lozinskij's "Polnoč'" (*Gornyj ključ,* 1916, 34): *Твой ли голос,* тишина, | Мыслью бледною *нарушу...* (cf. the beginning of that poem, with its theme of obscure speech, deadly currents, and predatory night the vampire: В пышном бархате ночей,[116] | В этом море мощных роков, | Много темных есть речей, | Много гибельных потоков. || Мимо ледяных зеркал | — Ночь прильнула к ним вампиром — | Подойди...).

The paronomastic pair *учит* / *мучит* affects M.'s theme of memory in the same manner as it does his theme of time. In the draft version of strophe 2 of "Ja slovo pozabyl," memory tortures the lips and swings the bell of nocturnal amnesia: А на губах, как черный лед горит | И *мучит* память, не хватает слова, | Не выдумать его, само гудит, |

---

[116] Cf. M.'s В черном бархате советской ночи.

Качает колокол беспамятства ночного (cf. Lozinskij's Как губы *мучившее* мне | Невспоминаемое слово).

Along purely theoretical lines, M. wrote about memory as one of the two principal driving forces of poetry in "Literaturnaja Moskva": Изобретение и воспоминание идут в поэзии рука об руку, вспомнить значит тоже изобрести, вспоминающий тот же изобретатель <...> Поэзия дышит и ртом и носом, и воспоминанием и изобретением.

It should be noted that both the night (ночь-коршунница) and the voices of memory that break it are associated with the avian imagery, evoking Apollon Grigor'ev's коршун памяти (see note to line 27), on the one hand, and Bal'mont's С первым птичьим криком | Ночь сломалась ("Рассвет"), on the other.

The motif of the 'awakened' or 'broken' night occurs in the 'Hayloft' poems (*Растолкать ночь, разбудить*; cf. И сумрак времен растолкать in Xlebnikov's "Morskoj bereg") and in a 'free translation' of Barthel (Наш клюв — человека искривленный рот... | Священные птицы священной страны, | Мы таранили ночь, толщу старой стены).

47—48. Бросая грифели лесам,
Из птичьих клювов вырывая

The theme of descent continues here, as the writing implement brought by the bird of the night (cf. notes to lines 27—28) is torn out of its beak and cast to the forests (cf. line 23).

At a first approximation, the 'bird's beak' is deciphered as a 'broken pencil' (cf.: *ночь ломая*; *ломаю ночь, горящий мел*) on the basis of a prosaic context (*Egipetskaja marka*): Розовоперстая Аврора *обломала* свои цветные *карандаши.* Теперь они валяются, как *птенчики, с пустыми разинутыми клювами.*[117] A traditional metaphoric symbol of poetry, *птица,* is metonymically split by M. into *голос* and *клюв* (i. e., pencil) or *перо* (cf. in *RD* 52: Перо — кусочек птичьей плоти <...> Техника письма с его нажимами и закруглениями перерастает в фигурный полет птичьих стай <...> Подобно тому как буквы под рукой у писца, повинующегося диктору и стоящего вне литературы, как готового продукта, идут на приманку смысла, как на сла-

---

[117] Cf.: ...Эривань, иль птица тебя рисовала ("Армения" 3). A curious analogy to M.'s 'pencil-beak' is found in "Usečennaja ritmika" by V. Šeršenevič (*Лошадь как лошадь*, M., 1920): Язык, притупленный графит карандашный, | Не вытащить из деревянной оправы губ.

достный корм, — так же точно и птицы, намагниченные зеленой травой <...>, клюют что попало...) .

The theme of 'spiritual food' cast to the forests of an alien cultural medium is developed in M.'s 1916 Moscow poem: Все чуждо нам в столице непотребной: | Ее сухая *черствая* земля... || Она, *дремучая*, всем миром правит... || Ее церквей благоуханных соты | Как дикий мед, *заброшенный в леса*, | *И птичьих стай* густые перелеты | Угрюмые волнуют небеса.

A different performance of the same thematic task, with the movement in the opposite direction (from the 'forest,' since the Acropolis is often identified with the latter in M.'s corpus, e. g., *дремучий Акрополь, колоннада рощи, лес столпов холодных,* to the 'birds,' *Воробьевы горы*), occurs in M.'s note on *Sestra moja žizn'*: Поэзия Пастернака прямое токование (глухарь на току, соловей по весне) <...> Конечно, Герцен и Огарев, когда стояли на Воробьевых горах мальчиками, испытывали физиологически священный восторг пространства и птичьего полета. Поэзия Пастернака рассказала нам об этих минутах: это блестящая Нике, *перемещенная с Акрополя на Воробьевы горы*[118] (cf. M.'s own image of 1917: Но если эта *жизнь* — необходимость бреда, | И корабельный *лес* – высокие дома – | *Лети, безрукая победа* – | Гиперборейская чума).

My Yale students, who appreciated the internal form of the trade name "Underwood" more keenly than I did, perceived a similar reversal in lines 67–68 of *1 Jan,* in which the "wood" seemed to surrender the writing implement back to the poet, substituting the fishbone-like typewriter key for the bird's-beak slate pencil: То ундервуда хрящ: скорее *вырви* клавиш – | И щучью косточку найдешь...

It has already been pointed out that the 'forest' ($_{23}$*воздуха прозрачный лес*) is the acoustic medium of poetry, which M. identifies with the individual or collective soul (стихийный лабиринт, *непостижимый*

---

[118] Unexpected as it is, 'the radiant Nike removed from the Acropolis to the Sparrow Hills' is a very carefully designed metaphor. It refers simultaneously to Pasternak's poem "Vorob'evy gory" (containing a fortuitous anagram *rev garmonik*) and, by means of a pun on Ogarev's nickname, quickened perhaps by "the marvellous checklist of those sobriquets and times" in *Sestra moja žizn',* to "Nik i Vorob'evy gory" (Chapter IV of the First Part of *Byloe i dumy*), with a possible allusion to A.L.Vitberg's unrealized project of a neoclassical triple temple commemorating the war of 1812 on top of the Sparrow Hills, to which Gercen compared the destiny of his and Ogarev's vow.

лес, | *Души* готической рассудочная прспасть). In "O sobesednike," in connection with the 'initiated-reader'-oriented poetics of symbolism, M. describes the act of 'casting a sound into the architecture of soul':

> Взгляд на поэта, как на "птичку Божию", очень опасный и в корне неправильный взгляд. Нет основания думать, что Пушкин в своей песен-ке под птичкой разумел поэта. Но и с птичкой Пушкина дело обстоит не так уж просто. Прежде, чем запеть, она 'гласу Бога внемлет'. Очевидно тот, кто приказывает птичке петь, слушает ее <...> С кем же говорит поэт? Символизм обратил свое внимание исключительно на акустику. *Он бросает звук в архитектуру души* и, <...> следит за блужданиями его под сводами чужой психики[119]. *Он учитывает звуковое прираще-ние,* происходящее от хорошей акустики, и называет этот расчет магией <...> Но, господа, ведь музыкальная пьеса существует независимо от того, кто ее исполняет, в каком зале и на какой скрипке! Почему же поэт должен быть столь предусмотрителен и заботлив? Где, наконец, тот поставщик живых скрипок для надобностей поэта — слушателей, чья психика равноценна 'раковине' работы Страдивариуса?

In *RD,* M. stressed that 'poetic matter' existed only in 'performance,' and, commenting retrospectively, as it were, on the shift of the grammatical case of *les* from the nominative in line 23 to the dative in 47, demanded: Все именительные падежи следует заменить указующими дательными. Это закон обратимой и обращающейся поэтической материи, существующей только в исполнительском порыве <...> существительное является целью, а не подлежащим фразы. However, in "O sobesednike," too, the essence of the argument against symbolism is not the denial of 'acoustics,' but the demand that this acoustics be unexpected, not calculated in advance: ...обращение к конкретному со-беседнику обескрыливает стих, лишает его воздуха, полета. Воздух стиха есть неожиданное. Обращаясь к известному, мы можем сказать только известное.

In purely thematic terms, the main motif of lines 47—48 is a reiteration, in a totally different context, of the 'descent' theme underlying the 'Lethean' poems: Когда Психея-жизнь *спускается* к теням | В полупрозрачный *лес,* вослед за Персефоной, | Слепая *ласточка броса-ется к ногам* | С стигийской нежностью и веткою зеленой.

---

[119] A reference to Vjač. Ivanov's requirement of 'an echo in the labyrinths of souls' ("Мысли о символизме", IV, *Труды и дни,* 1912, № 1).

STROPHE VII

49. Мы только с голоса поймем

The line transforms the idiomatic expression петь с голоса by means of a paronomastic substitution: поймём < *поём. Composing by heart, 'from the voice,' as M. usually did, is the subject of the famous polemical passage in *Četvertaja proza*: У меня нет почерка, потому что я никогда не пишу. Я один в России работаю с голосу, а вокруг густопсовая сволочь пишет. Какой я к черту писатель! Пошли вон дураки! Зато карандашей у меня много и все краденые...

The parallelism in the first lines of the symmetrical strophes II and VII (*Мы* стоя *спим* в густой ночи — *Мы* только с голоса *поймем*) and the persistent occurrence of the 1st person sing. in all the post-median strophes of the ode (prominently contrasted with its absence in strophes I–IV and V) marks the shift from the subliminal to conscious creativity, from stupor to understanding, and from the general to the individual. In "Puškin and Skrjabin," M. directly identified the 'voice' with personal self-consciousness (cf. Èjxenbaum's observation quoted in the notes to lines 57–58): До чего сильна в новой музыке эта уверенность в окончательном торжестве личности, цельной и невредимой: она — эта уверенность в личном спасении, — сказал бы я, — входит в христианскую музыку обертоном, окрашивая звучность Бетховена в белый мрамор синайской славы.[120] *Голос — это личность. Фортепьяно — это сирена* [M.'s emphasis]. Разрыв Скрябина с голосом <...> знаменует утрату христианского ощущения личности, музыкального 'я есмь'.[121]

---

[120] The theme of personality is directly linked here with divine revelation (cf. *Ex.* 24:16–17 : And the glory of the Lord abode upon mount Sinai... like devouring fire).

[121] *Ja esm'* Suščij (*Ex.* 3:14). M.'s observations on the Ninth Symphony derive from Vjač. Ivanov's *Po zvezdam*: Внезапно человеческий голос, в Девятой симфонии, выводит нас из темного леса орудийных гармоний на солнечную прогалину самосознания (68); пафос личности, рыдающий в глубоких звуках Девятой Симфонии Бетховена (99); белый разрыв с зеленым долом (24). At the same time, M. argues against the notion of Beethoven's 'betrayal of personality for the sake of universal harmony,' expressed by Ivanov in "Kop'e Afiny" (*Po zvezdam*, 49).

'Performing *comprehension,*' on the other hand, is the essence of the semantic processes involved in poetic composition, according to *RD* 6 (note the image of the wrestlers in connection with *боролось* of line 50): Борцы, свивающиеся в клубок на арене, могут быть рассматриваемы как орудийное превращение и созвучие. What M. is referring to here is the reciprocal tension between the fundamental sound/sense nexus (e. g.: *век – вокзал –* музыка in "Koncert na vokzale"; *кремень – река времен* in *GO*; *Киев – веки – век* in *1 Jan*) which generates the poetic text and is preserved in it as a virtual construct, and the actual dissimilative transformations (*превращения и скрещивания*) of that basic structure, which constitute the text as a final product:...сохранность черновика – закон сохранения энергетики произведения. Для того, чтобы придти к цели, нужно принять и учесть ветер, дующий в несколько иную сторону (*RD* 28).

The act of comprehension relies on an ever-changing sequence of codes applicable only *ad hoc,* transient and mutable:

> Вообразите нечто понятое, схваченное, вырванное из мрака, на языке, добровольно и охотно забытом тотчас после того, как совершился проясняющий акт понимания-исполнения...
>
> В поэзии важно только исполняющее понимание – отнюдь не пассивное, не воспроизводящее и не пересказывающее. Семантическая удовлетворенность равна чувству исполненного приказа.
>
> Смысловые волны-сигналы исчезают, исполнив свою работу: чем они сильнее, тем уступчивее, тем менее склонны задерживаться.
>
> Иначе неизбежен долбеж, вколачиванье готовых гвоздей,[122] именуемых "культурно-поэтическими образами" (*RD* 6).

Speaking of Dante, M. actually formulates here the main principle which underlies his art and distinguishes it from the poetics of such subtext-oriented symbolists as Vjač. Ivanov: the principle of dissimilation of the basic structures at all the levels, from the phonetical to the thematic, and the multidirectional, yet integrated, nature of the transformations involved, which makes it so difficult to describe M.'s semantics 'linearly':

> Качество поэзии определяется быстротой и решимостью, с которой она внедряет свои исполнительские замыслы-приказы в безорудийную, словарную, чисто количественную природу словообразования. Надо перебежать через всю ширину реки, загроможденной подвижными и разно-

---

[122] Cf.: *Eccl.* 12:11.

устремленными китайскими джонками, — так создается смысл поэтической речи. Его, как маршрут, нельзя восстановить при помощи опроса лодочников: они не расскажут, как и почему мы перепрыгивали с джонки на джонку (*RD* 6).

When *RD* was written (1933) and subsequently, M. apparently no longer identified the 'dictating voice' with that of memory (hence the changes he introduced in *GO* in 1937, cf. below), but rather with what might provisionally be termed 'teleological anticipation.' The following excerpt from *RD* illustrates the development of the 'anticipation principle' in relation to subtext:[123]

> Антиномичность дантовского "опыта" заключается в том, что он мечется между примером и экспериментом. Пример извлекается из патриаршей торбы древнего сознания с тем, чтобы быть возвращенным в нее обратно, как только минет надобность. Эксперимент, выдергивая из суммы опыта те или иные нужные ему факты, уже не возвращает их обратно по заемному письму, но пускает в оборот.
>
> Евангельские притчи и схоластические примерчики школьной науки суть поедаемые и уничтожаемые злаки. Экспериментальная же наука, вынимая факты из связной действительности, образует из них как бы семенной фонд — заповедный, неприкосновенный и составляющий как бы *собственность нерожденного и долженствующего времени* (*RD* 36).

Thus 'recollection' and 'invention' (cf. p. 169 f.) become one in M.'s later poetics.

50. Что там царапалось, боролось

In terms of the text itself, *tam* is a reference to strophe II: 13*Здесь* пишет страх, *здесь* пишет сдвиг. As a rule,[124] *tam* is free of the symbolist connotations[125] in M.'s poetry, i. e., it remains a shifter even in the contexts that might have induced the traditional stable reference (Каково тебе *там* — в пустоте, в чистоте — сироте; Я уменьшаюсь

---

[123] In the nuclear form, the idea of anticipation was present already in "O sobesednike" and, especially in "Slovo i kul'tura": Мы свободны от груза воспоминаний. Зато сколько редкостных предчувствий: Пушкин, Овидий, Гомер.

[124] The only exception is found in "Ja nenavižu svet" (1912): *Там* — я любить не мог, | *Здесь* я любить боюсь.

[125] Cf. Blok's struggle with the line Как *там* любили, гибли и *боролись* in the drafts of "Vse na zemle umret...",

там — меня уж не заметят). The contextual and subtextual meaning of the line is determined by the already quoted passage in "Devjatnadcatyj vek" and "Slovo i kul'tura": Deržavin's warning, 'scratched on the slate,' sounds 'like the voice of the trumpet.'

Deržavin's doomsday trumpet inaugurated the nineteenth century, the end of which was marked, in M.'s calendar, by the 'imperative voice' of Blok: Вся поэтика девятнадцатого века, — вот границы могущества Блока, вот где он царь, вот на чем крепнет его голос, когда его движения становятся властными, интонации повелительными ("Барсучья нора"). A second subtext, suggested by the structure of the line under consideration and the rhyme *боролось — голос*, is indeed Blok's "Pamjati V.F.Kommissarževskoj": Что в ней рыдало? *Что боролось?* | Чего она ждала от нас? | Не знаем. Умер вешний *голос*, | Погасли звезды синих глаз. In his essay on Komissarževskaja in *Šum vremeni*, M. reinterpreted Blok's mythologization of the actress's name (Пускай хоть в небе — Вера с нами) by alluding to the Protestant bareness of her theater in such a way as to evoke Tjutčev's "Ja ljuteran ljublju bogosluzen'e" (В последний раз вам вера предстоит) and, in spite of all reservations ("a little voice made for church singing"), paid tribute to her, placing her beside Blok: <...> Комиссаржевская была внутренне музыкальна, она подымала и опускала голос так, как это требовалось дыханием словесного строя; ее игра была на три четверти словесной <...> Среди хрюканья и рева, нытья и декламации мужал и креп ее голос, родственный голосу Блока. Театр жил и будет жить человеческим голосом. M.'s definition of Komissarževskaja's "musicality" is the opposite of what Blok has said about her "urgent and tender voice, similar to the voice of spring, which beckoned us immeasurably farther than the contents of the words pronounced did." However, the voices of Blok and Komissarževskaja enter this hemistrophe, not only to be understood because they interpret the inarticulate screeching and rasping of Deržavin's slate, but also to be followed. In "Barsuč'ja nora," M. has outlined with great precision the role of Blok in protecting Russian culture from the fate predicted by Deržavin:

> Не надивишься историческому чутью Блока. Еще задолго до того, как он умолял слушать музыку революции, Блок слушал подземную музыку русской истории, *там*, где самое напряженное ухо улавливало только синкопическую паузу. Из каждой строчки стихов Блока о России на нас глядят Костомаров, Соловьев и Ключевский, именно Ключевский, добрый гений, домашний дух-покровитель русской культуры, с которым не страшны никакие бедствия, никакие испытания.

<...> Душевный строй поэта располагает к катастрофе. Культ же и культура предполагают скрытый и защищенный источник энергии, равномерное и целесообразное движение: "любовь, которая движет солнцем и остальными светилами". Поэтическая культура возникает из стремления предотвратить катастрофу, поставить ее в зависимость от центрального солнца всей системы, будь то любовь, о которой сказал Дант, или музыка, к которой в конце концов пришел Блок.

Significantly, the rhyme *боролось – голос* occurs again in a Voronež fragment (1937?) thematically related to *GO*: Как женственное серебро горит, | Что с окисью и примесью боролось, | И тихая работа серебрит | Железный плуг и стихотворца голос (cf. Я запрягу десять волов в голос | И поведу руку во тьме плугом and Blok's Но достойней за тяжелым плугом | В свежих росах поутру идти; Blok's Tolstoyan contraposition of the plough and the pen should be compared with M.'s synthesis: Поэзия – плуг).

51. И черствый грифель поведем

A four-line poem by Xlebnikov, quoted in Majakovskij's obituary "V.V.Xlebnikov" (*Krasnaja nov'*, 1922, No. 4) may have been the model of the syntactic structure and lexical composition of lines 49–52.

Мы только с голоса поймем,   Сегодня снова я *пойду*
Что там царапалось, *боролось*,   *Туда*, на жизнь, на торг, на рынок,
И черствый грифель поведем   И войско песен *поведу*
Туда, куда укажет *голос*.   С прибоем рынка в *поединок*.

It seems that the image of the dried-up inspiration in M. and of the market-place of life in Xlebnikov both derive from strophe VIII of *Domik v Kolomne*: ...Но Пегас | Стар, зуб уж нет. Им вырытый колодец | Иссох... | ... | И табор свой с классических вершинок | Перенесли мы на толкучий рынок. Xlebnikov's 'army of verses' derives from the same source (strophe V).

The epithet *черствый* 'lacking freshness, dry from age, hardened, rough, callous' enters the semantic field prominent in M.'s poems of 1922[126] (cf.: ржавый язык одряхлевшего столетия; известь в крови, известковый слой в жилах, высохшая река, and other images of aging memory in M.'s poetry and prose). In "Kak rastet xlebov opara" (1922), 'the dried-up stepson of the ages, the stale make-weight of

---

[126] K.Taranovsky, *Essays on Mandel'štam*, 1976, 26 ff.

the loaves baked earlier,' the word inherited from the past (*slovo-kolo-bok*), is the pledge of the future abundance, *pripek* being 'excess in weight of the loaf over the flour used' — often attained, in the absence of yeast, by admixing stale bread to the dough as leaven: Чтобы силой или лаской | Чудный выманить припек, | Время — царственный подпасок — | Ловит слово-колобок. || И свое находит место | *Черствый* пасынок веков — | Усыхающий довесок | Прежде выну-тых хлебов (cf. Xodasevič's 'grafting the classical rose to the Soviet wilding' in "Peterburg," 1926).

A draft of *GO* gives a different reading of lines 51—52: Но где спа-сенье мы найдем, | Когда уже черствеет голос,[127] the reference being to the voice of the poet himself, the saturnine protagonist of *1 Jan,* not to the slate-pencil of Deržavin. In a Voronež poem of 1937, M. found a Heraclitian formula of the proper alignment of 'dryness' and 'moisture' in poesy, somewhat in the spirit of M.O.Geršenzon's *Golfstrem*:   Пою, когда гортань — сыра, душа — суха...

52. Туда, куда укажет голос

The following passages from *Razgovor o Dante* illustrate M.'s atti-tude to the 'voice of instruction,' which is identified in this later text with the dogmatic, canonical spiritual authority, on the one hand, and the 'voiceless' (cf. below, in the "Supplementary note to the lines omit-ted in 1937") poetic 'matter' (поэтическая материя) which produces the necessary impetus (порыв) and exists only in 'performance,' on the other:

> Поэма самой густолиственной своей стороной обращена к авторите-ту — она всего широкошумнее, всего концертнее именно тогда, когда ее голубит догмат, канон, твердое златоустово слово. Но вся беда в том, что в авторитете или, точнее, в авторитарности мы видим лишь застрахо-ванность от ошибок и совсем не разбираемся в той грандиозной музыке доверчивости, доверия, тончайших, как альпийская радуга, нюансах ве-роятности и уверованья, которыми распоряжается Дант.
>   "Col quale il fantolin corre alla mamma" (*Purg.* XXX, 44) — так ластится Дант к авторитету (37—38).
>   <...> Что первее — слушанье или дирижированье? Если дирижиро-ванье лишь подталкиванье и без того катящейся музыки, то к чему оно,

---

[127] Cf. Pasternak's "Raskovannyj golos": ..."*На помощь!*" | Мой голос зовет, утопая. || И видеть, как, *в единоборстве* | С метелью, с лютейшей из лютен, | Он, — этот *мой голос,* — на *черствой* | Узде выплывает из мути.

если оркестр и сам по себе хорош, если он безукоризненно сыграл-
ся? (39)

[Further, M. discusses the semiotic nature of the conductor's baton as an
abstract and arbitrary model of the orchestra: Дирижерская палочка <...>
далеко не внешний, административный придаток или своеобразная сим-
фоническая полиция, могущая быть устраненной в идеальном государст-
ве. Она не что иное, как танцующая химическая формула, интегрирую-
щая внятные для слуха реакции. <...> В некотором смысле эта неуязви-
мая палочка содержит в себе качественно все элементы оркестра. Но
как содержит? Она не пахнет ими и не может пахнуть. Она не пахнет точ-
но так же, как химический знак хлора не пахнет хлором, как формула
нашатыря или аммиака не пахнет аммиаком или нашатырем (40).]

Он [Дант] преисполнен чувством неизъяснимой благодарности к
тому кошничному богатству, которое падает ему в руки. Ведь у него
немалая забота <...> чтобы щедрость изливающейся поэтической мате-
рии не протекла между пальцами, не ушла в пустое сито <...>

Секрет его емкости в том, что *ни единого словечка он не произно-
сит от себя.* <...> Какая у него фантазия? *Он пишет под диктовку,* он
переписчик, он переводчик... Он весь изогнулся в позе писца, испуганно
косящегося на иллюминированный подлинник, одолженный ему из
библиотеки приора.

Я, кажется, забыл сказать, что *"Комедия" имела предпосылкой*
как бы гипнотический сеанс [cf. the hypnotic trance of ‚Мы стоя   спим
в густой ночи, and the vision in strophes I–II and IV–V]. Это верно, но,
пожалуй, слишком громко. Если взять это изумительное произведение
под углом письменности, под углом самостоятельного искусства пись-
ма, которое в 1300 году было вполне равноправно с живописью, с музы-
кой и стояло в ряду самых уважаемых профессий, то ко всем уже при-
ложенным аналогиям прибавится еще новая – письмо под диктовку,
списыванье, копированье.

Иногда, очень редко, он показывает нам свой письменный прибор
[cf. the theme of writing implements in *GO*]. Перо называется "penna", то
есть участвует в птичьем полете [this and the following of M.'s com-
ments describe also his own method of metonymic associations and substi-
tutions]; чернило называется "inchiostro", то есть монастырская принад-
лежность; стихи называются школьным "versi", или же, еще скром-
нее, – "carte", то есть изумительная подстановка вместо стихов стра-
ницы. <...>

Тут мало сказать списыванье – тут *чистописанье под диктовку са-
мых грозных и нетерпеливых дикторов. Диктор-указчик гораздо важнее
так называемого поэта* (50–51).

A hint at one aspect of that abstract impetus-forming pattern which
M. termed *поэтическая материя* is provided by his famous early frag-
ment И глагольных окончаний колокол | Мне вдали *указывает путь*...
(cf. M.'s remarks on the finite verbal forms as the instruments for measur-

ing the 'dripping or melting time' and 'capturing' the 'fluid poetic matter'
in *RD* 12–13).

It should be noted in conclusion that Lermontov's identification of
the dictating voice, Тогда пишу. Диктует совесть, | Пером сердитый
водит ум, is a hidden contrastive subtext of lines 51–52. In *1 Jan,* this
veiled allusion to "Žurnalist, čitatel' i pisatel'" would act as a sustentat-
ive subtext of the Lermontovian line 32: Белеет совесть предо мной.

A Supplementary Note on the Lines Omitted in 1937

Твои ли, память, голоса
Учительствуют, ночь ломая,
Бросая грифели лесам,
Из птичьих клювов вырывая?

Мы только с голоса поймем,
Что там царапалось, боролось,
И черствый грифель поведем
Туда, куда укажет голос.

In his 1973 edition of M.'s poetry (*Стихотворения,* Библиотека
поэта, Б. С.), N.I.Xardžiev omitted these eight lines from *GO* (while
retaining the original date of its composition, 1923) on the basis of a
copy of *Stixotvorenija,* 1928, in which M., in 1937, crossed out these
two hemistrophes and placed lines 49–50, Мы только с голоса пой-
мем, | Что там царапалось, боролось..., as an epigraph to the ode. The
editor followed the same principle (i. e., "the last will of the author") in
the case, e. g., of the 1912 poem "Ja vzdragivaju ot xoloda," publishing
in the main body of the text, over the date 1912, M.'s 1937 version of
the last strophe· Что, если, вздрогнув неправильно, | Мерцающая
всегда, | Своей булавкой заржавленной | Достанет меня звезда?
The original versions of the omitted or replaced strophes were relegated
by N.I.Xardžiev to the commentaries.

In view of the principle of lexico-semantic and thematic reiteration
which underlies M.'s poetics and involves the occurrence of identical
phrases, lines and strophes in different poems, and the projection of
this principle upon entire texts (the so-called 'variants,' 'twins,' etc.),
it appears that those earlier texts of M. which underwent drastic revision
in 1937 form a typical pattern of diachronic reiteration, in which the

1923 *GO* serves as the subtext of the 1937 *GO* (hence the use of the *canceled* lines 49—50 as an epigraph for the new text, with an indicative change in their sense: *tam* in line 50 came to signify, in 1937, the time and circumstances of the writing of *GO*, while in 1923 it meant Deržavin's scratched slate board and the agonistic voices of the past century).

The 1937 version of *GO* is part and parcel of the Voronež poems (forming a close intertextual relationship, i. a., with such pieces as "Drožži mira dorogie"), just as the new version of "Ja vzdragivaju ot xoloda" is characteristic of *Voronežskie tetradi* rather than of *Kamen'*. It seems more consistent with the principles of M.'s poetics to consider neither of the two versions of *GO* as the 'canonical' one, [128] but to print both versions in their proper contexts: the original *GO* among the 1921—25 poems, and the new *GO*, with its epigraph (cf. a similar use of the epigraph in the 'variant' of "Ariost"), among the Voronež poems. The same holds true with respect to "Ja vzdragivaju ot xoloda." [129]

Although this study is concerned mainly with the poems of 1923, a tentative explanation of M.'s 1937 revision of the text might be in order.

The omitted lines are characterized by two words that do not occur in the rest of the ode, *golos* and *pamjat'*. Memory, alongside with the 'running water' of time, is presumably (in an interrogative sentence *Твои ли, память, голоса, | Учительствуют?*) assigned the task of the schoolmaster. Yet in the late 1930's M. identified the force that assures the continuity of culture and historical life, not with the memory of the

---

[128] One might, in fact, ask whether, in the poetics that is oriented toward a continuous context-induced variation of meaning, which can be perceived and defined on the basis of 'minimal textual pairs,' one can at all speak of a single 'canonical' text when more than one version of such a text is available. Concerning the disagreement between M.'s widow and his editor about the treatment of the 'variants' belonging to the same "Andrej Belyj" cycle, see: Н.Я.Мандельштам, *Вторая книга*, 441 ff. [Cf. now also: Виктория Швейцер, "Спустя почти полвека (К выходу 'Стихотворений' О.Мандельштама)", *Russica—81. Литературный сборник*, N. Y., 1982, 229—255.]

[129] Such a procedure was adopted, quite legitimately, in the "Biblioteka poèta" edition of Andrej Belyj with regard to the early pieces subsequently altered by the poet.

past and the causal principle, but with the anticipation of the future,[130] the teleological principle (cf. p. 175), which required that the poet and seer should not only 'save the past,' but 'justify the future,' in spite of the murderous present.[131]

The quotations arranged below illustrate the gradual development of the theme in M.'s later poetry:

За гремучую доблесть грядущих веков,
За высокое племя людей...   (1931)

Сохрани мою речь навсегда...   (1931)

                          ...здравствуй,
Могучий некрещеный позвоночник,[132]
С которым проживем не век, не два!   (1931)

...Но услышав тот голос, пойду в топоры,
Да и сам за него доскажу...

Замолчи! Ни о чем, никогда, никому –
Там в пожарище время поет...   (1931)

Я постепенно скорость разовью   (1931)

Я, кажется, в грядущее вхожу
И, кажется, его я не увижу.   (1932)

И много прежде, чем я смел родиться,
Я буквой был, был виноградной строчкой.
Я книгой был, которая вам снится.   (1932)

---

[130] Cf. Xlebnikov's "wind of the gods of the word which blows from the future" and the words of Zarathustra that inspired early futurism: Auf dem Baume Zukunft bauen wir unser Nest; Adler sollen uns Einsamen Speise bringen in ihren Schnäbeln! Wahrlich, keine Speise, an der Unsaubere mitessen dürften! Feuer würden sie zu fressen wähnen und sich die Mäuler verbrennen!.. [Cf. lines 27–28 of *GO.*] Und wie starke Winde wollen wir über ihnen leben, Nachbarn den Adlern, Nachbarn dem Schnee, Nachbarn der Sonne: also leben starke Winde. Und einem Winde gleich will ich einst noch zwischen sie blasen und mit meinem Geiste ihrem Geiste den Athem nehmen: so will es meine Zukunft.

[131] Ich liebe Den, welcher die Zukünftigen rechtfertigt und die Vergangenen erlöst: denn er will an den Gegenwärtigen zu Grunde gehen ("Zarathustras Vorrede"). Cf. Gumilev's "Molitva": ...сожги настоящее | Во имя грядущего, | Но помилуй прошедшее.

[132] Cf.: Здравствуй, племя | Младое незнакомое...

Любезный Ариост, быть может век пройдет —
В одно широкое и братское лазорье
Сольем твою лазурь и наше черноморье...   (1933)

Недостижимое, как это близко!
Ни развязать нельзя, ни посмотреть, —
Как будто в руки вложена записка
И на нее немедленно ответь.   (1932)

И тянется глухой недоразвиток,
Как бы дорогой, согнутою в рог, —
Понять пространства внутренний избыток
И лепестка и купола залог.   (1934)

И те, кому мы посвящаем опыт,
До опыта приобрели черты.   (1934)

В игольчатых чумных бокалах
Мы пьем наважденье причин...
И там, где сцепились бирюльки,
Ребенок молчанье хранит...[133]   (1933)

На коленях держали для славных потомков листы —
Рисовали, просили прощенья у каждой черты.

Меж тобой и страной ледяная[134] рождается связь —
Так лежи, молодей и лежи, бесконечно прямясь.[135]

Да не спросят тебя молодые, грядущие — те —
Каково тебе там — в пустоте, в чистоте, — сироте!

(1934)

---

[133] This metaphysical 8-liner, as a whole, represents a rejection of causality (*navažden'e pričin*) for the sake of teleology, Heraclitus's "Aion, the kingdom of the child playing draughts" and Nietzsche's "Kinder Land" ("...und vertrieben bin ich aus Vater- und Mutterländern. So liebe ich allein noch meiner Kinder Land, das unentdeckte, im fernsten Meere: <...> An meinen Kindern will ich es gut machen, dass ich meiner Väter Kind bin: und an aller Zukunft – *diese* Gegenwart").

[134] A reference to one of B.N.Bugaev's pseudonyms: Leonid Ledjanoj.

[135] The 'straightening' of the dead body is M.'s stable leitmotif: И странно вытянулось глиняное тело; Нюренбергская есть пружина, | Выпрямляющая мертвецов; Ты, могила, | Не смей учить горбатого, молчи; Как сутулого учит могила; ...тело, | Осознавшее свою длину, etc. The key to the theme is found in "Puškin i Skrjabin": ...сказочный посмертный рост художника в глазах массы... This posthumous growth of artist the redeemer is a revision of Gogol's image of the ancestral sin in "Strašnaja mest'": выросший в земле великий, великий мертвец.

Да, я лежу в земле, губами шевеля,
Но то, что я скажу, заучит каждый школьник. (1935)

Умереть и вскочить на коня своего![136]   (1935)

Не мучнистой бабочкою белой
В землю я заемный прах верну.
Я хочу, чтоб мыслящее тело
Превратилось в улицу, в страну —
Позвоночное, обугленное тело,
Осознавшее свою длину.[137]   (1935)

Мне кажется, мы говорить должны
О будущем советския страны
· · · · · · · ·
И пращуры нам больше не страшны,
Они у нас в крови растворены.   (1935 ?)

Гуди, старик, дыши сладко,
Как новгородский гость Садко,
Под синим морем глубоко —
Гуди протяжно в глубь веков,
Гудок советских городов.   (1936)

Уходят вдаль людских голов бугры,
Я уменьшаюсь там — меня уж не заметят,
Но в книгах ласковых и в играх детворы
Воскресну я сказать, что солнце светит.

Правдивей правды нет, чем искренность бойца.
Для чести и любви, для воздуха и стали,
Есть имя славное для сильных губ чтеца,
Его мы слышали и мы его застали.[138]   (1937)

Он глядит уже охотно
В мимолетные века —
Светлый, радужный, бесплотный,
Умоляющий пока...   (1937)

---

[136] The model of this line is the famous *hysteron proteron* in *Aen.* II:353:
Moriamur et in media arma ruamus.

[137] Cf. Majakovskij's "Tovarišču Nette, paroxodu i čeloveku": ...чтобы,
умирая, воплотиться | в пароходы, в строчки и в другие *долгие дела.*

[138] These are the concluding lines of M.'s controversial poem the general
theme of which derives from Ovid's lines to the portrait of Caesar in *Ex ponto*,
II. viii.

Воздушно-каменный театр времен растущих...   (1937)

Как землю где-нибудь небесный камень будит, –
Упал опальный стих, не знающий отца;
Неумолимое – находка для творца –
Не может быть иным – никто его не судит.[139]   (1937)

Чуешь, мачеха звездного табора –
Ночь, что будет сейчас и потом?   (1937)

Неограничена еще моя пора... (1937)

Если я не вчерашний, не зряшный,
Ты, который стоишь надо мной,
Если ты виночерпий и чашник,
Дай мне силу без пены пустой...   (1937)

Чистых линий пучки благодарные,
Собираемы тонким лучом,
Соберутся, сойдутся когда-нибудь,
Словно гости с открытым челом.   (1937)

И пред самой кончиною мира
Будут жаворонки звенеть.   (1937)

О, как же я хочу –
Нечуемый никем –
Лететь вослед лучу,
Где нет меня совсем.   (1937)

И это будет вечно начинаться...

Цветы бессмертны. Небо целокупно.
И то, что будет – только обещанье.   (1937)

Мы вернемся еще, разумейте!..   (1937)

---

[139] This 4-line poem blends at least three subtexts beside a reference to the popular belief (cf. *Evgenij Onegin*, V.vi.2–7): Lermontov's "Kak v noč' zvezdy padučej plamen'," Tjutčev's "I net v tvorenii tvorca, | I smysla net v mol'be," and Xlebnikov's "Svojasi" (Мелкие вещи тогда значительны, когда они так же *начинают будущее, как падающая звезда* оставляет за собой огненную полосу; они должны иметь такую скорость, чтобы пробивать настоящее... Когда я замечал, как старые строки вдруг тускнели, когда скрытое в них содержание становилось сегодняшним днем, я понял, что родина творчества – будущее).

In the extremely difficult poem "Ne u menja, ne u tebja — u nix |
Vsja sila *okončanij rodovyx,*"[140] too, *oni* are apparently the voices of
the unborn, growing, and 'bifurcating' futures, as yet nameless, but pen-
etrable for the poet, who becomes the 'heir' of those future 'prince-
doms': Их воздухом поющ тростник и скважист, | И с благодарно-
стью улитки губ людских | Потянут на себя их дышащую тя-
жесть.[141] ‖ Нет имени у них. Войди в их хрящ, | И будешь ты на-
следником их княжеств. | И для людей, для их сердец живых, |
Блуждая в их развилинах, извивах, | Изобразишь и наслажденья
их, | И то, что мучит их в приливах и отливах. Andrej Belyj's notion
of language as the embryo of the future universe of spirit, as well as the
Baratynskian syntax of the poem, link it with the final version of "Menja
presledujut dve-tri slučajnyx frazy" (strophe IV): Ему пространств ина-
комерных норы, | Их близких, их союзных голоса, | Их внутрен-
них ристалищные споры | Представились в полвека, в полчаса. This
final redaction, undated (1937?), replaced, according to N.I.Xardžiev's
note (*Stix.,* 1973, 298—299), the earlier one (1934), in which the 'voices'
had been those of the past century: Ему солей трехъярусных раство-
ры, | И мудрецов германских голоса, | И русские блистательные
споры | Представились в полвека, в полчаса.   The revision here   is
clearly of the same kind as the one to which M. subjected *GO* (charac-
teristically, both these 'future-oriented' versions have been prepared
for Xardžiev).

The theme of the poetic voice, in general, underwent a radical re-
arrangement in the thirties, beginning with "Stixi o russkoj poezii"
(III "Poljubil ja les prekrasnyj"): Там фисташковые *молкнут* | *Голо-
са* на молоке, | И когда захочешь щелкнуть, | Правды нет на языке.
The voice of poetry in *RD* becomes, not the cause of the text, but its
result, the 'performance,' i. e., there is an obvious shift of the emphasis
to what would to-day be termed the poetics of the addressee, the model
of which is created by the poet and identified with the auctorial per-
formance of a verbal task: Поэтическая материя *не имеет голоса.* Она
не имеет формы точно также, как лишена содержания, по той прос-
той причине, что *она существует лишь в исполнении...* The orien-
tation toward the 'sympathetic voice' of the addressee (*...сострадаю-*

---

[140] Cf.: Н.Я.Мандельштам, *Воспоминания,* N. Y., 1970, 214.
[141] Cf.: Из омута злого и вязкого | Я вырос, тростинкой шурша, | И
страстно, и томно, и ласково | Запретною жизнью дыша.

щий приглашается как новый партнер и уже звучит из отдаленного будущего его вибрирующий голос, RD 43) endows the text with infinite dynamism, an inbuilt potential of semantic variation, without which, according to *RD,* it would have become 'a set of letters':   Готовая вещь есть не что иное, как каллиграфический продукт, неизбежно остающийся в результате исполнительского порыва. Если перо обмакивается в чернильницу, то *ставшая, остановленная вещь есть не что иное, как буквенница, вполне соизмеримая с чернильницей.*

The 'commiserating voice' of the 'reader in the future,' rather than the voice of memory, was invited as partner in the Voronež poems; hence the omission of the voice of memory from the 1937 *GO,* and the invitation to understand it 'from the voice' in the epigraph: Мы только с голоса поймем, | Что там царапалось, боролось...

53—54. Ломаю ночь, горящий мел, Для твердой записи мгновенной

These lines mark the complete awakening of the conscious and personal creative impulse (cf.: Прошуршать спичкой, плечом | Растолкать ночь — разбудить). Now it is the scribe himself, and not the dicting voice of memory, that breaks the night, identified with the writing implement, *горящий мел* (see note to line 28 and cf. lines 53—54 of *1 Jan,* in which the 'burning chalk' is replaced by the 'burning milk': Зима-красавица и в звездах небо козье. | Рассыпалось и *молоком горит).* Broken chalk is associated with morning also in other poems by М.: Холщовый сумрак поредел. | С водою разведенный мел... ("Сегодня ночью, не солгу...") ; Ломается мел, и крошится | Ребенка цветной карандаш... | Мне утро армянское снится... ("Армения", 2, original version, *Stix.,* 1973, 286). The plot, expressed in the predicates, shifts from the passive listening and following the voice of instruction to an active transformation of the poetic medium and its instruments: *lomaju, menjaju* (cf. the active verbs of cognition and will in strophe IX: *iču, hoču*).

Твердая запись, 'firm writing,' replaces the 'draft,' 15черновик, and foreshadows 64на твердой почве, 'on the firm soil,' which, in its turn, contrasts with 5На мягком сланце 'on the soft shale.'

In contradistinction to the 'draft' dictated by fear and executed by means of a milky lead in strophe II the writing is now instantaneous rather than slowly maturing, and it shares its quality of firmness with the reassuring canonical dogma as it is described in *RD* 37: Поэма самой густолиственной своей стороной обращена к авторитету — она всего широкошумнее, всего концертнее именно тогда, когда ее голубит догмат, канон, *твердое* златоустово слово.

The adjective *мгновенный* links *GO* with a 1911 poem inspired by Belyj's "Pesn' žizni," "Otčego duša tak pevuča," which, from the thematic point of view, anticipates the pattern of *GO* in the reverse. Its subject is the development of the subliminal poetic impetus, musical rather than verbal (...душа так певуча, | И так мало милых имен), into an instantaneous (though, unlike the 'firm writing' of *GO,* evanescent) rhythm (*мгновенный ритм*), which brings about the oblivion of the 'unnecessary I' in an 'uncreated world' of imagination (И, несозданный мир лелея, | Я забыл ненужное 'я') and a doubt in the actual and mortal reality of that 'I' (Неужели я настоящий, | И действительно смерть придет?).

55. Меняю шум на пенье стрел

The 'change' occurs from the inarticulate and emotionally neutral *šum* to the articulate, and emotionally charged and pointed *pen'e strel* (cf. note to line 56). In M.'s total context, *šum* is an attribute of both time (*Шум времени; ... шум,* когда взревели *реки* | *Времен...* etc.) and of poetry (Шум стихотворства и колокол братства; Значенье — суета, и слово только шум, | Когда фонетика служанка серафима).

Puškin's "Kon'" (*Pesni zapadnyx slavjan*) is the direct source of M.'s *pen'e strel* (as a subtext, this source endows the line with an additional meaning, the premonition of a violent death). Brjusov must have noticed this borrowing, for in his malicious review of *Vtoraja kniga,*[142] he intentionally misquoted *GO* ("поэт слышит пенье стрел") in such a way as to emphasize the resemblance to Puškin's Оттого я присмирел, | Что я *слышу* топот дальный, | Трубный звук и *пенье стрел* (cf. the *коршун – стрела* association in "Skazka o care Saltane," Но как раз *стрела запела,* | В шею *коршуна* задела, and M.'s draft line *Стервятника* ошпарил *горло*).

The 'arrows' / 'poetry' metaphor stems from Pindar's Second Olympian Ode, which is quoted below in Iohannes Tycho Mommsen's German version, with which M. must have been familiar because this ac-

---

[142] *Печать и революция,* 1923, № 6, 63–66.

curate interlinear translation has influenced his *vers libre* in "Našedšij podkovu":

> ...Ich kann manchen Pfeil
>   holen noch aus dem Geschoss.
> 85 Wohl kläng' er den Verständigen laut, doch für das Volk heischet er
>   den Dolmetscher. Es ist Dichtern von Natur geschenkt:
>   es lernt nimmer Einer.
>   Nur rabengleich mit des Geschwätzes freiheitstrotzendem Mund
>   beschrein sie Zeus' heilgen Vogel.
>   Doch zu dem Ziel, wolan! lenke das Geschütz, damit zu treffen — wen?
> 90 Aus sanftem Geist flieget er ja wieder einmal, dieser Pfeil — sag, wohin?

It was apparently this passage that had influenced two earlier references to arrows in M.'s poetry: Мелькающих *стрел звон* | И вещих *ворон крик...* ("Сегодня дурной день") and Так, но *куда уйдет* | *Мысли живой стрела?* ("Я ненавижу свет")[145]. Cf. M.'s description of the 'psychophysiological effect' of the poetic word in *RD* 48—49: <...> целая до сих пор не созданная наука о спонтанном психофизиологическом воздействии слова на собеседников, на окружающих и на самого говорящего <...> Не правда ли, странно: человек, который собирается говорить, вооружается туго натянутым луком, делает припас бородатых стрел <...>

The relevance of Pindar's subtext ('arrows that sound to the understanding, but for the people, need interpreters') in regard to M.'s own poetry is self-evident.

56. Меняю строй на стрепет гневный

Here, the 'change' occurs from the articulate but emotionally neutral *stroj* to the inarticulate but emotionally charged *strepet* (*trepet* in *Stixotvorenija*, 1928), i. e., the 'cumulative' change described in 55—56 proceeds as follows: inarticulate, neutral → articulate, charged; articulate, neutral → inarticulate, charged. Hence the appearance of the highly emotional and personal lyrical voice in the next strophe ($_{57}$Кто я?..).

---

[143] On the theme of sharpness in connection with definitions of acmeism, see: Р. Д. Тименчик, "Заметки об акмеизме", *Russian Literature*, 7—8, 1974, 39—46; cf.: Омри Ронен, "Лексический повтор, подтекст и смысл в поэтике Осипа Мандельштама", *Slavic Poetics. Essays in honor of Kiril Taranovsky*, The Hague, 1973, 368—369.

Stroj (as well as *šum*) is an inherent attribute of poetry and music for M.: Скрипичный строй в смятеньи и слезах; Нет стройных слов для жалоб и признаний[144]; ...зачем будить | Удлиненных звучаний рой, | В этой вечной склоке ловить | Эолийский чудесный строй. In the *Apollon* (1911, No. 5, 34) version of "Kogda udar s udarami vstrečaetsja," *stroj* is associated with arrows and poisoned darts: И вереница *стройная* уносится | С веселым *трепетом* и вдруг | Одумалась и прямо в сердце просится | Стрела, описывая круг. This association, as well as the paronomastic affinity between *stroj* and *strel*, suggests that the 'harmonious order' in 56 is identical with the 'singing of the arrows' in 55, and both lines represent a continuous, rather than parallel,[145] process of change expressed by a semantic chiasmus, vowel symploce ('dark' to 'light'), and grammatical and syllabic parallelism: *шум – пенье стрел – строй – стрепет гневный*.

Dal's definition of the word *стрепет* ("резкий *шум* или шорох со свистом, как от полета иной птицы")[146] indicates that the change is spiral-like: inarticulate, inanimate (in this instance), and impersonal noise (шум) → obscure but harmonious and interpretable words directed at a certain aim (пенье стрел) → articulate but inanimate harmony (строй) → → animate noise expressing a strong personal emotion (стрепет гневный). *Gnev* 'wrath' is, in M.'s poetry (just as *zlost'* 'malice' is in his prose[147]), the emotion that inspires both art and civic virtue: И лютеранский проповедник | На черной кафедре своей | С твоими, *гневный собеседник,* | Мешает звук своих речей ("Бах"); Среди граждан-

---

[144] Cf. Batjuškov's Их выразить душа не знает стройных слов.

[145] As it would be if the line read трепет гневный, in view of the Puškinian association стрела трепещет.

[146] In another meaning, 'a predatory bird' (which suggests that M. interpreted this other meaning of the word *стрепет* as 'buzzard' rather than 'bustard,' *дрофа*), *стрепет* occurs in M.'s translation of a Max Barthel poem (*Завоюем мир*, 20): И над нами дух святой, | Но не голубь – *хищный стрепет*.

[147] ...литература злится столетие и косится на событие – пламенным косоглазием разночинца и неудачника – злостью мирянина, разбуженного не во время, призванного, нет, лучше за волосья притянутого в свидетели-понятые на византийский суд истории. Литературная злость! Если б не ты, с чем бы я стал есть земную соль? Ты приправа к пресному хлебу понимания; ты веселое сознание неправоты, ты заговорщическая соль, с ехидным поклоном передаваемая из десятилетия в десятилетие... ("В не по чину барственной шубе").

ских бурь[148] и яростных личин, | *Тончайшим гневом пламенея,* | Ты шел *бестрепетно,* свободный *гражданин,* | Куда вела тебя Психея ("Когда октябрьский нам готовил временщик"). Civic poetry, "муза мести и печали", has been animated by this emotion since Juvenal's phrase "Facit indignatio versum" (*Sat.* I, 79) that Blok used as an epigraph for *Jamby.*[149] The final poem of *Kamen'* ("Ja ne uvižu znamenitoj Fedry") contains a paraphrase of Juvenal's verse, foreshadowing thematically the image of intense personal involvement in *GO*: Спадают с плеч[150] классические шали, | Расплавленный *страданьем крепнет* голос, | И достигает скорбного закала | *Негодованьем раскаленный слог...*

Identifying as he did *strepet* with poetic inspiration, M. apparently perceived the 'internal form' of this word through Puškin's recurrent simile, the stirring eagle: Но лишь божественный глагол | До уха чуткого коснется, | Душа поэта *встрепенется,* | Как пробудившийся орел (cf. the images of the eagle in "Prorok" and the first improvization of "Egipetskie noči," as well as the lines from *Cygany,* quoted by M. in "O sobesednike": Птичка гласу Бога внемлет, | *Встрепенется* и поет).

STROPHE VIII

57—58. Кто я? Не каменщик прямой,
Не кровельщик, не корабельщик

This triple rhetorical negation, animated by the defiant spirit of Puškin's "Moja rodoslovnaja" (Не офицер я, не ассессор, | Я по кресту не дворянин, | Не академик, не профессор, | ... | Я не богач, не царедворец, | Я сам большой: я мещанин) echoes First Clown's tri-

---

[148] Cf. Tjutčev's "Ciceron": *Средь бурь гражданских* и тревоги.

[149] The main theme of this collection, and of "Vozmezdie," from which it stems, is wrath: Дай гневу правому созреть; Но за любовью — зреет гнев; Презренье созревает гневом, | А зрелость гнева — есть мятеж; О том, как зреет гнев в сердцах, | И с гневом — юность и свобода; Дроби, мой гневный ямб, каменья (cf., in an earlier poem: Над лирой, гневной, как секира).

[150] Cf. 31-32...Стряхнуть с руки | Уже прозрачные виденья.

partite riddle in *Hamlet* (Act 5, Sc. 1): "What is he that builds stronger than either the mason, the shipwright, or the carpenter?" (in Kroneberg's translation: Кто строит прочнее *каменьщика, корабельщика* и плотника?).

A contrastive subtext of M.'s self-definition is Majakovskij's image of "Čelovek prosto," who brings the new Sermon on the Mount (Новая нагорная проповедь) in *Misterija-Buff*: Кто я? | Я — дровосек | дремучего леса | мыслей, | извитых лианами книжников, | душ человечьих искусный слесарь, | Каменотес сердец булыжников (First version, lines 829—835; from line 834 Stalin later borrowed his famous definition of writers: инженеры человеческих душ). In the second version of the play, Majakovskij, too, used negative terms of definition: Кто я? | Я не из класса, | не из нации, | не из племени. | Я видел тридцатый, | сороковой век. | Я из будущего времени | просто человек   (lines 1119—1126).

An intermediate subtext between Puškin and Majakovskij may be sought in Nekrasov's "Poèt i graždanin": Довольно даже нам поэтов, | Но нужно, нужно нам граждан! | Но где ж они? Кто не сенатор, | Не сочинитель, не герой, | Не предводитель, не плантатор, | Кто гражданин страны родной? | ... | Гроза шумит и к бездне гонит | Свободы шаткую ладью, | Поэт клянет или хоть стонет, | А гражданин молчит и клонит | Под иго голову свою. | ... | Блажен болтающий поэт, | И жалок гражданин безгласный etc.

B.M. Ejxenbaum's notes for a lecture on Mandel'štam (delivered on March 14, 1933) contain important observations on the theme of personal identity as the source of lyrical 'agitation': Без лирического "я" нет голоса. *Стиховая интонация* требует мотивировки, идущей от "я". Для лирики необходимо ощущение внутренней биографии и связанного с этим волнения.[151]

---

[151] "О Мандельштаме", *День поэзии*, Л., 1967, 168. Cf. also the excerpt from Ejxenbaum's notes published by Ju.M. Lotman (*Труды по знаковым системам*, V, Тарту, 1971, 476): ...поэзия требует еще одного: внутренней биографии — того "я", проблема которого стоит теперь так остро. M. himself wrote in 1928 that the revolution had expropriated his biography: Октябрьская революция не могла не повлиять на мою работу, так как отняла у меня "биографию", ощущение личной значимости. Я благодарен ей за то, что она раз навсегда положила конец духовной обеспеченности и существованию на духовную ренту... ("Поэт о себе", *Читатель и писатель*, 1928, № 45, 3; reprinted in *Книга и революция*, Авг. 1929, № 15—16, 22).

In general social terms and in terms of M.'s social biography, lines 57—58 are interpretable on the basis of other relevant texts by M. In "Akter i rabočij," composed in 1920 in Wrangel's Theodosia and not included by M. in any of his books, he expressed an optimistic faith in the unity of the aims, the truth, and the spirit of the artist (*художник*) and the worker sailing together toward some future dawn: Это игра воздвигает здесь стены! | Разве работать — не значит играть? | По свежим доскам широкой сцены | Какая радость впервые шагать! || Актер — корабельщик на палубе мира! | И дом актера стоит на волнах![152] | Никогда, никогда не боялась лира | Тяжелого молота в братских руках! | Что сказал *художник,* сказал и *работник:* | 'Воистину, правда у нас одна!' | Единым духом жив и *плотник*[153] | И *поэт,* вкусивший святого вина! | А вам спасибо! И дни, и ночи | Мы строим вместе — и наш дом готов! | За маской суровости скрывает рабочий | Высокую нежность грядущих веков![154] || Веселые стружки пахнут морем, | Корабль оснащен — в добрый путь! | Плывите же вместе к грядущим зорям, | Актер и рабочий, вам нельзя отдохнуть!

In 1922, M. published a profound historical essay "Krovavaja misterija 9-go janvarja" (*OM* III 128—132), in which Russian revolutions and regicide, 'the lesson of January 9,' were represented as a sublime tragedy staged and enacted by the masses (the 'chorus'), and the workers of St. Petersburg, as actors and stone masons:

> Люди шли на Дворцовую площадь, как идут *каменщики,* чтобы положить *последний кирпич, венчающий их революционное строение.* <...> весь Петербург <...> пришел через двенадцать лет к Дворцовой площади, чтобы достроить дело рук своих и *последним свободно положенным кирпичом* оправдать на рабочих костях стоящую мощную и прекрасную твердыню рабочего труда.

A decade later, in *Četvertaja proza*, M. defined his sense of alienation from the workers' state and accepted this alienation, as he did in *GO*, both wistfully and defiantly:

---

[152] The reference is to the ship of Dionysus, *carrum navale.*

[153] Cf. the reference to *stoljar* in "Admiraltejstvo" and to *plotnik* in "Našedšij podkovu" (both refer, directly or indirectly, to Peter I, the builder of the state, with an allusion, in the latter text, to St. Joseph, the patron of labor).

[154] M. used this line in his famous 1931 poem: За гремучую доблесть грядущих веков, | За высокое племя людей...

Сколько бы я ни трудился, если бы я носил на спине лошадей, если бы крутил мельничные жернова, все равно никогда я не стану трудящимся. Мой труд воспринимается как озорство, как беззаконие, как случайность. Но такова моя воля, и я на это согласен.

Art's love for labor, proclaimed in "Akter i rabočij," turned out to be a one-sided affair.

In "Vooružennyj zren'em uzkix os" (1937), M. again defined the role of the poet in terms of what the poet cannot do: И не рисую я, и не пою, | И не вожу смычком черноголосым (M. obviously listed here some of the arts officially approved and encouraged in the mid-thirties, the period of violin competitions, portrait-painting, the revival of the classical opera, and suchlike cultural activities).

Beyond their topical significance, at a deeper subtextual level, lines 57—58 represent a return to the Masonic motif introduced in strophe III and the Platonic theme of objective and measurable beauty (see p. 122 ff. for Plato's references to house- and ship-building, as well as the interpretation of the Masonic symbol in line 21).

The influence of the Masonic tradition upon acmeism is too extensive and complex a subject to be treated here in detail. I can only point out in brief that the Guild of Poets was based on the same model as Free-masonry, that it was established at the time of the revival of interest in Freemasonry in Russia, that the poetry of Gumilev contains explicit allusions to the Masonic craft (''Средневековье'', ''Пятистопные ямбы'', ''Память'', etc.) and that Gumilev openly identified himself with that craft (И слышен голос Мастера призывный | Нам, каменщикам всех времен и стран), while Lozinskij's poetry and his choice of material for translation likewise reflected Masonic interests. M.'s awareness of the analogy between acmeism and the craft is clearly manifested in his architectural theme and has found expression, i. a., in his anagrammatic interpretation of this affinity: *Kamen' – akme.*

The expression *прямой каменщик* is a technical term used in some systems of Russian Freemasonry to indicate a certain degree of initiation (cf. its Western equivalents: 'Right Mason,' 'Vrai Francmaçon,' etc.). Navigation and ship-building are considered part of the occult and philosophical Masonry,[155] hence *korabel'ščik* fits well in the Masonic

---

[155] "C'est ainsi que dans les écoles initiatiques, l'adepte se livrait aux études les plus profondes: mathématiques, interprétation des nombres, *navigation,* architecture dans ses trois divisions: *sacrée, civile,* et *nautique* etc." (J.-M. Ragon, *Orthodoxie maçonnique,* Paris, 1853, 423).

framework of these lines. As for the roofer, *krovel'ščik,* the situation is somewhat more complicated. As is known, the emblematic covering of the lodge is "the cloudy canopy of heaven. The innumerable stars that decked its concave surface, were as living witnesses of the power and the wisdom of Him" etc. "Our lodges still claim this noble roof, emblematically, as their only covering, which admonishes them with a 'sic itur ad astra,' to aspire from earth to heaven, and to seek there the rest from labor, and the reward of toil."[156] A Masonic interpretation of *krovel'-ščik* would therefore point back at the celestial theme of strophe I (and, in fact, suggest an additional shade of meaning in line 1, with the 'powerful joint' of the stars, *mogučij styk,* interpretable as the Key-Stone[157] of the Arch of Heaven, i. e., the Holy Royal Arch). In this connection, M.'s image of the last stone "crowning the revolutionary building" (see above), "the last *freely* placed brick" which justifies "the powerful and beautiful stronghold" (note that the same word, *tverdynja,* was applied to *Notre-Dame* in the poem so entitled) "of labor, resting upon the foundation of workers' bones," likewise, receives a Masonic significance in view of the well-known symbolism of the 'capestone' and the 'foundation-stone'[158] in Freemasonry.

In M.'s total context, the 'roofer' of *GO* should be placed alongside the numerous images of the joints between earth and heaven, embodied in the roofs and spires of 'sacred, civil, and nautical architecture.' It has already been mentioned that all the three professions named here, *kamen-ščik, krovel'ščik,* and *korabel'ščik,* are subject to the 'sermon of the plumb' (line 21). Russian craft lore abounds in legends about roof-builders who performed certain impossible tasks (sometimes, such legends include the motif of 'reward denied,' or even 'martyrdom instead of a reward'). According to one of such stories,[159] the figure of the ship on the inaccessible spire of the Admiralty in St. Petersburg was repaired in 1831 by Petr Teluškin, a simple roofbuilder (*krovel'ščik*) and car-

---

[156] A.G.Mackey, *A Lexicon of Freemasonry,* Philadelphia, 1872, 100—101.

[157] The secret significance of this emblem is elaborated in the legend of the Royal Arch degree and, apparently, known in full only to the initiated. However, anyone familiar with the custom of marking the key-stone by operative masons can easily guess its meaning.

[158] In the cosmic architecture of *GO,* the foundation-stone is, of course, the flint of martyrdom, implied by *kremnistyj put'.*

[159] Mentioned, i. a., in Turgenev's *Dym* (see the note in: Полное собрание сочинений, IX, Изд. АН СССР, М.-Л., 1965, 231, 554—555).

penter, without the assistance of any scaffolding (this is, apparently, one of the historical subtexts of the second strophe of M.'s "Admiraltejstvo": Ладья воздушная и мачта-недотрога, | Служа линейкою преемникам Петра, | Он учит: красота — не прихоть полубога, | А хищный глазомер простого столяра). Another such legend is developed in "Krovel'ščik," an original and powerful symbolic short story by Ivan Lukaš.[160] Marina Cvetaeva made use of the roofer legend, perhaps unconsciously, in her "Poems to Blok": Без зова, без слова, — | Как кровельщик падает с крыш (*Стихи к Блоку,* Берлин, 1922, 33).

In "A nebo buduščim beremenno" (1923), M. blended the masonic 'canopy of heaven' and the folklore *skatert'-samobranka* to create a symbol of cosmic brotherhood[161] (note the etymological affinity between *krovel'ščik* of *GO* and *pokroem* in the lines quoted below): Давайте все *покроем* заново | Камчатной *скатертью пространства,* | Переговариваясь, радуясь, | Друг другу подавая брашна.

In the everyday sense, the epithet of *kamenščik* means, of course, simply 'upright,' 'honest.' The denial of these qualities in oneself, the theme of 'crookedness,' is developed in M.'s poetry with tragic irony: Я с дымящей лучиной вхожу | К шестипалой *неправде* в избу... | | ... | — Ничего, хороша, хороша! | *Я и сам ведь такой же, кума* (1931); И *неправдой искривлен* мой рот (1931); ...могила, | Не смей учить горбатого, молчи (see n. 135); Эта, какая улица? | Улица Мандельштама. | Что за фамилия чертова! — | Как ее не вывертывай, | *Криво звучит, а не прямо.*[162] || *Мало в нем было линейного...* (1935); ...Колесо стучит отлого — | Улеглось — и полбе-

---

[160] *Sny Petra,* Belgrad, 1931, 77–79. The name of I. S. Lukaš appears in the infamous and largely spurious list of Russian Freemasons compiled and published by a Russian Black Hundred emigré in Belgrad. The fact itself means nothing, but the works of Lukaš manifest a profound knowledge of the Masonic lore.

[161] The combined theme of *samolet* and *samobranka* in "A nebo buduščim beremenno" derives from Xlebnikov's "Iranskaja pesnja." Cf.: *Also sprach Zarathustra,* III. "Von alten und neuen Tafeln," 22.

[162] The irony is based on the etymology of the poet's surname, with its reference to *Jer.* 1:11–12. For an analysis of anagrammatic structures in this poem, see: V. V. Ivanov, "Два примера анаграмматических построений в стихах позднего Мандельштама", *Russian Literature,* 3, 1972, 84–85.

ды! ‖ Скучно мне — *мое прямое* | *Дело тараторит вкось:* | По нему
прошлось другое, | Надсмеялось, сбило ось[163] (1937).

59. Двурушник я, с двойной душой

The notion of the double soul ("Zwei Seelen wohnen, ach, in meiner
Brust"), double allegiance, and, ultimately, double world is rooted in the
romantic tradition, as is the identification of the two souls with Day and
Night (cf. Tjutčev's famous manifesto of the romantic *dvoemirie*: О, ве-
щая душа моя! | О, сердце, полное тревоги, | О, как ты бьешься
на пороге | Как бы двойного бытия! ‖ Так, ты жилица двух миров,
| Твой день — болезненный и страстный, | Твой сон — пророчески-
неясный, | Как откровение духов... ‖ Пускай страдальческую
грудь | Волнуют страсти роковые, | Душа готова, как Мария, |
К ногам Христа навек прильнуть).

Russian symbolist tradition provides this and the following line with
several important subtexts: Вспоенная соленой морскою глубиной, |
Вся дышащая влагой, мечтой и тишиной, | О, Ночь, побудь со мной,
| О, Ночь, побудь моей, | Дай мне побыть во сне, | В бездонной
глубине, | Где скрыты зерна дней. ‖ Окутанная дымом сожженных
вечеров, | Дочь Хаоса немая, любимица веков, — | О, Ночь, пошли
мне снов, | Мою печаль развей, | О, Ночь, люби меня, | Я так устал
от Дня, | Хотя я жажду дней. ‖ Ты, капище видений, свобода всех
рабов, | Колдунья преступлений и самых нежных слов, — | О, Ночь,
сгусти покров | Своих густых теней, | Чтоб мне забыть себя, |
Чтоб снова жить, любя | Рожденье новых дней. ‖ В одежде из со-
звездий, где каждая звезда | Живет тысячелетья и вечно молода, —
| О, Ночь, живи всегда, | О, Ночь, свой мрак лелей, | Чтоб в блеске
красоты | Еще цвели цветы | Не мне цветущих дней (Бальмонт,
"К ночи"; M. mentioned this poem among Bal'mont's best in "Burja i
natisk," 1923); Я верю в светлое начало, | И знаю правду темноты.
| Во мраке Ночь меня качала, | Чтоб Дню я показал цветы (Баль-
монт, "Двойная перевязь"); Ставим троны иным временам — |
Кто воссядет на темные троны? | Каждый душу разбил пополам |

---

[163] M. blends here Puškin's "Mne skučno, bes" and "Skučno, Nina, — put'
moj skučen" with Ovid's "atque ego si fatis genitus melioribus essem | et *mea sin-
cero curreret axe rota*" (*Ex ponto*, IV.ix.9).

И поставил двойные законы (Блок, "Фиолетовый запад гнетет");
Дивен жребий мой двуликий: | Солнце ночи, темною музыкой |
Дня завет в разрывах тьмы воспой (Вяч. Иванов, "Орфей растер-
занный").

60. Я ночи друг, я дня застрельщик.

'Not a right mason,' the poet is not obliged to choose between the
two principles, Darkness and Light, as Mozart was obliged to, perhaps
against his will, in *The Magic Flute* (a veiled reference to which is found
in another of M.'s 'magic' poems of that period, "Vek": *Чтобы вырвать
век из плена,* | Чтобы новый мир начать, | Узловатых дней колена
| Нужно флейтою связать[164]).

On the contrary, by the rules of M.'s sympathetic magic, just as the
poet's "pupil pen" shares the characteristics of "Time's pencil" in the
enigmatic lines of Shakespeare's Sonnet XVI, so the 'double-dealing' of
the poet corresponds to the traditional twin function of Time. the "tutor
both to good and bad," summarized in *The Rape of Lucrece*: "To stamp
the seal of time in aged things, | To wake the morn, and sentinel the
night" (...день пробуждай лучами, | Полночный мир, храня, благо-
слови, in A.M.Fedorov's awful contemporary translation, which con-
tains, however, a word that seems to be echoed in the next hemistrophe
of *GO, blagoslovi – blažen,* perhaps because of the common Puškinian
association: Благословен и день забот, | Благословен и тьмы при-
ход).

The following excerpt from Vjač. Ivanov's essay "Orfej"[165] provides
a key both to the lines under consideration and to M.'s traditional oxy-
moronic image of tragical poetry, *nočnoe solnce* (*Nycthelios, Sol Niger*).
It explains, in particular, the association between the invocation of the
two principles and the true mystical self-awareness (*Кто я?*), as opposed
to the self-identification in socio-ethical terms, negative and defiant   (*не
каменщик, не* кровельщик, *не* корабельщик) :

> Мусагет – "водитель муз". Вокруг лучезарного лирника движется
> согласный хоровод богинь – дочерей Памяти. Как планетные души

---

[164] The co-occurrence of *flejta* and *pozvonočnik* in this text, motivated
metaphorically, may have been influenced by Majakovskij, as Clarence Brown has
pointed out (*Mandel'štam,* Cambridge, 1973, 310). Cf.: Г.Маргвелашвили, "Об
Осипе Мандельштаме", *Литературная Грузия,* 1967, № 1, 81.

[165] *Труды и дни,* № 1, 1912, 63–64.

окрест солнца, движась, творят они гармонию сфер. Кто был для элли-
нов божественный вождь хора? Одни говорили: "Аполлон"; другие:
"Дионис". Третьи — младшие сыны древней Эллады — утверждали мис-
тическое единство обоих. "Их двое, но они одно", говорили эти: "нераз-
дельны и неслиянны оба лица дельфийского бога". Но кто же для элли-
нов был Орфей? Пророк тех обоих, и больший пророка: их ипостась на
земле, двуликий, таинственный воплотитель обоих. Лирник, как Феб,
и устроитель ритма (Eurythmos), он пел в ночи строй звучащих сфер и
вызывал их движением солнце, сам — ночное солнце, как Дионис, и стра-
стотерпец, как он. Мусагет мистический есть Орфей, солнце темных недр,
логос глубинного, внутренне-опытного познания. Орфей — движущее
мир, творческое Слово; и Бога — Слово знаменует он в христианской
символике первых веков. Орфей — начало строя в хаосе; заклинатель
хаоса и его освободитель в строе. Призвать имя Орфея значит воззвать
божественно-организующую силу Логоса во мраке последних глубин
личности, не могущей без нее осознать собственное бытие: "fiat Lux".

"Vek" and *GO* represent the culmination and conclusion of the
Orphic theme in M.'s poetry.

Considered within the ideological framework of the Guild of Poets,
which from the outset incorporated Orphic and Masonic concepts, both
poems reveal allusions to the acmeist "temple legend." Hence the theme
of sacrifice and 'blood the builder' in "Vek" (cf. Gumilev's "Drakon")
and the reference in lines 57–60 of *GO*, as well as in "Èta noč' neoprav-
vima" and "Sredi svjaščennikov levitom molodym," to Gumilev's first
version of "Pjatistopnye jamby," especially to the penultimate strophe:
Нас много, но одни во власти ночи, | А колыбель других еще пуста,
| О тех скорбит, а о других пророчит | Земных зеленых весен кра-
сота, | Я ж — Прошлого увидевшие очи, | Грядущего разверстые
уста.

The temporal pattern of the ode is reversed in this line, and the day,
unlike in strophes IV and V, is the future day. Autometadescriptively,
the first figure of the line, *noči drug,* seems to be traditional; the second
one, *dnja zastrel'ščik,* strikingly new. Indeed, elsewhere in M.'s poetry,
drug often functions as a conventional prop word which signifies a stable
metonymic relation in periphrasis: Ты, друг полночный похорон ("Те-
лефон"); ...гравер, друг меднохвойных досок ("Меня преследуют
две-три случайных фразы"). Here, however, the metaphoric value of
what appears to be a periphrastic cliché (cf. Puškin's И зимний *друг
ночей,* | Трещит лучина перед ней) is endowed with a new meaning,
induced by the reversal of two subtexts, Tjutčev's "Den' i noč'" (*День,*
земнородных оживленье, | Души болящей исцеленье, | *Друг* чело-

веков и богов) and M.'s own *Врагиня-ночь*, рассадник вражеский, and modeled on Puškin's classical periphrasis in "Trud": Или жаль мне труда, молчаливого *спутника ночи*, | *Друга Авроры* златой, друга пенатов святых.

'The skirmisher of the day,' *дня застрельщик* (note the etymological link with ₅₅*стрел* and the anticipation of the 'precursor' theme of line 63), is a follow-up of the image of rooster the harbinger in "Tristia," where the tautological rhyme conceals the deep semantic contrast between 'some new life' and 'the new life,' *Vita Nuova*: И на заре какой-то новой жизни, | Когда в сенях лениво вол жует, | Зачем петух, *глашатай новой жизни* | На городской стене крылами бьет?

It should be noted, that the word *двурушник* in line 59, just as the word *застрельщик,* is manifestly oriented toward an alien, non-poetic, perhaps political idiom of the day, and produces an effect of mordant irony and defiance, which has not passed unnoticed by the people whose profession is to be sensitive to such shades of meaning:

> Двурушник... слово низкое во всех своих значениях – и старых и новых. Настолько низкое, что иногда казалось интересным и смелым поднять даже такое слово, как перчатку: "Кто я? Не каменщик прямой, | Не кровельщик, не корабельщик: | Двурушник я, с двойной душой. | Я ночи друг, я дня застрельщик" (Мандельштам, "Грифельная ода", 1923). Да, да, двурушник. И это, по мысли автора, должно было звучать гордо.[166]

61—62. Блажен, кто называл кремень
Учеником воды проточной

The scriptural lexical inventory is arranged in this hemistrophe in the traditional blended pattern of *Beatus ille qui* and the Psalmist's אשרי האיש אשר [167]. So Tjutčev, in "Ciceron," not only drew from classical sources, but also paraphrased in a suitable manner the idea of *Ps.* 64 (65) : 4—5 (note that verses 7 and 13 of this psalm, "Thou who preparest the *mountains* by thy strength, being *girded* with power," and

---

[166] Л. Боровой, *Путь слова,* М., 1974, 227. In the 1963 edition of this book, the source of the quotation is identified as "Grifel'naja doska."

[167] The bilingual anagrammatic affinity of *kremen'* and *makarioi* should also be noted. Although the general model of the formula *Блажен кто* is not the Eight Beatitudes (*Blaženny, Beati*), references to the Sermon on the Mount (Нагорная проповедь) lurk in the drafts of the ode (e. g., in the line *Нагорный* колокольный сад).

"the *hills* shall be *girded* about with joy," may have influenced the striking catachresis of ₆₃завязал *ремень* ₆₄Подошве *гор* на твердой почве). *Kremen'* and *remen'*, coincidentally, yield a potential rhyme in the Russian version of *Is.* 5:27—28: Не разорвется *ремень* у обуви его. | Стрелы его заострены и все луки его натянуты; копыта коней его подобны *кремню*...

Rather than the numerous instances of *Блажен кто* in Puškin's poetry (e. g., the thematically relevant though ironic Блажен, кто понял голос строгой | Необходимости земной[168], in an expunged stanza of *Onegin's Journey*), it is probably Блажен, кто посетил сей мир that is the model of lines 61 and 63. The lexical, grammatical, and prosodic resemblance is supported phonically (naz*yval*, za*vjaza*l < pri*zvali*; k*remen'*, *remen'* < m*ir*, R*im*, m*inuty* r*ok*ovye) and thematically. Tjutčev's "microode" describes the rare bliss of the union between heaven and earth in the dark night of a historical catastrophe, when the witness of 'this world's fatal minutes' is invited as a convivial to the feast of the gods to be 'a spectator of their sublime spectacles': Блажен, кто посетил сей мир, | В его минуты роковые — | Его призвали Всеблагие, | Как собеседника на пир; | Он их высоких зрелищ зритель, | Он в их совет допущен был, | И заживо, как небожитель, | Из чаши их бессмертье пил.[169] The abrupt transition from self-accusing plaints to the promise of a blissful consolation in *amor fati* likewise recreates in this strophe the intonations of "Ciceron." Another thematic prototype of M.'s formula occurs in Xodasevič's *Sčastlivyj domik* (M., 1914, 31): *Блажен, кто* средь разбитых урн, | На невозделанной куртине, | *Прославит твой полет, Сатурн,* | Сквозь многозвездные пустыни.

---

[168] Cf., in connection with ₆₃*завязал*, the ironic theme of the binding constraint as a blessing in *Domik v Kolomne*: ...блажен, кто крепко словом правит | И держит мысль на привязи свою, a reversal of Du Bellay's wistful Sonnet 48 in *Les Regrets*: O combien est heureux qui n'est contraint de feindre, | Ce que la vérité le contraint de penser, | Et à qui le respect d'un qu'on n'ose offenser | Ne peut la liberté de sa plume contraindre!..

[169] Benedikt Livšic developed the theme of "Ciceron," blending it with "Vesennjaja groza," in his Kievan poem "Nasuščnyj xleb i sux i gorek" (1920). Here the historian's lost past is recaptured and made accessible by poetry, and 'the dry and bitter bread of the Fates' finished feast' turns into 'eternity in Hebe's cup or on the bottom of a Scythian dipper.' The geological, architectural, and astral imagery of this poem in some respects anticipates *GO*.

The relative pronoun *kto,* a muffled reverberation of the interrogative *₅₇Kto ja?,* refers to the conjectural protagonist of "Slovo i kul'tura," "Vek," "Našedšij podkovu," and *1 Jan,* the ideal martyr and saviour of culture, the "synthetic poet of the modern age," i. e., a synthetic image of the poet of synthesis: Кто поднимет слово и покажет его времени, как священник евхаристию — будет вторым Иисусом Навином. Нет ничего более голодного, чем современное государство, а голодное государство страшнее голодного человека. Сострадание к государству, отрицающему слово — общественный путь и подвиг современного поэта ("Слово и культура"; in the same essay appear the images of Thomas the Doubtful and the Pentecostal glossolalia of Christ's disciples); Век мой, зверь мой, *кто* сумеет | Заглянуть в твои зрачки | И своею кровью склеит | Двух столетий позвонки? ("Век"); Трижды блажен, *кто* введет в песнь имя ("Нашедший подкову"); *Кто* время целовал в измученное темя... *Кто* веку поднимал болезненные веки... ("1 января 1924").

The two beatitudes, the naming of flint 'the disciple' and the tying of the mountain's latchet, pertain, it seems, to the same act. Naming is associated with binding in M.'s poetry, and the name itself is a verbal incarnation of musical harmony (Отчего душа так певуча, | И так мало милых имен?). The association is firmly established in some of M.'s early poems. In "Mne stalo strašno žizn' otžit'" (1910), namelessness is a result of separation, while the threads tying the poet to all the living are identified with a name, 'the ornamental smoke of existence traced on a marble slab': ...И с дерева, как лист, отпрянуть, | И ничего не полюбить, | И безымянным камнем кануть; ‖ ... ‖ И я слежу — со всем живым | Меня связующие нити. | И бытия узорный дым | На мраморной сличаю плите (the enigmatic image of the last two lines is an allusion to Puškin's "Что в имени тебе моем": Оно на памятном листке | Оставит мертвый след, подобный | Узору надписи надгробной | На непонятном языке). In another poem of 1910, "Kak oblakom serdce odeto," which combines the motifs of Puškin's "Poet" and Eichendorff's "Zauberwand," the naming of objects is compared to a caress and to the sacrament of matrimony (таинство брака; hence: таинственность брака), while the song itself is likenèd to a religious *certamen* (подвиг): Как женщины, жаждут предметы, | Как ласки, заветных имен. | Но тайные ловит приметы | Поэт, в темноту погружен. ‖ Он ждет сокровенного знака, | На песнь, как на подвиг, готов: | И дышит таинственность брака | В простом сочетании слов. In other poems ("Silentium," "I ponyne na Afone," "Sestry — tjažest' i nežnost'"), love it-self is unnameable because it remains an unbreakable bond as long as it is nameless. God's name is uttered as a substitute for the palpable image in Образ твой, мучительный и зыбкий, | Я не мог в тумане осязать (the theme of touching, and the mist, implied by the Lermontov subtext "Skvoz' tuman," would return in the final hemistrophe of *GO*). The 'bliss-ful meaningless word,' an interjection of surprised delight at a reunion of friends in "V Peterburge my sojdemsja snova," is associated for M. with the name of one of the 'blessed women' (cf. Vasilij Gippius's poem "Ax! matovyj angel"). In "Za to, čto ja ruki tvoi ne sumel uderžat'," the parting and the impossibility of finding a name are a joint source of despair and oblivion: И нет для тебя ни названья, ни звука, ни слепка.

Examples could be multiplied further: the 'bliss of designation' is as extensive a context in M.'s poetry as the 'joy of recognition,' and the two are intimately linked with each other as two complementary aspects of the acmeist aesthetics, which correspond to the twin poetic principle of 'invention' and 'recollection,' formulated by M. in "Literaturnaja Moskva." The most important and, chronologically, nearest item in this context is, as has already been mentioned, "Našedšij podkovu": Трижды *блажен, кто* введет в песнь *имя.* | Украшенная *названием* песнь | Дольше живет среди других, — | Она отмечена среди подруг *повяз-кой* на лбу, | Исцеляющей от беспамятства... Mnemosyne is not named here, but represented obliquely by her headband. The name ac-tually introduced in the poem has been borrowed by M. from André Chénier rather than from the classical pantheon. Неэра, 'the new one,' *qu'il nommait sa Néaere,* is the goddess of innovation created by M. and named in honor of one of his favorite poets, the author of "L'In-vention," who predicted that she would become a new goddess in one poem and listed her among the deities who had governed Tibullus's life in another: Néaere, ne va plus te confier aux flot | De peur d'être Déesse et que les matelots | N'invoquent, au milieu de la tourmente amère, | La blanche Galatée et la blanche Néaere (*Épigrammes,* XIII); Messala, Némésis, et Néère, et Délie | Sont le rois, sont le Dieux qui gouvernant sa vie ("La République des lettres"). The reader familiar with Lermontov's "K Nère" cannot fail to distinguish a note of gentle irony in M.'s treatment of the newly-created goddess of the avant-garde as he recollects Lermontov's admonition to Neaera: Дивлюсь я тебе: равнодушно, | Беспечно ты смотришь вперед: | Смеешься над временем, будто | Нэеру оно обойдет. | ... | О, лучше умри поскорее, | Чтоб юный красавец сказал: | "Кто был этой девы милее? | Кто раньше ее умирал?"

Such is the context of the first beatitude of *GO,* the beatitude of proper and protective designation, which, in terms of the preceding line, pertains to the nocturnal hypostasis of the poet, who has acknowledged the authority of the 'flowing water' and named the flint-stone its disciple during his nocturnal vision (lines 16 and 22). The imagery of these lines, considered in earlier notes, Deržavin's river of time and oblivion flowing into the voracious throat of his eternity, Lermontov's flinty path of lonely martyrdom, Du Bellay's paradoxical lesson of the durable fluidity, etc., is reconsidered now under the influence of a deeper subtext, *Mt.* 16:17–19.

Whenever M. affirms the ultimate reality and redemptive power of "word as such" (e. g., in "O prirode slova," in which the Russian language itself is described in the words of the Gospel according to St. John[170]) or explores poetically the universal historical value of the poetic Logos, he turns to the traditional symbolism of the New Testament and the Christian Church, conducting it through intermediate literary and cultural subtexts to indicate and exploit both the permanent reiteration of this symbolism and the possibilities of its interpretation. "Culture has become a church," M. wrote in "Slovo i kul'tura," and it is natural that his meditations on the historical destinies of culture should be couched in ecclesiastic terms or in terms of the opposition between the hieratic and the secular.

The New Testamental subtext suggests a key to the double beatitude of naming and binding in *GO*: ...*блажен* ты, Симон, сын Ионин... *ты Петр,* и на сем *камне* Я создам церковь Мою, и врата адовы не одолеют ее. И дам тебе ключи царства небесного; и что *свяжешь на земле,* то будет связано на небесах, и что разрешишь на земле, то будет разрешено на небесах.

In the ode, the flint-stone is named the disciple, and the blessed one is he who names rather than he who is named. The reversal of the roles is prompted by 1 *Pet.* 2:4–6: Приступая к Нему, камню живому, че-

---

[170] В силу целого ряда исторических условий, живые силы эллинской культуры <...> устремились в лоно русской речи, сообщив ей самоуверенную тайну эллинистического мировоззрения, тайну свободного воплощения, и *поэтому русский язык стал именно звучащей и говорящей плотью* (M.'s emphasis).

ловеками отверженному, но Богом избранному, драгоценному, и
сами, как живые камни, устрояйте из себя дом духовный, священ-
ство святое, чтобы приносить духовные жертвы, благоприятные
Богу Иисусом Христом. Ибо сказано в Писании: вот, Я полагаю
в Сионе камень краеугольный, избранный, драгоценный; и верую-
щий в Него не постыдится[171] (cf. the image of the word, Tjutčev's
rolling stone, the corner-stone of acmeism in "Utro akmeizma").

A new aspect is added by the New Testamental subtext of these
lines also to the meaning of *voda protočnaja*. Deržavin's destructive
river of time flowing into the chasm of oblivion and ending in an inimi-
cal eternity is confronted with *fons aquae salientis in vitam aeternam*
(*Joh.* 4:14), and the theme of Rome, prompted also by the other Peter,
Čaadaev, gains its full impetus as the theme of history, the "educator of
nations by God," and the source of supreme synthesis:

С этой глубокой, неискоренимой потребностью единства, высшего
исторического синтеза родился Чаадаев в России. Уроженец равнины
захотел дышать воздухом альпийских вершин и, как мы видим, нашел
его в своей груди.
    <...> у него хватило мужества сказать России в глаза страшную
правду, – что она отрезана от всемирного единства, отлучена от исто-
рии, этого ''воспитателя народов Богом'' <...> История – это лестница
Иакова, по которой ангелы сходят с неба на землю. Священной должна
она называться на основании преемственности духа благодати, который
в ней живет <...> священная связь и смена событий.
    <...> Мысль Чаадаева, национальная в своих истоках, национальна
и там, где вливается в Рим. <...> Чаадаев именно по праву русского че-
ловека вступил на священную почву традиции, с которой он не был свя-
зан преемственностью.

                                                    ''Петр Чаадаев''.

---

[171] Vjač. Ivanov stresses this in his commentaries (*Деяния Св. Апостолов.
Послания Св. Апостолов, Откровение Св. Иоанна*, Рим, Ватиканская типогра-
фия, 1946, 133): Тот, кому Христос нарек имя: Камень, говорит о тайне Хри-
ста – Камня, отвергнутого строителями, но соделавшегося главою угла, –
и открывает верующим, что они в свою очередь призваны быть живыми кам-
нями духовного здания Церкви.
    Cf., in connection with the Masonic theme of *GO*, the symbolic meaning of
working on the Rough Ashlar as the imitation of Christ: Иисусу/подражать, |
отесать свой камень дикий | и уметь сей труд великий | во смирении свер-
шать (quoted in: Т.Соколовская, *Русское масонство и его значение...*, СПб.,
s. a. [1907], 100).

The quest for supreme instruction and universal unity, which is the
leitmotif of M.'s art, has indeed been the essence of Čaadaev's historical
and religious thought:

<...> Стоя как бы вне времени, мы не были затронуты всемирным
воспитанием человеческого рода.

Эта дивная связь человеческих идей, эта история человеческого ду-
ха, вознесение его до той высоты, на которой он стоит теперь во всем
остальном мире, – не оказали на нас никакого влияния. <...>

Мы живем одним настоящим в самых тесных его пределах, без про-
шедшего и будущего, среди мертвого застоя <...>

Народы живут лишь могучими впечатлениями, которые оставляют
в их душе протекшие века, да общением с другими народами. Вот почe-
му каждый отдельный человек проникнут сознанием своей связи со
всем человечеством.

Что такое жизнь человека, говорит Цицерон, если память о прош-
лых событиях не связывает настоящего с прошедшим! Мы же, придя
в мир, подобно незаконным детям, без наследства, без связи с людьми,
жившими на земле раньше нас, мы не храним в наших сердцах ничего из
тех уроков, которые предшествовали нашему собственному существо-
ванию. Каждому из нас приходится самому связывать порванную нить
родства. <...> Мы так странно движемся во времени, что с каждым на-
шим шагом прошедший миг исчезает для нас безвозвратно. <...>

Народы – в такой же мере существа нравственные, как и отдельные
личности. Их воспитывают века, как отдельных людей воспитывают
годы. <...>

<...> Счастливы те, кто носит в сердце своем ясное сознание части,
ими творимой в этом движении, которое сообщил миру сам Бог.

("Письмо первое")

<...> История всякого народа представляет собою не только вере-
ницу следующих друг за другом фактов, но и цепь связанных друг с дру-
гом идей. Каждый факт должен выражаться идеей; через события долж-
на нитью проходить мысль или принцип, стремясь осуществиться: тогда
факт не потерян, он провел борозду в умах, запечатлелся в сердцах,
и никакая сила в мире не может изгнать его оттуда. Эту историю создает
не историк, а сила вещей. Историк приходит, находит ее готовою и рас-
сказывает ее; но придет он или нет, она все равно существует, и каждый
член исторической семьи, как бы ни был он незаметен и ничтожен, носит
ее в глубине своего существа. Именно этой истории мы и не имеем.

<...> не воображайте, что вы жили жизнью народов исторических,
когда на самом деле, похороненные в вашей необъятной гробнице, вы
жили только жизнью ископаемых.

("Апология сумасшедшего")

M. inherited both the tragic resignation of Čaadaev and his highest hope, the fruit of moral freedom ('a gift of the Russian land, its fairest flower'), expressed in his third letter to A.I.Turgenev:

Благоговеть пред премудростью Божиею конечно должно, но зачем в молчании? Нет, должно чтить ее не с безгласным, а с полным разумением, то есть с глубокою мыслью в душе и с живым словом на устах. < ... > Откровение не для того излилось в мир, чтобы погрузить его в таинственную мглу, а для того, чтоб озарить его светом вечным. Оно само есть *слово* : слово же вызывает слово, а не безмолвие. < ... > *разум,* или, лучше сказать, *дух,* один на небеси и на земли; невидимые излияния мира горнего на дольний, с первой минуты сотворения того и другого, никогда не прекращаясь, всегда сохраняли между ними вечное тождество; когда же совершилось полное откровение или воплощение божественной истины, тогда совершилось также и сочетание обоих миров в одно неразделимое целое, которое в сущности своей никогда более раздроблено быть не может < ... >

Not unlike another Turgenev, Ivan Sergeevič, in his famous poem in prose "Russkij jazyk," M. sought, in "O prirode slova," a token of hope, and that criterion of unity which Čaadaev had denied to Russian history and to his contemporaries, in the Russian language:

Чаадаев, утверждая свое мнение, что у России нет истории, то есть, что Россия принадлежит к неорганизованному, неисторическому кругу культурных явлений, упустил одно обстоятельство, – именно: язык. Столь высоко организованный, столь органический язык не только дверь в историю, но и сама история. Для России отпадением от истории, отлучением от царства исторической необходимости и преемственности, от свободы и целесообразности, было бы отпадение от языка. ''Онемение'' двух, трех поколений могло бы привести Россию к исторической смерти. Отлучение от языка равносильно для нас отлучению от истории. Поэтому совершенно верно, что русская история идет по краешку, по бережку, над обрывом, и готова каждую минуту сорваться в нигилизм, то есть в отлучение от слова.

Из современных русских писателей живее всех эту опасность почувствовал Розанов, и вся его жизнь прошла в борьбе за сохранение связи со словом, за филологическую культуру, которая твердо стоит на фундаменте эллинистической природы русской речи. < ... > Подобно некоторым другим русским мыслителям, вроде Чаадаева, Леонтьева, Гершензона, он не мог жить без стен, без акрополя. Все кругом подается, все рыхло, мягко и податливо. Но мы хотим жить исторически, в нас заложена неодолимая потребность найти твердый орешек Кремля, Акрополя, все равно как бы ни называлось это ядро, государством или обществом. < ... >

У нас нет Акрополя. Наша культура до сих пор блуждает и не находит своих стен. Зато каждое слово словаря Даля есть орешек Акрополя, маленький Кремль, крылатая крепость номинализма, оснащенная эллинским духом на неутомимую борьбу с бесформенной стихией, небытием, отовсюду угрожающим нашей истории.

In "Komissarževskaja" (*Šum vremeni*), M. elaborated the theme of magisterial time, the language teacher of a tongue-tied generation, in terms of his personal biography:

Там, где у счастливых поколений говорит эпос гекзаметрами и хроникой, там у меня стоит знак зияния, и между мной и веком провал, ров, наполенный шумящим временем, место, отведенное для семьи и домашнего архива. Что хотела сказать семья? Я не знаю. Она была косноязычна от рождения, – а между тем у нее было что сказать.[172] Надо мной и над многими современниками тяготеет косноязычие рождения. Мы учились не говорить, а лепетать – и, лишь прислушиваясь к нарастающему шуму века и выбеленные пеной его гребня, мы обрели язык.

Thus Deržavin's *река времен* and Ovid's *tempus edax rerum* become Cicero's *historia magistra vitae*.

63–64. Блажен, кто завязал ремень
Подошве гор на твердой почве

The apparent New Testamental subtext of these lines is *Mark* 1:7, *Luke* 3:16, and *John* 1:27 (cf. also *Matthew* 3:11). It agrees well both with the theme of the discipleship (because the office of touching, carrying or untying the sandals was performed by the disciples for their instructors[173]) and with the reference to St. John the Baptist (see note to

---

[172] Cf. the autobiographic essay of M.'s namesake, L.I. (Arie-Lejb) Mandel'-štam, one of the earliest Russian-Jewish poets: Чувствую темные выражения и недостаток ловкости по слогу; а мрачный мученический призрак духа без тела, так же как иудаизм, вьется по всему ходу этого сочинения (*Из записок первого еврея-студента в России*, 50; quoted in: В. Львов-Рогачевский, *Русско-еврейская литература*, М., 1922, 64).

[173] B.Wilson, *The Emphatic Diaglott*, N. Y., 1880, note to *Mt.* 3:11. In *GO*, the service is offered, not to the master, but to the disciples: the mountains of flint-stone, as is made quite clear in the draft: Кремнистых гор созвать Ликей, | Учеников воды проточной.
This draft, with its image of the mountains summoned to school (*Likej*), may be interpreted with reference to the description of new literary schools in

lines 35–36), for it is the Precursor who says in the Gospel the relevant words: "He it is, who coming after me is preferred before me, whose shoe's latchet I am not worthy to unloose." Moreover, Lermontov's 'flinty path' and 'wilderness heeding to God' reveal, against the background of this subtext, their kinship with "the voice of one crying in the wilderness, Make straight the way of the Lord" (*Mt.* 3:3; *Mk.* 1:3; *Lk.* 3:4; *Jn.* 1:23, quoting *Is.* 40:3).

However, the subtext's meaning is modified by the fact that M. speaks of tying, rather than untying, the latchet. The mystical meaning of that act is the macrocosmic union of the high and the low. Hence the well-attested association between mysticism and the cobbler's craft: "The patriarch Enoch, who according to an old tradition was taken from the earth by God and transformed into the angel Metatron, is said to have been a cobbler. At every stitch of his awl he not only joined the upper leather with the sole, but all upper things with all lower things. <...> It is interesting to note that a very similar legend is to be found in a Tibetan tantric text, the 'Tales of the Eighty-four Magicians' [Translated by A. Grünwedel, in *Bässler-Archiv*, V, 1916, 159]. Here another such mythical Jacob Boehme, the *guru* Camara (which means shoemaker) receives instruction from a *yogi* concerning the leather, the awl, the thread, and the shoe considered as the 'self-created fruit.' For twelve years he meditates day and night over his shoemaking, until he attains perfect enlightenment and is borne aloft."[174]

A passage from Andrej Belyj's *Lug zelenyj* (61) may help explain the meaning of this act in connection with M.'s socio-ethical theme of sacrificial descent: Наш путь — в соединении земли с небом, жизни с религией, долга с творчеством; в свете этого нового соединения по-новому личность подходит к обществу, интеллигенция — к народу (cf. Vjač. Ivanov's words quoted *in extenso* on pp. 45–47: ...высшим законом для нисходящего становится благоговение к низшему и послушание воле Земли, которой он приносит кольцо обручения с высшим, а не скрижаль сверхчувственных правд: только тогда творчество становится благовестием...).

"O prirode slova": Литературные школы живут не идеями, а вкусами <...> Говорят, вера движет горы, а я скажу, в применении к поэзии: горы движет вкус. Благодаря тому, что в России, в начале столетия, возник новый вкус, такие громады, как Рабле, Шекспир, Расин снялись с места и двинулись к нам в гости.

[174] G. G. Scholem, *On the Kabbala and Its Symbolism*, N. Y., 1965, 132.

The second beatitude of *GO* appears to pertain to the poet's diurnal hypostasis: tying the latchet is a morning office, and 'firmness' is associated in lines 53—54 with the 'broken night' (cf. also the 'ostensible,' in Tynjanov's sense, semantics of the prefix *za-* in $_{53}$Ломаю ночь... $_{54}$Для твердой *за*писи мгновенной and $_{60}$Я дня *за*стрельщик, which seems to foreshadow and affect $_{63}$*за*вязал ремень and $_{71}$*за*ключая в стык) This beatitude involves a conscious act of 'repairing the damage' done by the 'flowing water'[175] and symbolically protecting the flint from total erosion (cf. the final strophe of *1 Jan,* where the angry rhetorical question, repeated thrice and echoing lines 57—58 of *GO,* is followed by a magic curative act and 'blissful laughter': И известковый слой в крови больного сына | Растает, и *блаженный* брызнет смех). Elsewhere in M.'s poetry, the act of fastening together a broken continuity is the prerogative and the mission of art: Но видит Бог, есть музыка над нами, — | Дрожит вокзал от пенья аонид, | И снова, *паровозными свистками* | *Разорванный, скрипичный воздух слит* (''Концерт на вокзале''); Чтобы розовой крови *связь*... | Уворованная нашлась... (''Я не знаю, с каких пор''); И своею кровью *склеит* | Двух столетий позвонки... || ...Узловатых дней колена | Нужно флейтою *связать* (''Век''). The opposite of the act of joining together, or the impossibility of performing it, on the contrary, leads to a sense of guilt, fear, or premonition of death: Это ласточка и дочка | *Отвязала* мой челнок[176] (''Что поют часы-кузнечик''); Все силюсь полость *застегнуть*... | *Не поддается* петелька тугая, | Все время валится из рук (''1 янв.''); Башмак развязался, от этого мною овладело ощущение великой вины и беспорядка. <...> Я то и дело нагибался, чтоб завязать башмак двойным бантом и все уладить, как полагается, — но бесполезно. Нельзя было ничего наверстать и ничего исправить: все шло обратно, как всегда бывает во сне... (''Египетская марка'').

---

[175] Compare certain parallels in Deržavin: Кремнистый холм дал страшну щель, | Гора с богатствами упала (''Водопад''); Но тот, кто почитает Бога, | Надежду на него кладет, | Сей не боится время строга, | Как холм средь волн не упадет (''Гром''). Deržavin's allegory is combined by M. with a detail of Puškin's description of the mountain river: Стесненный Терек... бросает свои мутные волны через утесы... Каменные подошвы гор обточены его волнами... В иных местах Терек подмывает самую подошву скал (''Путешествие в Арзрум'').

[176] Cf.: K. Taranovsky, *Essays on Mandel'štam,* Cambridge, Mass., 1976, 75—79.

The latter image, in its narrow context, is a delirious allusion to the
Jewish ritual of חליצה, the renounciation of the leviratic duty, i. e., a re-
fusal to continue the line of a deceased by his brother. The ritual involves
an untied shoe.

The descent to the foot of the mountain in order to join together
the high and the low (i. e., also the lofty and the humble of lines 17–20)
follows the revelation on high ($_{43}$На изумленной крутизне) and is in-
separably linked with the act of designation, or naming, just as the search
for the forgotten word, or the acquisition of the name and form, was
associated with the Orphic *katabasis* in the Lethean poems of *Vtoraja
kniga.*

It is also possible to identify references to certain concepts of the
acmeist aesthetics in these lines. The 'tying of the latchet' seems to re-
flect the acmeist preoccupation with Gautier's *cothurne étroit,* while the
Untergang of *GO* is a variant of Zarathustra's 'loyalty to the earth,'
shared by all the acmeists. Here, however, 'the earth drones metaphor-
ically,' Земля гудит метафорой, as M. has put it in "Našedšij podkovu."
A passage in "Zametki o poèzii" suggests that the 'firm soil' is, among
other things, a metaphor for the secular Russian language: Небольшой
словарь (M. has in mind the hieratic vocabulary of the symbolists) <...>
есть признак того, что говорящий не доверяет родной *почве* и не
всюду может поставить свою ногу. It should be stressed that, in this
essay, M. takes issue with his own earlier statements on the hieratic and
the secular culture, so that *GO* represents a Hegelian *Aufhebung,* as it
were, of the antinomy which underlies the poet's theoretical pronounce-
ments.

As far as the 'secularization of the language' is concerned, the words
завязал ремень appear to be a metadescriptive,[177] 'secular' translation of
'hieratic' terms. *Завязал* is suggestive of the presumable etymon of the
word *religio,* while *ремень* (cf. *стык*) in this context points at its Greek
cognate, *harmos* (cf. the similar relationship between *камень* and *akme*).

On the other hand, *ремень* as a metonymy for 'bond' refers, through
its paronomastic attractant *ремесло,* to the theme of the social contract

---

[177] Note also the anagrammatic relation between the two opposites, $_{62}$воды
проточной / $_{64}$на твердой почве (the apparent 'poor rhyme' is actually a rear-
ranged reiteration of all the eight different consonants in the final five syllables of
the lines in question), and the etymological paronomasia which underlies the chi-
asmatic phonetic structure of $_{64}$*Подошве* гор на твёрдой *почве* (подошва –
почва).

between art and labor, united by the common attachment to 'craftsman-ship':

> На место романтика, идеалиста, аристократического мечтателя о чистом символе, об отвлеченной эстетике слова, на место символизма, футуризма и имажинизма пришла живая поэзия слова-предмета, и ее творец не идеалист-мечтатель Моцарт, а суровый и строгий ремесленник [an obvious reference to: *ремесло* | Поставил я *подножием* искусству; | Я сделался ремесленник; craftsmanship is the 'firm soil' of Salieri's art] мастер Сальери, протягивающий руку мастеру вещей и материальных ценностей, строителю и производителю вещественного мира.

("О природе слова")

This passage is an apparent revision of the defense of poetry in "Slovo i kul'tura": Не требуйте от поэзии сугубой вещности, конкретности, материальности.

As before, in the ode M. overcomes the internal contradiction of his normative pronouncements: the talismanic images of the ring and the horseshoe are meant to be magical 'word-objects,' and the poem itself, a verbal talisman. Thus in Gumilev's posthumous "Estestvo," a poem that can be interpreted against the background of Baratynskij's "Primety," and Gumilev's own "Slovo" and "Poèma načala," the creative *Urworte* and the poet himself must turn sacrificially into futurist-formalist 'word-objects'[178] to regain some of their pristine force: ...Нет, в этих медленных, инертных | Преображеньях естества — | Залог бессмертия для смертных, | Первоначальные слова. || Поэт, лишь ты единый в силе | Постичь ужасный тот язык, | Которым сфинксы говорили | В кругу драконовых владык. || Стань ныне вещью, богом бывши, | И слово вещи возгласи, | Чтоб шар земной, тебя родивший, | Вдруг вздрогнул на своей оси.

Fourteen years later. in "Ešče ne umer ty, ešče ty ne odin," M. returned to that theme of strophes II and VIII of *GO* which can be summarized in the words of his poem of orthodox devotion, "Ljublju pod svodami sedyja tišiny" (1921), Зане свободен раб, преодолевший страх. The formula of *GO* is reversed in the Voronež poem (Несчастлив тот, кого... И беден тот, кто...), but the meaning remains the same:

---

[178] On *слово-вещь* see: Aage A. Hansen-Löve, *Der russische Formalismus* (= Österreichische Akademie der Wissenschaften, Philosophisch-Historische Klasse, Sitzungberichte, 336. Band; Veröffentlichungen der Kommission für Literaturwissenschaft, Nr. 5), Wien, 1978, 54, 97, 101 (here also bibliography).

В роскошной бедности, в могучей нищете | Живи спокоен и уте-
шен, — | Благословенны дни и ночи те [cf. ₆₀ Я ночи друг, я дня за-
стрельщик], | И сладкогласный труд безгрешен. || Несчастлив тот,
кого, как тень его, | Пугает лай и ветер косит [this is the opposite
of the second beatitude of *GO*, the 'firm soil'], | И беден тот, кто, сам
полуживой, | У тени милостыни просит [cf. the first beatitude, the
acknowledgement of the true authoritative instruction. That bestowing
a praiseworthy name is for M. the opposite of begging follows from "Slo-
vo i kul'tura": Не лучше ли подарить его (the setting sun of the apoca-
lyptic cataclysm) дифирамбом, чем вымаливать у него подачки?].

STROPHE IX

**65—66. И я теперь учу дневник
Царапин грифельного лета**

These lines inaugurate the last strophe of the ode, which closes the
thematic ring, and form the final counterpoint to lines 5—8. A conscious
act of learning the book of geological and human history, a revelation of
the astral imperative, replaces the frightened delirious visions of the sub-
liminal mind as the poet prepares to emulate the ideal protagonist of the
preceding hemistrophe. The 'diary of the slate summer' is both the geo-
logical record, as is clearly stated in a retrospective passage of *RD* (*Ка-
мень* — импрессионистический *дневник* погоды, накопленный мил-
лионами *лихолетий*), and the record of the nineteenth century, 'on the
threshold' of which, in M.'s words, Deržavin 'scratched on a slate a few
verses which might serve as a leitmotif of the entire century.' A common
root underlies the key words of the three excerpts: *leto,* lixo*let*ie, sto-
*let*ie. In "V ne po činu barstvennoj šube," M. described the nineteenth
century as the 'wintry period of Russian history.' However, it would be
wrong to interpret *leto* of *GO* in the archaic sense of 'year' in order to
avoid the clash between the two contexts. The landscape of the ode is
a summer landscape: in Pasternak's words, "Рифмует с Лермонтовым
лето", and one of the age's records is "Pečorin's Journal" in *Geroj na-
šego vremeni,* in which the scratches are made by bullets. This is, in fact,
a characteristic instance of M.'s conducting the same theme through

mutually opposed images; in a similar manner, he described Rome both as 'eternal spring' and as 'autumn'.

The specific reference to Deržavin's last poem, scratched on a slate three days before his death on July 8, 1816, is combined here with a recollection of M.'s own Caucasian summer of 1921[179] and an immediate impression of the summer, described in "Xolodnoe leto" (1923), which contains some contrastive allusions to Lermontov's "Panorama Moskvy,"[179a] especially in the description of Vospitatel'nyj dom (the piece was published in *Ogonek* on July 15, coincidentally the date of Lermontov's death).

The image of Deržavin's slate merges, as it were, with Xlebnikov's meteorological diary of spirit, described in "Svojasi" (Заклинаю художников будущего вести точные *дневники* своего духа, смотреть на себя, как на небо, и вести точные записи восхода и захода звезд своего духа) and his attempt at 'uniting the star language with the everyday language' (''*Царапина* по небу. Прорыв в *языки*''). The diary (*дневник*) appears to be the final result of Deržavin's and nature's draft (*черновик*), which has been ripening in $_{15-16}$Здесь созревает черновик | Учеников воды проточной. The language of this diary is now intelligible and can be 'studied' (unlike the 'milky slate drawing' of lines 6–7).

The parallelism of the verbs $_{65}$*учу* and $_{69}$*хочу* points at Puškin's "Stixi, sočinennye noč'ju vo vremja bessonnicy" in Žukovskij's redaction: Я понять тебя *хочу*, | Темный твой язык *учу*.

67. Кремня и воздуха язык

This is the language in which the diary is written (see note to line 3, identical with 67). The 'draft' of Deržavin is to be read in the language of Lermontov: Река *времен* – *Кремни*стый путь. The draft of *GO* directly suggests such a reading: Записан сдвиг, записан страх, | *Читай: кремневых гор осечка,* a reference to the setting of Lermontov's death and the fatal flint of the duelling pistols (cf. Xlebnikov's "Na rodine krasivoj smerti Mašuke": И загрохотал в честь смерти *выстрел* | *Тяжелых гор*). The summer of slate and the summer of flint, 1816 and 1841, thus merge into one.

---

[179] See: Л. Гинзбург, *О лирике,* Издание второе, дополненное, Л., 1974, 388–389.

[179a] The principal subtext and model of "Xolodnoe leto" is Batjuškov's "Progulka po Moskve."

68. С прослойкой тьмы, с прослойкой света.

The blurred, delirious, milky vision of lines 5–8 is replaced by an articulate alternation of darkness and light. M. saved the image of the distinct, intelligible articulateness for the end of the ode, eliminating it from the metaphors of strophe II, which, in the draft, contained lines родник журчит | Холодной и *раздельной* речью, although he preserved the image of the speech-like sequence: ₁₂Цепочкой, пеночкой и речью.

'The language of the flint-stone and the air, with a streak of darkness and a streak of light' is the expression of the physical and historical time. The streaking stars provide the absolute chronological criterion, the astral time. The measure of the meteorological record (воздух) is the succession of Night and Day (cf. Tjutčev's translation from *Faust*: И быстро, с быстротой чудесной, | Кругом вратится шар земной, | Меняя тихий свет небесный | С глубокой ночи темнотой). At the earlier stage of the drafts, in which the 'scratches' were 'lightnings,' Tjutčev's "Nočnoe nebo tak ugrjumo" must have been the subtext: Как по условленному знаку, | Вдруг неба *вспыхнет полоса,* | ... | И вот опять все потемнело... The 'unearthly tongues' of Tjutčev's thunderstrom in "Ne to, čto mnite vy, priroda" were in these drafts 'the language of the air,' directly associated with that of the fire-striking flint. However, in the final, Lermontov-oriented version of the ode, the theme of lightnings sunk to the deeper subtextual levels (see note to line 44). In this version, the flint is associated not with fire, but with water, and its language is the geological record. In *RD* 34–35, M. described the stratification of the discrete layers of darker and lighter rock as the 'palaeontological clock': Дант и его современники не знали геологического времени. Им были неведомы палеонтологические часы, часы каменного угля, часы инфузорийного известняка, часы зернистые, крупичатые, *слойчатые.* Они кружились в календаре, делили сутки на квадранты (Here M. contrasts the geological and astronomical time).

The key to M.'s notion of history is periodicity, on the one hand, and a synchronizing juxtaposition of phenomena, on the other. Culture is the language of the record of historical memory, analogous to the 'language of the flint-stone and the air' (cf. the passage on Novalis in *RD* 53–54: Прелестные страницы, посвященные Новалисом горняцкому, штейгерскому делу, конкретизируют взаимосвязь камня и культуры, выращивая культуру как породу, высвечивают ее из камня-погоды. <...> он не только прошлое, он и будущее: в нем есть периодичность. Он алладинова лампа, проницающая геологический сумрак будущих времен). Here, too, darkness and light are the basic concepts, the binary terms which describe the dichotomy of culture and the elemental forces ('weather') in history. Žukovskij's memorable description of the chaotic consciousness of oblivion in his translation of *The Prisoner of Chillon* stresses "the loss of light, and air, | And then of darkness too"; this is the destiny from which M. sought protection in the talismans of *GO*: Но что потом сбылось со мной, | Не помню... *свет казался тьмой,* | *Тьма светом: воздух исчезал;* | В оцепенении стоял | Без памяти, без бытия, | Меж камней хладным камнем я; | И виделось, как в тяжком сне, | Все бледным, темным, тусклым мне; | Все в мутную слилося тень: | *То не было ни ночь, ни день,* | Ни тяжкий свет тюрьмы моей, | Столь ненавистный для очей: | То было тьма без темноты; | То было бездна пустоты | Без протяженья и границ; | То были образы без лиц; | То страшный мир какой-то был, | Без неба, света и светил, | Без времени, без дней и лет, | Без промысла, без благ и бед, | Ни жизнь, ни смерть — как сон гробов, | Как океан без берегов, | Задавленный тяжелой мглой, | Недвижный, темный и немой. This nightmare is broken, as in *GO*, by a voice, the voice of a bird: Вдруг луч внезапный посетил | Мой ум... то голос птички был.

The original, undifferentiated draft version of strophes I/IX, И я ловлю могучий стык | Видений дня, видений ночи developed the theme of Baratynskij's "Толпе тревожный день приветен". The final text of strophe IX, likewise, includes among its subtexts a poem by Baratynskij, "Благословен святое возвестивший": *Две области — сияния и тьмы* | *Исследовать равно стремимся мы.* | *Плод яблони со древа упадает:* | *Закон небес постигнул человек.*[180] *Нравственное сознание,* 'moral awareness,' so often associated in M.'s poetry with Bara-

---

[180] These lines and their continuation, Так в *дикий* смысл порока посвящает | Нас иногда один его намек, modify also the meaning of the Homeric subtext of И снова *яблоня* теряет *дикий плод* in "Ja v xorovod tenej...". Compare also: И для *людей,* для их *сердец живых,* | Блуждая в их *извилинах, развивах,* | *Изобразишь* и наслажденья их, | И то, что мучит их... (1936) and Какой-нибудь неправедный *изгиб* | *Людских сердец* пред нами *обнаживший* in the same poem by Baratynskij.

tynskij,[181] was one of the fundamental concepts in M.'s definitions of various historical ages, and acmeism itself signified to him 'a rebirth of moral force in Russian poetry' ("O prirode slova"). Like the oubliette of Chillon, the inferno of moral oblivion, Lermontov's Ни день, ни ночь, – ни мрак, ни свет, suppresses, in its haughty indifference to the earth (Будь к земному без участья), the distinction between darkness and light. Conversely, the artistic medium of moral discernment is, as Annenskij has noted, black and white: Совесть и сама любит рисовать, только произведения ее редко в красках, скорей это художница по части blanc et noir и больше всего она заботится об отчетливости линий...[182] Annenskij seems to paraphrase, with gentle irony, what Baudelaire has expressed with immense tragic power in "L'Irrémédiable" (one of the sources of M.'s image of the star reflected in the black water of a well, in "Soxrani moju reč' navsegda"): Puits de Vérité, *clair et noir*, | Où tremble une étoile livide, | ... | La conscience, dans le Mal!

In the "Prolog" to *Vozmezdie,* the epic poem which has had a profound influence upon Gumilev, Axmatova, and Mandel'štam, Blok demands from the artist an understanding and discernment of 'darkness and light,' and a recreation of their historical rhythm in the very act of forging the redemptive and punishing work of art, Siegfried's Nothung, out of 'all that is sacred or is sinful in the world': Познай, где свет, – поймешь, где тьма. | Пускай же все пройдет неспешно, | Что в мире свято, что в нем грешно, | Сквозь жар души, сквозь хлад ума. | Так Зигфрид правит меч над горном: | То в красный уголь обратит, | То быстро в воду погрузит – | И зашипит, и станет черным | Любимцу вверенный клинок... Significantly, the "Prolog" ends in geological metaphors: ...и уж ясны | Заветы темной старины; | Созрела новая порода, – | Угль превращается в алмаз. | Он, под киркой трудолюбивой, | Восстав из недр неторопливо, | Предстанет – миру напоказ!.. The mystical leitmotif of the dark, burnt-out stratum (Миров испепеленный слой; ветхий слой; Виеголовый, мгловый слой) and the fiery streak, atmospheric symbols of the Old and New Adam in Andrej Belyj's poetry, is an occult expression of the same idea.

---

[181] See: О.Ронен, "Лексический повтор, подтекст и смысл в поэтике Осипа Мандельштама", *Slavic Poetics,* 1973, 381–383.
[182] Иннокентий Анненский, *Достоевский,* Казань, 1905. Reprinted in: *Книги отражений,* М., 1979, 237–242.

These symbolist affinities of line 68 substantiate thematically what might appear otherwise an incidental borrowing from *Pervoe svidanie*:

₆₆*Царапин* грифельного *лета*   Из вышины — разгулы *света*;
₆₈С прослойкой *тьмы*,   Из глубины — пахнуло *тьмой*;
     с прослойкой *света*
₆₉*И я* хочу...   *И я* был взят из *молний лета*...

69. И я хочу вложить персты

The proverbial general meaning of the expression derives from the Gospel according to St. John 20:25. In view of *язва* in line 71, it seems that M. refers specifically to the Church Slavonic text, in which *ton typon tōn helōn* is rendered as *jazvy gvozdinnyą*: ašte ne... *vložu persta moego v jazvy gvozdinnyą*, i vložu ruku moju vъ rebra ego, ne imu věry. However, the line forms a complex affinity also with the Latin version of the Gospel, through strophe IX of *1 Jan,* in which the final curative act involves 'tearing out the typewriter key' (*klaviš*) (cf.: et mittam digitum meum in locum *clavorum*); i. e., персты (*GO*) — Underwood (i. e., *dacty*lography) (*1 Jan*) — *клавиш* (*1 Jan*) — clavis/clavus — *язва* (*GO*)[183].

The general meaning of the adage is somewhat modified by M.'s prosaic contexts:

Не требуйте от поэзии сугубой вещности, конкретности, материальности. Это тот же революционный голод. Сомнение Фомы. К чему обязательно осязать перстами? А главное, зачем отождествлять слово с вещью, с травой, с предметом, который оно обозначает? (''Слово и культура''; the analogy is supported by the fact that *slovo,* for M., is Logos).

Сходить в ''Художественный'' для интеллигента значило почти причаститься, сходить в церковь. Здесь русская интеллигенция отправляла свой самый высокий и нужный для нее культ, облекая его в форму театрального представления. <...> Источником этого театра было своеобразное стремление *прикоснуться* к литературе, как к живому телу,

---

[183] Such multilingual associative moves are characteristic, i. a., of *Četvertaja proza* in which they are used humorously: Ходят *армяне* из города Эривани с зелеными крашеными селедками. Ich bin *arm* — я беден. А в *А*рмавире на городском гербе написано: собака лает, ветер носит (the arms [*arma*] and the motto of Armavir are created through a punning blend of Latin quotations: **arma virumque cano** and **canis a non canendo,** Varro's proverbial "etymology" really resembling an Armenian riddle).

осязать ее и вложить в нее свои персты. Пафосом поколения – и с ним Художественного театра – был пафос Фомы Неверующего. У них был Чехов, но Фома-интеллигент ему не верил. Он хотел прикоснуться к Чехову, осязать его, увериться в нем. В сущности, это было недоверие к реальности даже любимых авторов, к самому бытию русской литературы ("Художественный театр и слово", 1923).

Дома он [Goethe] избегал углубляться в античность, в древний классический мир, потому что понять для него значило увидеть, проверить осязанием ("Юность Гете", 1935).

What the protagonist of *GO* wishes to 'understand by tactual verification' is not the reality of the word, of which he is convinced all along, but the reality of martyrdom (общественный путь и подвиг современного поэта – "Слово и культура"), that reality of life and death which M. questioned in 1911: Неужели я настоящий, | И действительно смерть придет.

70. В кремнистый путь из старой песни

The meaning of the line is discussed in detail in the notes to line 2. Through the anagram *кремнистый – крестный*, Lermontov's *кремнистый путь* is related to the Gospel theme, induced by the narrow context of the strophe (the origin of the expression in Lermontov, a variation of the more widespread *кремнистая тропа*, is probably the French *chemin pierreux, chemin caillouteux*, or the German *steiniger Weg, Kieselbahn, Kiesweg, Kieselsteig, Kiesichterweg*, with a suggestive paronomastic potential, *kies-/giess-*, of which M. must have been aware). For certain other possibilities and my arguments against their acceptance, see G. Levinton's communication.[184]

---

[184] Г. Левинтон, "К проблеме литературной цитации", *Материалы XXVI научной студенческой конференции*, Тарту, 1971, 53 (on the Gospel allusion in *GO* allegedly implied by the *кремнистый – тернистый* association; in fact, both are calques from the French: chemin pierreux, chemin jonché de cailloux, chemin épineux. See, i. a., A. D. Grigor'eva's description of such clichés in: *Поэтическая фразеология Пушкина*, М., 1969, 149 сл.); "Две заметки о Блоке. II. К истории сочетания 'кремнистый путь'", *Тезисы I Всесоюзной (III) конференции "Творчество А. А. Блока и русская культура XX века"*, Тарту, 1975, 72–73.

G. A. Levinton is mistaken in his assumption that "Solov'inyj sad" is the first instance of the use of the adjective *кремнистый* in the short predicative form (i. e., as a qualitative adjective: Путь знакомый и прежде недлинный | В это утро кремнист и тяжел) and therefore marks a semantic shift in the figurative use of this adjective. Actually, already Pleščeev wrote: Так чести *путь*, друзья, *крем-*

71. Как в язву, заключая в стык

The association between *язвы гвоздиные* and the 'flinty path' is provided by M.'s poem "Ty prošla skvoz' oblako tumana" (1914), to which I have already referred in the notes to 33—34. Written in the trochaic pentameter of "Vyxožu odin ja na dorogu," it created a Lermontovian context, modeled on the line *Сквозь туман* кремнистый путь *блестит,* in which *кремнистый путь* was substituted by *дней зияющая рана*: Как *сквоз*ит и в облаке *тумана* | Ярких дней зияющая рана, perhaps under the influence of Annenskij's recurrent collocation: За розовой раной тумана ("Который?"); В тумане раны ("Призраки").

Touching this wound is not only an allegory of doubt and verification, but a curative act, in which the symbolic wound signifies, in the context of Lermontov's *старая песня,* the anguish of a tortured mem-

---

нист бывает, | И не всегда легко по нем идти, | Но благо тем, кто гладкому пути | Его предпочитает. It is true that the Greek *poros kremnos* may have influenced M.'s interpretation of *кремнистый путь* (cf. below), but the vague similarity perceptible between *GO* and "Solov'inyj sad" is established not by the common lexemes *слоистые* / *слоенье* and *кремнистый,* but rather by the common pattern of sound texture: $kr/gr - sl/zl$ (e. g., in "Solov'inyj sad": дорога, кричать, ограда, догорает, рука, награда, проклятья, рокот, горя, кремнист, краб, закарабкался, красив, etc.; осел, соловей, слоистые, скалы, сложим, усталый, волосатые, листы, бесследно, золотистей, золотой, звенели, возлюбленный, etc.). In Blok's text, the semantic opposition is created within the same sound patterns: осел/соловей, кремнист/красив, дорога/ограда, etc.; in *GO,* it corresponds to the opposed sound patterns: кремень/сланец, города/селенья, etc.

Although the nightingale theme in "Solov'inyj sad" (Schöne Nachtigalienwelt!) and in some of M.'s poetry and prose derives from a common source, Heine (see my report "A Functional Technique of Myth Transformation in Twentieth-Century Russian Lyrical Poetry," to be published in *Myth in Literature: Papers of the Conference Held at New York University, November 13—15, 1981*), "Solov'inyj sad" is not part of M.'s quotational apparatus. G. A. Levinton generally tends to be very broad in his identification of subtexts. On one occasion, he has confused even the texts of Blok and M., as is evident from V. N. Toporov's remark (*Ахматова и Блок,* Berkeley, 1981, 201—202): Как пример гофмановских ходов у Мандельштама [*sic!* — OR] Г. А. Левинтон приводит фразу "Пляшут в стакане вина золотистые змеи" (к мотиву "Золотого горшка"). The phrase comes, of course, from Blok's "Усните блаженно, заморские гости, усните...". Levinton may have had in mind M.'s Что страсти? | Танцующие змеи! ("Не спрашивай: ты знаешь", 1911), but these snakes have nothing to do with E. T. A. Hoffmann.

огу (И как-то весело и больно | Тревожить *язвы* старых ран... | Тогда пишу. Диктует совесть) and delirious inspiration (Не верь, не верь себе, мечтатель молодой, | *Как язвы,* бойся вдохновенья. | Оно — тяжелый бред души твоей больной, | Иль пленной мысли раздраженье). On the other hand, this is the 'black sore' of moral affliction, of historical and social injustice, to which Axmatova referred in 1919, paraphrasing *Isaiah* (1:6 and 3:7): Чем хуже этот век предшествующих? Разве | Тем, что в чаду печали и тревог | Он к самой черной прикоснулся язве, | Но исцелить ее не мог.

Another reference to that sore, and to the poet's duty to cure it, must have been noticed by M., as he worked on his Barbier translations in 1923, in the first poem of "Il pianto," which offers several thematic parallels to M.'s interpretation of Lermontov's *кремнистый путь*:

> Il faut, bon gré mal gré, suivre l'ardente nue
> Qui marche devant soi sur la voie inconnue;
> Il faut courber la tête, et le long du chemin,
> Sans regarder à qui l'on peut tendre la main,
> Suivre sa destinée au grand jour ou dans l'ombre.
> Or, la mienne aujourd'hui, comme le ciel, est sombre;
> Pour moi, cet univers est comme un hôpital,
> Où, livide infirmier levant le drap fatal,
> Pour nettoyer les corps infectés de souillures,
> Je vais mettre mon doigt sur toutes les blessures.

In line 71, the word *стык* occurs for the third and last time. The final joint is on earth (it will be recalled that the first joint was between the stars, and the second, between heaven and earth). In an early draft, the final strophe read: И я теперь учу язык | Который клекота короче | И я ловлю могучий стык | Видений дня, видений ночи | И никому нельзя сказать | Еще не время... (?) после | Какая мука выжимать | Чужих гармоний водоросли. The last two lines prefigure 38Изнанка образов зеленых of the final text and, being a metaphoric description of the process which I have attempted to trace through subtext analysis, can be interpreted in the light of the following passage, in which the entangled seaweed signifies the incomprehensibility of a forgotten heritage: Французская революция кончилась, когда от нее отлетел дух античного беснования <...> и выплеснулась на берег девятнадцатого столетия уже непонятая, — не голова Горгоны, а пучок морских водорослей[185] (”Девятнадцатый век”).

The 'gathering of night herbs' in *1 Jan* is a distinct echo of the canceled lines Какая мука выжимать | Чужих гармоний водоросли: Какая боль искать потерянное слово, | Больные веки подымать, | И с известью в крови для племени чужого | Ночные травы собирать.

In the final text of *GO, jazva* is substituted for *muka*, whereas the direct reference to 'harmony' is replaced by one of those bilingual riddles of which кремень – Gk. *kremnos* may be another example. *Стык,* a stylistically astonishing, though accurate, translation of *harmos* is the key word of *GO,* a secret evocation of the harmony of the spheres, the reconciliation of heaven and earth, and, on earth, the mysterious solution of all sorrows and the magic cure about which Baratynskij wrote: Болящий дух врачует песнопенье. | Гармонии таинственная власть | Тяжелое искупит заблужденье | И укротит бунтующую страсть. | Душа певца, согласно излитая, | Разрешена от всех своих скорбей; | И чистоту поэзия святая | И мир отдаст причастнице своей.

---

[185] The 'seaweed,' Undine's long hair, undergoes a reversed metamorphosis and is transformed into 'a batch of human heads' in M.'s translation of Barbier's "La popularité," V (”Это зыбь”).

N.Konrad, in his commentary to *Ise-monogatari* (Ch. 103, "Vsemirnaja literatura," 1923), pointed out a Japanese pun based on the homophony of the words for 'seaweed,' 'eye,' and 'rendezvous.' This instance of an untranslatable 'alien harmony' seems to explain M.'s купец травы морской 'merchant of seaweed,' the eye of Kaščej's cat expecting guests in "Ottogo vse neudači" (1936). The theme of long harmony and long, false expectation is associated with 'seaweed' also in another Voronež poem, "Razryvy kruglyx buxt": Я с вами разлучен, вас оценив едва: | Длинней органных фуг — горька морей трава, | Ложноволосая – и пахнет долгой ложью. Fet's 'infinite meander' of coastal seaweed (Далеко на песок отодвинут | Трав морских бесконечный извив) fails to reach the 'other,' continental, 'sand' (Что ж мне под голову другой песок положен?); hence the bitterness of the poet's reproach. The new meaning, 'long expectation,' is reinforced in M.'s old metaphor by the subtext out of Elena Guro: Сердце — верное — знай – | Ждать длинней морской травы. | Ждать длинней, длинней морской травы. | А верить легко... (”Вечернее", *Небесные верблюжата,* СПб., 1914, 29).

72. Кремень с водой, с подковой перстень.

The talismanic items (see notes to line 4) united in the *harmos* are
to ensure the continuity of the historical time, i. e., cultural memory,
through the continuation of the traditional 'flinty path' of poets' mar-
tyrdom (''подвиг роковой'', as K. R., in Lermontov's vein, paraphrased
the reference to Hamlet's task: "The time is out of *joint*; O cursed spite,
| That ever I was born *to set it right*").[186]

---

[186] In Kroneberg's version: ...пала связь времен! | Зачем же я связать ее
рожден. This is yet another subtext of "Vek": Узловатых дней колена | Нужно
флейтою связать (cf. Hamlet's recorder).

THE STRUCTURE AND MEANING
OF *1 JANUARY 1924*

Formal Features

According to the memoirs of N.Ja.Mandel'štam,[1] the poet worked on *1 Jan* on Christmas 1923, in Kiev. It is not clear whether the poem was completed before or after the events of January 21–27, 1924 (the dating should have a direct bearing on the interpretation of, i. a., line 64 *I kljatvy krupnye do slez*[2]).

Its genre can be defined, in B.Tomaševskij's terms,[3] as "hybrid elegy": it combines the traditional iambic hexameter of the 18th century elegy with tetrameters and pentameters in a more or less regularized strophic alternation pattern that is associated, in its origins, with the meditative historical elegies of Batjuškov (cf., in particular, the aBaBcDcD rhyme scheme and the combination of all the three types of line in "Ty probuždaeš'sja, o Baja, iz grobnicy"). Just as in his revival of the ode M. made use of the final stage of its development in the 19th century, Ryleev's *dumy* and Tjutčev's "micro-odes," so in his approach to the elegiac genre[4] he turned to the most viable pattern

---

[1] *Воспоминания*, N. Y. 1970, 192.

[2] Cf., in "Стихи о Сталине" (1937) : На *шестиклятвенном* просторе, — a reference to the sixfold reiteration of "Kljanemsja" in the well-known oath.

[3] "Строфика Пушкина", *Стих и язык*, М.–Л., 1959, 265.

[4] Beside M., three other poets of the Guild experimented in the field of elegy, generally rather alien to the spirit of acmeism. Lozinskij, in "Večera" (1907), continued the tradition of Grigor'ev's "Gorod." The genealogy of Komarovskij's remarkable "Rakša," "V Carskom sele," "Zakat," etc. can be traced back to Puškin, especially to the elegiac elements of the epistle "K vel'može." Finally, Anna Axmatova, in her later "Northern Elegies" (which are, strictly speaking, not elegies at all, just as her "Carskosel'skaja oda" is not an ode), continued her own "Èpičeskie motivy" and returned to the tradition established in Puškin's meditative monologues

of the later elegiac tradition, which evolved after the total decline of
the Karamzinist elegy, under an apparent influence of that very poet
whose verses M. was translating into Russian throughout 1923, Auguste
Barbier.

The combination of the epic and lyrical elements, the mournful
meditation upon the ruin of the past century, animated by a deep sense
of historical and personal wrong, yet tempered by manly resignation
stemming from the sense of loyalty to the tradition of that century,
no matter how diluted and perverted by the present day, were inspired
in part by Barbier, in part by the Russian late romantic tradition (Ler-
montov's "Duma," "Ne ver' sebe," "1 janvarja," etc.; Apollon Grigor'-
ev's "Gorod"), and to a very great extent by the spiritual drama of the
previous age of hope and noble aspiration, which had found its most
lasting expression in Musset's *Confession d'un enfant du siècle* and
Gercen's letters, and to which M. subsequently turned directly in the
"Variant" of *1 Jan,* "Net, nikogda ničej ja ne byl sovremennik."

Finally, a single line of a still later Russian elegy, taken at its emo-
tional value, as it was by Rozanov,[5] "Edu li noč'ju po ulice temnoj," pro-
vides the key to the lyrical mood of the poem as embodied in its plot,
a night journey in the dark streets.

The elegy consists of 38 iambic hexameters, 27 iambic tetrameters
and 7 iambic pentameters. The text is obviously too short to afford any
conclusions from the statistical point of view, especially because of the
specific, and still unresolved, problems inherent in the analysis of free
iambs.[6]

The poem is divided into nine octaves, with alternating feminine and
masculine rhymes (aBaBcDcD), i. e., the order of rhyming is reversed

---

and dramatic poetry of the 1830's. It is noteworthy that her 'elegies' are written in
unrhymed iambic pentameters, and their mood is that of historical and personal re-
miniscence.

[5] Cf. M.'s remark in "O prirode slova": Розанов <...> увязнет с головой
в строчке любого русского поэта, как он увяз в строчке Некрасова. "Еду ли
ночью по улице темной", первое, что пришло в голову ночью на извозчике,
розановское примечание – вряд ли сыщется другой такой русский стих во
всей русской поэзии.

[6] See: Г.О.Винокур, "Вольные ямбы Пушкина", *Пушкин и его совре-
менники,* № 38–39, 1930, 23–36; Л.И.Тимофеев, "Вольный стих XVIII в.",
Ars poetica, II, 1928, 73–115; М.П.Штокмар, "Вольный стих XIX в.", *ibid.,*
II, 1928, 117–167; М.Л.Гаспаров, *Современный русский стих. Метрика и
ритмика,* М., 1974, 372–397.

with respect to *GO*. In the first publication of *1 Jan*,[7] the text consisted of 18 quatrains grouped, by typographic means (spacing; receding left margin; dividing lines), into six sections which corresponded to strophes I–II, III, IV–V, VI, VII, and VIII–IX of the final text. It is not clear whether the publishers followed the author's instructions, but such a division does seem to reflect certain features of the poem's composition. A French translation published in 1925[8] preserved the division of the text into 18 quatrains, but not the sectioning of the first publication. As has already been mentioned (p. 15), the number of lines and strophes is symbolically significant in *1 Jan,* and the nine-strophe pattern may have been introduced in this text at some later stage to emphasize its affinity with *GO*.

The order of hexametric, pentametric, and tetrametric lines in *1 Jan* is the following one:

	A
I	6–4–6–4–6–4–6–4
II	6–4–6–4–6–4–6–4
III	6–4–6–4–6–4–6–4

	B
IV	6–6–6–4–6–4–6–4
V	6–5–6–4–4–6–5–4
VI	5–6–6–6–6–5–5–6

	C
VII	6–4–6–6–6–5–6–4
VIII	6–4–6–4–6–4–6–4
IX	6–4–6–4–6–5–6–4

The basic strophic pattern, established in A and deriving from M.'s translations of Barbier, is a regular alternation of iambic hexameters and tetrameters. The pattern of C is such an alternation of iambic hexameters with other iambic lines, in which the odd line must always be filled with hexameter while the even line may contain four, five, or, exceptionally, six icti. The least regular of the C strophes is VII (separated out in the first publication), which contains three consecutive hexametric

---

[7] *Русский современник,* кн. 2, М.–Л., 1924, 97–99.

[8] *Commerce,* Cahier VI, Hiver 1925, 194–199. The accurate French translation is by Hélène Iswolsky.

lines arranged in such a way that a hexametric line occurs at the end of
the first hemistrophe. The arrangement of the two pentametric lines in C
is symmetrical (line 6 of strophe VII and line 6 of strophe IX).

The least predictable of the three strophic groupings is the central
section B. In its opening strophe, IV, the regular pattern of A is altered
but slightly by the three consecutive hexameters in the first hemistrophe
(modeled probably on Lermontov's "Duma," to which it is related
thematically by the motifs of premature aging, darkness, and the road:
Печально я гляжу на наше поколенье! | Его грядущее — иль пусто,
иль *темно,* | Меж тем, под бременем познанья и сомненья, | В без-
действии *состарится* оно. | Богаты мы, едва из колыбели, | Ошиб-
ками отцов и поздним их умом, | И жизнь уж нас томит, как ров-
ный *путь без цели,* | Как пир на празднике чужом...; Толпой угрю-
мою и скоро позабытой, | Над миром мы пройдем без шума и сле-
да, | Не бросивши векам ни мысли плодовитой, | Ни гением нача-
того труда. | И прах наш, с строгостью судьи и гражданина, | Пото-
мок оскорбит презрительным стихом, | Насмешкой горькою
обманутого сына | Над промотавшимся отцом. — Note that the
sequence of three hexameters is followed in "Duma" by a pentameter or
a tetrameter). The central strophe of B, and of the entire elegy, V, is
characterized by two pentametric lines, symmetrical (2nd line from the
beginning and 2nd line from the end) yet contrasting, for the first of
these serves as a 'shorter,' even line, while the second fulfills the function
of the 'longer,' odd line. The middle of the strophe, i. e., the exact center
of the poem, consists of two consecutive iambic tetrameters at the junc-
ture of two hemistrophes. The highly irregular 'encircling' pattern of the
second hemistrophe in V (4–6–5–4) prefigures the structure of the post-
median strophe, VI, the least regular in the entire text. This is the only
strophe in the poem which does not begin in iambic hexameter and does
not end in iambic tetrameter: 5–6–6–6–6–5–5–6 (this is, moreover,
the only strophe that contains no tetrameters at all, four consecutive
hexameters, and two consecutive pentameters). The structure of this
strophe, with its initial pentameter and concluding hexameter, can be de-
scribed as a reversal of the basic strophic pattern of the poem. The
strophe is, as it were, turned upside down, an iconic representation of the
reversal of justice,[9] *ščučij sud,* the prominent image in the concluding,

---

[9] Cf., in connection with the unexpected 6-foot iamb at the end of this
strophe, the image of the 'hexadactylous injustice' in   Я с дымящей лучиной в хо-
жу | К шестипалой неправде в избу (1931).

hexametric line of strophe VI which, in the first publication, was separated out.

The strophic structure suggests that the compositional pattern of the poem is 3—3—3 (vs. 4—1—4 of *GO*), that the postmedian strophe is the most prominent one (vs. the median strophe in *GO*), and that at least two out of the three strophes prominently marked by typographic means in the first publication are, in fact, different in their internal pattern. This tendency may reflect M.'s interest in Pindaric odes, which found expression, during 1923, in "Našedšij podkovu," and an attempt to recreate, with certain changes, the strophe — antistrophe — epode scheme of a triadic Greek ode.

A secondary symmetry, distantly resembling the compositional principle of *GO* (see p. 39), is introduced in *1 Jan* by the recurrent groups of rhymes, which create a parallelism between strophes II and VII, and IV and IX:

II:	властелина	VII:	малина
	сына		пол-аршина
	оборвут		ундервуд
	зальют		убьют
IV:	сына	IX:	сына
	властелина		сонатина

Thematically, the elegy is divided into three parts which almost exactly correspond to the 3—3—3 strophic division. The three parts can be roughly defined by their key words, i. e., the words that recur prominently in each separate part, but not in the rest of the poem. For section A (strophes I—III), such a word is *vek*. The triple reiteration of this word in A is further emphasized by the use of its semantic (*vremja*) and paronomastic (*veki, čeloveka*) cognates. The word *vek* occurs two more times in the immediately adjacent first hemistrophe of section B, which represents a transition between the internal plot of A (the 'son of the age' at the side of the 'dying age') and the plot of B (the contemplated escape and the night ride along the streets of Moscow).

It should be noted that the protagonists of A are the 'age' and 'the son of the age,' while the first person singular appears as an external, auctorial presence ($_{13}$*Я знаю*, с каждым днем слабеет жизни выдох; $_{18}$*Боюсь*, лишь тот поймет тебя). The unity of A is supported also by the recurrent synecdoches, shared, apparently, by both of its protagonists: *глиняный* прекрасный *рот, глиняные* обиды, *глиняная* жизнь; *болезненные веки, больные веки* (cf. in "Нет, никогда ничей я не был современник": *Я с веком* поднимал *болезненные веки*) ; *два сонных яблока* ('eyeballs,' forming a figure of antanaclasis with the 'apple' of strophes IV, V, and VIII); *жизнь* (II and III); *умирая, умиранье* (II and III), etc. The third strophe of A is marked by the rhetorical vocatives О глиняная жизнь! О умиранье века! in its initial line and the direct, 2nd person singular, evocation of the dying age in the second line of the strophe (...лишь тот поймет *тебя*). The concluding rhetorical exclamation of strophe III, *Какая боль — искать потерянное слово*, is echoed in the rhetorical exclamation of strophe VI (i. e., the final strophe of B): *Каким железным, скобяным товаром | Ночь зимняя гремит по улицам Москвы*. In terms of the 'plot,' strophe III introduces the theme of 'search' ($_{20}$*потерял себя;* $_{21}$*искать потерянное слово*), which culminates in the final strophe, IX: $_{68}$*И щучью косточку найдешь.*

The key word of section B (strophes IV–VI) is the name *Москва*, introduced in IV, latently present in V as an anagram ($_{33}$По переулочкам, *скворешням*...; cf.: $_{41}$...железным, *скобяным*...), and repeated three times in VI. The name's last two consonants, *k–v*, echo the key word of A, *vek* (which, in its turn, anagrammatically and through the implied theme of Vij, – cf. "Как по улицам Киева-Вия", – suggests the name of the city in which the poem was written, Kiev), while its initial consonant foreshadows a series of alliterations in *m* (мне, моего, мощенɑю, мной, мехом, мелькает, морозных, мерзлою, etc.) which extends through B and C. The first person singular appears in this section as an internal presence, i. e., an actual protagonist, which replaces 'the son of the age': $_{29}$*Мне* хочется бежать; $_{32}$Белеет совесть предо *мной*; $_{35}$*Я*, рядовой седок; $_{45}$*Я* говорю ей; $_{47}$*я* уважаю. Strophe VI, the concluding strophe of B and the thematic focus of the poem (set off typographically in the first publication), just as the final strophe of A, contains a direct evocation addressed at the key word of the section: $_{45-46}$*Я* говорю ей: "*здравствуй! | Не обессудь*..." (the two imperatives echo the two vocatives of III). The principal element introduced by this section from the point of view of the plot is the departure of the protagonist in an initial and unsuccessful quest for security (cf. $_{36}$Все силюсь *полость застегнуть* and lines 63–64 of *GO*). A semantically important secondary element prominently represented in this section has to do with its 'ichthyological' imagery: *мерзлая рыба, серебро плотвы, щучий суд,* which induce a semantic shift also in the idiom *рыбий мех,* an insufficient protection, which foreshadows, however, the true talisman, found in IX: *щучья косточка.*

The composition of section C differs somewhat from the clearcut 2–1, 2–1 sequence of A and B. This difference appears to be reflected in the first publication of the text, in which strophe VII is set apart from both VI and VIII, while strophe VIII and IX constitute a single unit of 4 quatrains, just as I–II and IV–V do. All the three strophes of C contain rhetorical questions: 52 Чего тебе еще? 61 Ужели я предам?.. 65-66 Кого еще убьешь? Кого еще прославишь? | Какую выдумаешь ложь? The category of the 2nd person singular, however, occurs only in the first (VII) and the last (IX) strophes of this section (in the former, it obviously refers to the auctorial presence, the nocturnal traveler, whereas in the latter, its reference is enigmatic), while in the central strophe (VIII) the poet returns to the first person singular of section B in a digressive manner which again externalizes the auctorial presence, dissolved, as it were, by the transitions from the 1st person to the 2nd, and vice versa.[10] The imperative of IX, *вырви,* marks the basic affinity of the final strophes in each section, but the actual presence of the 2nd person singular pronoun, irrespective of its reference, links together strophes III and VII.

The key word and the 'protagonist' of section C is *ундервуд,* the Underwood typewriter, whose 'simple sonatina' replaces the 'simple song of earthen grudges' cut short in strophe II (it should be noted that 14-15 оборвут | Простую песенку, along with 15-16 взревели реки | *В*ремен обманных, by prefiguring the underlying paronomasia of IX, ундервуд – вырви, directly affect the semantics of the word *ундервуд,* just as the sound structure of 50 щелкнул ундервуд accounts. in part, for the thematic association between the pike (*щука*) and the typewriter; the recurrent *rv – vr* are prominent also in the title of the elegy: "Pe*rv*oe jan*v*arja tysjača devjatsot dvadcat' četve*r*togo"). The contextual meaning and the thematic significance of the 'Underwood' will be considered in the notes to lines 50–67. At this stage, it is necessary to point out that the 'addressee' of strophe IX is not, unlike in the final strophes

---

[10] Such transitions, frequent in M.'s poetry and clearly reflected in variants, suggest a syncretism, or 'cross-switching' (*переключение*) of the expressive and the conative functions in M.'s poetics, paralleled by a similar relationship between the poetic and the metalinguistic (quotation as a form of reiteration), and the referential and the phatic function ("ni o čem pogovorit'").

of A and B, the key word of the section, but rather, through metonymic association, the protagonist that plays the 'simple sonatina' on the Underwood. That protagonist is a syncretic image of the new age (the subsequent addressee of "Za gremučuju doblest' grjaduščix vekov"): the 'hungry state' of "Slovo i kul'tura," the Fourth Estate, its sworn subjects, including the poet himself, and finally the New Year, of which a cure for the ailing son of the age is expected (the numerical image of this new year, named directly only in the title of the elegy, is created by the numerals of strophe VIII: *dvadcatyj, četvertoe*).

Clearly, the composition of *1 Jan*, based on lexical reiteration and rhetorical figures, is that of a narrative epic poem, rather than a lyrical piece (compare the relatively tight-knit and closed pattern of lexical, grammatical, and syntactic symmetry in *GO*, a poem of the same length). Lexico-semantic repetends other than the key words of each section, although extremely important thematically (e. g., II простая песенка, IX простая сонатина; III с известью в крови, IV известковый слой в крови, IX известковый слой в крови; etc.) do not appear to form a closed symmetrical pattern, but rather an open sequence which marks the successive stages of narrative progress, often occurring in adjacent strophes (*век, глиняный, сонатина*, etc.), alternate strophes (*время*), or alternate strophe groupings (*яблоко*, which is present in I–II, IV–V, and VIII, but not in the 'epodes' of the corresponding triadic sections). On the other hand, individual strophes and strophe groupings of *1 Jan* manifest a very high degree of internal symmetry in their sound texture and grammatical patterning, just as some strophic units of, e. g., Puškin's narrative long poems do.

Commentary

The title of the elegy contains an allusion to two poems by Lermontov: "1831-go janvarja" and "1 janvarja" ("Kak často pestroju tolpoju okružen"). The leitmotif of both is the memory of the past: Редеют бледные туманы | Над бездной смерти роковой, | И вновь стоят передо мной | Веков протекших великаны. | Они зовут, они манят,

| Поют — и я пою за ними, | И, полный чувствами чужими, | Страшуся поглядеть назад; Ласкаю я в душе старинную мечту, | Погибших лет святые звуки. The self-denying renunciation of the grudge which characterizes the mood of the final strophes of M.'s elegy attains special poignancy against the background of these Lermontovian subtexts, with their indignant rejection of the deceitful and soulless contemporaneity: Чтоб бытия земного звуки | Не замешались в песнь мою, | Чтоб лучшей жизни на краю | Не вспомнил я людей и муки; | Чтоб я не вспомнил этот свет, | Где носит все печать проклятья, | Где полны ядом все объятья, | Где счастья без обмана нет; Когда ж, опомнившись, обман я узнаю, | И шум толпы людской спугнет мечту мою, | На праздник незванную гостью, | О, как мне хочется смутить веселость их, | И дерзко бросить им в глаза *железный* стих, | Облитый горечью и злостью (cf. $_{41}$Каким *железным*, скобяным товаром... and $_{61}$Ужели я предам позорному *злословью*).

Vladimir Solov'ev's "S novym godom" (subtitled "1 janvarja 1894") belongs to the same tradition of New Year's meditations, and, although its epistolary tonality, vocabulary, and meter[11] are quite different, the mournful theme of this piece and the images of the 'circle of the new life, too narrow for the past,' the 'helplessnes' in the face of the 'fatal power,' and 'the living corpse, the ghost of an unrealized destiny,' are relevant to *1 Jan*: Новый год встречают новые могилы, | Тесен для былого новой жизни круг, | Радостное слово прозвучит уныло, — | Всё же: с новым годом, старый бедный друг! || Власть ли роковая, или немощь наша | В злую страсть одела светлую любовь, — | Будем благодарны, миновала чаша, | Страсть перегорела, мы свободны вновь. || Лишь бы только время, сокрушив неволю, | Не взяло и силы любящих сердец, | Лишь бы только призрак несвершенной доли | Не гляделся в душу, как живой мертвец.

The sorrowful mood of *1 Jan,* like the mood of Lermontov's and Solov'ev's poems, is set off by the reference to the holiday season in the title.

A poem written by M. ten years later, the nine-strophe elegy mourning the death of Andrej Belyj, is in many respects a sequel to *1 Jan* and to "Variant" ("Net, nikogda ničej ja ne byl sovremennik"). Its title,

---

[11] Blok used this poem as the model for "Časovaja strelka blizitsja k polnoči," written in the same meter, trochaeic hexameter with a caesura.

"10 janvarja 1934,"[12] appears to be a distanced reiteration of, and a reference to, *1 janvarja 1924*.

STROPHE I

1. Кто время целовал в измученное темя

Among the numerous semantic justifications of the rhyme *vremja –
temja* in Russian poetry, three are direct forerunners of this line. Puškin
facetiously described a winter landscape as 'Saturn's bald pate' in the
well-known variant of *Evgenij Onegin* IV.xliii: В глуши что делать
в это *время*? | Гулять? – Но голы все места, | Как лысое Сатурна
темя... Andrej Belyj depicted Lev Tolstoj as Old Man Winter, Saturn
bearing a burden of lead, Time whose pate screens the golden firmament:
Ты – великан, годами смятый, | Кого когда-то зрел и я – | Ты вот
бредешь от курной хаты, | Клюкою времени грозя. | Тебя стремит
на склон горбатый | В поля простертая стезя. | Падешь ты, как
мороз косматый, | На мыслей наших зеленя. ‖ Да заклеймит про-
стор громовый | Наш легкомысленный позор! | Старик лихой,
старик пурговый | Из грозных косм подъемлет взор, – | Нам про-
износит свой суровый, | Свой неизбежный приговор. | Упорно ком
бремен свинцовый | Рукою ветхою простер. ‖ Ты – молньей лязг-
нувшее *Время* – | Как туча градная склонен: | Твое нам заслоняет
темя | Златистый, чистый неба склон, – | Да давит каменное бремя
| Наш мимолетный жизни сон... | Обрушь его в иное *племя*, [cf.
₂₃для племени чужого] | Во тьму иных, *глухих времен* [cf. ₈вре-
мен обманных и глухих] ("Лев Толстой", *Урна*, 1909) .

Finally, in the first act of the 'tragedy' *Vladimir Majakovsky*, among
the carnival images of the age devoured (На тарелках зализанных зал |
будем жрать тебя, мясо, век!) and Old Woman Time giving birth to
riotous Laughter (Сейчас родила старуха-время | огромный | криво-

---

[12] N.Ja.Mandel'štam attributed this title to M. (see: *Vtoraja kniga*, Paris,
1972, 441 ff.); N.I.Xardžiev (*Stix.*, 1973, 298) categorically denied M.'s authorship
of the title, relying on one version of the text in accordance with his "normal-
izing" textological approach.

ротый мятеж! | Смех! – cf. [70] И блаженный брызнет смех), there appears also the 'bald pate of time'[13] : Медленно, | в ужасе, | стрелки во́лос | подымался на лысом *темени времен*. M.'s image of the tortured pate of time may therefore be an allusion to Majakovskij's knuckleduster treatment of the old world: Сегодня | Надо | кастетом | кроиться миру в черепе (*Облако в штанах*; cf. Severjanin's warning: Они – возможники событий, | Где символом всех прав – кастет) ; А ну, чудотворцы, | со смертных одр | встаньте-ка! | На месте кровавого спора | опора веры валяется – | Пётр | с проломанной головой собственного собора (*150 000 000*) .

The 'crown' of time, its tender and growing apex offered as sacrifice (cf. Gumilev's "Zvezdnyj užas": Что за жертва с теменем долбленым?), occurs in M.'s poetry of the early twenties as a persistent image of his age's martyrdom. In "Vek" (1922), it is the 'age of the infantile earth' and the 'apex of life' that falls victim. Here, in the context of 'fleita' and 'pozvonočnik,' the references to another long poem by Majakovskij, *Vojna i mir,* are also quite transparent:

И еще набухнут почки   Вселенная расцветет еще,
Брызнет зелени побег,   радостна,
Но разбит твой позвоночник,   нова.
Мой прекрасный жалкий век.   Чтоб не было бессмысленной лжи на ней,
                                         каюсь:
                                        Я
                                        один виноват
                                        в растущем хрусте ломаемых жизней.

Словно нежный хрящ ребенка,   ... это я,
Век младенческой земли.   Маяковский,
Снова в жертву, как ягненка,   подножию идола
Темя жизни принесли.   нес обезглавленного младенца.

The same theme is developed in more personal terms in yet another poem of 1922: Холодок щекочет *темя*, | И нельзя признаться вдруг, – | И меня срезает время, | Как скосило твой каблук... || Видно даром не проходит | Шевеленье этих губ, | И вершина колобродит, | Обреченная на сруб.

---

[13] On the allegorical bald-headed figure of Time 'Kairos' and its proverbial forelock, see: Erwin Panofsky, "Father Time," *Studies in Iconology,* Icon Editions, Harper and Row, N. Y., 1972, 71–72 (also bibliography).

Век младенческой земли, темя жизни, вершина are   clear   allusions to the two names of the poetic movement to which M. belonged: adamism and acmeism.

Unlike in *GO,* in *1 Jan* Time is not mutability and flow, but spiritual permanence and immobility. In the 'saecular' (in the classical sense) poems of 1921–1924, M.'s model of the relationship between the Word and Time reflects the gnostic idea of suffering Aion redeemed by Logos. As usual, M. modifies the idea by conducting it, in various poems and essays, through a number of thematically relevant religious, historical, and literary subtexts: the Book of Daniel, the Orphic mysteries, the Apocalypse, Hesiod's and Ovid's 'Ages of Man,' Virgil's *Fourth Eclogue,* Claudianus, Dante, Goethe, Novalis, and Russian writers and thinkers, Čaadaev, Gogol', Gerzen, Solov'ev, Blok, and Florenskij. In "Petr Čaadaev," M. spoke of history as 'Jacob's ladder,' 'a holy linkage and succession of events,' the unity of which 'becomes flesh, carefully preserved and bequeathed from generation to generation' (in Čaadaev's words, "воспитатель народов Богом", "старец под балдахином", "всемогущий символ времени — не того, которое идет, а того, которое неподвижно, чрез которое все проходит, но которое само стоит невозмутимо и в котором и посредством которого все совершается"). This   history, opposed in *1 Jan* to 'the rivers of the false and desolate times' ($_{7-8}$ реки | Времен обманных и глухих), and its cultural heritage fall victim to a predacious anti-historical force and its implied agent, the identity of which is revealed in "Slovo i kul'tura" (the 'hungry' political state based on the denial of the word).

The relative pronoun *kto* signifies here the same protagonists as in lines 61–64 of *GO,* "Proslavim, brat'ja, sumerki svobody" (В *ком* сердце есть, *тот* должен слышать, *время,* | Как твой корабль ко дну идет) and "Vek" (*Кто* сумеет заглянуть в твои зрачки).

2.   С сыновней нежностью потом

The ambivalent theme of 'tenderness' in M.'s poetry has already been discussed in the notes to line 35 of *GO.* It should be added that in M.'s translation of the *Life of Alexis* (1922) the saint's mother speaks of her son's 'tender dormition' as she mourns him: Ныне, когда ты мертв, томит меня искушенье | Разделить с тобой, мой сын, нежное успенье; До чего осиротела я в одно мгновенье! | Лучше б разделить с тобой нежное успенье (cf. the description of the Assumption Ca-

thedral in "V raznogolosice deviceskogo xora": *Успенье нежное*). This
is significant in view of the next line ₃*спать* ложилось время. Two
lines of M.'s early 'familial' poem[14] "V ogromnom omute prožračno i
temno," written in alternating iambic hexameters and tetrameters, pre-
figure the image of the tender consolation and lulling in *1 Jan,* although
in the earlier poem the tenderness is feigned: С притворной нежностью
у изголовья стой | И сам себя всю жизнь баюкай. The affinity be-
tween the poet's self-image and the image of his time, which emerges
from the juxtaposition of these two poems, is expressed in *1 Jan* at first
metaphorically ('filial tenderness'), and then through a metonymized
realization of the traditional periphrasis *syn veka* 'son of the age,' i. e.,
a product of his time (see notes to lines 11, 25, and 69).

3—4. Он будет вспоминать, как спать ложилось время
    В сугроб пшеничный под окном

These lines, just as the entire poem, may be interpreted at three
levels: the historico-literary, insofar as Russian literature itself is an inter-
pretation of Russian history in spiritual terms; the autobiographical; and
the allegorically neomythological.

The historical theme of *bezvremen'e,* the 'syncopal pause' (as M. de-
scribed it in "Barsuč'ja nora") at the border of two centuries, is the
theme of Blok (cf. commentary to line 9 of *GO*), whom M. has called
'a man of the nineteenth century' in the same essay, and of Belyj, the
maltreated 'firstborn' of the twentieth century: Конькобежец и перве-
нец, веком гонимый взашей[15] | Под морозную пыль образуемых
вновь падежей ("Голубые глаза и горячая лобная кость"). In "Bez-
vremen'e" (1906), Blok described the degradation of the "most pure and
luminous of holidays, the recollection of the Golden Age," Christmas:
Радость остыла, потухли очаги. Времени больше нет. Двери откры-

---

[14] See my note in *Encyclopaedia Judaica: Year Book 1973,* Jerusalem, 1973,
295.
[15] A reference to Belyj's poem "Sovest'": Они так ласково меня | Из до-
ма выгнали на вьюгу. The leitmotif of the entire verse cycle "Zima," to which
this poem belongs, is the snowy grave. According to K.Taranovsky (*Essays on Man-
del'štam,* 1976, 136), "Zima" is also the source of the image of dragonflies in M.'s
"Medlitel'nee snežnyj ulej" (1910).

ты на вьюжную площадь. Although the 'sleep of time'[16] is an image of hateful spiritual and social stagnation in Blok's essays and in *Vozmezdie,* the emotion of reconciliatory sadness which Blok reserves for this theme in some of his lyrical poetry is radiant and ultimately cathartic as a pledge of eternity, of rest, and of resurrection. One of such poems is an apparent subtext of M.'s image of time going to bed in the snowdrift behind the window: Покойник *спать ложится* | На белую постель. | *В окне* легко кружится | Спокойная метель. | Пуховым ветром мчится | *На снежную постель.* || Снежинок легкий пух | Куда летит, куда? | Прошли, прошли года, | Прости, бессмертный дух, | Мятежный взор и слух! | Настало *никогда.* || И отдых, милый отдых | Легко прильнул ко мне. | И воздух, вольный воздух | Вздохнул на простыне. | Прости, крылатый дух! | Лети, бессмертный пух!

The theme of weakness and longing for rest and air would return in Blok's evocation of the last years of Puškin and his time ("О назначении поэта") : <...> Слабел Пушкин — слабела с ним вместе и культура его поры: единственной культурной эпохи в России прошлого века. <...> Его убило отсутствие воздуха. С ним умирала его культура.

Пора, мой друг, пора! Покоя сердце просит.

Это — предсмертные вздохи Пушкина, и также — вздохи культуры пушкинской поры.

На свете счастья нет, а есть покой и воля.

The historical *bezvremen'e* of Blok may be contrasted with Belyj's 'posthistorical' *bezvremen'e,* etymologized in *Kubok metelej* as 'time-lessness,' the apocalyptic end of time and the fulfillment of the eschatological expectations, which Blok's wistful "Vremeni bol'še net" does not seem to imply. M. vacillated between Blok's love of history and Belyj's love of eternity in his treatment of the apocalyptic theme, e. g., in "Puškin i Skrjabin," "Slovo i kul'tura," "Proslavim, brat'ja, sumerki svobody," and "Koncert na vokzale." This ambivalence is reflected at

---

16   Z. G. Minc has persuasively traced this image back to Gogol': Образ сна, которым спит, не чуя приближения исторического возмездия, современная интеллигенция, — полигенетичен. Его эпитет "аполлинический" имеет указанный Блоком источник — Ницше ([Блок], 5, 353). Но по содержанию образ этот очень близок к гоголевскому образу "летаргического сна", находящего на обреченную гибели культуру ([Гоголь], VIII, 32), "богатырского сна", которым уснул "век", и т. д. ("Блок и Гоголь", *Блоковский сборник,* II, Тарту, 1972, 169).

the deeper subtextual level also in *1 Jan*, which contains abbreviated
references to several leitmotifs of the *Fourth Symphony*: the pike's
snout of time the serpent, the tortured visage, and the snowy pate of
Colonel Svetozarov, the marble 'emperor of moments,' the 'genius'
of 'immutable time' (Chapter "Mramornyj genij"); the field of grain
as a symbol of timelessness ("Pena kolosistaja"); the snowstorm com-
pared to ears of grain[17] ("Almazy"); and, finally, the snowdrift (сугроб)
transformed into the coffin (гроб) of time ("Grobnaja lazur'").

Autobiographically, M.'s recollection of the 'sleep of time' is a re-
ference to the period described in "Muzyka v Pavlovske": Я *помню* хо-
рошо глухие годы России — девяностые годы, их медленное ополза-
ние, их болезненное спокойствие, их глубокий провинциализм —
тихую заводь: *последнее убежище умирающего века*. The 'sleep of
culture' is associated in "V ne po činu barstvennoj šube" with the image
of V.V.Gippius: Спячка В.В. меня пугала и притягивала. <...> Я
приходил к нему разбудить зверя литературы. In retrospect, this
sleep portended the death of the age, the nineteenth century of Rus-
sian culture: Оглядываясь на весь девятнадцатый век русской куль-
туры, — разбившийся, конченный, неповторимый, которого никто
не смеет и не должен повторять, я хочу окликнуть столетие, как
устойчивую погоду, и вижу в нем единство непомерной стужи, спа-
явшей десятилетия в один денек, в одну ночку, в глубокую зиму,
где страшная государственность, как печь, пышущая льдом.

A parallel to the image of the age falling asleep occurs in *Egipet-
skaja marka*, in which it is the state that falls asleep with the advent of
chaos and lynch law (note, in connection with the fish imagery in *1 Jan*,
the fish, *окунь*, in the simile, and the fact that the lynching in *Egipet-
skaja marka* is carried out in a fish pond, *живорыбный садок*): ...зво-

---

[17]   Beside Belyj's *Kubok metelej*, the association between snow and wheat
is found in Vielé-Griffin's "Petit Florilège," III: Avec du froment ébloui j'ai fait
la neige | Des vieillesses... (or, in Brjusov's quite inaccurate translation entitled
"Zoloto": Из пшеницы белеющей сделал я снег, | Снег и декабрьскую выю-
гу...). Some other recurrent quasi-symbolic images of 'loose granular material'
in the poetry of M. likewise appear to have been influenced by Vielé-Griffin (e. g.,
sand and salt). In "Petit Florilège," i. a., salt symbolizes spiritual eternity: Avec
les heures de la vie hâtive et claire, | J'ai fait l'éternité spirituelle: | J'ai pris un peu
de sel entre mes mains | Et l'ai semé sur l'amertume de la mer, — | Selon le sort |
de choses frêles qu'on rêve éternelle... (cf.: K.Taranovsky, *Essays on Mandel'štam*,
1976, 110—111).

нил <...> исчезнувшему, уснувшему, как окунь, государству.

At a more abstract level of literary mythology, another subtext, Hölderlin's "Natur und Kunst, oder Saturn und Jupiter," immediately establishes the obvious association between the drowsy time and Saturn, and introduces the allegory of art, Jupiter-Kronion, as the son of Time: Und war in ihrer Wiege mir in | Wonne die wechselnde *Zeit enschlummert:* || Dann kenn' ich dich, Kronion! dann hör' ich dich, | Den weisen Meister, welcher, *wie wir, ein Sohn | Der Zeit...* (It will be noted that tin, *olovo,* of line 16, is the metal of Jupiter; cf. the association between lead and Saturn in lines 13–14 of *GO*).

The thematic linkage between wheat and the hungry or dying time is likewise mythological: Saturn is the protector of crops. In M.'s total context, the association is sustained by the recurrent image of wheat as the cosmic   food (А небо будущим беременно, | Пшеницей сытого эфира; Нужно рассыпать пшеницу по эфиру), which   derives   from   the theosophic system of Gurdjieff—Ouspenskij (see note to line 24 of *GO*), but is transformed somewhat under the influence of the sacrament of the eucharist (cf. Vjač. Ivanov, *Cor ardens,* II, 40: Мы бросили довременное *семя* | В твои бразды, *беременное Время,* – | Иакха сев для вечери Христа). Xlebnikov's image of the 'wheat of future,' on the other hand, blends Gurdjieff with *Mt.* 3:12 (or *Lk.* 3:17): Идемте, идемте в веков каменоломню! | Срывать незабудки грядущих столетий. | Мы небопеки – зачем же половы? | Не надо гнилого, не надо соломы... | Мы ведь пшеницы грядущего сеятели ("Мощные, свежие до нага! Прочь из столетия оного", written in Baku, in 1920).

5.   Кто веку поднимал болезненные веки

M.'s anthropomorphic image of the age[18] is highly polygenetic, and each successive line adds a new subtext for its interpretation.

The first reference is clearly to Gogol's "Vij," whose eyelids, however, are the sickly eyelids of Fet (see note to line 22) and the heavy eyelids of M. himself (hence: Я с веком поднимал болезненные веки in

---

[18]   See: А. Я. Гуревич, *Категории средневековой культуры,* М., 1972, 84–138. Although the author seems to overlook the common features of the Old Icelandic *öld,* and the Biblical and New Testamental *saeculum,* his remarks are especially pertinent because M.'s 'age the beast' and 'age the wolfhound' possibly derive from the name of one of the ages in Scandinavian epos, *vargöld* 'wolf's age' (cf. Konevskoj's "Sobornaja duma": И как нам отбиться от волка лихого, | Которого тягостный глад | Снедает – от Времени серо-глухого?)

"Variant"), which Marina Cvetaeva has described in "Istorija odnogo posvjaščenija":[19] У Мандельштама глаза всегда опущены: робость, величие, тяжесть *век*? *веков*?

The paronomastic figure *век – веки* and the etymological figure *с веком вековать* (in "Variant") have been described in detail by Vjač. Vs. Ivanov in connection, i. a., with the Gogolian subtext.[20] M.'s paronomasia has obviously been influenced by Majakovskij's "Vojna i mir" (in which *веков веки* is a pun on the formula *во веки веков*): Вытеку, срубленный, | Но кровью выем | имя 'убийца', | выклей-менное на человеке. | Слушайте! | Из меня | слепым Вием | время орет: | "Подымите, | подымите мне | веков веки"). Majakovskij's image of time is blended by M. with Bal'mont's image of Russia in his 1917 poem "Proščanie s drevom": Я любил в этом древе, *с ресница-ми Вия* | Между мхами старинного лешего взор. | Это древо *в ве-ках* называлось Россия, | И на ствол его — острый наточен топор[21].

The idiom paraphrased by M., открыть [кому] глаза, means, of course, указать правду. M.'s 'dying age' has profoundly affected the historical thinking and imagery of his contemporaries: especially Tynja-nov's in *Smert' Vazir-Muxtara*. Among other authors who developed M.'s theme were Lelevič (who pounced on the opportunity of attacking acmeism by misinterpreting M.'s text in "Gippokratovo lico"[22]), Bag-rickij (see below, notes to lines 65–66), and, to mention a more con-genial writer, Jurij Oleša, whose image of the wax figure in a museum in *Zagovor čuvstv*, Scene I, is a variation on M.'s theme: <...> лежал ка-кой-то красивый мужчина <...> Он умирал, закатывались *веки*. Отец мне сказал: это французский президент Сади Карно, раненный анархистом <...> Прекрасный мужчина лежал, задрав бороду. Мед-ленно шла его жизнь — как часы <...> Это было *прекрасно*. Тогда

---

[19]   *Oxford Slavonic Papers*, IX, 1964. Reprinted in: *Литературная Арме-ния*, 1966, № 1; *OM* III 1969 (the passage in question is on p. 322); М.Цветаева, *Сочинения*, II, М., 1980, 172–173.

[20]   Вяч. Вс. Иванов, "Использование для этимологических исследова-ний сочетаний однокоренных слов в поэзии на древних индоевропейских языках", *Этимология 1967*, М., 1969, 41 and n. 3; "Об одной параллели к гоголевскому Вию", *Труды по знаковым системам*, V, Тарту, 1971; "Два примера анаграмматических построений в стихах позднего Мандельштама", *Russian Literature*, 3, The Hague, 1972, 87.

[21]   К.Бальмонт, *Марево*, Париж, 1922. First published in: *Русское слово*, Oct. 1, 1917.

[22]   *Красная Новь*, 1925, № 1, 297.

я впервые услышал *гул времени* (cf. also Scene V, in connection with
M.'s theme of sclerosis: Он стар <...> он древен. Всю старость эпохи,
весь склероз века носит он в себе...).

6.   Два сонных яблока больших

The prominent antanaclasis based on the multiple meaning of the
word *jabloko,* which is repeated in the poem five times, involves gradual
semantic shifting. The context of strophe I ($_5$ болезненные *веки*; $_6$ два
сонных яблока) suggests the meaning *глазные яблоки* 'eyeballs'. The
context of strophe II, $_9$ Два *сонных* яблока у века-*властелина* 'Two
sleepy orbs of age the sovereign', implies a double meaning: 1) глазное
яблоко 'eyeball' (hence, 'sleepy') and 2) державное яблоко 'the   regal
orb' (in view of 'age the sovereign'). This additional meaning[23] is pre-
served in the 'apple' similes of lines 28, 38, and 62, as well as in "Vari-
ant," in which the blending of the 'eyeball' theme with the theme of the
eucharistic wafer (облатка) creates an oblique reference to the golden
sun and the apple of the 1915 poem: Вот дароносица, как *солнце* зо-
лотое, | Повисла в воздухе — великолепный миг. | Здесь должен
прозвучать лишь греческий язык: | Взять в руки целый мир, как
яблоко простое. The deeper subtext of M.'s twin apple, the apple of
the pyx,[24] spiritual dominion, and the *Reichsapfel* of the temporal
power in another poem of 1915, "S veselym ržaniem pasutsja tabuny"
(Я слышу Августа и на краю земли | *Державным яблоком* катя-
щиеся годы), is Dante's image of the twin sun of Rome, the union of
the spiritual and the secular power: Soleva Roma, che'l buon mondo
feo, | *due soli* aver, che l'una e l'altra strada | facean vedere, e del mondo
e di Deo (*Purg.* XVI: 106—108; cf. another reference to Dante in line 10).
Hence the paronomastic implication: *два солнца-яблока.

As a typical instance of the antithetic development of the same
theme in M.'s poetry and prose, it should be noted that, in "Devjatnadca-
tyj vek," M. stresses the secular nature of the past age in the image of its
single great 'cyclopean' eye: Как огромный,   циклопический глаз —

---

[23]   On the association between the era, the orb, and the apple (эра —
сфера – яблоко) see: S. J. Broyde, "Našedšij podkovu," *Slavic Poetics. Essays
in honor of Kiril Taranovsky,* The Hague, 1973, 61.
[24]   The simile contains a subtle theological allusion to the forbidden fruit of
the original sin.

познавательная способность девятнадцатого века обращена в прошлое и будущее[25].

It is tempting to identify the twin apples of the age's eyes in *1 Jan*, in view of the meaning of Dante's *due soli*, with Baratynskij's 'fruit of the apple tree,' the symbol of both the moral and the scientific law, i. e., the forbidden fruit and Newton's apple: Две области — сияния и тьмы — | Исследовать равно стремимся мы. | Плод яблони на землю упадает: | Закон небес постигнул человек! ("Благословен святое возвестивший"). 'Apples of paradise' are, it will be recalled, an attribute of the Turanian Saturn-Chronos, the Ableuxovs' Buddhist ancestor, in Belyj's *Peterburg,* and in "Devjatnadcatyj vek" M. stresses the Buddhist principle of pure contemplation in the art of the 19th century.

**7—8.   Он слышит вечно шум, когда взревели реки
        Времен обманных и глухих**

The subtextual level of these lines comprises quotations from at least five poets:

Река времен в своем стремленьи
Уносит все дела людей
И топит в пропасти забвенья
Народы, царства и царей.
                      (Державин)

Чтобы *вечного шума* значенье
Разумея в таинственном сне,
Мы хоть раз испытали забвенье
О прошедшем и будущем дне.
   (Аполлон Григорьев, "К Лавинии")

Весны, дитя, ты будешь ждать,
    Весна *обманет*.
              (Блок, "Голос из хора")

Шумят ручьи! блестят ручьи!
    Взревев, река несет
На торжествующем хребте
    Поднятый ею лед.
   (Баратынский, "Весна, весна!..")

Рожденные в года *глухие*
Пути не помнят своего.
Мы — дети страшных лет России —
Забыть не в силах ничего.
                      (Блок)

Cf. Andrej Belyj's *Second Symphony*: Но самая опасная мания была мания ложной учености: она заключалась в том, что человек вырывал глаза и дерзкими перстами совал в свои кровавые впадины двояковыпуклые стекла.

...летело *время ревущим* потоком   Какие ж сны тебе, Россия,
    (Андрей Белый, *Симфония 2-ая*)   Какие бури суждены?..
                                                 Но в эти *времена глухие*
                                                 Не всем, конечно, снились сны.
                                                           (Блок, *Возмездие*)

At the background of this polyphonic arrangement is the Biblical image of historical turmoil, the text of Isaiah (17: 12–13) subjected to a rhyming substitution (племен > времен): Увы! *шум* народов многих!.. *Рев племен!* Они ревут, как ревут сильные воды. Ревут народы, как ревут сильные воды...

Within M.'s total context, the lines under consideration prefigure the title *Šum vremeni,* and echo "Proslavim, brat'ja, sumerki svobody" (Восходишь ты в глухие годы) and the eschatological passage in "Puškin i Skrjabin": Времени нет! Христианское летоисчисление в опасности, хрупкий счет годов нашей эры потерян — время мчится обратно с шумом и свистом, как преграждённый поток — новый Орфей бросает свою лиру в клокочущую пену: искусства больше нет... (cf. Ch. 5 of *Peterburg*: То летоисчисление бежало обратно. — "Да какого же мы летоисчисления?" Но Сатурн, Аполлон Аполлонович, расхохотавшись, ответил: "Никакого, Коленька, никакого: время-исчисление, мой родной, — нулевое...").

The double meaning of the epithet *gluxie* conceals an allusion to the degradation of the century of music. The theme of the eternal musical hubbub of a running stream would be developed in "Ja budu metat'sja po taboru ulicy temnoj" (...за *вечным,* за мельничным *шумом*); the theme of deafness, deception, and disappointment, in *Egipetskaja marka*:

> Первое разобщение с людьми и с собой и, кто знает, быть может сладкий предсклеротический *шум* в крови <...> воплощались в наушниках; и шестилетнего ватного Бетховена в гамашах, вооруженного *глухотой,* выталкивали на лестницу (*OM* II 1971 32).

> Пятидесятые годы ее [Angiolina Bosio] *обманули.* Никакое bel canto их не скрасит (*OM* II 1971 7).

In "Variant," the equivalent of these lines is a reference to 'inflamed litigations' between human nature and history, to which literature is summoned as witness: И мне гремучие рассказывали реки | Ход воспаленных тяжб людских (cf. "Komissarževskaja" and "V ne po činu barstvennoj šube").

STROPHE II

9–10.   Два сонных яблока у века-властелина
        И глиняный прекрасный рот

The image of 'age the sovereign' in these two lines is modeled on
Daniel's and Dante's idol of the realms of historical time.

The relevant verses of *The Book of Daniel* read (Chapter 2, Synodal
translation):

> 31   Тебе, царь, было такое видение: вот, какой-то большой истукан:
> огромный был этот истукан, в чрезвычайном блеске стоял он пред то-
> бою, и страшен был вид его.
> 32   У этого истукана голова была из чистого золота, грудь его и руки
> его – из серебра, чрево его и бедра его – медные,
> 33   Голени его железные, ноги его частью железные, частью глиняные.
> 34   Ты видел его, доколе камень не оторвался от горы без содействия
> рук, ударил в истукан, и железные и глиняные ноги его, и разбил их.
> 35   Тогда все вместе раздробилось: железо, глина, медь, серебро и зо-
> лото сделались как прах на летних гумнах, и ветер унес их, и следа не
> осталось от них; а камень, разбивший истукан, сделался великою горою
> и наполнил всю землю.

In "Gumanizm i sovremennost'," M. used Daniel's Chaldean allegory
of the mountain that filled the whole earth to describe the future society:

> Все чувствуют монументальность форм надвигающейся социальной
> архитектуры. Еще не видно горы, но она уже отбрасывает на нас свою
> тень и, отвыкшие от монументальных форм общественной жизни, при-
> ученные к государственно-правовой плоскости девятнадцатого века,
> мы движемся в этой тени со страхом и недоумением...

The image of the past age, roughly identifiable with the nineteenth
century, in M.'s poetry and prose of 1921–1925 is essentially oxy-
moronic. This is the age of relativism, of monstrously powerful abstract
methodology and secret moral vacuity, the malaise of Buddhism ("De-
vjatnadcatyj vek"); the age of iron and of music, symbolized by the con-
certs at the railroad station in Pavlovsk ("Muzyka v Pavlovske," "Koncert
na vokzale"); a beautiful and pathetic, cruel and weak age ("Vek"); an
age which gnawed with 'equal honor' at copper, gold, and bronze ("Na-

šedšij podkovu").[26] Thus Daniel interpreted the 'feet of iron and clay' in Nebuchadnezzar's vision as the divided kingdom, partly strong and partly broken:

> 41   А что ты видел ноги и пальцы на ногах частью из глины горшечной, а частью из железа, то будет царство разделенное, и в нем останется несколько крепости железа, так как ты видел железо, смешанное с горшечной глиною.
> 42   И как персты ног были частью из железа, а частью из глины, так и царство будет частью крепкое, частью хрупкое.

Significantly, the two 'simple' tunes of *1 Jan* are the leitmotifs of clay and iron: $_{15}$Простую песенку о глиняных обидах; $_{41}$Каким железным, скобяным товаром $_{42}$Ночь зимняя гремит по улицам Москвы; $_{71}$Но пишущих машин простая сонатина.

The identification of Daniel's image with Saturn derives from Dante:

> 94   "In mezzo mar siede un paese guaso,"
>   Diss'elli allora, "che s'appella Creta,
>   Sotto 'l cui rege fu già il mondo casto.
>   . . . .

---

26   According to N.Ja.Mandel'štam recollection, M. later called the nineteenth century the Golden Age: В самом начале тридцатых годов О.М. как-то мне сказал: "Знаешь, если когда-нибудь был золотой век, это — девятнадцатый. Только мы не знали". Мы действительно многого не знали и не понимали, и знание далось нам дорогой ценой. Почему за поиски современных форм социальной жизни люди всегда так жестоко расплачиваются? <...> О.М. никогда не отказывался от гуманизма и его ценностей, но и ему пришлось пройти большой путь, чтобы назвать девятнадцатый век — золотым. Подобно всем своим современникам, он пересмотрел наследство девятнадцатого века и предъявил ему свой счет. <...> в 32 году О.М. уже знал, чем обернулись его юношеские мечты о красивой "социальной архитектуре", авторитете и преодолении наследства девятнадцатого века. К этому времени он уже успел сказать про ассирийского царя: "он взял мой воздух себе. Ассириец держит мое сердце" и написать стихи: "Мы живем, под собою не чуя страны". Одним из первых он вернулся к девятнадцатому веку, назвав его "золотым", хотя знал, что наши идеи разрослись из одного из семян, выращенных в девятнадцатом веке (*Воспоминания*, N.Y., 1970, 271—275). Indeed, in the poems of 1935 ("Železo" and "Mne kažetsja, my govorit' dolžny"), the new age, which is all iron (Идут года железными полками), grows out of the ancestral 'iron pistil' and 'iron ovary' (Железен пестик и железна завязь), just as in *1 Jan* the simple sonatina of the Underwood and the rumble of the iron ware survive the simple song of the offended clay.

103   Dentro dal monte sta dritto un gran veglio
        Che tien volte le spalle invèr Damiata,
        E Roma guarda come suo speglio.
106   La sua testa è di fino oro formata,
        E puro argento son le braccia e il petto,
        Poi è di rame fino alla forcata;
109   Da indi in giuso è tutto ferro eletto,
        Salvo che 'l destro piede è terra cotta,
        E sta 'n su quel, più che 'n su l'altro, eretto.
112   Ciascun parte, fuor che l'oro, è rotta
        D'una fessura che lagrime goccia,
        Le quali, accolte, foran quella grotta.

                             (*Inferno*, Canto XIV)[27]

    The mythological gigantic idol of time is reduced in *1 Jan* and "Variant" to human, albeit heroic and historical, proportions (in "Variant," the entire body of the age is of clay: И странно вытянулось *глиняное тело*). Beside its context-induced meaning (see note to line 15), the reference to the clay mouth is a noteworthy instance of a historically and etymologically motivated metonymy. The sacrificial ancestral effigies, masks or figurines of clay exchanged as gifts during the Saturnalia were called in Latin *oscilla* 'little mouths'[28] (cf. Vjačeslav Ivanov's poem "Rozalii" in *Cor ardens*, II: Сатурн смеялся из волшебных далей, | И розовели миндалем долины; ‖ И выходили гости на гостины, | Могильный сонм веселых Сатурналий. ‖ И шли в венках живые в сад печалей — | На дерн и мрамор сеять роз первины; | И вечеряли пращуры из глины, | В гирляндах роз, на вечере Розалий).

    The imagery would return in M.'s poems of the thirties in the context of a majestic funereal theme. In the fragment dated 1931, the mouth of the poet himself attained cosmic proportions as in Belyj's

_____

[27]   The observations on the Dantean subtext of lines 9–10 were originally expressed by Professor Kiril Taranovsky during his Harvard seminar on Mandel'štam in 1968. We were all puzzled then by the fact that in Mixail Lozinskij's translation of *Inferno* the line *E Roma guarda come suo speglio* was rendered as: И к Риму, как к зерцалу, поднял *веки*. According to the evidence published since (see: М.Лозинский, *Багровое светило*, М., 1974, 18), Lozinskij began to work on his translation of the *Divine Comedy* in February, 1936. It stands to reason, therefore, that the 'eyelids' of his Saturn are a result of borrowing, perhaps not quite conscious, from M.'s image of the age, Кто веку поднимал болезненные веки. Dante's subtext has thus described a full circle and returned to its source.

[28]   See, e. g., Macrobii *Saturnaliorum* Lib. I.vii. 31: oscilla ad humanam effigiem arte simulata.

Glossolalia: Я больше не ребенок. | Ты, могила, | Не смей учить
горбатого, молчи! | Я говорю за всех с такою силой, | Чтоб нёбо
стало небом, чтобы *губы* | Потрескались, как *розовая глина*.
In "Ne iskušaj čužix narečij," new epithets replaced *глиняный* and
прекрасный: Ведь умирающее тело и *мыслящий бессмертный рот* |
В последний раз перед разлукой чужое имя не спасет (1933; the
poem is about the Italian language). Finally, the effigy of the dying age
would become the death mask of Andrej Belyj in "10 janvarja 1934":
...для ласковой, только что снятой маски, | Для пальцев гипсовых,
не держащих пера, | Для укрупненных губ... The last strophe of
this poem (Как будто я повис на собственных ресницах), as well as
the first line of "На мертвых ресницах Исакий замерз", again alluded
to Dante's image of extreme suffering, which M. interpreted in *Razgovor
o Dante* in such a way as to describe retrospectively also his own image
of the age's eyes and mouth:

> Дант, когда ему нужно, называет веки – "глазными губами".
> Это когда на ресницах виснут ледяные кристаллы мерзлых слез и обра-
> зуют корку, мешающую плакать.

> Gli occhi lor, ch'eran pria pur dentro molli,
> Gocciar su per le labbra...
>   (*Inferno*, XXXII, 46–47).
> Итак, страданье скрещивает органы чувств, создает гибриды, при-
> водит к губастому глазу.

11–12. Но к млеющей руке стареющего сына
Он, умирая, припадет

M.'s image of *filius huius seculi* (*Luke* 16:8), which emerges in this
line as a development of the pronominal presence and the epithet in
strophe I (*Кто* время целовал... | С *сыновней* нежностью потом |
Он будет вспоминать...), derives ultimately from Musset's *mal du siècle*
(Chateaubriand's *mal du René*) described in *Confession d'un enfant du
siècle*[29] alongside with the 'collossi' of the age (Napoleon, Goethe, and
Byron) and the *esprit du siècle*, a mummy seated upon the bag of lime

---

[29] "Toute la maladie du siècle present vient de deux causes; le peuple qui
a passé par 93 et par 1814 porte au coeur deux blessures. Tout ce qui était n'est
plus; tout ce qui sera n'est pas encore. Ne cherchez pas ailleurs le secret de nos
maux."

(un sac de *chaux*; cf. M.'s theme of *известковый слой*). Musset's ima-
gery, however, is blended with the theme of Gercen's *S togo berega*
(which, itself, shows a strong influence of Musset, no doubt, noticed
by M.): Мир, в котором мы живем, умирает, т. е. формы, в которых
проявляется его жизнь: никакие лекарства не действуют более на
обветшалое тело его <...> чтобы легко вздохнуть наследникам,
надобно его похоронить, а люди непременно хотят его вылечить и
задерживают смерть <...> в доме, где есть умирающий, <...> здо-
ровые больны. <...> Мы живем во время большой и трудной аго-
нии, это достаточно объясняет нашу тоску... ("Перед грозой", dated
31 December 1847); Мы видим, куда несется поток; доказывать
юридически водопаду, чтоб он не разливался, <...> ни к чему не ве-
дет. <...> Пролетарий будет мерить в ту же меру, в которую ему
мерили. Коммунизм пронесется бурно, страшно, кроваво, неспра-
ведливо, быстро. <...> *Вам жаль цивилизации? Жаль ее и мне.* Но
ее не жаль массам <...> Смирение перед неотвратимыми судьба-
ми, – гордым шагом взойдем в *новый год*! ("Опять в Париже",
Письмо восьмое, dated 31 December 1851); Меня просто ужасает
современный человек <...> как рано изношено в нем увлечение,
энергия, вера в собственное дело! <...> Винить некого: <...> это
несчастие рождения тогда, когда целый мир умирает ("Эпилог
1849"), etc.

Beginning with Lermontov, the early aging of the sons of "our
youthful and decrepit age" (Gogol') has become a stable motif in the
Russian late romantic poetry: Печально я гляжу на наше поколенье! |
Его грядущее – иль пусто, иль темно, | Меж тем под бременем по-
знанья и сомненья, | В бездействии состарится оно. | Богаты мы,
едва из колыбели, | Ошибками отцов и поздним их умом ("Ду-
ма"), Поверье то, что знание беда | Сбывается. Стареем мы пре-
скоро | В наш скорый век. Так в ночь, от приговора, | Стареет
осужденный иногда (Аполлон Григорьев, "Расстались мы"); Наше
поколенье юности не знает (Надсон).

Similarly, the theme of the sick children of a sick age has been hand-
ed down by Grigor'ev and Nekrasov (Ты – сын больной больного ве-
ка... ["Поэт и гражданин"]) to Sologub ("Я также сын больного
века"), Annenskij (Я – слабый сын больного поколенья ["Ego"]),
and Blok: Потомок поздний поколений, | В которых жил мятежный
пыл | Нечеловеческих стремлений, – | На Байрона он походил, |
Как брат болезненный на брата | Здорового порой похож: | ... | Но

тайно околдован дух | Усталым холодом болезни[30] (*Возмездие*).

Contextually, млеющая рука 'the numb hand' is a follow-up of M.'s image of the residual creative tension bequeathed by the dying age in "Našedšij podkovu":

> Человеческие губы, которым больше нечего сказать,
> Сохраняют форму последнего сказанного слова,
> *И в руке остается ощущение тяжести,*
> Хотя кувшин
>   наполовину расплескался,
>   пока его несли домой.[31]

Lines 9–12 are repeated in their entirety in "Variant," in which the recollection of the death of another age, mourned one hundred years earlier by Puškin in his elegy "K morju,"[32] is a token of the eternal resurrection of Aion.

Pasternak alluded to these lines in his poem "Marine Cvetaevoj" (1928), and dismissed, with casual indifference, 'the voices loitering behind': Мне все равно, чьи голоса | Толкутся сзади в час рассвета. | По фонарям скользит роса, | И век поэта льнет к поэту.

13. Я знаю, с каждым днем слабеет жизни выдох

The imagery of Blok's "O naznačenii poèta" is evoked again (*Слабел* Пушкин — слабела с ним вместе и культура его поры... Это —

---

[30] The nature of the illness is identified in "Predislovie": болезнь века, fin de siècle.

[31] The image possibly derives from Batjuškov's confession: "Что говорить о стихах моих!.. Я похож на человека, который не дошел до цели своей, а нес он на голове красивый сосуд, чем-то наполненный. Сосуд сорвался с головы, упал и разбился вдребезги. Поди узнай теперь, что в нем было" (Кн. П. А. Вяземский, "Старая записаная книжка", *Полн. собр. соч.*, том 8, СПб., 1883, 481). Cf., however, the image of the clay jar in "Кому зима арак" with its implication of a 'Hellenized' potter's vessel, сосуд скудельный (Взгляни: в моей руке лишь глиняная крынка), suggested by "O prirode slova" (on M.'s notion of the Hellenic 'household utensils' and its source, see: K. Taranovsky, *Essays on Mandel'štam*, 1976, 50, 146).

[32] Note especially Puškin's theme of escape (Куда бы ныне | Я путь беспечный устремил? – cf.: [30] Куда? На улице темно...) and the references to the death of Napoleon and Byron (implicit protagonists of "Variant"). The escape theme in "Feodosija" (Но трудно плыть, а звезды всюду те же), likewise, derives from "K morju": Судьба людей повсюду та же...

предсмертные вздохи Пушкина, и также — вздохи культуры пуш-
кинской поры...) against the background of Puškin's last moments, de-
scribed by Dal', whose hand Puškin held during his agony, and Žukov-
skij.[33] The fragmented quotations from Blok's "Venecija" (*Слабеет жи-
зни* гул упорный; И памятью об этой *жизни* | *Вздохну* ль когда-ни-
будь во сне; cf. also the paronomastic rhyme *веке — веки*: И неужель
в грядущем *веке* | ... | Впервые дрогнувшие *веки* | Открыть...),
a recurrent subtext of the theme of eternal return in M.'s poetry,[34] over-
shadow the contrastive allusion to Nekrasov's Что ни год — уменьша-
ются силы, | Ум ленивее, кровь холодней (cf. the two images of the
wind of prophecy in these two subtexts: Nekrasov's Чтобы ветер род-
ного селенья | Звук единый до слуха донес, | Под которым не слы-
шно кипенья | Человеческой крови и слез and Blok's И некий ветр
сквозь бархат черный | О жизни будущей поет).

The theme and the wording of line 13 are reiterated in the autobio-
graphic context of "Сегодня можно снять декалькомани" (1932):
Мне с каждым днем дышать все тяжелее.

14–15. Еще немного, — оборвут
Простую песенку о глиняных обидах

The figurative sense of the epithet *глиняный* is 'transient,' 'fragile,'
and has definite scriptural connotations, especially the grudge of *Job*
10:9: thou hast made me as the clay; and wilt thou bring me into dust
again (cf. this leitmotif in the poetry of Il'ja Èrenburg during the early
twenties: Я тоже глиной был в руках | Неутомимого Горшечника.
| ... | И то, что было вздох и Бог, | То стало каменною книгой
[*Опустошающая любовь,* 1922]; Горчее губы розовых миндалин,
| А глиняное сердце — никому [*Звериное тепло,* 1923]).

---

[33]   Немного погодя он опять, не раскрывая глаз, стал искать мою руку
и, потянув ее, сказал: "Ну пойдем же, пожалуйста, да вместе!" < ... > частое
дыхание изменялось более и более в медленное, тихое, протяжное; еще один
слабый, едва заметный вздох, и пропасть необъятная, неизмеримая разделила
живых от мертвого (В.И.Даль, "Смерть А.С.Пушкина"); Я смотрел внима-
тельно, ждал последнего вздоха; но я его не приметил (В.А.Жуковский,
Письмо к С.Л.Пушкину).
[34]   See: О.Ронен, "К истории акмеистических текстов. Опущенные
строфы и подтекст", *Slavica Hierosolymitana,* III, 1978, 73.

Its relevance to 'poetry,' 'art,' etc. (cf. Gautier's rejection of the clay
in "L'Art": Statuaire, repousse | L'argile que pétrit | Le pouce | Quand
flotte ailleurs l'esprit) owes much to Régnier's *Les médailles d'argile* and
Kuz'min's *Glinjanye golubki*. The apparent subtext of the lines under
consideration is a 1912 poem by Axmatova: Потускнел на небе синий
лак, | И слышнее *песня* окарины. | Это только дудочка из *глины,* |
Не на что ей *жаловаться* так. | Кто ей рассказал мои грехи, | И за-
чем она меня прощает?.. | Или этот голос повторяет | Мне твои
последние стихи?[35]

The 'clay mouth' and the 'clay grudges' are associated with each
other through the implied image of the pouting lips, which would even-
tually appear in a later poem by M.: Еще обиду тянет с блюдца | Не-
выспавшееся дитя, | А мне уж не на кого дуться... (1932)[36].

16. И губы оловом зальют

Greed has been the great moral fault of the past age in more senses
than one: Ничего, кроме зрения, пустого и хищного, с одинаковой
жадностью пожирающего любой предмет, любую эпоху ("Девят-
надцатый век"). It is a reflection on the characteristic injustice of the
historical retribution that, not the hungry 'cyclopean' eye, but the sing-
ing lips of the age are sealed in the manner reminiscent of the symbolic
feeding with molten gold, to which Marcus Licinius Crassus was sub-
jected by the Parthians. There is a subtle and deep affinity between this

---

[35]   Cf. the 'music of grudges' in the first version of Pasternak's *Vysokaja
bolezn'*: Мы были *музыкой* объятий | С сопровождением *обид* (*LEF*, No. 1,
1924, 13). The famous line of this poem, Мы были музыкой во льду, is a mon-
tage of Axmatova's Звенела *музыка* в саду... | ...устрицы *во льду.*

There is a complex network of correspondences between *Vysokaja bolezn'*
and *1 Jan*, a reciprocal relationship the exact direction of which is difficult to es-
tablish because the two poems were written and published at approximately the
same time.

[36]   B.A. Uspenskij commented on these lines ("Грамматическая   правиль-
ность и поэтическая метафора", *Тезисы докладов IV Летней школы по вто-
ричным моделирующим системам,* Тарту, 1970, 125) : Слово "обиду" несом-
ненно воспринимается на фоне слова "еду", с которым оно ассоциируется не
только по смыслу, но и по форме. It seems, however, that *вода* is a more likely
association than *еда*, especially in view of *Job* 15:16 (человек, пьющий беззако-
ние, как воду). Cf. Rjurik Ivnev's poem quoted in the next note.

line and the theme of the revolution melting down the nation in an in-
fernal furnace to create the hard bronze idol of Napoleon in Barbier's
"L'Idole," which M. translated in 1923: Дай угля, кочегар, дай поро-
шок сыпучий — | Свинца и *олова* на сплав! | Мешай свинец и медь
лопатою могучей, | Старик Вулкан, к огню прибавь! ‖ Ты должен
печь *кормить*: она проголодалась! | Ведь, чтоб ощерилась она, |
Чтоб хрустнул на зубах у ней кусок металла — | Она дворцом пы-
лать должна. ‖ И вырвался огонь, растрепанный, огромный: |
В нем крови цвет и мести вкус... ‖ ... ‖ И перед лавою *земля* рас-
крылась грозной: | *Налей в нее свой гневный сплав.* | В воронку
темную вошла рабыней бронза, | Владыкою из формы встав!
("Бронза").

In the total context of M.'s poetry and prose, both images of melted
metal enter the semantically stable series of metaphors which I have de-
scribed in an earlier study[37] as 'hot liquid food.'

The motif of liquid metal as 'drink' and as a method of execution is
a prominently reiterated feature of the futurist poetry: Как бабки пови-
вальные | Над плачущим младенцем, | Стояли кузнецы у тела по-
л/уголого... | Клещи носили *пищу* — | Расплавленное *олово* (Хлеб-
ников, "Кавэ-кузнец"); Громадным мясом великана | Руда усе-
лась возле чана, | Чугун глотая из стакана ("Опять чугунный кипя-
ток"); Тугоплавкого металла, | Зачерпни и пей до дна: | Ведь и
этой тени алой | Влага горлу холодна. ‖ Если горло стало горном,
| День — расплавленным глотком, | Надо быть огнеупорным, |
Мир тревожащим гудком (Асеев, "В стоны стали", *Круг*, № 1, 1923).

---

[37] "Mandel'štam's Kaščej," *Studies Presented to Professor Roman Jakobson
by His Students,* Cambridge, Mass., 1968, 258–259. Ju.I.Levin emphasized the
element of violent coercion in these images ("Заметки о поэзии О. Мандельшта-
ма тридцатых годов, II. 'Стихи о неизвестном солдате'", *Slavica Hierosolymi-
tana*, Vol. IV, 1979, 203). Cf. A.K. Žolkovskij's astute definition of "type motif
(10)" among M.'s semantic invariants: "родное и теплое" начало осваивает "чуж-
дые" и большие вечные объекты (природу, воздух, историю, искусство) чис-
то человеческими, "детскими" способами (путем вдыхания, съедания, выпи-
вания и т. п.) ("Инварианты и структура текста. II. Мандельштам: 'Я пью за
военные астры...'", *ibid.*, 163–164). A curious parallel to M.'s images of the hot
liquid of humiliation and martyrdom occurs in Rjurik Ivnev's poem "Pričastie"
(*Солнце во гробе*, 1921): Ртом жадным и мерзлым | *Унижений горячую вла-
гу пью.* | *Губы раскрыв*, как последние козыри, | Душу мученичеству отдаю.

In the later futurist poetry, just as in *1 Jan,* there emerges a parono-mastic attraction between *олово* and *слово*[37a]: В паровозных топках | сжигали нас японцы, | рот заливали свинцом и *оловом,* | отреки-тесь! — ревели, | но из | горящих глоток | лишь три *слова*: | Да здравствует коммунизм! — (Маяковский, *Владимир Ильич Ленин,* 1924); Голос, властный, как полюдье, | Плавит всё напеперечет. | В горловой его полуде | Ложек *олово* течет. ‖ Что ему почет и сла-ва, | Место в мире и молва | В миг, когда дыханьем сплава | В *слово* сплочены слова? (Пастернак, "Художник", 1936; *горловая полуда* seems to be a realization of the language metaphor that repre-sented the futurist ideal of the poetic voice: *луженая глотка*).

In *L'vinyj xlēb* (1922), a volume of poetry most trenchantly di-rected against the new society's futuristic cult of urban civilization and technological progress, Kljuev used the same image of 'tin in one's throat,' олово в горле, to foretell the martyrdom of poetry: В василь-ковое утро белее рубаха, | В междучасие звезд самоцветна слеза. | Будет *олово в горле,* оковы и плаха, | И на крыльях драконьих седая гроза.

The liquid metal of the future which seals the lips of the dying age, Saturn, is tin, the element of Jupiter (cf. the soft saturnine lead pencil of the nineteenth century in line 22 of *GO*).

STROPHE III

17. О глиняная жизнь! О умиранье века!

Singing and dying are the two faculties which the poet shares with the age. In 1911, M. wrote: Я только петь и умирать умею ("Качает ветер тоненькие прутья"); in 1922: Видно даром не проходит | Шевеленье этих губ ("Холодок щекочет темя"); in 1934: Часто пи-

---

[37a] Cf. the proverb quoted by Dal': Слово олово. In a poem by Tixonov, the interrupted words of a dead pilot throb in the medium's throat like hot tin: А в горле бьется горячее олово | Остановившихся слов ("Медиум", *Орда,* П., 1922, 58).

шется: казнь, а читается правильно: песнь (''Голубые глаза и горячая лобная кость'') [38].

The theme of December and dying, established in the most intimate of M.'s lyrical poems, ''Соломинка'' (Декабрь торжественный струит свое дыханье... | Нет, не соломинка, Лигейя, умиранье, — | Я научился вам, блаженные слова) became a historical theme of Liberty's solemn wake in ''Kassandre'' (1917): Но в декабре — торжественное бденье — | Воспоминанье мучит нас.

The parallelism *жизнь — умиранье* has evolved into a full-scale lyrico-epic plot in *Vtoraja kniga,* especially in those poems which describe the end of various historical cultures: ''Веницейской жизни'', ''В Петрополе прозрачном мы умрем'', ''Когда в теплой ночи замирает'', ''Декабрист'', etc.

18—20. **Боюсь, лишь тот поймет тебя**
        В ком беспомо́щная улыбка человека
        Который потерял себя

The key to the historical subtext of these lines is found in ''Kassandre,'' the poem written for the centennial of Puškin's ''Vol'nost''' (compare the *сто лет назад* formula in this poem and in ''Variant''): И в декабре семнадцатого года | *Всё потеряли мы, любя:* | Один ограблен волею народа, | Другой ограбил сам себя... (cf. Zinaida Gippius: Народ, безумствуя, убил свою свободу). In ''Poèt о sebe,'' M. defined with utmost clarity what had been taken away from him by the expropriations of October: Октябрьская революция не могла не повлиять на мою работу, так как отняла у меня ''биографию'', ощущение личной значимости.

The literary subtexts at which the epithet *беспомо́щная,* with its characteristically archaic stress, and the solecism *в ком... улыбка* point are Tjutčev's ''Požary''[39] and ''Osennij večer'': Пред стихийной вражь-

---

[38] On ''the theme of death as the price that the poet has to pay for his poetry,'' see: K.Taranovskij, *Essays on Mandel'štam,* 1976, 128—129.

[39] E.Toddes identified Tjutčev as the authority on which M. relied in this instance, but described such stressing as a *licentia poetica* (''Mandel'štam i Tjutčev,'' *IJSLP,* XVII, 1974; separate edition: Lisse, 1974, 29). According to I. A. Bulaxov-skij, however, this remained the standard stress as late as 1869 (*Russkij literaturnyj jazyk pervoj poloviny XIX veka,* Izdanie vtoroe, ispravlennoe, M., 1954, 199).

ей силой | Молча, руки опустя, | *Человек* стоит уныло, | *Беспо-
мо́щное* дитя;   Ущерб, изнеможенье — и на всем | Та кроткая
улыбка увяданья, | Что *в существе* разумном мы зовем | Возвы-
шенной стыдливостью страданья.

The former subtext requires no special comment. The latter is a re-
ference to the last manifestations of "the epoch's language conscious-
ness" (Простая песенка о глиняных обидах), which M. identified with
Blok and Axmatova, in connection with whom he quoted "Osennij ve-
čer" in "Burja i natisk" (1923):

> Казалось, никогда еще история литературы не показывала такой не-
> примиримой вражды и *непонимания*. Какая-нибудь вражда классиков
> с романтиками детская игра по сравнению с разверзнувшейся в России
> пропастью. Но очень скоро подоспел критерий, позволяющий разобрать-
> ся в страстной литературной тяжбе двух поколений: кто не понимает
> нового, тот ничего не смыслит в старом, а кто смыслит в старом, тот
> обязан понимать и новое. Все несчастье, когда вместо настоящего прош-
> лого с его глубокими корнями становится "вчерашний день". Этот "вче-
> рашний день" — легко усваиваемая поэзия, отгороженный курятник,
> уютный закуток, где кудахчут и топчутся домашние птицы. *Это не рабо-
> та над словом, а скорее отдых от слова*[40]. Границы такого мира, уютно-
> го отдохновения от деятельной поэзии, сейчас определяются приблизи-
> тельно Ахматовой и Блоком и не потому, чтобы Ахматова и Блок после
> необходимого отбора из их произведений оказались плохи сами по себе,
> ведь Ахматова и Блок никогда не предназначались для людей с отмира-
> ющим языковым сознанием[41]. Если в них умирало языковое сознание
> эпохи, то умирало славной смертью. Это было то, *"что в существе ра-
> зумном мы зовем — возвышенной стыдливостью страданья"*, а никак не
> закоренелая тупость, граничащая с злобным невежеством их присяжных
> критиков и поклонников.

21. Какая боль — искать потерянное слово

The overall subtextual framework of this hemistrophe (lines 21—24)
is Tjutčev's "Kak ptička, ranneju zarej" (see notes to lines 20 and 23;
искать is an obvious anagram of Tjutčev's *кости*, replaced in $_{23}$И *с из-
вестью в крови* < *С изнеможением в кости*).

---

[40]   Cf. next line: Какая боль — искать потерянное слово.
[41]   On the "new language consciousness" of the twenties, opposed to that
of Blok, see: М.О.Чудакова, *Поэтика Михаила Зощенко*, М., 1979.   This pio-
neering work in social poetics contains important observations on the convergence
of the aesthetic principles of M. and Zoščenko.

The theme of the forgotten or lost word, introduced in "Ja slovo pozabyl, čto ja xotel skazat'" as a transformation of the Orphic myth,[42] is reinterpreted here and in other poems of 1921–1925 ("Как растет хлебов опара", "Я не знаю, с каких пор", "Нашедший подкову", etc.) in historical terms: the word becomes the heirloom, passed from one generation to another, or lost in transmission and urgently sought as the criterion and the pledge of the unity of poetry, and the identity of the poet (cf. "O prirode slova").

A supremely sensitive awareness of this unity, which is the distinguishing mark of M. as a literary historian, has permitted him to fuse here the two extreme poles of Russian poetry, Tjutčev and Nadson (Нет на свете мук сильнее муки слова)[43]. The bizarre synthesis is justified, it appears, by the exalted ancestry of the bad poet's best line:

---

[42]   See: O.Ronen, "The Dry River and the Black Ice: Anamnesis and Amnesia in Mandel'štam's Poem 'Ja slovo pozabyl, čto ja xotel skazat','" *Slavica Hierosolymitana*, Vol. I, 1977, 177–184. The motif of the pain associated with the missing word is especially pronounced in the draft of the second strophe (*Stix.*, 1973, 278): А на губах, как черный лед горит | И *мучит* память, *не хватает слова...*

[43]   In "Knižnyj škap" M. described Nadson and his cult as 'the key to an epoch,' 'the riddle of Russian culture, the essentially uncomprehended sound of it,' and the epitome of what S.A.Vengerov called "the heroic character of Russian literature." He also described his own effort to perceive Nadson as he sounded to his generation: Сколько раз, уже зная, что Надсон плох, я все же перечитывал его книгу и старался услышать ее звук, как слышало поколенье, отбросив поэтическое высокомерие настоящего и обиду за невежество этого юноши в прошлом. <...> Сюда шел тот, кто хотел разделить судьбу поколенья вплоть до гибели, – высокомерные оставались в стороне с Тютчевым и Фетом. Another juxtaposition with Tjutčev is implied by M.'s squeamishly compassionate account of the poems which Nadson wrote in Nice (Tjutčev's Nice!): Пошли его в Ниццу, покажи ему Средиземное море, он все будет петь свой идеал и страдающее поколение, – разве что прибавит чайку и гребень волны. In *Četvertaja proza*, M. referred to the quotation from the same verse of Nadson, *Muki slova*, in the title of Gornfel'd's book: <...> он твердит из Уленшпигеля: "Пепел стучит в мое сердце", перемежая эту фразу с другой, не менее красивой: "Нет на свете мук сильнее муки слова"... Человек, способный назвать свою книгу "Муки слова", рожден с каиновой печатью литературного убийцы на лбу. In spite of the ironic epithet applied to De Coster's and Nadson's popular phrases, banal as they are, this is a defense of the poet's genuine pain from the critic who parasitized on suffering in literature and readily inflicted it upon the poet in real life.

Постигнул таинства страданья
Душемутительный поэт.
В борьбе с тяжелою судьбою
Познал он меру вышних сил,
Сердечных судорог ценою
Он выраженье их купил.
И вот нетленными лучами
Лик песнопевца окружен,
И чтим земными племенами,
Подобно мученику, он.
(Баратынский, "Подражателям")

Что без страданий жизнь поэта?
И что без бури океан?
Он хочет жить ценою муки,
Ценой томительных забот
Он покупает неба звуки
Он даром славы не берет.
(Лермонтов, "Я жить хочу! Хочу печали")

Их выразить душа не знает стройных слов
И как молчать об них, не знаю.
(Батюшков, "Есть наслаждение...")

Что наш язык земной пред дивною
                                    природой?..
Кто мог создание в словах пересоздать?
Невыразимое подвластно ль выраженью?
(Жуковский, "Невыразимое") [44]

Как сердцу высказать себя?
Другому как понять тебя?
Поймет ли он, чем ты живешь?
Мысль изреченная есть ложь.
(Тютчев, "Silentium") [45]

Нет на свете мук сильнее муки слова...
Холоден и жалок нищий наш язык!..
(Надсон, "Милый друг, я знаю...")

Before M., Fet combined allusions to Tjutčev's "Silentium"[46] and
Nadson's "Milyj drug, ja znaju, ja gluboko znaju" ('the friend and the
foe') in a single poem (1887): Как беден наш язык! – Хочу и не мо-
гу. – (cf. Nadson's line Брат, я не хочу, я не могу молчать in "Milyj
drug...") | Не передать того ни другу, ни врагу, | Что буйствует
в груди прозрачною волною. | Напрасно вечное томление сердец, |
И клонит голову маститую мудрец | Пред этой ложью роковою.

Chronologically, the nearest antecedent of $_{21}$*Какая боль* is Ivnev's
poem "Как все пустынно..." (*Солнце во гробе*, 1921): Какая боль.
Какая тишина. | Где ж этот шум, когда-то теплокровный? | И льет-
ся час мой, как из кувшина, | На голову – холодный, мертвый,

---

[44]   On the sources of this poem, see: В.Н.Топоров, "Из исследований
в области поэтики Жуковского. II. Об источниках стихотворения Жуковско-
го 'Невыразимое'", *Slavica Hierosolymitana*, Vol. I, 1977, 39–50.
[45]   On the antecedents of the theme of "Silentium!" in Russian literature,
see: К.Пигарев, *Жизнь и творчество Тютчева*, М., 1962, 181 ff.
[46]   Cf.: Д.Д.Благой, "Мир как красота", in: А.А.Фет, *Вечерние огни*,
М., 1971, 579–581.

ровный[47] (cf. M.'s images of the aging blood in *1 Jan*, "Xolodok ščeko-
čet temja," and the barber-shop episode in *Egipetskaja marka* [*OM* II
1971 13]).

In the thirties, M. redistributed the synthetic subtext historically
associated with the theme of *muki slova* between its various sources
and recapitulated its contextual affinities in his own poetry: Лермон-
тов — мучитель наш ("Стихи о русской поэзии"); ...над глиной до-
рогой, | Которой мучимся, как музыкой и словом ("Лазурь да
глина, глина да лазурь"; cf. M.'s "Silentium") ; Наше мученье и на-
ше богатство, | Косноязычный, с собой он принес... ("Батюшков",
with a simultaneous allusion to "Есть наслаждение и в дикости лесов"
and to Karolina Pavlova's Моя напасть! Мое богатство!) etc.

22. Больные веки поднимать

The eyelids of the age (see note to line 5) are also the eyelids of its
son. In M.'s prose, the theme of the diseased eyelids is associated with
the image of Afanasij Fet: *Больные,* воспаленные веки Фета мешали
спать ("V ne po činu barstvennoj šube").[48] Hence the third strophe of
"Variant," Я с веком поднимал болезненные веки, | Два сонных
яблока больших, | И мне гремучие рассказывали реки | Ход вос-
паленных тяжб людских, likewise suggests a veiled allusion to Fet's
long and painful litigation, in which his fight for a legitimate social status
somehow underscored his literary position as an unrecognized outcast
during an unpoetic age.

M.'s treatment of Fet as a 'literary character' in his prose and poetry
has been influenced, in part, by N.V.Nedobrovo's essay "Vremeborec
(Fet)"[49] and, in part, by the lessons of V.V.Gippius (whose other pupil,

---

[47] Ivnev's subtexts are "Zapiski sumasšedšego" (which would be quoted
also in the relevant passage of *Egipetskaja   marka*: ...матушка, пожалей своего
сына) and Blok's "Осень поздняя. Небо открытое": Бездыханный покой
очарован. | Несказанная боль улеглась. | И над миром, холодом скован,
| Пролился звонко-синий час.

[48] See: О.Ронен, "Лексический повтор, подтекст и смысл в поэтике
Осипа Мандельштама", *Slavic Poetics. Essays in honor of Kiril Taranovsky*, The
Hague, 1973, 383.

[49] *Вестник Европы*, 45 год, кн. 4, апрель 1910, 235–245. In his attitude
toward the poetic word of the past, Nedobrovo was a precursor of the acmeists:
<...> когда я говорю: 'поэт Фет', я говорю не об А.А.Шеншине и не о не-

P.Suvčinskij, used the same term *vospalennost'* in reference to Fet's art: Воспаленность также характерное свойство творчества Фета... скорее свойство крови и всего его поэтического одарения, а не роковое бремя, не чередование неисповедимых судеб[50]).

23. И с известью в крови, для племени чужого

The line continues the theme of the 'aging son': Saturn, who, according to the astrological lore, governs deposits of calcium and lime in human body, enters the bloodstream of the healer. This penetration is represented iconically in $_{25}$*Век. Известковый слой в крови больного сына* (cf. the image of deadly December in "Solominka": В моей *крови живет декабрьская Лигейя*). M.'s известь в крови echoes Tjutčev's изнеможение в кости[51]: Обломки старых поколений, | Вы, пережившие свой век! | Как ваших жалоб, ваших пеней | Неправый праведен упрек! | Как грустно полусонной тенью, | С изнеможением в кости, | Навстречу солнцу и движенью | За новым племенем брести!.. ("Как птичка, раннею зарей...")[52].

сколькиих книгах, а о какой-то особенной духовной величине, во мне существующей... Внутренний Фет живет в каждом из нас и слагается под воздействием не только черных узоров на страницах книг, где заглавный узор: 'Стихотворения Фета', но и совершенно других узоров <...> стихи часто собираются около нового центра независимо от них сложившиеся представления и переживания. Наблюдается, в больших размерах, нечто подобное тому умственному передвижению, которое происходит при усвоении нами нового *слова. Слово, впервые услышанное – звук пустой.* Но, усвоенное на почве общения людей, созданием и орудием которого слово является, оно приобретает огромную силу, значение и внятность. И наше представление о поэте, подобно слову, является созданием весьма сложной соборной духовной жизни человечества <...> Прежде люди жили в пространстве между предметами, теперь они живут во времени, среди фантомов. И Фет – наглядный осколок старого.

[50] "Типы творчества (памяти А.Блока)", *На путях,* 2, 157.

[51] When Tjutčev wrote about 'exhaustion in the bone' he was thirty-three, the age of M. in 1924. Cf.: Ю.Тынянов, "Из записных книжек", *Новый мир,* 1966, № 8, 125.

[52] Cf.: Е.Тоддес, *Мандельштам и Тютчев,* Lisse, 1974, 28–29. This subtext was originally identified in Professor Kiril Taranovsky's Harvard seminar on M. (spring 1968).

In "V ne po činu barstvennoj šube," the reference to Fet's inflamed eyelids is immediately followed by an invocation of the other great un-recognized poet of the age: Тютчев ранним склерозом, известковым слоем ложился в жилах[53]. Thus in Tjutčev's celebration of senile love (Пускай *скудеет в жилах* кровь, | Но в сердце не скудеет неж-ность...) M. perceived a metaphor of his rigidly powerful archaic[54] poetic structures, which had haunted M.'s own verse from the very be-ginning. In "Burja i natisk," M. described the persistent association be-tween certain logical and syntactic constructions in poetry as 'sclerosis': Привычный логический ход от частого поэтического употребления стирается и становится незаметным, как таковой. Синтаксис, то есть система кровеносных сосудов стиха, поражается склерозом. M.'s conception of the 'permanent war in poetry' ("Zametki o poèzii") stressed the 'double truth' of recollection and innovation ("Literaturnaja Moskva"). The profound historical analysis of the phenomenon of re-collection as it developed during the early stage of Russian modernism, given in "Burja i natisk," is the most clear statement of M.'s attitude toward tradition as opposed to force of habit:

> Напряженный интерес ко всей русской поэзии в целом, начиная с мощно неуклюжего Державина до – *Эсхила русского ямбического стиха* – Тютчева, предшествовал футуризму. Все старые поэты в эту пору, приблизительно перед началом мировой войны, показались вне-запно новыми. Лихорадка переоценки и поспешного исправления исто-рической несправедливости и короткой памяти охватила всех. В сущ-ности тогда вся русская поэзия новой пытливости и обновленному слуху читателя предстала, как заумная. Революционная переоценка прошлого предшествовала сознательной революции. Утверждение и оправдание настоящих ценностей прошлого столь же революционный акт, как создание новых ценностей.

Deržavin, the 'stale slate pencil' of *GO*, and Tjutčev. the 'corner-stone' of "Utro akmeizma," the 'hard layer of lime,' epitomize in M.'s historical scheme the recollected archaic word, 'the dry stepson of the ages' ("Kak rastet xlebov opara"); Batjuškov (Только стихов виноград-

---

[53] There is an oddly pertinent paronomastic affinity between *склероз* and Tjutčev's attribute in "Stixi o russkoj poèzii": Дайте Тютчеву *стрекозу*.

[54] See Ju.Tynjanov's studies of Tjutčev, especially "Vopros o Tjutčeve" (first published in: *Книга и революция*, 1923, № 3, 24–30), and A.P.Čudakov's valuable commentary in: Ю.Н.Тынянов. *Поэтика. История литературы. Кино.* М., 1977, 407–414.

ное мясо | Мне *освежило* случайно язык) and Pasternak, on the other hand, represent innovation and freshness, a cure for the 'dry blood.' A prerequisite of the ultimate achievement is the synthesis of the two principles: Тогда приходит поэт, воскрешающий девственную силу логического строя предложения. Именно этому удивлялся в Батюшкове Пушкин, и своего Пушкина ждет Пастернак (''Буря и натиск'').

The meaning of the word *племя* is clearly 'generation' (колено, поколенье, род, потомство, as Dal' defines this sense of the word, distinguishing it from народ, язык, совокупность местных уроженцев). Beside Tjutčev's "Kak ptička, ranneju zarej" and "Bessonnica" (И новое, младое племя | Меж тем на солнце расцвело, | А нас, друзья, и наше время | Давно забвеньем занесло!), Baratynskij's "Na posev lesa" is the subtext which clarifies the implied relationship between the 'son of the age' and the 'alien generation': Уж та зима главу мою сребрит, | Что греет сев для будущего мира, | Но праг земли не перешел пиит, — | К ее сынам еще взывает лира. || ... || Летел душой я к новым племенам, | Любил, ласкал их пустоцветный колос, | Я дни извел, стучась к людским сердцам, | Всех чувств благих я подавал им голос. || Ответа нет! Отвергнул струны я, | Да хрящ другой мне будет плодоносен! | И вот ему несет рука моя | Зародыши елей, дубов и сосен (Baratynskij's distinctive rhetorical treatment of the word *хрящ* in its multiple meaning, 'cartilage, anything hardened, coarse sand,' i. e., the cartilage of the hardened human hearts and the gravelly soil of the forest, directly affects the figurative sense of [67]ундервуда хрящ 'cartilage of the Under*wood*'). The total context of M.'s poetry likewise suggests such a reading: За гремучую доблесть грядущих веков, | За высокое *племя* людей, | Я лишился и чаши на пире отцов, | И веселья, и чести своей; Мехами сумрака волнуемое *племя* (''Как светотени мученик Рембрандт'')[55]; Грамотеет в шинелях с наганами *племя пушкиноведов* (''День стоял о пяти головах''; cf.: Здравствуй, племя | Младое, незнакомое!).

Strophe III of *1 Jan* reverses the relationship between culture and 'alien people,' described in "Slovo i kul'tura" by means of a quotation from *Cygany*:

---

[55] See: O. Ronen, "Mandel'štam's Kaščej," *Studies Presented to Professor Roman Jakobson by His Students*, 1968, 255.

Не понимал он ничего
И слаб и робок был, как дети,
Чужие люди для него
Зверей и рыб ловили в сети...

Спасибо вам, "чужие люди", за трогательную заботу, за нежную
опеку над старым миром, который уже "не от мира сего", который весь
ушел в чаянье и подготовку к грядущей метаморфозе...

Not "alien people" take care of the old world and the aging poet,
but the dispossessed son of the age must find a miraculous cure for the
alien and hostile generation. As it often happens in M.'s subtextual struc-
tures, the obvious subtexts of this hemistrophe, e. g., Tjutčev, have com-
pletely eclipsed the deeply concealed subtext which organizes the hier-
archy of meanings in the poem and most comprehensively defines its un-
derlying theme. Such a subtext is in this instance the poem by Anna
Axmatova which expressed the belief in the redemptive and sacrificial
mission of poetry, which the two poets shared[56]: Нам *свежесть слов
и чувства простоту* | *Терять* не то ль, что живописцу зренье, | Или
актеру — голос и движенье, | А женщине прекрасной — красоту? ‖
Но не пытайся для себя хранить | *Тебе дарованное небесами:* |
Осуждены — и это знаем сами — | *Мы расточать, а не копить.* ‖ *Иди
один и исцеляй слепых*, | Чтобы узнать в тяжелый час сомненья |
Учеников злорадное глумленье | И равнодушие толпы (1915).

24. Ночные травы собирать.

Herbal magic, in the tradition of A.K.Tolstoj's "Pantelej celitel',"
becomes in this line an analogy of verbal magic (потерянное слово).
A contrastive subtext of the image is Sologub's Medea-like sorceress, the
symbol of his poetry: Для божественной забавы | Я порою к вам
схожу, | Собираю ваши травы | И над ними ворожу | И варю для
вас отравы ("Ты не бойся, что темно").

Significantly, M.'s appreciation of Annenskij in "O prirode slova"
(И орел его поэзии, когтившей Еврипида, Малларме, Леконта-де-
Лиля, ничего не приносил нам в своих *лапах*, кроме горсти сухих
трав) is based on Fet's metaphors: Лишь у тебя, поэт, крылатый сло-
ва звук | Хватает на лету и закрепляет вдруг | И темный бред ду-
ши и *трав* неясный запах; | Так, для безбрежного покинув скуд-

---

[56]   Cf.: "A Beam Upon the Axe," *Slavica Hierosolymitana*, Vol. 1, 1977,
174–176.

ный дол, | Летит за облака *Юпитера орел,* | Сноп молнии неся мгновенный в верных *лапах* ("Как беден наш язык...").

In "Literaturnaja Moskva. Roždenie fabuly," the folklore trend in the current prose, 'a pledge of its vitality,' 'the liberation of the spirit from the gloomy mournful cocoon of psychology,' is described by means of a quotation from Xlebnikov: Крылышкуя золотописьмом тончайших жил, | Кузнечик в кузов пуза уложил | Премного разных трав и вер. In Russian folklore there is, in fact, a magic herb, *nečuj-veter,* which is collected at New Year's Eve. Its possessor can 'stop the wind upon the water, save oneself and one's ship from sinking,' etc.:

> День собирания травы Нечуй-ветер назначается у поселян на 1 января, под Васильев вечер, в глухую полночь. Они думают, что в это время нечистая сила, прогуливаясь по озерам и рекам, бросает траву Нечуй-ветер для уничтожения бури. <...> одни только слепые от рождения чувствуют присутствие его. Когда они наступают на эту траву, тогда их в слепые глаза колят иглы <...> Изобретатели этого чарования суть слепцы, бродящие по деревням, кочующие всю жизнь за счет ближнего[57].

In the total context of M.'s poetry, the night herbs of *1 Jan,* because of their association with blindness, appear to be an analog of *Chelidonia* or *lastovica* 'celandine,' implied by M.'s image of the blind swallow in the Lethean poems: Слепая ласточка бросается к ногам | С стигийской нежностью и веткою зеленой; Слепая ласточка в чертог теней вернется[58].

---

[57] И. Сахаров, *Сказания русского народа,* I, СПб., 1836, 125–126.
[58] See: K. Taranovsky, "Razbor odnogo 'zaumnogo' stixotvorenija Mandel'štama," *Russian Literature,* 2, 1972, 146, n. 18; *Essays on Mandel'štam,* 1976, 159. Cf. the allegoric interpretation of the swallow's blindness ('transgression') and the medicinal plant ('contrition') in: А. Карнеев, *Материалы и заметки по литературной истории Физиолога,* Изд. Имп. общества любителей древней письменности, XCII, СПб., 1890, 340.

STROPHE IV

**25–26. Век. Известковый слой в крови больного сына
            Твердеет. Спит Москва, как деревянный ларь.**

The appositive phrasing of $_{25}$ Век. Известковый слой and the ana-
grammatization of *век* in известковый and *крови* suggest that 'age' is
identified here with personal aging, the 'lime layer in the blood.' The
quality of the age, its illness, is transferred to its son (cf. Chapter I of
Musset's *La confession d'un enfant du siècle*). In "Variant," the ana-
grams are replaced by more conspicuous puns (note also the parono-
mastic substitution of the word *krov'*): Среди скрипучего похода ми-
рового | Какая легкая *кровать*! | Ну что же, если нам не *выковать*
другого, – | Давайте с *веком вековать*.
    Within the strophe, the parallelism of the verbs in initial position,
$_{26}$ Твердеет / $_{32}$ Белеет, and the paronomastic attraction $_{25}$ извест-
ковый / $_{32}$ совесть, $_{25}$ слой / $_{31}$ соль bring about a thematic confron-
tation of 'age' (lime) and 'conscience' (salt) as the internal predicament
and the externalized moral imperative.
    At the same time, the enjambment in lines 25–26 anticipates the
intonation of the poem's climax and sets off the unexpected *rejet* $_{70}$ Рас-
тает following the repetition of line 25: $_{69}$ И известковый слой в кро-
ви больного сына $_{70}$ *Растает...*
    The sleep of the age ($_3$ как спать ложилось время) is   epitomized
in Москва, Čaadaev's Nécropolis, M.'s Herculaneum (cf.: "Kogda v tem-
noj noči zamiraet..."). M.'s recurrent image of the drowsy (Она, *дрему-
чая*, всем миром правит in "Vse čuždo nam v stolice nepotrebnoj"),
Buddhist capital of Eurasia (see "Suxarevka," 1923, and the references
to *Буддийская Москва, буддийское лето* in the poems of the thirties)
has been influenced by Gercen's "Moskva i Peterburg": Летаргический
сон Москвы придает москвичам их пекино-хухунорский характер
стоячести (cf. Baratynskij's На все свой ход, на все свои законы. |
Меж люлькою и гробом *спит Москва*).
    The simile как деревянный ларь is a reference to the stalls and bins
(cf. "Šary": Идет голован | *Рядами, рядами,* | Ныряет буян | *Ларя-
ми, ларями*) of Moscow markets (ряды), closed at night. It derives ulti-
mately from Gogol's "Peterburgskie zapiski 1836 goda": Москва ночью
вся спит, и на другой день, перекрестившись и поклонившись на все

четыре стороны, выезжает с калачами на рынок. <...> Москва —
кладовая <...> Москва — большой гостиный двор.

27. И некуда бежать от века-властелина...

Polonskij's "Vek," a seminal subtext which has profoundly influ-
enced Blok's, Gumilev's,[59] and Mandel'štam's attitude toward the nine-
teenth century, contains the image of the age's imperious command:
"...бери перо, пиши: | ... | ...покорствуй, я велю!" | Он пишет —
век идет; он кончил — век проходит. | Сомненья вновь кипят, ум
снова колобродит, — | И снова слушает бедняжка-человек, | Что
будет диктовать ему грядущий век.

In an obnoxious article characteristically entitled "Po žurnal'nym
okopam,"[60] G. Lelevič quoted lines 25—27 of *1 Jan* and commented:
Но положение хуже годуновского — "и рад бежать, да некуда".
The presence of the word *совесть* in the final line of the strophe sug-
gests that Lelevič has been correct at least in his identification of one
of its subtexts. There are, however, others, conveniently overlooked
by M.'s Soviet critics:

> ...я не хочу больше склонять мою голову под ярмом, перед кото-
> рым склоняют шею наши современники, я не хочу больше признавать
> себя в такой зависимости от мира, не хочу оставаться на всю жизнь у из-
> головья умирающего вечным плакальщиком <...> Я имею право на
> жизнь, я не менее реален, не менее свободен, не менее *суверенен,* чем
> весь остальной мир <...> Вон из душной комнаты, где оканчивается
> длинная бурная жизнь! <...> В старые годы вы этот гордый разрыв с со-
> временностью назвали бы *бегством* <...> Но свободный человек не мо-
> жет бежать, потому что он зависит только от своих убеждений и больше
> ни от чего; он имеет право оставаться или идти; вопрос может быть не
> о бегстве, а о том, свободен ли человек или нет; Сверх того слово 'бегст-
> во' становится невыразимо смешно, обращенное к тем, которые имели
> несчастье заглянуть дальше, уйти вперед больше, нежели надобно дру-
> гим, и не хотят воротиться. Они могли бы сказать людям à la Coriolan:
> 'не мы бежим, а вы отстаете', но то и другое нелепо. Мы делаем свое,
> люди, окружающие нас, — свое. Развитие лица и масс делается так, что
> они не могут взять всей ответственности на себя за последствия. Но из-

---

[59] See: О. Ронен, "К истории акмеистических текстов", *Slavica Hiero-
solymitana*, Vol. III, 1978, 69—70.
[60] *Молодая гвардия*, 1924, № 7—8, 262.

вестная степень развития, как бы она ни случилась и чем бы ни была приведена, обязывает. Отрекаться от своего развития, значит отрекаться от самих себя. <...> Я не советую браниться с миром, а начать независимую, самобытную жизнь, которая могла бы найти в самой себе спасение даже тогда, когда весь мир, нас окружающий, погиб бы. Я советую вглядеться, идет ли в самом деле масса туда, куда мы думаем, что она идет, и итти с нею или от нее, но зная ее путь (А. И. Герцен, "Omnia mea mecum porto", *С того берега*).

Итти бы прочь <...> Своею жизнью начать освобождение, протест, новый быт <...> Как будто мы, в самом деле, так свободны от старого? Разве наши добродетели и наши пороки, наши страсти и, главное, наши привычки не принадлежат к этому миру, с которым мы развелись только в убеждениях? <...> И разве вдали мы не будем слышать стоны? <...> Наши враги должны знать, что есть независимые люди, которые ни за что не поступятся свободной речью, пока топор не прошел между их головой и туловищем, пока веревка им не стянула шею [cf. ₁₆и губы оловом зальют] ("Эпилог 1849", *С того берега*).

28. Снег пахнет яблоком, как встарь

Note the distanced reiteration of this line in strophe VIII, with a significant change of the temporal adverb: ₆₂*Вновь* пахнет яблоком мороз (cf. ₄₅Москва — *опять* Москва and, in the 1916 Moscow poem "Vse čuždo nam": Удельной речки мутная водица | Течет, *как встарь,* в сухие желоба).

Both 'frost' (see the reference to Konstantin Leont'ev and his adage in "V ne po činu barstvennoj šube," where Leont'ev actually calls for an *izvozčik* on a snow-covered street) and 'apples' (cf. note to line 6) are associated with the Russian statehood.

The smell of the frosty air is quite often compared to that of apples, especially *antonovka,* in contemporary Russian poetry and prose, and the simile has now become something of a cliché.[61] Before M., it had

---

[61] И снег антоновкою пахнет | ... | Пахнет яблоком снежок (А. Вознесенский, "Новогоднее· письмо в Варшаву", *Треугольная груша*, М., 1962, 78–79); Снег <...> отдавал запахом перезревших антоновских яблок (К. Воробьев, "Убиты под Москвой", *Новый мир*, 1963, № 3, 46). Cf. the editorial commentary in *OM* III 411: А мороз в русском сознании (и литературе) часто пахнет крепким антоновским яблоком... It certainly does in modern Russian literature. I would not, however, generalize concerning 'Russian consciousness,' seeing that even in literature the association is not as stable as all that: Bunin, the author of "Antonovskie jabloki," compared the smell of the first snow to that of a watermelon; Gor'kij, to fresh cucumbers.

been used, as far as I could ascertain, by Kuprin, in "Taper," a Christmas story (1900) : ...запах зимнего воздуха, крепкий и здоровый, как запах свежих яблоков.[62] Certain details of this rather commonplace "roždestvenskij rasskaz" (piano playing, a night ride in a sleigh along the streets of Moscow, the appearance of Anton Rubinštejn[63] at a children's fete, and the general atmosphere of the *fin de siècle*) are, in a vague but perceptible way, thematically relevant to M.'s New Year's Eve elegy.

29. Мне хочется бежать от моего порога

At the point when the protagonist of the poem is more narrowly identified with the narrator, the emphasis shifts from the abstract to the concrete, and from time to space. The impossibility of escaping from one's age, expressed in ₂₇И некуда бежать от века-властелина, leads to the questionable (₃₀Куда?) option of fleeing from one's home, the abode of the age's agony (cf. Puškin's "Èlegija": Я видел смерть: она в молчаньи села | У мирного *порогу моего*). There is a muffled echo of Čackij's exclamation in this line (Вон из Москвы! Сюда я больше не ездок. | Бегу, не оглянусь, пойду искать по свету, etc.), as well as in ₃₄₋₃₅Недалеко, собравшись как-нибудь, − | Я, рядовой *седок,* in which Griboedov's subtext produces an effect of romantic irony.

The image of the 'white conscience' behind the threshold, blocking the escape, evokes Vergil's line: cum *fugit,* ultricesque sedent in *limine* Dirae (*Aen.* IV.473).

In the beginning of the twenties, according to N.Ja.Mandel'štam's memoirs, M. was thinking of emigration:

Еще в самом начале двадцатых годов (в 1921, до гибели Гумилева) он [Балтрушайтис] уговаривал О.М. принять литовское подданство. Это было возможно, потому что отец О.М. жил когда-то в Литве, а сам

---

[62] Kuprin used this simile on more occasions than one. Cf., e. g., "Черный туман"(1906) : С мороза от него так вкусно пахло яблоками.

[63] Kuprin mentioned in the story, i. a., young girls discussing Marx and the agrarian system, and described the 'leonine' head of Rubinštejn. Cf. M.'s account of such occasions in "Knižnyj škap": Бумажные розы, свечи гимназических вечеров и баркароллы Рубинштейна. Восьмидесятые годы в Вильне, как их передает мать. Всюду было одно: шестнадцатилетние девочки пробовали читать Стюарта Милля, маячили светлые личности с невыразительными чертами, с густою педалью, замирая на piano, играли на публичных вечерах новые вещи львиного Антона.

О.М. родился в Варшаве. О.М. даже собрал какие-то бумаги и снес показать их Балтрушайтису, но потом раздумал: ведь уйти от своей участи все равно нельзя и не надо даже пытаться...[64]

In choosing to resist the temptation, M. followed the example of Čaadaev, of whom he wrote in 1915:

> Это был Чаадаев, бежавший из России на случайном корабле, с такой поспешностью, как если бы ему грозила опасность, без внешнего принуждения, но с твердым намерением – никогда больше не возвращаться. <...> Это странное путешествие, занявшее два года жизни Чаадаева, о которых мы знаем очень мало, больше похоже на томление в пустыне, чем на паломничество. А потом *Москва, деревянный* флигель-особняк, "Апология сумасшедшего" <...>
>
> Когда Борис Годунов, предвосхищая мысль Петра, отправил за границу русских молодых людей, ни один из них не вернулся. Они не вернулись по той простой причине, что нет пути обратно от бытия к небытию, что в душной Москве задохнулись бы вкусившие бессмертной весны неумирающего Рима.
>
> Но ведь и первые голуби не вернулись обратно в ковчег. <...>
>
> А сколькие из нас духовно эмигрировали на Запад! Сколько среди нас – живущих в бессознательном раздвоении, чье тело здесь, а душа осталась там!
>
> Чаадаев знаменует собой новое, углубленное понимание народности, как высшего расцвета личности, и России, как источника абсолютной нравственной свободы.
>
> Наделив нас внутренней свободой, Россия предоставляет нам выбор, и те, кто сделал этот выбор, – настоящие русские люди, куда бы они не примкнули. Но горе тем, кто, покружив около родного гнезда, малодушно возвращается обратно!
>
> ("Петр Чаадаев")

Cf.: Бежать? Куда? Где правда, где ошибка? (Фет, "Смерть").

30. Куда? На улице темно

While in the preceding line *porog* 'threshold' is a conventional 'spatial' metonymy of 'home,' it should be recalled that in "Vek" it has been an equally conventional 'temporal' metaphor: Захребетник лишь трепещет | На пороге новых дней. In accordance with the shift from 'time' to 'space,' mentioned in the preceding note, Nekrasov's

---

[64] *Воспоминания,* 1970, 30–31. Cf. the theme of emigration in Axmatova's poetry, from "Kogda v toske samoubijstva" (1918–1921) to "Prav, čto ne vzjal menja s soboj" (1961).

image of the dark street (Еду ли ночью по улице темной) replaces Lermontov's 'dark future' of the generation: Его грядущее — иль пусто, иль темно (”Дума”).

The dark street is not only the street of Moscow (cf. in the later poem, "Ariost": В Европе холодно. В Италии темно). M. traces and confronts here the contrastive subtexts of Axmatova's image of the West in ”Чем хуже этот век предшествующих” (1919): Еще на западе земное солнце светит, | И кровли городов в его лучах блестят... These subtexts are Pečerin's "Mečta junoši" and Xomjakov's "Mečta":

Солнце к западу склонялось,
Вслед за солнцем я летел:
Там надежд моих, казалось,
Был таинственный предел.

”Запад, запад величавый!
Запад золотом горит!
Там венки виются славы,
Доблесть, правда там
                блестит!”
           (1864)[65]

О, грустно, грустно мне. Ложится тьма
                                  густая
На дальнем Западе, стране святых чудес:
. . . .
А как прекрасен был тот Запад величавый!
. . . .
Но горе! век прошел, и мертвенным
                              покровом
Задернут Запад весь. Там будет мрак
                              глубок...
                              (1835)

The theme of escape is manifestly absent from "Variant," strophe IV of which calls forth a historical analogy: Сто лет тому назад подушками *белела* | Складная легкая постель, | И странно вытянулось глиняное тело, — | Кончался века первый хмель. One hundred years earlier, Puškin marked the death of two great exiles and contemplated the 'emptiness of the world' and the futility of the escape which he might have attempted:

> Не удалось навек оставить
> Мне скучный, неподвижный брег,
> Тебя восторгами поздравить
> И по хребтам твоим направить
> Мой поэтический побег!
>
> Ты ждал, ты звал... я был окован;
> Вотще рвалась душа моя:
> Могучей страстью очарован,
> У берегов остался я...

---

[65]   Published for the first time in: М.О. Гершензон, *Жизнь В.С.Печерина*, М., 1910, 133, 189.

О чем жалеть? *Куда* бы ныне
Я путь беспечный устремил?
Один предмет в твоей пустыне
Мою бы душу поразил

Одна скала, гробница славы...
Там погружались в хладный сон
Воспоминанья величавы:
Там угасал Наполеон.

Там он почил среди мучений.
И вслед за ним, как бури шум,
Другой от нас умчался гений,
Другой властитель наших дум.

. . . .

Мир опустел... Теперь *куда* же
Меня б ты вынес, океан?
Судьба людей повсюду та же:[66]
Где благо, там уже на страже
Иль просвещенье иль тиран.

("К морю")

M. must have noticed how closely Gercen followed the pattern of Puškin's reasoning when, in "Épilog 1849," he lamented the death of the two titans, Goethe and Byron, and, while dreaming of an escape from Europe, admitted that one could not flee from the past and from the fundamental sameness of the Old and the New World:

Лихорадочная злоба подстрекает на ненависть и презрение; унижение разъедает грудь... и *хочется бежать*, уйти...
<...> и все затихло — мгла и холод распространяются... только порой топор палача стукнет, падая, да пуля, тоже палача, просвищет отыскивая благородную грудь <...>
<...> это несчастие рождения тогда, когда целый мир — умирает!
Одно утешение и остается: весьма вероятно, что будущие поколения выродятся еще больше, еще больше обмелеют, обнищают умом и сердцем; им уже и наши дела будут недоступны и наши мысли будут непонятны.[67] <...> измельчавшая Европа изживет свою бедную жизнь в сумерках тупоумия <...>

---

[66] See fn. 32.
[67] M. acknowledged the fulfillment of Gercen's prophecy in the final two lines of *1 Jan*: $_{71}$Но пишущих машин простая сонатина $_{72}$Лишь тень сонат могучих тех (see p. 328 and cf. p. 346).

<...> Социализм разовьется во всех фазах своих до крайних последствий, до нелепостей. Тогда снова вырвется из титанической груди революционного меньшинства крик отрицания, и снова начнется смертная борьба, в которой социализм займет место нынешнего консерватизма и будет побежден грядущею, неизвестною нам революцией...

Вечная игра жизни, безжалостная, как смерть, неотразимая, как рождение, corsi e ricorsi истории, perpetuum mobile маятника! <...>

Два исполина пришли, наконец, торжественно заключить историческую фазу.

Старческая фигура Гете, не делящая интересов, кипящих вокруг, отчужденная от среды, стоит спокойно, замыкая два прошедших у входа в нашу эпоху. Он тяготеет над современниками и примиряет с былым. Старец был еще жив, когда явился и исчез единственный поэт XIX столетия. Поэт сомнения и негодования, духовник, палач и жертва вместе; он наскоро прочел скептическую отходную дряхлому миру и умер 37 лет в возрождавшейся Греции, куда бежал, чтоб только не видеть "берегов своей родины".

За ним замолкло все. И никто не обратил внимания на бесплодность века, на совершенное отсутствие творчества. Сначала он еще был освещен заревом XVIII века, он блистал его славой, гордился его людьми. По мере того, как эти звезды другого неба заходили, сумерки и мгла падали на все; повсюду бессилие, посредственность, мелкость — и едва заметная полоска на востоке, намекающая на дальнее утро <...>

<...> Я первый бледнею, трушу перед темной ночью, которая наступает; дрожь пробегает по коже при мысли, что наши предсказания сбываются — так скоро, что их совершение — так неотразимо...

Прощай, отходящий мир, прощай, Европа!

— А мы что сделаем из себя?

...Последние звенья, связующие два мира, не принадлежащие ни к тому, ни к другому; люди, отвязавшиеся от рода, разлученные с средой, покинутые на себя; люди, ненужные, потому что не можем делить ни дряхлости одних, ни младенчества других, нам нету места ни за одним столом. <...>

Идти бы прочь... Своею жизнию начать освобождение, протест, новый быт... Как будто мы в самом деле так свободны от старого? Разве наши добродетели и наши пороки, наши страсти и, главное, наши привычки не принадлежат этому миру, с которым мы развелись только в убеждениях?

<...> Разве ушедшие в Америку не снесли с собою туда старую Англию?

This long quotation helps to appreciate the impact of Gercen's thought on M., which has been totally overlooked by scholars. The extent and, what is more important, the limits of this influence have been astutely described by N. Ja. Mandel'štam:

О.М. не верил в тысячелетнее царство нового и к революции пришел не с пустыми руками. Груз у него был тяжелый. Это с одной стороны христианско-иудейская, как сказали его неведомые друзья, культура, а с другой — революция с большой буквы, вера в ее спасительную и обновляющую силу, социальная справедливость, четвертое сословие и Герцен. При мне О.М. Герцена уже не читал, но, несомненно, это одно из формообразующих влияний его жизни. Следы активного чтения Герцена разбросаны повсюду — и в "Шуме Времени", и в страхе перед птичьим языком, и в львенке, который поднимает огненную лапу и жалуется равнодушной толпе на занозу — эта заноза станет щучьей косточкой, застрявшей в ундервуде — и в переводах Барбье, и в понимании роли искусства. <...>

Худшего груза, чем у О.М., представить себе нельзя. Можно было заранее предсказать, что он обречен и в этом мире места себе не найдет. Искать оправдания становящемуся во имя Герцена — задача невыполнимая. Вместо оправдания неизбежно напрашивалось обвинение. Но Герцен оставляет за собой право на уход и гордое одиночество ("Omnia mea mecum porto"),[68] а О.М. этого права не принял. Для него путь лежит не от людей, а к людям — он чувствовал себя не человеком, стоящим над толпой, а одним из толпы. <...>

Не заметив в нем революционности, его дальние друзья упростили его жизнь, лишили содержания то, что было одной из ведущих линий его мысли. При отсутствии революционности ему не приходилось бы вникать в ход событий и применять к нему ценностный критерий. Полное отрицание давало силу жить и лавировать. Этого Мандельштам был лишен: он прожил жизнь людей своего времени и довел ее до трагической развязки.

(*Воспоминания*, N. Y., 1970, 177—179)

N.Ja.Mandel'štam's remark about the poet's refusal to follow Gercen's example of aloofness and to shun his fellow men[69] is particularly relevant to those poems, written during the thirties, in which M. offered consolation to the pathetic victims of the 'dark night' and humbly accepted it from them, e. g., "Žil Aleksandr Gercovič," the sad and humor-

---

[68]   This reference to the title of Gercen's Letter VII (*S togo berega*; see note to line 27) is missing from the Russian-language edition of *Vospominanija*, but occurs in the English translation (*Hope Against Hope*, N. Y., 1970, 170).

[69]   In *Četvertaja proza*, M. addressed Gercen as *"barin"* and accused him, only half in jest, of being responsible for the indignities that M. had experienced in his house (Dom Gercena) during the Gornfel'd affair: Александр Иванович Герцен!.. Разрешите представиться... Кажется, в вашем доме... Вы, как хозяин, в некотором роде отвечаете... Изволили выехать за границу?.. Здесь пока что случилась неприятность... Александр Иванович! барин! как же быть?! Совершенно не к кому обратиться!

ous scherzo-like piece containing a pun on the name of Aleksandr Gercen and a travesty of his image, which M. had earlier associated with a powerful sonata (see note to lines 71–72): Жил Александр Герцович, | Еврейский музыкант, – | Он Шуберта наверчивал, | Как чистый бриллиант.[70] || И всласть, с утра до вечера, | Заученную вхруст, | Одну *сонату вечную* | Играл он наизусть...[71] || Что, Александр Герцович, | *На улице темно?* | Брось, Александр Сердцевич, | Чего там! Все равно! || Пускай там итальяночка, | Покуда *снег хрустит,* | На узеньких на саночках | За Шубертом летит.[72] || Нам с музыкой-голубою | Не страшно умереть,[73] | А там вороньей шубою | На вешалке висеть... || Все, Александр Герцович, | Заверчено давно,[74] | Брось, Александр Скерцович, | Чего там! Все равно! (March 1931).

---

[70]   Cf. in connection with these lines: Ю.М.Лотман, "Анализ двух стихотворений. II. Б.Пастернак, 'Заместительница' ", *III Летняя школа по вторичным моделирующим системам. Тезисы. Доклады,* Тарту, 1968, 212.

[71]   On the meaning of the meter of "Žil Aleksandr Gercovič" and the treatment of Lermontov's subtext ("Molitva") by M., see M.L.Gasparov's fundamental semantic study of the Russian iambic trimeter: "Семантический ореол метра (К семантике русского трехстопного ямба) ", *Лингвистика и поэтика,* M., 1979, 292–293.

[72]   M. recalled again these two images of music in a strange land, Angiolina Bosio and Schubert's organ-grinder, in the poems marking the death of Ol'ga Vaksel', "На мертвых ресницах Исакий замерз" and "Возможна ли женщине мертвой хвала" (1935). The ride of the fire brigade, 'the brio of an unconditionally victorious misfortune,' which accompanies the agony in the former poem and in *Egipetskaja marka,* Ch. VII, derives, as the theme of Bosio does, from Nekrasov's "O pogode." The debt is acknowledged paronomastically and anagrammatically in *Egipetskaja marka* (В ее маленьких *некрасивых* ушах явственно прозвучали последние такты увертюры к "Due *Foscari* "), and lexically (the uncommon *выжлятник, пожар* being a two-fold allusion to "O pogode" and to "Psovaja ohota") in "Na mertvyx resnicax."

[73]   Cf. the proverb Умирать, так с музыкой.

[74]   Thus the creative hubbub of the eternal cycle, Schubert's watermill of "В тот вечер не гудел стрельчатый лес органа" and "Я буду метаться по табору улицы темной", degenerates into the senseless repetitiveness of 'Schubert's *Leierkasten*' (*Četvertaja proza*) or the deadly squirrel-cage centrifuge of "Stixi o russkoj poèzii": И белок кровавый белки | Крутят в страшном колесе. The image of the 'terrible wheel' (as well as the 'torture of ebb and flow' in "Ne u menja, ne u tebja – u nix") likewise goes back to Gercen: И вот мы, долго мудрствуя, пришли опять к *беличьему колесу,* опять к corsi и ricorsi старика Вико. Опять возвратились к Рее, беспрестанно рождающей в страшных страданиях детей, которыми закусывает Сатурн (*С того берега,* I. "Перед грозой").

During the same month the motif of the 'outside darkness' appeared in M.'s poems again and again. In "Ža gremučuju doblest' grjaduščix vekov," it was the night of Siberia (Уведи меня в ночь, где течет Енисей), which was then swallowing millions of exiled dispossessed peasants. In "Noč' na dvore," the motif was integrated in M.'s old theme of *театральный разъезд* (in this case, the snorting burghers leaving the theater after the end of the revolutionary *Ballo in maschera* under the mendacious motto of the aristocratic age, "Après moi le déluge"): Ночь на дворе. Барская лжа! | После меня хоть потоп. | Что же потом? — Храп горожан | И толкотня в гардероб. || Бал-маскарад. Век-волкодав. | Так затверди ж на зубок: | С шапкой в руках, шапку в рукав — | И да хранит тебя Бог! The fur cap is another allusion to the aristocratic aspect of 19th-century Russian literature, described in "V ne po činu barstvennoj šube": И в этот зимний период русской истории литература в целом и в общем представляется мне, как нечто барственное, смущающее меня: с трепетом приподнимаю пленку вощеной бумаги над зимней шапкой писателя. This fur cap is now humbly taken off (*с шапкой в руках,* 'hat in hand') and thrust into the sleeve to be kept safe in the night of exile (cf.: Запихай меня лучше, как шапку, в рукав | Жаркой шубы сибирских степей). The image of the cloakroom after the play echoes Rozanov's famous description of the Russian revolution, in which M. must have recognized the symbolism of his own prophetic poem:

Летают валькирии, поют смычки.
Громоздкая опера к концу идет.
С тяжелыми шубами гайдуки
На мраморных лесницах ждут господ.

Уж занавес наглухо упасть готов,
Еще рукоплещет в райке глупец,
Извозчики пляшут вокруг костров.
Карету такого-то! Разъезд. Конец.
(1914)

La Divina Commedia.
   С лязгом, скрипом, визгом опускается над Русской Историею железный занавес.
   Представление окончилось.
   Публика встала.
   Пора одевать шубу и возвращаться домой.
   Оглянулись.
   Но ни шуб, ни домов не оказалось.
(*Апокалипсис нашего времени,* 1919)

The exact counterpoint of the 'dark street' theme is found in one of the propitiatory Voronež poems:[75] Шло цепочкой в темноводье | Про-

---

[75] "The only thing that seemed to be an aftereffect of his illness was an occasional desire he now had to come to terms with reality and make excuses

тяженных гроз ведро | Из дворянского угодья | В океанское ядро.
|| Шло, само себя колыша, | Осторожно, грозно шло. | Смотришь:
небо стало выше — | Новоселье, дом и крыша | И *на улице светло.*

The 'chain of the extended storms passing from the nobleman's
estate to the main body of the ocean' may be interpreted as a symbolic
description of the revolutionary process in Russia, the various stages of
which have been outlined by Lenin in "Pamjati Gercena" (1912). The
factual background of the poem, vividly reported by N. Ja. Mandel'-
štam,[76] endows the text with an ironic dimension: the logic of the revo-
lution appears to be defined by the idiomatic meaning of the expression
Темна вода во облацех (taken from *Ps.* 17:12) 'an obscure matter,' out
of which M. has created the neologism *темноводье* (Dal's *Толковый
словарь* lists only *Черноводье,* мутница, грязная вода половодья).

31—32. И, словно сыплют соль мощеною дорогой,
Белеет совесть предо мной

'Salt' is a traditional symbol of fidelity to an oath or covenant (cf.:
Lev. 2:13; *Num.* 18:19; II *Chr.* 13:5). In M.'s poetry, it combines the
meanings of 'unswerving loyalty' and 'sorrow' (Крутая соль торжест-
венных обид is the image of faith in spite of the bitter injuries in "Кому
зима — арак").[77] In *1 Jan,* in addition to the theme of loyalty to the
oath (lines 61—64), the symbol expresses the fear of reproach, typical

---

for it. This happened in sudden fits and was always accompanied by a nervous
state, as though he was under hypnosis. At such moments he would say that he
wanted to be with everybody else, and that he feared the Revolution might pass
him by if, in his short-sightedness, he failed to notice all the great things happen-
ing before our eyes. <...> the decisive part in the subjugation of the intelligentsia
was played not by terror and bribery (though, God knows, there was enough of
both), but by the word 'Revolution,' which none of them could bear to give up"
(Nadezhda Mandelstam, *Hope Against Hope*, N. Y., 1970, 126). Cf. M.'s letter
No. 66, *OM* III 274.

[76]   *Novosel'e, dom i kryša* were the *zemljanka* of the peasant women
whose husbands had been deported and who were squatting on *sovxoz* land:
Рабочие в шесть рук принялись разносить землянку ломами, а директор
с шофером долбили крышу ногами. ...Первой поддалась крыша, и из зем-
лянки начали гуськом выползать люди с вещами (*Вторая книга,* Paris, 1972,
327 ff.).
[77]   See my study of "Umyvalsja noču na dvore" (*Slavica Hierosolymitana*,
Vol. I, 1977, 161—162).

of the Russian intelligentzia, 'the salt of the earth': "Ye are the salt of the earth: but if the salt have lost his savour, wherewith shall it be salted? it is thenceforth good for nothing, but to be cast out, and to be trodden under foot of men" (*Mt.* 5:13); "...every sacrifice shall be salted with salt. Salt is good: but if the salt have lost his saltness, wherewith will ye season it? Have salt in yourselves" (*Mk.* 9:49—50); "Salt is good: but if the salt have lost his savour, wherewith shall it be seasoned? It is neither fit for the land, nor yet for the dunghill; but men cast it out" (*Lk.* 14:34—35; note that *Lk.* 14:21, 23 "into the streets and the lanes... into the highways and hedges," по улицам и переулкам... по дорогам и изгородям, is echoed in ₃₃По переулочкам, скворешням и застрехам).

The pain of conscience (cf. А белый, белый снег до боли очи ест in "Komu zima — arak") may be identified with the pain of the lost word (line 21), and the meaning of the lost word, with the concepts of 'conscience' and 'honor.' The loss of the 'little pellet of the cold white substance' called 'honor' by Russian literature is epitomized in *Egipetskaja marka* by the forgotten percussion cap of Ippolit's pistol: Пропала крупиночка: гомеопатическое драже, крошечная доза холодного белого вещества... В те отдаленные времена <...> эта дробиночка именовалась честью.[78]

It should also be recalled that the spilling of salt on the path of a man is a magic act causing illness (hence the implication of *больная совесть*): Соль бросить на дорогу или туда, куда пойдет тот человек, на которого болезнь напускается, и приговорить: как будет сохнуть соль сия, так сохни и тот человек.[79]

Two other images of salt, polygenetic but converging upon the same theme, occur in the Russian poetry of the early twenties. In Cvetaeva's

---

[78]   Cf.:

— Неужто осечка?

— Капсюля совсем не было, — возвестил Келлер.

Трудно и рассказать последовавшую жалкую сцену. <...> Ипполит рыдал как в истерике, ломал себе руки, бросался ко всем, даже к Фердыщенке, схватил его обеими руками и клялся ему, что он забыл, "забыл совсем нечаянно, а не нарочно" положить капсюль, <...> умолял Келлера, чтоб ему отдали назад пистолет, что он сейчас всем докажет, что "его честь, честь"... что он теперь "обесчещен навеки!.." (*Идиот,* часть третья, гл. VII).

[79]   Л. Н. Майков, "Великорусские заклинания", *Записки Имп. Русского географического общества по отделению этнографии,* II, 1869, 244.

"Pereuločki" (1922),[80] the land reproaches the departing guests with the bread-and-salt of hospitality: Солоницами — глазницы | У ржаной земли. | Что ж вы, гости имениты, | Мало по — были? ‖ Солоницею — землица, | Сколько хошь — соли! | Что ж вы, плоти румянисты, | Мало по — жили? ‖ Мало ль много ли — | Дроги поданы! Axmatova, in "Lotova žena,"[81] dramatized her refusal to emigrate (and disguised her approval of the emigrants) in a lyrical paraphrase of the most appropriate Biblical episode:[82] И праведник шел за посланником Бога, | Огромный и светлый, по черной горе, | Но громко жене говорила тревога: | Не поздно, ты можешь еще посмотреть ‖ На красные башни родного Содома, | На площадь, где пела, на двор, где пряла, | На окна пустые высокого дома, | Где милому мужу детей родила. ‖ Взглянула, и, скованы смертною болью, | Глаза ее больше смотреть не могли; | И сделалось тело прозрачною солью, | И быстрые ноги к земле приросли. ‖ Кто женщину эту оплакивать будет, | Не меньшей ли мнится она из утрат? | Лишь сердце мое никогда не забудет | Отдавшую жизнь за единственный взгляд. In all these instances, including *1 Jan,* the symbol, differently interpreted and developed, and deriving from totally different subtexts, marks the same theme of the frustrated or blameworthy escape. Cf. Horace's image of the 'glittering paternal salt-dish,' the symbol of home preferred to exile (*Carm.* II.xvi.13—20): vivitur parvo bene, cui paternum | splendet in mensa tenui salinum, | nec leves somnos timor aut cupido | sordidus aufert. ‖ quid brevi fortes iaculamur aevo | multa? quid terras alio calentes | sole mutamus? patriae quis exsul | se quoque fugit?

In an earlier study (fn. 77) I have pointed out the associative pattern that underlies M.'s "obscure heraldry of moral ideas" (*Egipetskaja marka*) in the poem "Umyvalsja noč'ju na dvore" (1921): звезды — соль — холст. 'Salt' as the symbol of conscience, faithfulness, and sacrificial purity is related by a series of metaphors in M.'s writings of 1921— 1925 to the astral imagery (see note to line 1 of *GO*) in a Kantian juxta-

---

[80]   First published in *Ремесло,* 1923, but frequently recited by Cvetaeva at her poetry readings in Moscow (see: *Сочинения в двух томах,* I, M., 1980, 533). Cf. in *Lebedinyj stan*: В воротах, как Благая Весть, | *Белым стражем* да встанет — *Честь* ("Мракобесие. — Смерть. — Содом").

[81]   Dated February 24, 1924, and published in *Русский современник,* 1924, No. 1 (*1 Jan* appeared in the next issue, 1924, No. 2).

[82]   Cf. my note "On the Biblical Source of Some Suppressed Lines by Anna Axmatova," *Ha-Sifrut/Literature,* No. 23, October 1976, [x].

position of the moral sense (externalized, unlike in Kant's dictum: со-
весть *предо* мной) and the starry sky. The ethical macrocosm modeled
by a consistent reiteration of such similes and metaphors as Звездный
луч — как соль на топоре; Тает в бочке, словно соль, звезда; жесто-
ких звезд соленые приказы; идти под солью звезд, implies a nexus
between the salt of the earth and the stars of heaven. Thus in the mys-
tico-industrial universe of Blok's "Novaja Amerika" (1913) the dream-
like, prophetic sleigh-ride ends in a vision of the struggling mineral en-
trails of Russia, the groaning coal, the white salt, and the roaring ore,
identified with the star of a new national destiny: Уголь стонет, *и соль
забелелась,* | И железная воет руда... | То над степью пустой загоре-
лась | Мне Америки новой звезда![83]

The mediator in M.'s macrocosmic synthesis, the union of the force
of destiny and the moral force, which implies historically also a linkage
of the two ages and a reconciliation of Russia's warring ideological fac-
tions in the "teleological warmth" of the new common home (described
in "Devjatnadcatyj vek" and "Gumanizm i sovremennost'"), is the protag-
onist of "Komu zima arak," neither a conspirator,[84] nor an emigrant,[85]

---

[83] Echoes of Blok's mining and metallurgical messianism may be perceived
in some of M.'s later poems: Преодолев затверженность природы, | Голубо-
твердый глаз проник в ее закон, | В земной коре юродствуют породы, | И
как руда из груди рвется стон (1934; the poem is related to the Andrej Belyj
cycle and blends subtexts from both poets); Мир начинался страшен и велик: |
Железной ночью папоротник черный. | Пластами боли поднят большевик — |
Единый, продолжающий, бесспорный, | Упорствующий, дышащий в стене. |
Привет тебе, скрепитель дальнозоркий | Трудящихся. Твой угольный, твой
горький | Могучий мозг, гори, гори стране (this extremely difficult poem was
inspired, apparently, by the death of Kujbyšev; one of its contrastive subtexts is
Медный всадник: "Добро, строитель чудотворный!").

[84] 'Punch' is M.'s emblem of the conspiratorial bond, political in "Dekab-
rist" and literary in "V ne po činu barstvennoj šube." This is Puškin's *Пунша
пламень голубой* in the bowl of Blok's *Vozmezdie* (Ch. I, lines 339–354).

[85] Cf. the Dantesque theme of the bitter bread of exile in Axmatova's
"Не с теми я, кто бросил землю" (1922): Темна твоя дорога, странник, |
Полынью пахнет хлеб чужой, and in "Кому зима — арак": Кому зима — по-
лынь и горький дым к ночлегу. In the last strophe of "Komu zima — arak" there
is a noteworthy reversal of the 'prodigal son' theme as developed by Cvetaeva in
a poem dated 1916 (*Versty*, 1922, 109):

О, если бы поднять фонарь	И не плача зря
на длинной палке,	Об отце и матери — встать, и с Богом
С собакой впереди идти	По большим дорогам
под солью звезд	В ночь — *без собаки и фонаря.*

but the carrier of 'the salty imperatives of the cruel stars,' the portents that must be interpreted in the smoky hut of a Russian sybil.

In the narrow context of *1 Jan,* the 'star'/ 'salt' association is supported by the reiteration ${}_{31}$*сыплют* соль — ${}_{53}$и в звездах небо козье ${}_{54}$*Рассыпалось* и молоком горит (cf. in "Старухина птица": Крупной солью сыпались на двор зимние звезды).

The third "moral emblem" of "Umyvalsja noč'ju na dvore," *холст* 'canvas, linen,' the symbol of the sacrificial "festive purity of death" ("Старухина птица"), is explained in *Egipetskaja marka*: Есть темная, с детства идущая геральдика нравственных понятий: шварк раздираемого полотна может означать честность, и холод маделолама — святость. Its cognates may be found in M.'s earlier images of the longing spirit, *парус* 'sail,' or its metonym, *полотно* 'canvas': И принимая ветер рока, | Раскрыла парус свой душа ("Как тень внезапных облаков", 1910); И паруса трилистник серый, | Распятый, как моя тоска ("Я вижу каменное небо", 1910)[86]; И парус духа бездомный | Все ветры изведать готов ("Убиты медью вечерней", 1910); И бездыханная, как полотно, | Душа висит над бездною проклятой ("Казино", 1912); И покинув корабль, натрудивший в морях полотно, | Одиссей возвратился, пространством и временем полный ("Золотистого меда струя", 1917). Lermontov's "Parus" is the obvious model of M.'s 'homeless sail of spirit,' and in *1 Jan* the theme of escape is seconded by a deeply concealed Lermontovian subtext:

${}_{32}$*Белеет* сове сть *предо мной*	*Белеет парус одинокий*
${}_{56}$Вся *полость* трется и звенит	И мачта гнется и скрипит

---

[86] Among the multiple subtexts of this poem, arranged against the background of Annenskij's "Trilistnik bumažnyj," the subtext and "the subtext of the subtext" for the image of the 'gray sail' are an interesting example of M.'s concern for the lineage of certain poetic locutions and the themes associated with such locutions:

И Дьявол взял меня и бросил	Дайте мне челнок дощатый
В полуистлевшую ладью.	С полусгнившею скамьей.
Я там нашел и пару весел,	Парус серый и косматый,
И серый парус, и скамью.	Ознакомленный с грозой.
(Сологуб, "Когда я в бурном	(Лермонтов, "Желание")
море плавал")	

In "Variant," the image of whiteness, a warning against any kind of escape, is transferred from the salt of *1 Jan* to the pillows on the collapsible bed of a dying exile: Сто лет тому назад подушками *белела* | Складная легкая постель (cf. the image of death in "Solominka": Мерцают в зеркале подушки, чуть *белея,* | И в круглом омуте кровать отражена[87]).

The treatment of the Lermontovian subtexts in *1 Jan* and *GO,* and the subtexts themselves, form the same pattern of complementarity, parallelism, and contrast as the texts of these two poems do. While in *GO* the quotations from Lermontov are direct and even acknowledged (Кремнистый путь из старой песни), the thematic reference to "Parus" in *1 Jan* is expressed mainly at the prosodic and grammatical level, and tenuously supported by the reiteration of a single lexical item (*Белеет*) blended with a fragmentary quotation from another Lermontov poem, "Žurnalist, čitatel' i pisatel'":

Белеет парус   Диктует *совесть*
Белеет совесть

Similarly, in M.'s *мощеная дорога* as the antithesis of the glittering flinty path of lonely martyrdom (Выхожу *один* я на дорогу) it is difficult to recognize Lermontov's reproachful image of the crowd's beaten track of disguised habitual suffering: Взгляни: *перед тобой* играючи идет | Толпа *дорогою привычной;* | На лицах праздничных чуть виден след забот, | Слезы не встретишь неприличной.[88] || А между

---

[87] Cf.: K. Taranovsky, *Essays on Mandel'štam,* 1976, 148. In his pioneering historical study of the Guild of Poets, R.D. Timenčik has raised the problem of the "reflections" of Kljuev's poetry in M. ("Заметки об акмеизме", *Russian Literature,* 7/8, 1974, 26, n. 13). The baroque mirror image of Beauty's death bed ("Das Weib und der Tod") in "Solominka" is one of such reflections; cf. Kljuev's "Мы любим только то, чему названья нет" (*Сосен перезвон,* 1912): В старинных зеркалах живет красавиц рой, | Но смерти виден лик в их омутах зовущих. The image of the ship of time in "Proslavim, brat'ja, sumerki svobody" seems to derive from the same poem: А время, как корабль под плеск попутных пен, | Плывет и берегов желанных не находит.

[88] Certain subtexts tend to form stable combinations in M.'s poetry. Thus, Был взор слезой приличной затуманен in "Ljuteranin," M.'s response to Tjutčev's "Ja ljuteran ljublju bogoslužen'e," is an echo of Lermontov's Слезы не встретишь неприличной. On the other hand, the rhyme [29]*порога* — [31]*дорогой* and [34]собравшись in *1 Jan* evoke the image of the departure in "Ja ljuteran ljublju bogoslužene," to which M. alluded also in "Koncert na vokzale."

тем из них едва ли есть один, | Тяжелой пыткой не измятый, | До
преждевременных добравшийся морщин | Без преступленья иль
утраты!.. | Поверь: для них смешон твой плач и твой укор... ("Не
верь себе"; cf. the 'poignant question of conscience' in Annenskij's
"V doroge," in which the poet's longing for a twilight of quiet contem-
plation is thwarted by the wandering mendicant's tale: Дед идет с су-
мой и бос, | Нищета заводит повесть: | О, мучительный вопрос! |
Наша совесть... Наша совесть!..).

In this connection, it should be recalled that the 'black-and-white'
medium of moral discernment was inherited by M. from Baudelaire and
Annenskij (see note to line 68 of *GO* and cf. Annenskij's translation of
Sully-Prudhomme's "Le doute": Белеет истина на черном дне провa-
лa). The transformation of the idiomatic чистая совесть (cf. the equally
idiomatic Пусть у мужа *совесть* как ночь *черна* in "Gogotur i Apšina")
into белеет совесть may have been influenced by French usage[89] (e. g.,
Barbier's evocation of conscience in the poem so entitled: *O blanche
conscience!*).

STROPHE V

33. По переулочкам, скворешням и застрехам

The name *Moskva* is represented here anagrammatically: переулоч-
*кам, сквор*ешням. There is an obvious allusion to this charade (and to
Evgenij Onegin) in Kljuev's poem dated 1927 (?)[89a]: *Москва!* Как мно-
го в этом звуке | *Скворешниц*, звона, калачей. In "Xolodnoe leto"
there is a reference to the 'white starling-houses of the Kremlin: белые

---

[89]   Cf. the revival, through literal translation, of such a worn-out foreign-
language metaphor as *Zahn der Zeit, tooth of time* (deriving from Wieland and
Shakespeare, respectively, but turned into a cliché in German and English) in
"Našedšij podkovu": Век, пробуя их перегрызть, оттиснул на них свои зубы.
   On foreign language as subtext, see: Г. А. Левинтон, "Поэтический билинг-
визм и межъязыковые влияния (Язык как подтекст)", *Вторичные модели-
рующие системы*, Тарту, 1979, 30—33.

[89a]   Николай Клюев, *Сочинения*, т. 2, под общей редакцией Г. П. Струве
и Б. А. Филиппова, 1969, 246.

скворешники Кремля (cf. the description of Troy in "За то, что я руки твои не сумел удержать": Он будет разрушен, высокий Приамов скворешник). *Застрехи* (навес, свес кровли, according to Dal'), an element of old Muscovite architecture,[90] seem to be folk-etymologized in this context and related to *застреть (застрять)* and even *застрелить,* in view of the folklore associations of this line which lead through Marina Cvetaeva's *Pereuločki* to *Sbornik Kirši Danilova* (the Dobrynja and Marinka *bylina* cycle, represented in *Sbornik* by "Tri goda Dobrynjuška stol'ničel"): Идет он по широким по улицам, | По частым мелким *переулочкам.* | По горницам *стреляет* воробушков, | По повалушам *стреляет* он сизых голубей. The ominous effect of these associations, supported by Blok's "Dvenadcat'" (Их винтовочки стальные | На незримого врага... | В переулочки глухие, | Где одна пылит пурга), is amplified rather than dispelled by $_{52}$Не тронут, не убьют.

34. Недалеко собравшись как-нибудь

Nedaleko is a compromise alternative to the possibility of a more distant escape suggested by the previous strophe and the deeply concealed allusions to "Parus" (Что ищет он в стране далекой) and *Gore ot uma* (Вон из Москвы! Сюда я больше не ездок [cf. $_{35}$Я, рядовой седок]. | Бегу, не оглянусь, пойду искать по свету, | Где оскорбленному есть чувству уголок! – | Карету мне, карету!).

Cf. the motif of contemplated escape in "Feodosija" (1920) and in later poems: *Недалеко* до Смирны и Багдада, | Но трудно плыть, а звезды всюду те же; А не то веревок *собери* | Завязать корзину до зари, | Чтобы нам уехать на вокзал, | Где бы нас никто не отыскал ("Мы с тобой на кухне посидим", 1931); И *собирался в путь,* и плавал по дуге | Неначинающихся путешествий ("Не сравнивай, живущий несравним", 1937).

---

[90] "Древне-русское зодчество (русские хоромы) деревянное, но затейливое резьбой, косяками, *застрехами* <...> умерло, кое-где лишь сохраненное в московском кремле, в виде царских теремов, да реставрированное на Варварке в доме Романовых" (Иван Коневской, *Стихи и проза,* М., 1904, 194).

35. Я, рядовой седок, укрывшись рыбьим мехом

The stance and the voice of an 'average fare' assumed here follows the pattern of M.'s first quasi-realistic poem (1913): В спокойных пригородах снег | Сгребают дворники лопатами; | Я с мужиками бородатыми | Иду, прохожий человек. So in "Peterburgskie strofy" the aristocratic *pravoved*, a 'northern snob' getting into Onegin's sleigh and suffering from Onegin's 'ancient *ennui*,' is displaced at the end by a new Evgenij of *The Bronze Horseman*, the 'touchy, modest pedestrian':

И правовед опять садится в сани,	Летит в туман моторов вереница.
Широким жестом запахнув шинель.	Самолюбивый скромный пешеход,
. . . .	Чудак Евгений бедности стыдится,
Тяжка обуза северного сноба,	Бензин вдыхает и судьбу клянет!
Онегина старинная тоска...	

M.O. Čudakova has recently described the impact of Mixail Zoščenko's prose upon M.:

<…> Зощенко заставляет увидеть за автором некое новое литературное право – говорить "от себя" (т. е. без посредства рассказчика, будь то Иван Петрович Белкин, Рудый Панько или друг Васьки Бочкова), но "не своим" голосом.
<…> вскоре Мандельштам стал горячим поклонником прозы Зощенко (будто прямо ответившей позитивной программе [мандельштамовской] рецензии на "Записки чудака": "Настоящая проза – разнобой, разлад, многоголосие, контрапункт"). К известным свидетельствам добавим лишь одно неизвестное: рассказывая Чуковскому о работе над одной из "Сентиментальных повестей", Зощенко говорил ему: "Знаете, Осип Мандельштам знает многие места из моих повестей наизусть, *может быть, потому, что они, как стихи* (ср. в цитированной рецензии: "Записки чудака" – как дневник гимназиста, написанный *полустихами*" – *М. Ч.*). Он читал мне их в Госиздате" (запись в дневнике К. Чуковского от 30 марта 1927 г.). В прозе Зощенко поэт видел, можно думать, ту "морозную пыль образуемых вновь падежей", ощущение которой столь остро в его поэзии тех же лет, иногда внутренне перекликающейся с художественными посылками Зощенко.[91]

'Frost-dust of the declensions formed anew' in M.'s poem written on the occasion of Andrej Belyj's death is indeed a punning reference to street language, as is evident from the Puškinian subtext of this line:

---

[91]   М.О.Чудакова, *Поэтика Михаила Зощенко*, М., 1979, 64, 75.

Уж темно: в санки он садится. | *"Поди! Поди!"* раздался крик; |
Морозной пылью серебрится | Его бобровый воротник (the word
падеж is 'newly formed,' as it were, from the coachman's cry *поди!*
pronounced and frequently spelled *пади*). Apparently, M. perceived the
tradition of Puškin's colloquialisms in Majakovskij's *язык трамвайский*
(*Люблю*, l. 89), which he identified in "Ešče daleko mne do patriarxa"
(1931) with the language of streetcar altercations : Еще меня ругают
за глаза | На языке трамвайных перебранок, | В котором нет ни
смысла, ни аза: | "Такой, сякой".

Beginning with this strophe, folksy expressions penetrate the elegy:
$_{40}$валится из рук; $_{41}$скобяным товаром; $_{46}$не обессудь; $_{47}$уважаю;
$_{52}$Чего тебе еще? Не тронут, не убьют; etc.

The idiomatic and colloquial *rybij mex* inaugurates the series of
'fish' metaphors in *1 Jan*. In "Xolodnoe leto" this language metaphor is
transformed into a true simile: $<...>$ дорогие шубы в ломбарде — ры-
жий, как пожар, енот и свежа, словно только что выкупанная
куница рядком лежат на столах, *как большие рыбы,* убитые остро-
гой. Fish and pelts are listed side by side in Batjuškov's enumeration of
Moscow's commercial wares, so astonishingly relevant to M.'s own life
experience: Кто не бывал в Москве, тот не знает, что можно торго-
вать книгами точно так, как *рыбой, мехами,* овощами и проч., без
всяких сведений в словесности; тот не знает, что здесь есть фабри-
ка переводов, фабрика журналов и фабрика романов и что книж-
ные торгаши покупают ученый товар, то-есть переводы и сочинения,
на вес, приговаривая бедным авторам: не качество, а количество!
не слог, а число листов ("Прогулка по Москве"; Batjuškov's inton-
ations and themes have affected nearly all of M.'s essays on Moscow life
and letters, and his indignant articles about the 'translation industry').

36. Все силюсь полость застегнуть

The expected Puškinian rhyme как-нибудь / путь (*Evgenij Onegin*,
V.ii) is suppressed here, and the word *путь* submerges into the subtext.
The new rhyme is a realization of the potential one suggested by the
second stanza of Fet's "Noč svetla, moroz sijaet": Сядем, *полость за-
стегну я*, — | Ночь светла и ровен путь. | Ты умолкнешь, — замол-
чу я, | И — пошел, *куда-нибудь*! The entire triad of *путь, -нибудь,*
and the root of за*стегнуть* emerges again in "Zlzn' upala, kak zarnica":
Вдруг про*стегивает путь,* | Исчезая где-*нибудь.*

The motif of 'tying the latchet,' described in the notes to lines 63—64 of *GO* (Блажен, кто завязал ремень), recurs here at a quasi-realistic, 'everyday' level as a laborious act of fastening the shabby fur lap-robe of a hired sleigh. This clumsy effort should be compared to the elegant facility with which 'the ritual of tucking in' used to be performed by a personage of Russian lyrical poetry a quarter of a century earlier: Я чту обряд: *легко заправить* | Медвежью полость налету (Блок, "На островах").

37. Мелькает улица, другая

The verbal association between *Москва* and *мелькать* appears to derive in Russian poetry from Puškin's description of Tat'jana s arrival in Moscow (*Evgenij Onegin*, VII.xxxv-xxxviii). Cf. the opening lines of Apollon Grigor'ev's "narrative in verse" *Vstreča*: Опять Москва, — опять былая | *Мелькает* жизнь передо мной, | Однообразная, пустая...

Gogol' described the mysterious terrifying effect of this flickering upon the traveler in *Mertvye duši*: и что-то страшное заключено в сем быстром мелькании, где не успевает означиться пропадающий предмет...

38. И яблоком хрустит саней морозных звук

The 'apple' is now involved in an auditory simile (cf. the visual image of lines 6 and 9, and the olfactory simile of lines 28 and 62).

This frosty crunch is the test of genuine literature in "V ne po činu barstvennoj šube": Теория скрипит на морозе полозьями извозчичьих санок. <...> Вот почему мне так любо гасить жар литературы морозом и колючими звездами. *Захрустит ли* снегом? Развеселится ли на морозной некрасовской улице? Если настоящая — то да.

39—40. Не поддается петелька тугая,
Все время валится из рук

The sleigh, the unfastened lap robe, and the general sensation of disarray, discomfort and frustration produced by this strophe as a whole, may be compared with the nightmarish voyage to Malinov[92] in *Egipet-skaja marka*, and its atmosphere of deportation, disorder, and shame:

По снежному полю ехали кареты. Над полем свесилось низкое суконно-полицейское небо [the sky of *Istorija goroda Glupova*: сверху, вместо неба, нависла серая солдатская шинель; cf. note to line 10 of *GO*], скупо отмеривая желтый и, почему-то [for this is the color of shame associated with the Jewish yellow patch], позорный свет.

Меня прикрепили к чужой семье и карете. Молодой еврей пересчитывал новенькие, *с зимним хрустом,* сотенные бумажки [cf. strophe II of "S mirom derzavnym..."].

— Куда мы едем? — спросил я старуху в цыганской шали.

— В город Малинов, — ответила она с такой щемящей тоской, что сердце мое сжалось нехорошим предчувствием.

<...> Старый учитель музыки держал на коленях *немую клавиатуру* [cf. the dead, stuck key of the Underwood in strophe IX]. *Запахнутый полами* стариковской бобровой шубы, ерзал петух, предназначенный резнику [the fowl of the Jewish expiatory sacrifice].

— Поглядите, — воскликнул кто-то, высовываясь в окно, — вот и Малинов.

Но города не было. Зато прямо *на снегу* росла крупная бородавчатая *малина* [cf. $_{49}$ Пылает на снегу аптечная малина].

— Да это же малинник! — захлебнулся я, вне себя от радости, и побежал с другими, набирая снега в туфлю. *Башмак развязался, и от этого мною овладело ощущение великой вины и беспорядка* [cf. note to line 63—64 of *GO* on the significance of the untied shoe].

<...> *Я то и дело нагибался, чтоб завязать башмак двойным бантом и все уладить, как полагается, — но бесполезно. Нельзя было ничего наверстать и ничего исправить: все шло обратно, как всегда бывает во сне*

In a sketchy deleted passage of the draft of "Puškin i Skrjabin,"[93] M. identified both Judaism and Rome with the reversal of historical time. Hence the relevance of the Malinov episode also to $_{45}$Москва — опять Москва. Я говорю ей: Здравствуй! This apologetic salutation of the

---

[92]   In "Istorija odnogo molodogo čeloveka," Gercen described his place of exile, the provincial town of Vjatka, under the name of Malinov, which he had borrowed from Dal"s story "Bedovik."

[93]   Published in: OM IV 100, cf. 181—182. The passage reflects the influence of S.P.Kablukov. A kindly and refined man, one of the earliest admirers of M.'s poetry, Kablukov shared certain attitudes of his persuasion and milieu, and tried, with limited success, to steer M. away from Roman Catholic and Judaic ideas, and, rather comically, sex (see A.Morozov's publication "Мандельштам в записях дневника С.П.Каблукова", *Вестник РХД*, 129 (III), 1979, 131—155; cf. Н.Я.Мандельштам, *Вторая книга*, Paris, 1972, 33—34, 121, 438, 522).

third Rome restored as Russia's capital city suggests a wistful acquiescence with the reversal of history: ₄₆теперь уж не беда.

The paronomastic association of *переулочек* and *петелька* was later picked up by Anna Axmatova. The tight loop of M.'s Muscovite lap robe became the strangling noose of "Tretij Začat'evskij pereulok" in Axmatova's poem dated apparently 1940 but referring to the events of 1918[94]: *Переулочек, переул...* | Горло *петелькой* затянул. ‖ ... ‖ Мне бы снова мой черный платок, | Мне бы невской воды глоток.

STROPHE VI

**41–42. Каким железным, скобяным товаром
Ночь зимняя гремит по улицам Москвы**

Modern Russian poetry, from Annenskij and Xodasevič to Xlebnikov and Aseev, developed two themes of the Iron Age: the theme of Lermontov's 'iron verse' and the theme of mechanical civilization. In *1 Jan* the two meet in the image of the typewriter clicking in the ironware rattle of the winter night.

M.'s rejection of the 'iron verse' (see note to line 61) foreshadowed his transition to the 'iron' prose (*железно*дорожная проза) which he identified with the present tense isolated from the future and the past, and associated with the fearful delirium of Anna Karenina and the 'railroad' poems of Annenskij ("Зимний поезд", "Лунная ночь в исходе зимы", etc.).

He described the 'iron hardware' of this prose in *Egipetskaja marka*:

> На побегушках у моего сознания два–три словечка "и вот", "уже", "вдруг"; они мотаются полуосвещенным севастопольским поездом из вагона в вагон, задерживаясь на буферных площадках, где наскакивают друг на друга и расползаются две гремящих сковороды.
>
> Железная дорога изменила все течение, все построение, весь такт нашей прозы. Она отдала ее во власть бессмысленному лопотанью фран-

---

[94] Axmatova included this poem in the cycle entitled "Černyj son," or, in another ms., "Staraja Moskva" (*Анна Ахматова*, Стихотворения и поэмы, "Библиотека поэта", Л., 1976, 154–155, 472).

цузского мужичка из Анны Карениной. Железнодорожная проза[94a][cf. Puškin's почтовая проза], как дамская сумочка этого предсмертного мужичка, полна инструментами сцепщика [cf. Tolstoj's principle of сцепление], бредовыми частичками, *скобяными предлогами, которым место на столе судебных улик*[95], развязана от всякой заботы о красоте и округлости.

A reference to *skobjanoj tovar* in the context of 'books' occurs in "Suxarevka": он уже шагает... через рассыпанный на земле *скобяной товар, через книги.* In "Armenija" cramp-irons are directly identified with words in a rough and incomprehensible ominous language: Как люб мне язык твой зловещий, | Твои молодые гроба, | Где буквы — кузнечные клещи | И каждое *слово – скоба.*

The next paragraph of *Egipetskaja marka* suggests that the term железнодорожная проза is a dissimilation of the underlying paronomasia *proza – par*ovozov:

> Да, там, где *обливаются горяч*им маслом мясистые рычаги *парово-зов,* – там дышит она, голубушка *проза* – вся пущенная в длину – обмеривающая, бесстыдная, наматывающая на свой живоглотский аршин все шестьсот девять николаевских верст, с графинчиками запотевшей водки.

The transformation of the bilious железный стих, *облитый горечью* и злостью, into the almost succulent *обливаются горяч*им маслом мясистые рычаги паровозов, suggestive of the appetizing vividness

---

[94a] In the critical idiom of the period, the expression *железнодорожная литература,* i. e., 'railroad-station stall literature,' was sometimes applied to foreign romance in translation: Переводные романы заполняют собой пустоту книжных лавок и досуг обывателя – не больше. *"Железнодорожная" литература* перешла со станций в город – это симптоматично... (Б.М.Эйхенбаум, "В поисках жанра", *Русский современник,* 1924, № 3, 229; reprinted in: Б.Эйхенбаум, *Литература,* Л., 1927, 292).

[95] In *Dar,* Vladimir Nabokov applied M.'s metaphors to the acronymic language of Soviet periodicals: На другом столе, рядом, были разложены советские издания, и можно было нагнуться над омутом московских газет, над адом скуки, и даже попытаться разобрать сокращения, мучительную тесноту нарицательных инициалов, через всю Россию возимых на убой, – их страшная связь напоминала язык товарных вагонов (буханье буферов, лязг, горбатый смазчик с фонарем, пронзительная грусть глухих станций, дрожь русских рельсов, поезда бесконечно дальнего следования). Между "Звездой" и "Красным Огоньком" (дрожащим в железнодорожном дыму) лежал...

of the new prose, is significant in view of the two introductory passages on reading at meals in "Literaturnaja Moskva. Roždenie fabuly" (1922). In strophe VI of *1 Jan*, the ironware rumble is directly followed by the image of the meager and prosaic victuals (мерзлая рыба) and steaming teahouses, while the word *паровоз* appears to be anagrammatized in ₄₃*пар*ом | ₄₄Из чайных *розов*ых (cf. the train of verbal associations attached to the word *паровозный* in "Koncert na vokzale": *желез*ный, *пир, зап*ах *роз* в гниющих *парн*иках, горячий *пар, триз*на, etc., which represent iconically the notion of the 'air torn apart by engine whistles' in the lines И снова, паровозными свистками | Разорванный, скрипичный *воз*дух слит).

The association between 'frost,' 'iron,' and 'provisions' is based upon three interrelated subtexts. One is the traditional Russian theme of 'our McAdam — or McEve — winter': Свободна русская езда | В двух только случаях: когда | Наш *Мак-Адам,* или *Мак-Ева* | Зима свершит, треща от гнева, | Опустошительный набег, | Путь окует чугуном льдистым... (Vjazemskij, "Stancija", quoted by Puškin in note 42 to *Evgenij Onegin*; cf. Ch. 31 of Nekrasov's *Moroz, Krasnyj Nos*: Построю мосты ледяные, | Каких не построит народ. ‖ Где быстрые, зимние воды | Недавно свободно текли, — | Сегодня прошли пешеходы, | Обозы с *товаром* прошли). The other two are Dostoevskij's 'rumble of carts bringing bread for starving humanity' (Спешат, *гремят, стучат* и торопятся для счастия, говорят, человечества! — *Идиот,* III.iv) and Blok's image of the Age as a train of carts loaded with thundering and quaking strips of iron ("Molnii iskusstva," the essay which has influenced also "Koncert na vokzale").

Aside from this covert meaning, lines 41—42 are a realization of the language metaphor *трескучий мороз* (cf., however, Puškin's unfinished poem about the *opričnina*: *Какая ночь! Мороз трескучий,* | ... | Лишь только лает страж дворовый | Да цепью звонкою *гремит.* | И вся Москва спокойно спит | Забыв волнение боязни. | А площадь в сумраке ночном | Стоит, полна вчерашней казни. | ... | Здесь опрокинутая плаха; | Торчат *железные* зубцы...).

Tjutčev, it will be recalled, used the expression 'iron winter' to describe the repressive reaction of the Russian autocratic state, 'the eternal pole,' to the Decembrist rebellion: О жертвы мысли безрассудной, | Вы уповали, может быть, | Что станет вашей крови скудной, | Чтоб вечный полюс растопить! | Едва, дымясь, она сверкнула | На веко-

вой громаде льдов, | *Зима железная* дохнула – | И не осталось
и следов ("14-ое декабря 1825") .

**43–44. То мерзлой рыбою стучит, то хлещет паром
Из чайных розовых – как серебром плотвы**

The 'French moujik' of *Anna Karenina* is materialized subtextually
in the person of Henri Guilbeaux, the author of macaronic French-
Russian verses,[96] a review of which, with a selection of translations
("Москва" – *Рапсодия. Отрывки*), was published in the USSR by
A.Èfros,[97] who wrote, i. a.:

> Москва запоминается. Отпечатлеть современность трудно, так как
> ее масштабы зыбки, а образы двойственны. У Гильбо воссоздалась
> *наша Москва 1920 года* с превосходной четкостью.

The selection included the following lines (words transliterated
from the Russian in the French text were printed in Latin characters
in Èfros's translation):

> Народная stolovaja – ее неустанный говор
> Дышит супом из vobly, вызывающим тошноту...
>
> Все странно, темно и таинственно, –
> Одни лишь – светы кофеен, где лучатся белые скатерти,
> Да маяки аптек, красные и зеленые [cf. 49 аптечная малина] .

The nauseating smell of *vobla* (a North Caspian subspecies of roach,
Rutilus rutilus caspicus) recorded by Guilbeaux was a memorable at-
tribute of the years of hunger. In 1921, Majakovskij wrote of the stars
smelling of rotten herring and of the 'herring's bone' which alone had
saved the people of Russia from dying out: Сидели, | с селедкой во
рту и в посуде, | в селедке рубахи, | и воздух в селедке. | ... |
Едят, | дрожа от голода голого, | вдыхают радостью душище ед-
кий, | а нищие молят: | Подайте головы. | Дерясь, получают селе-
док объедки. || Кто б вспомнил народа российского имя, | когда б

[96]   *Kraskreml et autres poèmes*, Ed. "Les Humbles," 1922.
[97]   *Современный запад*, 1923, № 3, 79–84 and 204–205. M.'s translation
of Duhamel's "Ode à quelques hommes" appeared in the same issue.

не бросали хребты им в горсточки?! | Народ бы российский | сегодня же вымер, | когда б не нашлось у селедки косточки. || ... | Полгода | звезды селедкою пахли, | лучи рассыпая гнилой чешуею (”Два не совсем обычных случая”). In Èrenburg's *Opustošajuščaja ljubov'*, too, 'these days mean a savage fish's fin instead of wings':   Нет, не поймет далекий род | Что значут эти дни — | И дикой рыбы мертвый рот, | И вместо крыл плавник (”Есть задыханья...”, 1922).

Из чайных розовых, beside being a pun on чайная роза, contains a metonymic reference to the roses painted on tea kettles; cf. M.'s И самоваров розы алые | Цветут в квартирах и домах (”В спокойных пригородах снег”, 1913)   and Majakovskij's Влюбляйтесь под небом харчевен | В фаянсовых чайников маки (”Вывескам”, 1913).

In *Egipetskaja marka,* dry firewood in winter (cf. $_{26}$деревянный ларь) is compared to frozen fish: Он любил *дровяные склады* и дрова. Зимой сухое полено должно быть звонким, легким и пустым... На вес — не тяжелее *мерзлой рыбы.* Elsewhere in M.'s prose (“Koncerty Gofmana i Kubelika ’), concert goers in winter are compared to roach: Сквозь тройные цепи шел петербуржец лихорадочной мелкой *плотвой* в мраморную прорубь, исчезая в *горящем ледяном* доме (note the historical associations of *ledjanoj dom* and the relevance of its oxymoronic epithets to M.'s piscine symbols).

The small fry of the music-lovers of *Egipetskaja marka* and the fish-like shimmer of the culinary steam in *1 Jan* both derive, by a characteristic process of thematic divergence, from the initially syncretic, “cosmic” (with a veiled reference to the 12th sign of the zodiac), arrangement of the same semantic elements in the draft of the second strophe of “Čut' mercaet prizračnaja scena” (1920): Снова челядь шубы разбирает, | *Розу* кутают в меха. | А взгляни на небо — закипает | *Золотая* дымная уха, | Словно звезды — *мелкие рыбешки,* | И на них густой на*вар,* | А на *улице* мигают плошки | И тяжелый валит *пар* (*Stix.,*1973, 279; note the amusing paronomastic allusion, *yxá – ýxo,* in M.'s 'sky the fish-soup' to the image of the starry sky in the final lines of Majakovskij's *Oblako v štanax*: Вселенная спит, | положив на лапу | с клещами звезд огромное ухо.

The prosaic image of frozen fish in the iron winter of postrevolutionary Moscow saliently contrasts with горящая рыба 'burning   fish' in M.'s earlier, cosmic vision of the violent, cruel and creative cataclysm which has broken the back of the sacrificial beast and reversed the universal order: Кровь-строительница *хлещет* | Горлом из земных вещей | И *горящей рыбой* мещет | В берег теплый *хрящ* морей ("Век").

A passage in "V ne po činu barstvennoj šube" which contains an image of fish contraposed to both 'fire' and 'frost' provides a retrospective metapoetic explanation of this transition:

> Больные, воспаленные веки Фета мешали спать. Тютчев ранним склерозом, известковым слоем ложился в жилах. Пять—шесть последних символических слов[98], как пять евангельских *рыб*, оттягивали корзину: среди них большая рыба: "Бытие".
>
> *Ими нельзя было накормить голодное время*, и пришлось выбросить из корзины весь пяток и с ними большую дохлую рыбу "Бытие"[99].
>
> *Отвлеченные понятия в конце исторической эпохи*[100] всегда воняют тухлой рыбой. Лучше злобное и веселое шипение русских стихов.

Acmeism preferred Russian poetic tradition and the historical 'reality which equals poetry' to abstractions; however, Leont'ev's frost has preserved the 'foul fish' forever.[101] According to N. Ja. Mandel'štam,

---

[98] These 'five or six' (actually, seven) words are listed further in the essay: В. В. [Гиппиус] любил стихи, в которых энергично и счастливо рифмовались пламень—камень, любовь—кровь, плоть—Господь. Словарем его бессознательно управляли два слова: "бытие" и "пламень".

Cf.: Сложи в одно слова: огонь и камень — | И повторяй — как звон: любовь и кровь (Вл. Нелединский [Гиппиус], "Влюбленность", *Альманах Муз*, 1916).

M. himself has used the three favorite rhymes of Gippius "vigorously and happily."

[99] Cf. Goethe's lines which Gercen used as an epigraph in *S togo berega* VII: Komm her! wir setzen uns zu Tisch; | Wen möchte solche Narrheit rühren! | *Die Welt* geht auseinander wie *ein fauler Fisch,* | Wir wollen sie nicht balsamieren ("Zahme Xenien").

[100] There is a logical link between M.'s assertion that abstractions grow putrid at the end of an era and Schiller's famous dictum: Und jetzt an des Jahrhunderts ernstem Ende, | Wo selbst die Wirklichkeit zur Dichtung wird (*Wallenstein*. "Prolog").

[101] In Belyj's *Peterburg*, the Chronos-like Turanic ancestor of the Ableuxovs told Nicolaj Apollonovič that conservation, not destruction, had been the ancient Mongolian cause:

— "Не разрушенье Европы — ее неизменность..."
— "Вот какое — монгольское дело..."

Cf. the retrospective wisdom of Modest Platonovič Odoevcev in Andrej Bitov's *Puškinskij dom* (1978): Вот вы считаете, что семнадцатый год разрушил, разорил прежнюю культуру, а он как раз не разрушил, а законсервировал ее и сохранил. Важен обрыв, а не разрушение. И авторитеты там замерли несверг-

"M. always said that the Bolsheviks preserved only those who were passed on to them by the Symbolists."[102]

45. Москва — опять Москва. Я говорю ей: "Здравствуй!

The first hemistich is a garbled echo of the first line of Apollon Grigor'ev's *Vstreča*: Опять Москва, — опять былая...

'Again' is a reference to the restoration of Moscow as the capital, with all the historical associations of the Moscow period of Russian history (cf. the image of Moscow in M.'s earlier poetry, especially "Na rozval'njax, uložennyx solomoj" and "Vse čuždo nam v stolice nepotrebnoj," and Axmatova's later summing up of the acmeist attitude toward Moscow in "Stansy": В Кремле не надо жить. Преображенец прав).

It is to this Moscow that M.'s *ave* is addressed; cf. the Vjazemskij-inspired salutation of the St. Peterburg winter, Здравствуй, здравствуй, петербургская *несуровая* зима ("Вы, с квадратными окошками...", 1924), and the Puškinian greeting of the new, Tatar age, Здравствуй, | Могучий некрещеный позвоночник, | С которым проживем не век, не два ("Какое лето!", 1931).

46. Не обессудь, теперь уж не беда

The idiomatic meaning of this line, imitating the ingratiating compliance of the Moscow colloquial speech, which M. associated with Cvetaeva's уступчивость речи русской (cf. *RD* 33—34), is: *Bear with me* (or: *Judge not too harshly*), *it no longer matters now.*

Although this sounds as an apology for the hostility shown in some earlier poems, the context of ₄₈щучий суд activates the original meaning of the word *обессудить* (according to Dal': не давать суда, обвинять без суда, обвинять, осуждать, порицать, охаять, осуждать, особенно заглазно, бесславить).

нутые, неподвижные: там все на том же месте, от Державина до Блока — продолжение не поколеблет их порядка, потому что продолжения не будет. Все перевернулось, а Россия осталась заповедной страной. Туда не попадешь. Жизнь, не какая была, а какая ни на есть, началась лишь с семнадцатого года, но и ее стало много, и ее остановили.

[102] *Hope Against Hope*, N. Y., 1970, 154.

47—48. По старине я принимаю братство
　　　　　Мороза крепкого и щучьего суда

In 1937, according to N.I.Xardžiev (*Stix.*, 1973, 285; cf. also *OM* I 1967 469), M. corrected ₄₇*принимаю* братство to *уважаю* братство. The change emphasized the outsider's attitude of respectful non-acceptance, compared to the original reading *принимаю* (cf. the forced declaration of 'love' in the fragments of the destroyed poem of 1931, published in *OM* I 1967 169, *OM* II 1971 689, and *OM* IV 27: *Уж я люблю московские законы,* | Уж не скучаю по воде Арзни — | В Москве черемуха да телефоны | И казнями там имениты дни, | Из раковин кухонных хлещет кровь, | И пальцы женщин пахнут керосином...).

The meaning of *щучий суд* can be deciphered on the basis of Russian folklore and allegorical literature. Lexically, the expression blends *Шемякин суд* (кривой, according to Dal'; the saying derives from a popular Old Russian satire) and *по щучьему веленью* (the magic formula out of the folktale about Emelja-*durak,* which has become a common proverb[103]), with an inevitable association produced by Krylov's fable "Ščuka" (in which, however, the pike is the criminal who is allowed by his judges to go scot-free: И щуку бросили в реку) and Saltykov-Ščedrin's tale "Karas'-idealist."

The allegorical significance of *ščuka* emerges also from several versions of the 17th-century satire *Povest' o Erše Eršoviče,* in which the pike is one of the judges (А суд судили: боярин и воевода Осетр... да Сом с большим усом, да Щука-трепетуха) and from M.D.Čulkov's *Dragocennaja ščuka*: Сия тварь (i. e., the pike) ...мне кажется, можно бы назвать ее изображением ехидной ябеды, а не правосудия.

An important parallel to M.'s image is found in Xlebnikov's allegorical "Iskušenie grešnika"[104]: И плавал правдохвостый сом, и давала

---

[103] The relevance of the saying to arbitrary miscarriage of justice is well illustrated by the following passage in Gor'kij's "Nesvoevremennye mysli" (*Новая жизнь,* № 79, 20 July (2 Aug.) 1917; reprinted in: *Несвоевременные мысли,* Paris, 1971, 95): как прежде — аресты совершаются "по щучьему веленью", арестованных держат в отвратительных условиях, чиновники "нового строя" относятся к подследственному так же бюрократически бессердечно, как относились прежде.

[104] From this first publication of Xlebnikov (*Vesna,* 1908, No. 9) M. seems to have borrowed the hypallagic epithet *усатая тишина* (*Egipetskaja marka*); Xlebnikov has *усатый молчанием голос.*

круги равенствозубая щука, и толчками быстрыми пятился назад — справедливость — клешенный рак. <...> И была кривдистая правда (cf. the "quotational" use of the word *ščuka* in connection with the red terror by the Cheka in Majakovskij's *Xorošo,* written in 1927: Салоп говорит чуйке, | Чуйка салопу: | Заерзали длинноносые *щуки*! | Скоро всех слопают! — | А потом топырили глаза-тарелины | В длинную фамилий и званий тропу. | Ветер сдирает списки расстрелянных, | Рвет, закручивает и пускает в трубу. | Лапа класса лежит на хищнике — | Лубянская лапа *Че-ка*; lines 2259—2286).

Elsewhere in M.'s poetry, an apparently innocent reference to pike in a descriptive simile, И торчат, как *щуки* ребрами, *незамерзшие* катки, | И еще в прихожих слепеньких валяются коньки ("Вы, с квадратными окошками...", 1924), is modified by M.'s total context: *палаческая* сталь коньков "Нурмис" in *Egipetskaja marka.* A vivid commentary to M.'s 'predatory-fish' theme can be found in one of his letters to N.Ja.Mandel'štam (dated 1930; *OM* III 260): Боюсь своей газеты — здесь не люди, а *рыбы страшные...*

The common allegorical pictures showing 'fish eat fish' and the Leviathan of Hobbes provide additional thematic background for M.'s allegory of the hungry political state, 'the fraternity of frost and the pike's judgment.' In "Kassandre" (December 1917), following Puškin, M. replaced the third principle in the triple formula of the French revolution: Свобода, равенство, закон. In *1 Jan,* Fraternity, the brotherhood of the traditional *krugovaja poruka,* accepted for 'old time's sake,' has supplanted Liberty and Law (cf. in "Vol'nost'": Где *крепко* с Вольностью святой | Законов мощных сочетанье).

In connection with the title of the poem, it is interesting to note that, in *Fasti* I:165—166, Ovid questions Janus why January 1 is not exempt of lawsuits, *cur non sine litibus esset | prima dies.*

STROPHE VII

49. Пылает на снегу аптечная малина

This line inaugurates the theme of 'cure.' It refers to the familiar trademark of the period, the raspberry-colored and green luminous glass globes in pharmacy windows, described for the first time by Nekrasov in "O pogode," much quoted by M.: Вся команда на борзых конях | Через Невский проспект прокатилась | *И на окнах аптек, в разноцветных шарах* | Вверх ногами на миг отразилась...

M. mentioned these globes in "V ne po činu barstvennoj šube": Так было четверть века назад. И сейчас горят там зимой малиновые шары аптек (this passage confirmed the realization of Blok's prophecy: Ночь, улица, фонарь, *аптека,* | Бессмысленный и тусклый свет. | Живи еще хоть *четверть века —* | Все будет так. Исхода нет). In the context of the 'last judgment,' the 'raspberry-colored bonfires' appeared in Axmatova's "Kak ty možeš' smotret' na Nevu" (1914): Черных ангелов крылья остры, | Скоро будет последний *суд,* | И *малиновые* костры, | Словно розы, *в снегу* цветут.

A realization of the blended metaphor-metonymy 'malina,' motivated by an oneiric pun, takes place in the Malinov episode of *Egipetskaja marka* (see fn. 91): прямо *на снегу* росла крупная бородавчатая *малина.* A popular Russian antipyretic, raspberry signifies here both the name of the town and the feverish nature of the author's delirious digression: Страшно подумать, что наша жизнь — это повесть без фабулы и героя, сделанная из пустоты и стекла, из горячего лепета одних отступлений, из петербургского инфлюэнцного бреда.

It was from a pharmacy that Parnok attempted to call 'the government' in order to prevent the drowning of a thief in the Fontanka fish-tank by a lynching mob: Однако он звонил из *аптеки,* звонил в милицию, звонил правительству — исчезнувшему, уснувшему, как окунь, государству (*Египетская марка*).

The rhyme ₄₉малина / ₅₁аршина prefigures ₇₁пишущих *машин.*

50. И где-то щелкнул ундервуд

The typewriter is associated with the clinking of the horse's hooves, just as the runners of the sleigh are associated with handwriting: И били в разрядку копыта по клавишам мерзлым ("Я буду метаться по табору улицы темной"); Теория скрипит на морозе полозьями извозчичьих санок ("В не по чину барственной шубе"); этот стих — он полозьями пишет по снегу, он ключом верещит в замке, он морозом стреляет в комнату: "не расстреливал несчастных по темницам" (*Четвертая проза*).

Metonymically, the Underwood represents the bureaucratic Leviathan; hence the transformation of its key into the pikebone in line 68, and of its implied bell (*позвонок, with its double meaning of 'bell' and 'vertebra'), into the fish's cartilage (cf. звонкий хрящ, in the different sense of the word, 'resonant gravel,' in Fet's "Priboj"). The paronomastic attraction between щука and щелкнул is supported by a thematically relevant passage in Ščedrin's "Karas'-idealist": щука так выразительно щелкнула по воде хвостом, что как ни прост был карась, но и он догадался.

Very early in the 1920's, the Underwood typewriter had already become an emblem of the new age and the new official clerkdom. The emigré satirist Don-Aminado mentioned it as a shibboleth of the Soviet intelligentzia, along with the new orthography and Aleksandr Blok: Расстреливают щедро и жестоко. | Казнят за ять. И воспевают труд. | Интеллигенция разучивает Блока | И пишет на машинках Ундервуд ("Edem. Made in Russia", *Дым без отечества,* Париж, 1921, 27).

The following excerpts from Il'ja Èrenburg's *Portrety russkix poètov* (Berlin, 1922, 51–52, 104) are a historical commentary to M.'s image of the 'typewriter sonatina,' the new and simplified political thought which attempted to impose mechanical order upon both life and poetry:

> Брюсов из тех людей, которые только начинают править миром. Я не забуду его, уже седого, но попрежнему сухого и неуступчивого в канцелярии "Лито" (лит. отдела НКП). На стенках висели сложные схемы организации русской поэзии – квадратики, исходящие из кругов и передающие свои токи мелким пирамидам. Стучали машинки, множа "исходящие", списки, отчеты, сметы, и, наконец-то, систематизированные стихи <...> Птицы больше не поют, но, м. б., наши дети, с их новым слухом будут наслаждаться однозвучным грохотом машин. <...> Великолепен жест, которым он переносит в приемные редакций далеко не портативную бутафорию героических времен. Прекрасен в жужжании каблограмм, в треске практических сокращений державный язык оды.

In "Zametki o poèzii" M. identified, on the basis of Pasternak's "Opredelenie poèzii," the new, 'lay poetry of consonants' with the vernal clicking and jugging of songbirds.[105] The mechanical clicking of the

_____

[105] Современная русская поэзия не свалилась с неба, а была предсказана всем поэтическим прошлым нашей страны, – разве щелканьем и цоканьем Языкова не был предсказан Пастернак <...> Русский стих насыщен соглас-

Underwood imitates Pasternak's *щелканье и цоканье* in the manner
suggested by Aseev's Steel Nightingale, the Andersen-inspired allegory of
poetry fulfilling the social demand of the industrial working class.[106]
In *1 Jan,* the lips of poetry are sealed with melted tin; unlike in *GO,*
mute fishes, not songbirds, living or mechanical, are the most prominent

---

ными и цокает, и *щелкает,* и свистит ими. Настоящая мирская речь. Монаше-
ская речь – литания гласных. <...> Да, поэзия Пастернака прямое токование
(глухарь на току, соловей по весне) <...> Это – круто налившийся свист
| Это – *щелканье* сдавленных льдинок, | Это – ночь, леденящая лист, | Это
двух соловьев поединок... <...> Это – кумыс после американского моло-
ка (1923) (cf., in "Stixi o russkoj poèzii," 1932: Там фисташковые молкнут |
Голоса на молоке, | И когда захочешь *щелкнуть* – | Правды нет на языке).

[106] Он думал: крылом – весь мир обовью, | Весна ведь – куда ни ки-
нешься... | Но велено было вдруг соловью | Запеть о стальной махинище. ||
Напрасно он, звезды опутав, гремел | Серебряными кантатами, – | Махина
вставала – прямей и прямей | Пред *молкнувшими* пернатыми! || И стало
тогда соловью невмочь | От полымем жегшей одуми: | Ему захотелось в
одно ярмо | С гудящими всласть заводами. || Тогда, пополам распилив пи-
лой, | Вонзивши в железную форму лом, | Увидели, кем был в середке
живой, | Свели его к точным формулам. || Пускай весь мир остальной |
Глазеет в небесную щелку, | А наш соловей стальной, | Уже начинает *щел-
кать*! ("О нём", Н. Асеев, *Избрань,* М.–П.; 1923, 107–108).

M. devoted several critical passages to "The Steel Nightingale," deriving it
thematically from Annenskij's "Stal'naja cikada" (in "Burja i natisk") and func-
tionally from the rationalistic and didactic 'eighteenth-century musical snuffbox
poetry': <...> в стихах Асеева сказался организационный пафос нашей эпохи.
Блестящая рассудочная образность его языка производит впечатление чего-то
свеже мобилизованного. По существу, между табакерочной поэзией восем-
надцатого века и машинной поэзией двадцатого века Асеева нет никакой раз-
ницы. Рационализм сентиментальный и рационализм организационный. Чисто
рационалистическая, машинная, электро-механическая, радиоактивная и во-
обще технологическая поэзия невозможна по одной причине, которая должна
быть близка и поэту и механику: рационалистическая машинная поэзия не
накапливает энергию, не дает ее приращения, как естественная иррациональ-
ная поэзия, а только тратит, только расходует ее. Разряд равен заводу. На
сколько заверчено, на столько и раскручивается. Пружина не может отдать
больше, чем ей об этом заранее известно. Вот почему рационалистическая
поэзия Асеева не рациональна, бесплодна и беспола. Машина живет глубокой
и одухотворенной жизнью, но семени от машины не существует ("Литератур-
ная Москва").

By a curious coincidence, *1 Jan* was published in the same issue of *Russkij
sovremennik* (1924, No. 2) as Aseev's "Byk," in which the image of a poet's death
is the broken cartilage (*разбитый хрящ*) of a fighting bull (cf. ₆₇ То ундервуда
хрящ).

metaphoric component of the theme of writing in this poem, and the
metamorphosis of the clicking typewriter key into a bone evokes Xomja-
kov's image of 'incomplete renascence,' an imperfect embodiment of an
idea in life and poetry: the clicking of the dry bone.[107] The image is
relevant also to the restoration of Moscow, not purged of its ancestral
sin (see notes to lines 45 and 67).

M. had always stressed those features which the self-image of Rus-
sian poetry shared with the poetic image of the Russian state, even in the
most frightening of its manifestations. The protective, talismanic signifi-
cance which he attributed to the poetic word accounts in part for the
teleology of this emphasis in the case of his own poetry. It should be
recalled, therefore, that Gumilev, in his review of the second *Kamen'*
("Pis'mo o russkoj poèzii", *Apollon*, 1916, No.1), compared M.'s poetic
thought to the fingers of a Remington typist:

> Прежде всего важно отметить полную самостоятельность стихов
> Мандельштама; редко встречаешь такую полную свободу от каких-ни-
> будь посторонних влияний. Если даже он наталкивается на тему, уже
> бывшую у другого поэта (что случается редко), он перерабатывает ее
> до полной неузнаваемости[108]. Его вдохновителями были только рус-
> ский язык, сложнейшим оборотам которого ему приходилось учиться,
> и не всегда успешно, да его собственная видящая, слышащая, осязаю-
> щая, вечно бессонная мысль.
>
> Эта мысль напоминает мне пальцы ремингтонистки, так быстро
> летает она по самым разнообразным образам, самым причудливым
> ощущениям, выводя увлекательную повесть развивающегося духа.

M. remembered this analogy and used it later, upgrading the type-
writer to the piano, when he wrote of Dante's 'keyboard of references'
(*RD* 11):

---

[107] ...Но не полно возрожденье, | Жизнь проснулась не сполна: | Всех
оков земного тленья | Не осилила она; || И в соборе том великом | Ухо
чуткое порой | Слышит под румяной плотью | *Кости щелканье* сухой. ||
О, чужие тайны зная, | Ты, певец, спроси себя — | Не звенит ли кость сухая |
В песнях, в жизни у тебя ("Поле мертвыми костями..."). This poem had in-
fluenced Blok's "Pljaski smerti," to which M. alluded in "V ne po činu barstvennoj
šube" in connection with the 'raspberry-colored globes of pharmacies' (see note
to line 49).

[108] On the elimination of 'recognizable borrowings' by Gumilev and M., see
my paper "К истории акмеистических текстов", *Slavica Hierosolymitana*,
Vol. III, 1978, 68–73.

Конец четвертой песни "Inferno" — настоящая цитатная оргия. Я нахожу здесь чистую и беспримесную демонстрацию *упоминательной клавиатуры* Данта.

Клавишная прогулка по всему кругозору античности. Какой-то шопеновский полонез, где рядом выступают вооруженный Цезарь с кровавыми глазами грифа и Демокрит, разъявший материю на атомы.

Цитата не есть выписка. Цитата есть цикада. Неумолкаемость ей свойственна. Вцепившись в воздух, она его не отпускает. Эрудиция далеко не тождественна упоминательной клавиатуре, которая и составляет самую сущность образования.[109]

51. Спина извозчика и снег на пол-аршина

The theme began to develop its undertone of apprehension and timid trustfulness as early as 1911: Как кони медленно ступают, | Как мало в фонарях огня! | Чужие люди, верно, знают, | Куда они везут меня. ‖ А я вверяюсь их заботе. | Мне холодно, я спать хочу... In a 1931 poem, Moscow itself became 'the coachman's back,' no longer offering any cover: Нет, не спрятаться мне от от великой муры | За *извозчичью спину* — Москву — | Я трамвайная вишенка страшной поры | И не знаю — зачем я живу. ‖ Мы с тобою поедем на "А" и на "Б" | Посмотреть, кто скорее умрет...   (Moscow streetcar lines A and Б are used here in a toss-up sortilege suggested by the children's rhyme: А и Б | Сидели на трубе. | А упало, | Б пропало, | Кто остался на трубе?[110]). In 1937, the symbolic, ritual associations of the sleigh ride[111] became quite clear: Под неба нависанье, | Под свод его бровей, | В сиреневые сани | Усядусь поскорей.

---

[109] The last paragraph contains an argument against Andrej Belyj's critique of the 'nomenclatorial keyboard': номенклатура из терминов — клавиатура рояля, где трогаем клавиш за клавишем мы, извлекая приятные звуки: там-там — Рафаэль, там-там-там — Леонардо; там — Вагнер; та-та-та-там — Фридрих Ницше (*На перевале*, 1923, 173).

[110] The Lenin-Trockij joke in *Četvertaja proza* (...ночью по Ильинке ходят анекдоты. Ходят Ленин с Троцким в обнимку, как ни в чем ни бывало. У одного ведрышко и константинопольская удочка в руках) is based on a similar popular rhyme: Ленин, Троцкий и Чапай (i. e., Lenin, Trockij and Pinchme) | Ехали на лодке. | Ленин, Троцкий утонули, | Кто остался в лодке?

[111] Cf. Axmatova's title "Putem vseja zemli" and the epigraph of that cycle (1940): В санях сидя, отправляясь путем всея земли (a quotation from *Poučenie Vladimira Monomaxa* with an explanatory gloss to it, taken from I *Kings* 2:2; cf. Анна Ахматова, *Стихотворения и поэмы*, БП, Л., 1976, 511).

52. Чего тебе еще? Не тронут, не убьют

The consistent semantics of the rhyme sequence $_{14}$*оборвут* — $_{16}$*за-льют* — $_{50}$*ундервуд* — $_{52}$*убьют* contributes to the 'occasional,' *ad hoc* meaning of the word *ундервуд* (the rhyme *рвут* — *ундервуд* had been used by Majakovskij in "Rabočim Kurska").

Nikolaj Gumilev, who had compared M.'s thought to a typist's fingers, was executed less than three years earlier.[112]

His sacrificial death, which he had predicted in his poetry, had given historical substance to the central event of the acmeist "temple legend" (cf. commentary to strophe VIII of *GO, passim*).[113]

In 1934, when M. no longer consoled himself with false hopes, he signaled his readiness to emulate the death of Gumilev by telling Axmatova: Я к смерти готов.[114] Judging by the context in which these words are quoted in *Poèma bez geroja* (Смерти нет — это всем извест-

---

N. Ja. Mandel'štam commented on the final strophe of "Kogda v vetvjax ponuryx": <...> предчувствие беды пробивалось в нем с первых минут. Оно в предчувствии приближающейся смерти: "в сиреневые сани усядусь поскорей" — О. М. вспомнил "в санях сидючи" (*Воспоминания*, N. Y., 1970, 216).

[112] On M.'s response to Gumilev's death in "Umyvalsja noč'ju na dvore," see my article "A Beam Upon the Axe," *Slavica Hierosolymitana*, I, 1977, 158–176.

[113] Igor Smirnov has recently pointed out the significance of "Poèt i Graždanin," which I have overlooked in an earlier study, as a subtext of "Vek": *Кровь-строительница* < Иди и гибни безупречно. | Умрешь не даром: дело прочно, | Когда под ним *струится кровь*... See: И. П. Смирнов, "Цитирование как историко-литературная проблема: принципы усвоения древнерусского текста поэтическими школами конца XIX – начала XX вв. (на материале 'Слова о полку Игореве') ", *Наследие А. Блока и актуальные проблемы поэтики. Блоковский сборник*, IV (= *Acta et commentationes Univ. Tartuensis*, 535), Tartu, 1981, 274; an expanded version of the same study appeared in: И. П. Смирнов, *Диахронические трансформации литературных жанров и мотивов* (= *Wiener Slawistischer Almanach*, Sonderband 4, hrsg. v. A. Hansen-Löve), Vienna, 1981, 176–210. The acmeist idea of the redemptive *podvig*, no doubt, included this motif of Nekrasov, transformed in the spirit of "Vlas," the favorite of Axmatova, Gumilev and M. (cf. K. Čukovskij's questionnaire "Некрасов и мы", *Летопись Дома Литераторов*, 1921, № 3, reprinted in: Анна Ахматова, *Сочинения*, Том второй, "Международное литературное содружество", 1968, 318; and M.'s "Записи 1931 года", *ОМ* III 1969 146).

[114] Мы шли по Пречистенке (февраль 1934 г.), о чем говорили – не помню. Свернули на Гоголевский бульвар, и Осип сказал: "Я к смерти готов". Вот уже 28 лет я вспоминаю эту минуту, когда проезжаю мимо этого

но < Гондла умер. − Вы знаете сами, | Смерти нет в небесах голу-бых), Axmatova understood that M. had been quoting *Gondla* (Act IV, sc. 4): ...*Я вином благодати | Опьянился и к смерти готов, | Я мо-нета, которой Создатель | Покупает спасенье волков.*

53. Зима-красавица и в звездах небо козье

This and the following line, as well as the thematic transition from the image of apprehension in the preceding line, evoke the "Moscow" chapter of *Evgenij Onegin* (VII.xxix-xxx): Природа трепетна, бледна, | Как жертва пышно убрана... | Вот север, тучи нагоняя, | Дохнул, завыл − и вот сама | Идет *волшебница-Зима.* || Пришла, *рассыпа-лась...* (cf. 54*рассыпалось,* or, in the first publication, *рассыпалась*). Puškin's *volšebnica Zima* is blended with Winter the Russian beauty of Vjazemskij's "Maslenica na čužoj storone": Здравствуй, русская мо-лодка, | Раскрасавица-душа, | Белоснежная лебедка, | Здравствуй, матушка зима! (cf. 45Я говорю ей: Здравствуй!).

The descriptions of winter in *Evgenij Onegin* must have had a deeply personal providential (in the sense set forth in "O sobesednike") signifi-cance for M. because of the coincidence between the date of his birth and the date of the first snowfall in *Onegin*'s presageful Chapter V:

Я рожден *в ночь с второго на третье*   Зимы ждала, ждала природа.
Января...   Снег выпал только *в январе*
     "Стихи о неизвестном солдате"   *На третье в ночь...*

In view of these associations, *nebo koz'e* can be interpreted as a ref-erence to the constellation under which M. was born, the Capricorn, which enters marginally the series of piscine images in *1 Jan* as it is usually depicted with a fish's tail (*koza-ryba*, as it was quaintly termed by T. Zieliński in "Umeršaja nauka"[115]). It should be recalled also that M.'s planet was Saturn, and the saturnine theme of *1 Jan* is pregnant with autobiographic meaning.

места (Анна Ахматова, "Мандельштам [Листки из дневника]", *Сочинения,* 2, 1968, 179).

N. Ja. Mandel'štam dated these words differently: 1937 (*Воспоминания,* 1970, 219)

[115] Ф.Ф.Зелинский, *Соперники христианства,* СПб., 1907, 249.

54. Рассыпалось и молоком горит

The reading *rassypalas'* of the first publication is more consistent with the Puškinian subtext; on the other hand, *rassypalos'* in reference to the starry sky follows up the image of the scattered salt of conscience in line 35 (словно *сыплют* соль) in conformance with the total thematic context of the 'salty stars.' The ambivalence, facilitated by the homophony of the grammatical endings, seems to be deliberate, i. e., the verb refers to both *zima* and *nebo.*

For the development of the astrological metaphors and their "realization," compare *Egipetskaja marka: Январский календарь* с балетными *козочками,* образцовым *молочным* хозяйством мириадов миров... The St. Petersburg *izvozčik* during the January ballet season, too, is compared in *Egipetskaja marka* to the Capricorn: Петербургский извозчик — это миф, козерог. Его нужно пустить по зодиаку.

55—56. И конским волосом о мерзлые полозья
    Вся полость трется и звенит

The threadbare lap robe reveals its lining of ascetic horsehair. Cf. the monastic images of the Russian political idea in M.'s poetry and prose: И государства крепкая порфира, | Как *власяница* грубая, бедна ("Петербургские строфы"); <...> в меховой шапке-митре — колючий зверь, первосвященник мороза и государства. Теория скрипит на морозе полозьями извозчичьих санок ("В не по чину барственной шубе").

Phonically and syntactically, these lines imitate the tonality of Lermontov's "Parus" (*Играют волны...* | *И мачта гнется и скрипит*), so that the sleigh ride now becomes a contrastive transformation of the romantic escape (cf. $_{32}$*Белеет* совесть предо мной).

STROPHE VIII

57. А переулочки коптили керосинкой

Lines 57–59 are based on childhood associations[116] explored in
detail in M.'s prose. The "good-natured" kerosine stove in *Egipetskaja
marka* relates the story of Shadrach, Meshach, and Abednego in the
burning fiery furnace, while the kerosine lamp is itself executed for the
crime of smoking:

> Керосинка была раньше примуса. Слюдяное окошко и откидной
> маяк. Пизанская башня керосинки кивала Парноку, обнажая патриар-
> хальные фитили, добродушно рассказывая об отроках в огненной
> пещи. <...>
> Больше всего у нас в доме боялись "сажи" – то есть копоти от
> керосиновых ламп. <...>
> Казнили провинившуюся лампу приспусканием фитиля.

The association is quite stable in *Egipetskaja marka.* Although in
Ch. I M. speaks of *dobrjak kerosin* (cf. Сладко пахнет белый керосин
in the ominous context of "My s toboj na kuxne posidim," 1931), the
lynching of Ch. IV takes place in the kerosine-tainted water of the
Fontanka:

> <...> Тысячи глаз глядели в нефтяную радужную воду, блестевшую
> всеми оттенками керосина, перламутровых помоев и павлиньего хвоста.
> Петербург объявил себя Нероном и был так мерзок, словно ел
> похлебку из раздавленных мух.

58–59. Глотали снег, малину, лед,
Все шелушится им советской сонатинкой

The streets of Moscow develop the symptoms of an infantile disease,
a "second childhood," as it were, similar to the oxymoronic image of the
senescent and childish revolutionary Paris remembering the wicker basket
of the guillotine (**И в памяти живет плетеная *корзинка***) in "Jazyk bu-
lyžnika."

---

[116] Cf. M.'s recollection of his earliest infancy in "Нет, не мигрень" (1931):
Жизнь начиналась в корыте картавою мокрою щепотью, | И продолжалась
она *керосиновой* мягкою *копотью.*

The theme of the earth's or the city's illness, its figurative development as a metonymic projection of the poetic fever or the fever of the revolution, and the syntax cured of 'logical sclerosis' ("Burja i natisk") by a regression to 'infantile disease' owe much to Pasternak; compare, e. g., керосинкой/сонатинкой and Город кашляет школой и коксом ("Но и им суждено было выцвесть", *Темы и вариации*).

The same state of feverish excitement, itch, and peeling is described in *Egipetskaja marka* as Parnok becomes convinced that Petersburg is his infantile disease:

> Он думал, что Петербург — его детская болезнь, и что стоит лишь очухаться, очнуться — и наваждение рассыплется: он выздоровеет, станет, как все люди <...>
>
> Знакомо ли вам это состояние? Когда у всех вещей словно жар, когда все они радостно возбуждены и больны: рогатки на улице, шелушенье афиш, рояли, толпящиеся в депо, как умное стадо без вожака, рожденное для сонатных беспамятств и кипяченой воды...
>
> Тогда, признаться, я не выдерживаю карантина и смело шагаю, разбив термометры, по заразному лабиринту <...>

The association between the peeling voice of the Soviet typewriter's infantile[117] sonatina (cf. notes to lines 71–72) and the peeling of the scarlet fever (шелушится сонатиной < *скарлатиной) is likewise explored in *Egipetskaja marka*:

> Однако он звонил из аптеки, звонил в милицию <...>
>
> Аптечные телефоны делаются из самого лучшего скарлатинового дерева. Скарлатиновое дерево растет в клистирной роще и пахнет чернилом.
>
> Не говорите по телефону из петербургских аптек: трубка *шелушится* и голос обесцвечивается.

Sonatinas and the piano itself are, in *Egipetskaja marka,* a natural part of childhood with its illnesses and its music lessons. 'The clever and kind domestic beast' (described in the affectionate and protective tone

---

[117] The images of Moscow's illness and infantile music would return in an aggravated form in "Polnoč v Moskve" (1931): В черной оспе блаженствуют кольца бульваров. | Нет на Москву и ночью угомона, | Когда покой бежит из-под копыт... | Ты скажешь: где-то там, на полигоне, | Два клоуна засели — Бим и Бом. | И в ход пошли гребенки, молоточки, | То слышится гармоника губная, | То детское молочное пьянино (cf.: То флейта слышится, то будто фортепьяно in "Gore ot uma").

of Prince Myškin commending the donkey: осел добрый и полезный человек) is as susceptible to colds as the delicate child who plays the piano, in a characteristic instance of similarity projected upon contiguity:

> Рояль — это умный и добрый комнатный зверь с волокнистым деревянным мясом, золотыми жилами и всегда воспаленной костью. Мы берегли его от простуды, кормили легкими, как спаржа, сонатинами...

In general, the 'prosaic delirium' and the basic plots of *Egipetskaja marka* appear to have developed out of certain themes and images of *1 Jan.* It should be noted in this connection that M. has transferred many features of the *1 Jan* Moscow to St. Petersburg of *Egipetskaja marka.*[118] This blending of the cities is explained in "Šuba" (*OM* IV 1981 94):

> Все города русские смешались в моей памяти и слиплись в один большой, небывалый город, с вечно сонным путем, где Крещатик выходит на Арбат, и Сумская на Большой проспект.
> Я люблю этот небывалый город, больше, чем настоящие города порознь, люблю его словно в нем родился, никогда из него не выезжал.

60. Двадцатый вспоминая год

The solecism Все шелушится им... вспоминая is a transformation of such idiomatic locutions as чешется (or икается) на помине, i. e.: the lanes of Moscow still itch when they recall the year 1920.

The meaning of M.'s own nostalgia for that stern year of heroic endurance and new hopes, cruelly dispelled in 1921, is expressed quite unequivocally in "Šuba" (1922):

> Это была суровая и прекрасная зима 20—21 года. Последняя страдная зима Советской России и я жалею о ней, вспоминаю о ней с нежностью. Я люблю Невский пустой и черный как бочка, оживляемый только глазастыми автомобилями и редкими, редкими прохожими, взятыми на учет ночной пустыней. Тогда у Петербурга оставалась одна голова, одни нервы.[119]

---

[118] There is a subtextual item indicative in this respect, a borrowing from Aseev: Ведь и *держусь я одним Петербургом* — концертным, *желтым,* зловещим, нахохленным, зимним < Разве *одной Москвой* | *желтой* живем и ржавою? | Мы бы могли насквозь | небо пробить *державою* ("Проклятие Москве", *Четвертая книга стихов. Ой конин дан окейн!,* М., 1916).

[119] Cf. the descriptions of the discarnate Petersburg in "Slovo i kul'tura" and "V Peterburge my sojdemsja snova."

Тяжело мне в моей шубе, как тяжела сейчас всей Советской России
случайная сытость, случайное тепло, нехорошее добро с чужого плеча.

That year had also been the year of M.'s literary triumph. Aleksandr
Blok, who loathed acmeism and was fastidious to the point of prejudice
in his racial attitudes, recorded his impressions of the poetic evening
which took place on the 21st of October, 1920:

Гвоздь вечера – И. Мандельштам, который приехал, побывав во
врангелевской тюрьме. Он очень вырос. Сначала невыносимо слушать
общегумилевское распевание. Постепенно привыкаешь... виден артист.
Его стихи возникают из снов – очень своеобразных, лежащих в областях
искусства только. Гумилев определяет его путь: от иррационального к
рациональному (противуположность моему). Его "Венеция". По Гуми-
леву – рационально все (и любовь и влюбленность в том числе), ирра-
циональное лежит только в языке, в его корнях, невыразимое. (В начале
было Слово, из слова возникли мысли, слова, уже непохожие на Слово,
но имеющие, однако, источником Его; и все кончится Словом – все ис-
чезнет, останется одно Оно.)[120]

Nilolaj Gumilev, a friend but an extremely strict critic, admitted
during the same year that M. "was creating eternal values."[121]

Anna Axmatova later recollected those victories of poetry over the
'gaping void,' typhoid fever, starvation, and executions, and compared
the still surviving faded posters of poetry readings in 1920 to the banners
of Napoleon:

Как воспоминание о пребывании Осипа в Петербурге в 1920 г.,
кроме изумительных стихов О. Арбениной, остались еще живые, выцвет-

---

[120] Александр Блок, *Собрание сочинений*, том 7, М.–Л., 1963, 371.
The lacuna marked with the oversensitive editor's suspension points can be
filled on the basis of N. Ja. Mandel'štam's reliable description of this passage:
<...> Блок <...> записал в дневнике про жида и артиста (*Вторая книга*,
Paris, 1972, 378).

[121] This statement has been discovered by R. D. Timenčik, who quotes it
in his extraordinarily valuable contribution to Gumilev studies, "Po povodu
'Neizdannyx stixotvorenij i pisem' N. S. Gumileva", *Russian Literature*, X–IV,
15 November 1981, 425: О <...> письме "известного поэта" в ответ на статью
Городецкого "Разложение интеллигенции" (в этом письме, м. п., выдвигался
Мандельштам как поэт, творящий "ценности вечные") – Городецкий расска-
зал в фельетоне "Лазарь, выходи из гроба" (*Известия Петросовета*, 1 сент.
1920). О том, что автором этого письма был Гумилев, см.: В. Ходасевич,
"О Блоке и Гумилеве" (*Дни*, 1926, 8 авг.).

шие, как наполеоновские знамена, афиши того времени — о вечерах поэзии, где имя Мандельштама стоит рядом с Гумилевым и Блоком. Все старые петербургские вывески были еще на своих местах, но за ними, кроме пыли, мрака и зияющей пустоты, ничего не было. Сыпняк, голод, расстрелы, темнота в квартирах, сырые дрова, опухшие до неузнаваемости люди. В Гостином Дворе можно было собрать большой букет полевых цветов. Догнивали знаменитые петербургские торцы. Из подвальных окон "Крафта" еще пахло шоколадом. Все кладбища были разгромлены. Город не просто изменился, а решительно превратился в свою противоположность. Но стихи любили (главным образом молодежь), почти так же как сейчас (т. е. в 1964 году).[122]

In *Anno Domini MCMXXI*, Axmatova expressed much more emphatically the sense of wonder brought forth by this miracle of illumination during the reign of terror:

Всё расхищено, предано, продано,　　Днем дыханьями веет вишневыми
Черной смерти мелькало крыло,　　　Небывалый под городом лес,
Всё голодной тоскою изглодано,　　　Ночью блещет созвездьями новыми
Отчего же нам стало светло?　　　　　Глубь прозрачных июльских небес, —

И так близко подходит чудесное
К развалившимся грязным домам...
Никому, никому не известное,
Но от века желанное нам.

Июнь 1921

Vladimir Pjast, too, saw 'the glow' in 1920:

Спросила ты: "А как в двадцатом,　　В руках имея два конца
Способны ль сердце, мозг и плоть　　Непорывающейся цепи, —
Взаимный холод побороть　　　　　　Я хоронил их в тесном склепе,
И слиться в зареве богатом!"　　　　С нетвердой ощупью слепца.

Тогда, в четырнадцатом, я　　　　　Теперь — не то! Мой каждый атом
Был нем, бескрыл и бездыханен;　　Спешит во-вне себя отдать;
Из бархатной, узорной ткани　　　　И если зарево видать, —
Не рвалась ввысь душа моя.　　　　　То это именно в двадцатом![123]

Il'ja Èrenburg, in a passage addressed apparently to M. (бедное дитя, чье сердце рассечено, ЯНУС поэтических кафэ), spoke of the 'new sight' acquired in 1920:

---

[122] "Мандельштам. (Листки из дневника) ", *Сочинения*, 2, 1968, 172.
[123] Вл. Пяст, *Третья книга лирики*, Берлин, 1922, 9—10.

В начале 1920 года я обрел новое ЗРЕНИЕ, я преодолел себя со своими пристрастиями и привычками. Я УБИЛ СЕБЯ, чтобы жить. Расставшись с иллюзорным зодчим, я не поставил себя на его место. Нет, я знал, что я лишь камень. Мой бунт был не во имя свободы, а ПРОТИВ СВОБОДЫ, за организацию, за разум, за справедливость, за ясность. Я говорю это тебе, мой брат по вчерашнему дню, говорю в великих СУМЕРКАХ ЕВРОПЫ. Мой голос для тебя приобрел несвойственную ему задушевность, и моя огрубелая рука нежно поддерживает твою. Это страшный, очень страшный путь, но верь голосу одного, прошедшего немного вперед: РАДОСТЬ.[124]

Finally, Vladislav Xodasevič, M.'s neighbor in "Dom Iskusstv" in 1920,[125] evoked in the lonely freedom of exile the harmony revealed to him in the 'sepulchral Russian darkness' of that year:

ПЕТЕРБУРГ

Напастям жалким и однообразным
Там предавались до потери сил.
Один лишь я полуживым соблазном
Средь озабоченных ходил.

Смотрели на меня – и забывали
Клокочущие чайники свои;
На печках валенки сгорали;
Все слушали стихи мои.

---

[124] Илья Эренбург, *А все-таки она вертится*, Берлин, 1922, 131–132. Cf. the theme of the ascetic 1920 and the sacrificial dream betrayed by the compromise of the NEP in *Opustošajuščaja ljubov'* (1922): О дочерь блудная Европы! | *Зимы двадцатой пустыри* | Вновь затопляет биржи ропот, | И трубный дых, и блудный крик. ‖ Пуховики твоих базаров [< Ее базаров бабья ширина] | Архимандрит кропит из туч, | И плоть клеймит густым нагаром | Дипломатический сургуч. ‖ Глуха безрукая победа [< Лети, безрукая победа]. | Того ль ты жаждала, мечта, | Из окровавленного снега | Лепя сурового Христа? [< "Двенадцать"] ‖ И то, что было правдой голой, | Сумели вымыслом обвить. | О, как тоски слабеет молот! | О, как ржавеет серп любви!..

[125] See: Владислав Ходасевич, "Дом Искусств", in his *Литературные статьи и воспоминания*, N. Y., 1954, 399–412; and M.'s "Šuba" (*OM* IV 1981 94–95). Xodasevič, too, identified the philistine mercantile bliss of the New Economic Policy with the itchy crust of scabies (короста): Вотще на площади пророчит | Гармонии голодный сын: | Благих вестей его не хочет | Благополучный гражданин. ‖ Самодовольный и счастливый, | Под грудой выцветших знамен, | Коросту хамства и наживы | Себе начесывает он... ("Искушение", 1921).

А мне тогда в тьме гробовой, российской,
Являлась вестница в цветах,
И лад открылся музикийский
Мне в сногсшибательных ветрах.

И я безумел от видений,
Когда чрез ледяной канал,
Скользя с обломанных ступеней,
Треску зловонную таскал,

И каждый стих гоня сквозь прозу,
Вывихивая каждую строку,
Привил-таки классическую розу
К советскому дичку.

1926.

It was in 1920 that M. composed his two poems of acceptance, "Akter i rabočij" and "Gde noč' brosaet jakorja." Both were written in Wrangel's Crimea.

61. Ужели я предам позорному злословью

The theme of 'salt' and 'conscience,' initiated in lines 31–32, unfolds in this hemistrophe in the shape of the 'oath of fidelity,' which alone defines the relation between the poet and the state, and the 'shame of maligning' this oath (cf. Veresaev's translation of fragment 47 of Archilochos: и *клятву* ты *великую* | Забыл, и *соль,* и трапезу...[126]).

In "Oda revoljucii," Majakovskij spoke of only two extreme attitudes manifested *by* the revolution and *toward* the revolution: Тебе, | освистанная, | осмеянная батареями, | тебе, | изъязвленная *злословием* штыков, | восторженно возношу | над руганью реемой | оды торжественное "О!" | О, звериная! | О, детская! | О, копеечная! | О, великая! | Каким названьем тебя еще звали? | Как обернешься

---

[126] *Древнеэллинские поэты.* Выпуск I. Архилох, *Стихотворения и фрагменты,* М., 1915. The verb *предам* brings to the foreground the traditional meaning of 'salt' as a symbol of fidelity, whereas *злословью* activates thematically as well as paronomastically the other, idiomatic sense of this word in M.'s corpus: литературная злость (cf. *Evgenij Onegin,* VIII.xxiii.6–7: Вот крупной солью светской злости | Стал оживляться разговор). Thus Blok questioned the taste of anti-Soviet jokes: И что Вам, умной, за охота | Швырять в них *солью* анекдота?..

еще, двуликàя? | Стройной постройкой, | грудой развалин? | Машинисту, | пылью угля овеянному, | шахтеру, пробивающему толщи руд, | кадишь, | кадишь благоговейно, | *славишь* человечий труд. | А завтра | Блаженный | стропила соборовы | тщетно возносит, пощаду моля, – | твоих шестидюймовок тупорылые боровы | взрывают тысячелетия Кремля. | ... | *Вчерашние* раны лижет и лижет, | и *снова* вижу вскрытые вены я. | Тебе обывательское | – о, будь ты *проклята* трижды! – | и мое, | поэтово | – о, четырежды *славься,* благословенная (1918). In *1 Jan* M. refrained from either praise or detraction, and those readers and critics who had clear-cut political views were disappointed. The following two quotations are sufficient to represent the range of opinions prevalent among the communist reviewers:

Насквозь пропитана кровь Мандельштама известью старого мира, и не веришь ему, когда он в конце концов начинает с сомнением рассуждать о "присяге чудной четвертому сословью". Никакая присяга не возвратит мертвеца.[127]

Мандельштам принял революцию не враждебно. Он не отнесся к ней отрицательно, но он и не слился с ней. Вопреки своему субъективному сочувствию революции: "ужели я предам позорному злословью... присягу чудную четвертому сословью и клятвы крупные до слез" (уже одна эта форма "присяги" свидетельствует о немыслимости какого бы то ни было слияния Мандельштама с революцией) – он остался для нее сторонним наблюдателем.

<...> Для Мандельштама <...> есть только два выхода: или, следуя примеру Пастернака, перейти в своем творчестве к общественным темам и тем самым войти в сотрудничество с революционной эпохой (это открывает для него широчайшие возможности как для поэта), или же, сохраняя верность акмеистским знаменам, остаться в современной литературе образцом мастерского, но мертвого поэтического анахронизма.[128]

Other readers perceived in *1 Jan* an abject capitulation. N.Ja.Mandel'štam left a description of M.'s conversation with an old friend, Vladimir Kazimirovič Šilejko, an exquisite poet in his own right[129]:

---

[127] Г.Лелевич, "По журнальным окопам", *Молодая гвардия,* 1924, кн. 7–8, 263.

[128] А.Манфред, "О.Мандельштам. *Стихотворения.* ГИЗ. М.–Л. 1928. Стр. 194. Тираж 2000. Ц. 1 р. 75 к.", *Книга и революция,* № 15–16, август 1929, 21, 22. I am grateful to Dmitri Segal for bringing this item to my attention.

[129] On the poetry of Šilejko see: В.Н.Топоров. "Две главы из истории поэзии начала века: II. В.К.Шилейко", *Russian Literature,* VII–III, May 1979, 284–300, 314–325; *КЛЭ,* 9, М., 1978, 794.

<...> Шилейко без перехода спросил Мандельштама: "Я слышал, что вы написали стихи "низко кланяюсь", правда ли?" По смутным признакам, приведенным Шилейко, стало ясно, что так доброжелатели оценили "1 января 1924 года". <...> Мы сели за стол, и Мандельштам прочел "1 января" и спросил: "Ну что – низко кланяюсь?" – Нет, – ответил Шилейко, – но может, есть что другое, где "низко кланяюсь"... Мандельштам подряд прочел все стихи после "Тристий" и каждый раз спрашивал: – Ну что – низко кланяюсь? Шилейко отвечал "нет".[130]

Šilejko's remark had hurt M., and in "Variant" he had dissociated himself from his 'namesake,' his image in the eyes of his contemporaries: О, как противен мне какой-то соименник, | То был не я, то был другой. The fact that he had removed all topical allusions from "Variant" was later explained obliquely in his "Zametki o Šen'e," *à propos* the very poem that had prompted the image of the oath, "Ode sur le serment du Jeu de paume":

В "Jeu de paume" наблюдается борьба газетной темы и ямбического духа. Почти вся поэма в плену у газеты.
Общее место газетного стиля:

...pères d'un peuple, architectes de lois!
Vous qui savez fonder d'une main ferme et sûre
Pour l'homme un code solennel...

Yet the real poetic point of the apparently topical lines is a juxtaposition of two ages. The model of line 61 is Lermontov's Тогда напрасно вы прибегнете к злословью (note that the next line of both *1 Jan* and "Smert' poèta" contains the word *vnov'*). This is a characteristic case of grammatically and semantically contrastive subtext (*я предам злословью – вы прибегнете к злословью*) which leads to a confrontation of the two situations, pregnant with profound and tragic meaning precisely because of the ostensible reversal of the roles (poet *vs.* society), with M. renouncing Lermontov's instrument of *jus talionis,* 'the iron verse steeped with bitterness and malice,' железный стих, облитый горечью и злостью.

The salt of conscience in *1 Jan* is the salt of the new covenant of faith in spite of injuries (крутая соль торжественных обид, the share of those who chose to remain in Soviet Russia in "Komu zima arak"). Several times within the elegy the poet passes from doubt to affirmation and from affirmation to doubt ($_{29}$Мне хочется бежать — $_{31}$И словно

---

[130] *Вторая книга,* Paris, 1972, 501–502.

сыплют соль... $_{32}$Белеет совесть; $_{14}$...оборвут $_{15}$Простую песенку —
$_{52}$Не тронут, не убьют; $_{47}$По старине я принимаю братство — $_{65}$Кого еще убьешь? etc.), and the affirmation is dictated not by a logical refutation of the persistent and well-founded doubts but solely by the demands of conscience and loyalty. Thus Vladimir Solov'ev in "Noč' na Roždestvo" relied on the pangs of conscience alone to justify the 'funereal ringing of truth over the ruins of the ancient shame' and to affirm redemption in spite of the 'centuries of crimes': Пусть все поругано веками преступлений, | Пусть незапятнанным ничто не сбереглось, | *Но совести укор сильнее всех сомнений,* | И не погаснет то, что раз в душе зажглось...

62. Вновь пахнет яблоком мороз

The significance of this parenthetic reiteration of the leitmotif previously repeated in lines 28 and 37 is revealed, in relation to the theme of conscience and betrayal, in *RD* 45:

> Холодообразующая тяга тридцать второй песни произошла от внедрения физики в моральную идею: предательство — замороженная совесть — атараксия позора — абсолютный нуль.

Vnov' of this line appears to be the opposite of *vstar'* in $_{28}$Снег пахнет яблоком, как встарь. Totally identical images of the state power (*apple, frost*) are contrasted because the adverb *vnov'* invites semantic meta-analysis in this context. *Vnov'* and *kak vstar'* become antonyms rather than synonyms.

This final occurrence of the word *jabloko* enters the theme of oath in lines 63–64 as the 'apple' turns into a metonymic symbol of loyalty to the new estate (hence the simile of the oath at the Jeu de paume in "Jazyk bulyžnika," И **клятвой** на песке, как **яблоком** играли, based on an implied pun *paume – pomme*).[131]

---

[131] Compare the image of the ball game in Pasternak's "Dramatičeskie otryvki" (1918), set during the French Revolution, and Puškin's "Andrej Šen'e":

Так говорят народы меж собой　　　　　　...а ты, свирепый зверь,
И в голову твою, как в мяч, играют...　　　Моей главой играй теперь.

The olfactory emblem in Вновь пахнет яблоком мороз shows some influence of Pasternak's sniffing at civic ideas in *Sestra moja žizn'*: Топтался дождик у дверей, | И пахло винной пробкой. || Так пахла пыль. Так пах бурьян. | И, если разобраться, | Так пахли прописи дворян | О равенстве и братстве.

63. Присягу чудную четвертому сословью

The theme of the oath at the Jeu de paume evokes, in keeping with the idea expressed in the final paragraph of "Zametki o Šen'e," both Chénier and Puškin's poem "Andrej Šen'e," which motivates, i. a., the thematic transition to line 65:

> Заутра казнь, привычный пир народу;
> Но лира юного певца
> О чем поет? Поет она свободу:
> Не изменилась до конца!
>
> "Приветствую тебя, мое светило!
> Я славил твой небесный лик,
> Когда он искрою возник,
> Когда ты в буре восходило.
> Я славил твой священный гром,
> Когда он разметал позорную твердыню
> И власти древнюю гордыню
> Развеял пеплом и стыдом;
> Я зрел твоих сынов гражданскую отвагу,
> Я слышал братский их обет,
> Великодушную *присягу*
> И самовластию бестрепетный ответ.
> . . . .
> Оковы падали. Закон,
> На вольность опершись, провозгласил равенство,
> И мы воскликнули: *Блаженство!*
> О горе! о безумный сон!
> Где вольность и закон? Над нами
> Единый властвует топор.
> Мы свергнули царей. Убийцу с палачами
> Избрали мы в цари. О ужас! о позор!
> Но ты, священная свобода,
> Богиня чистая, нет, — не виновна ты...

The term *Четвертое сословие,* a calque of the German *Vierter Stand,* introduced by analogy with *tiers-état,* has been in wide use since the middle of the 19th century as a politically meaningful synonym of *пролетариат,* forecasting its eventual emancipation and ascent to power.[132]

---

[132] See, e. g., the entry on *Četvertoe soslovie* in *Энциклопедический словарь* изд. Брокгауз и Эфрон, часть 76 (= Том XXXVIII A), СПб., 1903, 736; *Большая Энциклопедия* изд. Т-ва "Просвещение", Том XX, СПб., 1909, 81; or the entry on *Vierter Stand* in *Brockhaus Enzyklopädie,* 19. Bd., Wiesbaden,

In "1 maja," published in *LEF,* 1923, No. 2, 9, Pasternak, who had recently come back to Moscow from Berlin, accepted the rule of the Fourth Estate and interpreted it, in accordance with the orthodox Marxist doctrine, as the brief period of transition to the chiliastic classless society.[133] The poem contained some subdued remonstrations against the more extreme declarations of Majakovskij (*150 000 000, IV Интернационал, V Интернационал,* the May Day poems, etc.) and Aseev (e. g., "Marš Budennogo"). It expressed a cautious hope that no 'Fifth Estate,' i. e., no new disfranchised class, would be created by the working class, and concealed an apology of the returnee and the late joiner in a thinly disguised subtext (Blok's "Na serye kamni ložilas' dremota"):

О город! О сборник задач без ответов,
О ширь без решенья и шифр без ключа!
О крыши! Отварного ветра отведав,
Кыш в тра́ву и марш, тротуар горяча!

О, город! О, ветер,
О, снежные бури!
О, бездна разорванной
в клочья лазури!

. . . .

1974, 614. On the common mistranslations and misinterpretations resulting from the difference in the meaning of Rus. *четвертое сословие* and Eng. *Fourth Estate* (traditionally, the press), see my note: "Četvertoe Soslovie: Vierter Stand or Fourth Estate? (A Rejoinder)," *Slavica Hierosolymitana,* V–VI, 1981, 319–323. Cf. now also: Gregory Freidin, "Mandel'shtam's *Ode to Stalin*: History and Myth," *The Russian Review,* Vol. 41, No. 4, October 1982, 405–406.

[133] Cf. L.D.Trockij's statements on 'proletarian culture': "It is fundamentally incorrect to contrast bourgeois culture and bourgeois art with proletarian culture and proletarian art. The latter will never exist, because the proletarian régime is temporary and transient. The historic significance and the moral grandeur of the proletarian revolution consists in the fact that it is laying the foundations of a culture which is above classes and which will be the first culture that is truly human. <...> the proletarian epoch is only a brief transition from one social-cultural system to another, from Capitalism to Socialism. The establishment of the bourgeois régime was also preceded by a transitional epoch. But the bourgeois Revolution tried, successfully, to perpetuate the domination of the bourgeoisie, while the proletarian Revolution has for its aim the liquidation of the proletariat as a class in as brief a period as possible. The length of this period depends entirely upon the success of the Revolution" (Leon Trotsky, *Literature and Revolution,* Ann Arbor Paperbacks, 1960, 14, 195–196). At the same time, Pasternak's words не быть за сословьем четвертым | Ни к пятому спуска, ни отступа вспять reproduce the Third Rome formula: Два Рима падоша, а третий стоит, а четвертому не быти.

Пусть взапуски с зябкостью запертых лавок
Бежит, в рубежах дребезжа, синева
И, бредя исчезнувшим снегом, вдобавок
Разносит над грязью без связи слова.

О том, что не быть *за сословьем четвертым*
Ни к пятому спуска, ни отступа вспять.
Что счастье, коль правда, что новым нетвердым
Плетням и межам меж людьми не бывать.

Что ты не отчасти и не между прочим   Я здесь! Я невинен! Я с вами!
Сегодня *с рабочим*, что всею гурьбой   Я с вами!
Мы в боги свое человечество прочим.   [Cf. "Я их мог позабыть", 1921:
То будет последний решительный бой.   О, не вы, это я — пролетарий!]

N. Ja. Mandel'štam commented on M.'s oath of allegiance to the Fourth Estate, qualified by his opposition to the death penalty, in her account of his conversations with N. I. Buxarin:

> В 28 году в кабинете, куда сходились нити грандиозных сдвигов двадцатого века, два обреченных человека высказались о смертной казни. Оба шли к гибели, но разными путями. О.М. еще верил, что "присяга чудная четвертому сословью" обязывает к примирению с советской действительностью – "всё, кроме смертной казни!" Он был подготовлен к приятию новшеств герценовским учением о "prioritas dignitatis"[134], которое было сильнейшим подкопом под идеи народоправства. "Что такое механическое большинство!" – говорил О.М., пытаясь оправдать отказ от демократических форм правления... <...>
> У Николая Ивановича был совсем иной путь. Он ясно видел, что новый мир, в построении которого он так активно участвовал, до ужаса не похож на то, что было задумано. Жизнь шла не так, как полагалось по схемам, но схемы были объявлены неприкосновенными, и предначертания запрещалось сравнивать со становящимся.[135]

In the 1930s, M. apparently still called the new disfranchised class to which he belonged himself and to which Pasternak did not wish to 'descend' *četvertoe soslovie* (hence, according to N. Ja. Mandel'štam, an

---

[134] The reference is to the following passage of *S togo berega* (V. Consolatio): <...> вы слишком держитесь за арифметику; тут не поголовный счет важен, а нравственная мощь, в ней *большинство* достоинства.*
*Августин употребил выражение prioritas dignitatis (Gercen's footnote).
[135] *Воспоминания*, N. Y., 1970, 121.

additional shade of meaning in the title *Četvertaja proza*[136]), and identified it with the 19th-century *raznočincy*[137]   (cf. "Polnoč v Moskve": Для того ли *разночинцы* | Рассохлые топтали сапоги, чтоб я теперь их *предал*?).

There is an obvious quotation from *1 Jan* in Veniamin Kaverin's novel *Skandalist, ili Večera na Vasil'evskom ostrove* (L., 1929, 11),[138] which shows how M.'s younger contemporaries interpreted the 'oath to the Fourth Estate':

> Прошло и навряд ли когда-нибудь возвратится то фантастическое время, когда в валенках, с пером в руке, комнатная Россия появилась на историческом театре. С пером в одной руке, с журналом входящих и исходящих в другой, она появилась в тех местах, где еще сохранились голландские печи. <...> Так начиналось учреждение. <...> огромные черные слезы падали из печных труб на новых канцеляристов. Комнатные люди, вброшенные в особняки с голландским отоплением, приучались к мысли, что чечевичная похлебка, которую они ели, вернувшись домой со службы, – есть та самая, за которую они продали свое призрачное первенство в русской революции.
>
> Так интеллигенция на журнале входящих и исходящих бумаг *поклялась в верности четвертому сословию.*

64. И клятвы крупные до слез

The line transforms the common collocation *крупные слезы* (cf. the thematically homogeneous context of the epithet *крупный* in M.'s poetry and prose: крупные слезы, крупная соль, крупная вечерняя звезда, небо крупных окопных смертей).

Because the date when *1 Jan* was completed is not known, it is impossible to ascertain whether this line had been influenced by, or had

---

[136] *Ibid.*, 185.

[137] "...the 'fourth estate' of intellectuals from the lower classes" (*Hope Against Hope*, N. Y., 1970, 176). The sentence reads somewhat differently in *Vospominanija*, 1970, 183. An early instance of the use of the term *červertoe soslovie*, quoted in B. M. Ėjxenbaum's *Lev Tolstoj*, II, L., 1931, 58, may help to explain M.'s later identification of the Fourth Estate with *raznočincy*: ...пролетариат, или, как называют немцы, четвертое сословие. Это та именно общественная группа, которая образовалась под исключительными влияниями всех современных общественных сил, частию уже разложившихся, частию еще разлагающих состав прежних сословий. Этой группе принадлежат *все отверженцы прочих классов общества, оторванные промышленным и умственным движением века от исторических преданий прежних гражданственных союзов...*

[138] M. highly praised this novel in "Veer gercogini" (*OM* III 55).

somehow prefigured, the famous sixfold oath over Lenin's coffin, later referred to by M. as шестиклятвенный простор.[139]

STROPHE IX

65—66. Кого еще убьешь? Кого еще прославишь?
Какую выдумаешь ложь?

N. Ja. Mandel'štam commented on these lines as follows:

> Двадцатые годы, может, самое трудное время в жизни О.М. Никогда ни раньше, ни впоследствии, хотя жизнь потом стала гораздо страшнее, О.М. с такой горечью не говорил о своем положении в мире. В ранних стихах, полных юношеской тоски и томления, его никогда не покидало предвкушение будущей победы и сознание собственной силы: "чую размах крыла", а в двадцатые годы он твердил о болезни, недостаточности, в конце концов неполноценности. <...> Из стихов видно, в чем он видел свою недостаточность и болезнь. Так воспринимались первые сомнения в революции: "кого еще убьешь, кого еще прославишь, какую выдумаешь ложь?"...[140]

The identity of the addressee of these lines has been discussed earlier (see p. 232). The syncretic character of this identity recapitulates Gercen's image of the transitional generation in "Opjat' v Pariže," VII: Мы вместе — труп, убийцы, болезнь и прозекторы старого мира: вот наше призвание. <...> мы нанесем ему еще самые злые удары и, погибая в разгроме и хаосе, радостно будем приветствовать мир — мир не наш — нашим "умирающие приветствуют тебя, Кесарь!" There is, however, a foreboding of the future great terror and mendacious rewriting of history in the indignant reproach of *Кого еще* and *Какую выдумаешь ложь,* which annihilates both the timid self-

---

[139] See, in this connection, N. Ja. Mandel'štam's description (*Вторая книга,* 1972, 232—233) of M. standing in the queue, together with Pasternak, to go past the dead body of another son of the age killed by the lime layer in his blood, an emblem of the bureaucratic sclerosis turning the living tissue of the revolution into dead gristle.

[140] *Воспоминания,* 1970, 180—181.

centered solace of $_{52}$ Чего тебе еще? Не тронут, не убьют and the moral comfort of active self-sacrifice offered by Gercen.

A link between lines 65–66 and the theme of the typewriter ($_{67}$ То ундервуда хрящ) is established by Barbier ironically reproaching Gutenberg in "La reine du monde."

The second question, Кого еще прославишь, implicitly refers also to M.'s own "Gimn" (1918): Прославим роковое бремя, | Которое в слезах народный вождь берет. | Прославим власти сумрачное бре-мя, | Ее невыносимый гнет. In "Polnoč' v Moskve," M. repudiated the collective responsibility for the perversion of the idea of the Fourth Estate and rearranged antithetically the predicates убьешь, прославишь, выдумаешь ложь:

> Чур! Не просить, не жаловаться, цыц!
> Не хныкать!
>   Для того ли разночинцы
> Рассохлые топтали сапоги,
>   чтоб я теперь их предал?
> Мы *умрем,* как пехотинцы,
> Но *не прославим*
>   ни хищи, ни поденщины, *ни лжи.*[141]

An openly polemic reaction to the theme of disease and doubt in *1 Jan* (as well as to Pasternak's aloof question Какое, милые, у нас | Тысячелетье на дворе) is easily detected in Bagrickij's imaginary conversation with the ghost of Dzeržinskij, the head of the political police and a fellow consumptive: Под окнами тот же скопческий вид, | Тот же кошачий и детский мир, | Который удущьем ползет в крови, |

---

[141] As in "Stixi o neizvestnom soldate," M. takes issue here with the ostentatious self-immolation of Majakovskij in *Vo ves' golos* by invoking the authority of Xlebnikov:

Пускай
      за гениями
          безутешною вдовой
плетется *слава*
        в похоронном марше –
умри, мой стих,
        умри, как рядовой,
как безымянные
       на штурмах мерли наши!
	Достойны славы пехотинцы,
	Закончив бранную тревогу.
	Но есть на свете красотинцы
	И часто с ними идут в ногу.
	           ("Воспоминания")

Который до отвращенья мил, | ... | Как бы продолжая давнишний спор, | Он ["Феликс Эдмундович"] говорит: "Под окошком двор | В колючих кошках, в мертвой траве, | *Не разберешься, который век,* | А век поджидает на мостовой, | Сосредоточен, как часовой. | Иди и не бойся с ним рядом встать, | Твое одиночество веку под стать. | Оглянешься, а вокруг враги; | Руки протянешь — и нет друзей; | *Но если он скажет: "Солги", — солги.* | *Но если он ска-жет: "Убей", — убей.* | ... | И стол мой раскидывался как страна, | В крови и чернилах квадрат сукна, | Ржавчина перьев, бумаги клок — | Все друга и недруга стерегло. | Враги приходили — на тот же стул | Садились и рушились в пустоту. | Их нежные кости сосала грязь. | Над ними захлопывались рвы. | И подпись на приго-воре вилась | Струей из простреленной головы" ("ТВС").[142]

67. То ундервуда хрящ — скорее вырви клавиш

The word *хрящ* has several meanings in Russian, of which M. uses two: 1) 'cartilage,' 'gristle' (one of Dal's examples is: *У младенца одни*

---

[142] There are numerous echoes of M. in Bagrickij's poetry, including Ундер-вудов траурный марш in "Noč" (1926). According to N. Ja. Mandel'štam (*Вто-рая книга*, 1972, 65), Narbut often came in 1922 to see M., bringing manuscripts by Bagrickij and trying to persuade him that this was a 'real acmeist.' It seems that in "Vek" M. engaged in argument, perhaps subliminally, with Bagrickij's poem "Rassypannoj cep'ju" (1920), which included, i. a., the following image of the old world as a hunted beast: Так мы теперь рассыпались облавой — | *Поэты, рыба-ки и птицеловы,* | ... | ...Мы стоим вокруг | Берлоги, где засел в кустах за-мерзших | Мир, матерой и тяжкий на подъем... | Эй, отпускайте псов, пускай потреплют! | Пускай вопьются меткими зубами | В затылок крепкий... | ... | А зверь идет... И сумрачный рабочий | Стоит в снегу и нож в руке сжимает, | И шею вытянул, и осторожно | *Глядит в звериные глаза!* Друзья, | Облава близится к концу! Ударит | Рука рабочья в сердце роковое, | И захрипит, и упадет тяжелый | Свирепый мир... ‖ А мы, поэты, что во время боя | Стояли молча, мы сбежимся дружно, | И над огромным и косматым трупом | Мы славу победителю споем. In a somewhat overstated and disconcertingly equivocal, though interesting, article "Legenda i vremja" (a "shortened version" of which appeared in *Двадцать два*, No. 14, September 1980, 136–155), St. Kunjaev per-ceptively juxtaposed Bagrickij's sadistic Их *нежные кости* сосала *грязь* and M.'s "Puškinian call for mercy toward the downfallen" in "Za gremučuju doblest' grja-duščix vekov": Чтоб не видеть ни труса, ни *хлипкой грязцы,* | Ни кровавых *костей* в колесе. His cautious comment is: Как будто бы Мандельштам созна-тельно полемизирует с автором "Думы про Опанаса".

хрящи, кои с годами костенеют) ; 2) 'coarse sand mixed with fine gravel' (according to Dal', крупный песок, с самою мелкою галькой. *Усыпать, убить дорожки в саду хрящем*).

The first meaning occurs, for example, in the second strophe of "Vek": Словно нежный *хрящ* ребенка, | Век младенческой земли.

A clear-cut instance of the second meaning is evident in "Razryvy kruglyx buxt, i *xrjašč*, i sineva" (1937). This usage is less common, and definitely "remembers", in Baxtin's sense, its previous poetic contexts. Fet has it in "Priboj" (Песок да звонкий хрящ кругом), "Postoj! zdes' xorošo!" (хрящ морской), and "Kupal'ščica" (белый хрящ) ; characteristically, one of the subtexts of "Razryvy kruglyx buxt..." is Fet's "Staryj park": И парус медленный, что облаком продолжен < Как чайка, *парус* там белеет в высоте. | Я жду, потонет он, но он не утопает | И, *медленно* скользя по выгнутой черте, | Как волокнистый след пропавшей *тучки* тает.

Both meanings are blended in the difficult final strophe of "Vek": Кровь-строительница хлещет | Горлом из земных вещей | И горящей рыбой мещет | В берег теплый *хрящ* морей. The word appears to signify here both 'gravelly sand' and 'gristle'. The polysemy of the symbol rests not only on the multiple meaning of the word but also on its figurative potential. In M.'s free translation of the third part of Barbier's "L'Idole," dead bodies are compared to 'seaside gravel,' although the word *хрящ* is substituted by a close synonym and only hinted at paronomastically in the first word of the line: *Хрустя* убитыми, ˙как *гравием приморским,* | По щиколотку в их крови (Toujours comme du *sable* écraser des corps d'hommes, | Toujours du sang jusqu'au poitrail). In another translation of Barbier ("Èto zyb'", the final 24 lines of "La Popularité"), the association between the 'sand of the seaside arena' and the victims of the people's wrath is a metonymic one: Потом другая зыбь... | ... | Царапает *песок береговой арены,* | Как умирающий *хрипит,* | И, корибанткою, вконец перебесившись, | Вдавив бедро в намет *песков,* | Кидает с кровью нам, обратно в ил свалившись, | Горсть человеческих голов (Se roulant sur le *sable* et déchirant la terre | Avec le râle d'un mourant; | Et, comme la bacchante, enfin lasse de rage, | N'en pouvant plus et sur le flanc | Retombant dans sa couche, et lançant à la *plage* | Des têtes d'hommes et du sang! (this imagery would be used again in 1935, in "Bežit volna — volnoj volne xrebet lomaja"). So *теплый хрящ морей* in "Vek," in the context of 'blood the builder' and 'burning fish,' means both the warm sea sand and the warm gristle of the *curée*[143] tossed ashore by the raging deluge of blood.

In *1 Jan*, хрящ is likewise a blended trope. In the sense of 'gristle,' or, in reference to fish, 'cartilaginous vertebra,' it is a synonym of *позвонок,* which, in its turn, implies homonymically *позвонок ундервуда* 'the bell of the typewriter'. The other meaning of *хрящ,* 'gravel,' is retained metaphorically by subtextual association with Baratynskij's rhetorical use of the word in "Na posev lesa," where it signifies the sandy wood soil and the hardened hearts of the new generation, *новые племена* (cf. ₂₃*для племени чужого*): Уж та зима главу мою сребрит, | Что греет сев для будущего мира, | Но праг земли не перешел пиит, – | К ее сынам еще взывает лира. ‖ ... ‖ Летел душой я к новым племенам, | Любил, ласкал их пустоцветный колос, | Я дни извел, стучась к людским сердцам, | Всех чувств благих я подавал им голос. ‖ Ответа нет! Отвергнул струны я, | Да *хрящ другой* мне будет плодоносен! | И вот ему несет рука моя | Зародыши елей, дубов и сосен...

For M., the hard-hearted injustice of the Underwood's *щучий суд* is the ancestral sin of Muscovite history, of which Xomjakov reminded his self-righteous contemporaries in 1844: Не говорите: "То былое, | То старина, то грех отцов, | А наше *племя молодое* | Не знает старых тех грехов". | Нет! этот грех — он вечно с вами, | Он в вас, он *в жилах и крови,* | *Он сросся с вашими сердцами* – | *Сердцами мертвыми к любви.* | Молитесь, кайтесь, к небу длани! | За все грехи былых времен, | За ваши каинские брани | Еще с младенческих пелен; | ... | За всё, за всякие страданья, | За всякий *попранный закон,* | За темные отцов деянья, | За темный грех своих времен, | За все беды родного края, – | Пред Богом благости и сил | Молитесь, плача и рыдая, | Чтоб Он простил, чтоб Он простил!

The interplay between the literal and the figurative meaning of the word *клавиш* '[typewriter] key' follows a similar pattern. *Клавиш* is interpreted etymologically as 'clavicle' (Dal' lists *косточка* as a synonym of *клавиш*; cf. M.'s fragment dated 1931, thematically relevant to lines 67–68: Не табачною кровью газета плюет, | *Не костяшками дева стучит,* | Человеческий жаркий искривленный рот | Негодует и нет говорит). The metonymic aspect of the trope is associated,

---

[143] On M.'s translation of "La Curée" and other poems by Barbier, see: Gleb Struve, "Osip Mandelstam and Auguste Barbier. Some Notes of Mandel'štam's Versions of *Iambes,*" *California Slavic Studies,* Vol. VIII, 1975, 131–166.

through lines 63–64, with Majakovskij's enraged keyboard of a man-
eating piano punishing 'someone's' universal guilt, or Cain the 'slayer of
half the world' touching, genius-like, the keys of the cosmic piano, and
Pasternak's 'depressed dry keys of the demented keyboards preparing
a revenge for slander': Отмщалась над городом чья-то вина, — | ... |
Над городом ширится легенда мук. | Схватишься за ноту — | паль-
цы окровавишь! | А музыкант не может вытащить рук | из белых
зубов разъяренных клавиш (*Владимир Маяковский,* 134, 141–
145); И только что мира пол заклавший | Каин гением взялся за
луч, | Как музыкант берется за клавиши (*150 000 000,* 1591–
1594); Что вдавленных сухих костяшек, | Помешанных клавиа-
тур, | Бродячих, черных и грустящих, | Готовят месть за клевету!
("Клеветникам"). Metaphorically, the stuck key of the typewriter on
which 'a simple Soviet sonatina' is performed serves as an analog, accord-
ing to N. Ja. Mandel'štam,[144] of *заноза,* the thorn in the paw of the
revolutionary lion cub, the protagonist of "Jazyk bulyžnika."

68. И щучью косточку найдешь

A complex bundle of mythological, magical, and literary motives,
the culmination of the plot of *1 Jan* bears certain resemblance to the fish
episode of the Book of Tobit, especially because of the common theme
of blindness, established in strophe I in the image of Father Age's Vij-like
eyelids. The similarity between *1 Jan* and the Apocryphal story is limited
to the basic plot and the emotional attitude (completely dissociated from
the Gogolian subtext), whereas the specific details derive from other
sources, which motivate the selection of the 'medicinal' part of the fish
(a bone rather than the gall, which has been rejected in [61]Ужели я пре-
дам позорному злословью) and its association with the typewriter.

In shape, a type bar actually resembles a fish's clavicular or scapular
bone.

There is ample folklore material on pike's bones as talismans and on
the keys (*клавиш – clavis*) from Happiness or Misfortune swallowed by
pikes. In a well-known Russian lament "Plač o pisare" (!),[145] a pike-like

---

[144] *Vospominanija,* 1970, 178.

[145] First published in: *Причитанья Северного края, собранные Е. В. Бар-
совым,* Часть 1, М., 1872, 288. Nekrasov used the central motif of this *plač* in
the so- called 'legend about the keys to women's happiness' (*Кому на Руси жить
хорошо,* Ч. 8). See: *Причитания,* "Библиотека поэта", Б. С., Л., 1960, 59–
62, 397.

fish with a goat's head (cf. note to line 53 on *коза-рыба*) swallows the golden keys with which Misfortune's underground jail is unlocked: Как в досюльны времена да в прежни годышки | В окиян-море ловцы да не бывали. | Чего на слыхе-то век было не слыхано, | Чего на виду-то век было не видано – | В окиян-море ловцы вдруг пригодилися: | Пошили оны маленьки кораблики, | Повязали оны неводы шелковые | Проволоки оны клали-то пеньковые, | ... | Изловили тут свежу оны рыбоньку | ... | Голова у ей вроде как козлиная | ... | По приметам эта рыба да как щучина. | ... | Распороли как уловну свежу рыбоньку – | Много множество песку у ей проглотано, | Были сглонуты ключи да золоченые! | ... | Тут пошли эты ловцы да добры молодцы | По тюрьмам пошли заключевныим – | В подземельные норы ключ поладился, | Где сидело это горюшко великое. | Потихошеньку замок хоть отмыкали, | Без молитовки, знать, двери отворяли. | ... | Повыпустили горюшко великое! | Зло несносное велико это горюшко | По Россиюшке летает ясным соколом | ... | Не начаются обиды, накачаются | ... | Что неправедные судьи расселяются, | Злокоманно их ретливое сердечушко...

In some Russian fairy tales,[146] however, pike's bone serves as a talismanic object given to the protagonist, which eventually saves him by granting him power over the pike itself (according to V. Ja. Propp,[147] "часть животного дается в руки и служит средством власти над животным"). Specific references to pike's bones as protective talismans are found in Afanas'ev[148]: Хребтовые кости щуки привешиваются к воротам, как средство, предохраняющее от повальных болезней, а щучьи зубы собирают и носят на себе, чтобы во время лета не укусила ни одна змея (cf. the 'viper' in "Vek" and the theme of the plague in M.'s poetry of the 1930's).

In *Kalevala*, the bones of the pike are directly associated with powerful poetic incantations (cf. Bal'mont's *Poèzija kak volšebstvo*, 59: Из костей щуки, которая плавает в море и знает морские тайны, сделал Вэйнемэйнен свои певучие гусли, кантеле, и под эту музыку поёт заклинательные песни).

---

[146] E. g.: *Живая старина*, XXI, 1912, II–IV, 265.
[147] *Исторические корни волшебной сказки*, Л., 1946, 174.
[148] *Поэтические воззрения славян ни природу*, II, 161.

In connection with the crucifix that magically cured Musset's 'child of the age' from his moral affliction in the penultimate chapter of *Confession d'un enfant du siècle,* the following folklore item is especially likely as a background of line 68:

> В Галиции, да и во многих местностях западной России принято
> есть щуку (щупака) за ужином в свят-вечер, т. е. накануне Рождества.
> [It will be recalled that *1 Jan* was being written on Christmas, in Kiev].
> При этом замечают, что у щуки в голове есть косточки, напоминающие
> изображение страстей господних; кто такие косточки найдет и будет
> хранить при себе, тот будет от всякой беды предохранен: "У щупаковий
> голови е таки кисточки, що выглядають так, як Христова мука: е хрест,
> е пика, е драбына, е цьвокы, тростына; як на святый вечор едять щупа-
> ка, то хто повиннаходыть у голови вси ти кисточки, повынен сховаты
> их и маты весь рик пры соби, то до него не прыступыть нияке лыхо"
> (Галиц., – то же поверие у немцев). [149]

Just as the horseshoe is, in "Našedšij podkovu" and *GO,* a talisman against hungry time, so the pike's bone, a metonymic symbol of cruelty and injustice, becomes in *1 Jan* a talisman against what M. called in "Slovo i kul'tura" голодное государство.

69–70. И известковый слой в крови больного сына
Растает, и блаженный брызнет смех

These lines form a pattern of lexical reiteration, syntactic parallelism (repeated enjambment), and semantic contrast ($_{26}$Твердеет – $_{70}$Растает; $_{26}$Спит *Москва* – $_{70}$брызнет *смех*) with $_{25\_26}$Век. Известковый слой в крови больного сына | Твердеет. Спит Москва, как деревянный ларь.

There is an obvious lexico-semantic reiteration of Брызнет зелени побег ("Век") and an echo of the beatitudes of *GO* in $_{70}$блаженный брызнет смех. Its main subtext is Barbier's "Le rire": Nous avons tout perdu, tout, jusqu'à ce gros rire | Gonflé de gaîté franche et de bonne satire, | Ce rire d'autrefois, *ce rire* des aïeux | *Qui jaillissait* du coeur comme un flot de vin vieux; | Le rire sans envie et sans haine profonde, | Pour n'y plus revenir, est parti de ce monde. | Quel compère joyeux que le rire autrefois! (in Slučevskij's translation, these lines read: Всё потеряли мы. Старинный смех, и ты, | Лишенный смелости и честной

---

[149] А. Ермолов, *Народная сельскохозяйственная мудрость. III. Животный мир в воззрениях народа,* СПб., 1905, 364.

остроты, | Наследья прадедов, под небом наших дней | Струею
звонкою не *брызжешь* из грудей; | Ты, чуждый зависти и местью
не отмечен, | Ты бросил этот свет, забыт и скоротечен. | А как ты
был любим, счастливый, звонкий смех!).

Barbier's subtext constitutes a contrastive relationship with Lermon-
tov's "1 janvarja": О, как мне хочется смутить веселость их | И дерз-
ко бросить им в глаза железный стих, | Облитый горечью и злостью!

The 'blissful laughter' which shall follow the magic act of cure[150]
is even older then the 'old laughter' of Barbier. It is neither Voltaire's acid
laughter, nostalgically recollected by Barbier, nor Heine's *Sterbeseufzer,
welche plötzlich sich verwandeln in Gelächter,* nor Gogol's 'luminous
laughter' of catharsis and reconciliation, described in "Teatral'nyj raz"-
ezd," nor even Nietzsche's 'convalescent laughter' of the higher men. It
should be compared rather — and the title of the poem, *1 Janvarja,* pro-
vides a clue in this respect — to the holiday laughter of the Saturnalia,
celebrating the return of the golden age of Saturn, Christmas or New
Year's Eve laughter, *risus paschalis,* in short, any joyful 'seasonal' laugh-
ter marking a change of time and the eternal renewal of life.[151] Ulti-
mately, M.'s *блаженный смех* is an echo of *asbestos gel$\bar{o}$s,* the inde-
structible laughter of the blissful Olympians at the lame artisan Hephaes-
tus as he serves them with the drink of immortality: *Смех* несказанный
воздвигли *блаженные* жители неба (*Il.* I:599 in Gnedič's translation).

71–72. Но пишущих машин простая сонатина —
Лишь тень сонат могучих тех

Thematically, the 'simple sonatina' of the bureaucratic state and its
poets is confronted with the 'simple song' of their victim's complaint,
₁₅*Простую песенку* о глиняных обидах. However, both primitive
tunes are contrasted with the 'powerful sonata.' The contrast is accen-

---

[150] Laughter itself, "a roar of hearty mirth," is the cure of the protagonist
of Nabokov's "Tyrants Destroyed" (1938), whose story, too, "is an incantation, an
exorcism, so that henceforth any man can exorcise bondage." In "Ul'daborg"
(1930; publ. in: Vladimir Nabokov, *Stixi,* Ann Arbor, 1979, 235), the poem which
mysteriously anticipates the intonations of Axmatova's "Nevidimka, dvojnik, pere-
smešnik" (1940), perhaps because both poems have inherited certain motives of
Gondla together with its anapestic trimeter, the deposed king returns to his land,
where laughter is forbidden, to laugh as he ascends the executioner's block.

[151] See: М. Бахтин, *Творчество Франсуа Рабле,* М., 1965, 79—80, 90—93;
В. Я. Пропп, *Русские аграрные праздники,* Л., 1963, 68—105.

tuated by the punning definition of *сонатина* (*тень сонат*) and the opposition of ₁₃*слабеет* and ₇₂*могучих*.

The reference of the demonstrative *тех* seems to be ambiguous. In the narrow context of the final strophe it may refer to the expected recovery and renascence. A.Manfred interpreted it as a reference to strophe VIII: Мандельштам оказывается неприспособленным (как художник, конечно) к новому социальному строю, он связан крепкими нитями с классом, от которого он оторван [sic!], и это остро ощущаемое им противоречие составляет основное содержание его современного творчества, в каких бы формах оно ни выражалось (в том числе и в форме осуждения эпохи нэпа, как "тени" "могучих сонат" годов военного коммунизма).[152]

Actually, the clue to the metaphoric meaning of 'those powerful sonatas' is found in an explicit simile of "Sem'ja Sinani" (*Šum vremeni*):

> Мне было смутно и беспокойно. Все волнение века передавалось мне. <...> То была воистину невежественная ночь. Литераторы в косоворотках и черных блузах торговали, как лабазники, и Богом и дьяволом, и не было дома, где бы не *бренчали одним пальцем* тупую польку из "Жизни человека", сделавшуюся символом мерзкого, уличного символизма. <...>
>
> Все это была мразь по сравнению с миром эрфуртской программы, коммунистических манифестов и аграрных споров. Здесь были свой протопоп Аввакум, свое двоеперстие (например, о безлошадных крестьянах). Здесь, в глубокой страстной распре с.-р. и с.-д., чувствовалось продолжение старинного раздора славянофилов и западников.
>
> Эту жизнь, эту борьбу издалека благословляли столь разделенные между собой Хомяков и Киреевский и *патетический* в своем западничестве *Герцен, чья бурная политическая мысль всегда будет звучать, как бетховенская соната.*
>
> Те не торговали смыслом жизни, но духовность была с ними, и в скудных партийных полемиках было больше жизни и больше музыки,[153] чем во всех писаниях Леонида Андреева.

In *1 Jan*, the *Sonate Pathétique* of Gercen's thought sounds (всегда будет звучать) as a reproach to the 'simple sonatina,' its mere shadow, a simplified and impoverished performance: разыгранный Фрейшиц | Перстами робких учениц.

---

[152] *Книга и революция,* 1929, № 15–16, 22.

[153] In "Xolodnoe leto" (1923), the theme of the revolutionary reality is developed in a positive key: Мне ударяет в глаза *величавая явь революции и большая ария для сильного голоса покрывает гудки автомобильных сирен.*

This image of the powerful moral harmony inadequately rendered, sorely missed, and ardently looked for completes the vast compositional frame of M.'s ode and elegy, initiated by the symbol of the mighty cosmic harmony incarnated in the 'flinty path' of martyrdom at the outset of *Grifel'naja oda*:

Звезда с звездой — *могучий* стык,
Кремнистый путь из старой песни...

In "Segodnja možno snjat' dekal'komani" (1932), Moscow itself is compared to a grand piano: ...Не так ли | Откинув палисандровую крышку | Огромного концертного рояля | Мы проникаем в звучное нутро? | Белогвардейцы, вы его видали? | Рояль Москвы слыхали?.. (cf. "Рояль", 1926, inspired apparently by "Gorodok v tabakerke," and "Рояль", 1931, in which the theme of the stuck key is recapitulated: Чтобы в мире стало просторней, | Ради сложности мировой, | Не втирайте в клавиши корень | Сладковатой груши земной. || Чтоб смолою соната джина | Проступила из позвонков, | Нюренбергская есть пружина, | Выпрямляющая мертвецов).

THE VARIANT

The poem "Net, nikogda ničej ja ne byl sovremennik" was originally entitled "Variant" to legitimate, as it were, the principle of 'nonlinear,' alternative reiteration and variation.[1] Under that title it was published in the almanac *Ковш*, № 1, 1925, 34, with a reversed order of strophes IV and V, a different reading of line 9 (Я *веку* поднимал болезненные веки, which is closer to ₅Кто веку поднимал болезненные веки of *1 Jan*) and of line 12 (Ход воспаленных *дел* людских[2]), and numerous differences in punctuation (e. g., exclamation points after ₁₈кровать, ₂₀вековать, and ₂₄огнем).

A thematic variant mainly of the first three strophes of *1 Jan*, it consists of 6 quatrains of regularly alternating iambic hexameters[3] and tetrameters (the corresponding 24 lines of *1 Jan* manifest the same regular alternation). The second strophe of "Variant" repeats *verbatim* lines 9–12 of *1 Jan*; the third strophe slightly modifies lines 5–8; the fifth picks up the rhymes and the syntactic pattern of lines 21–24;

---

[1] See: Н.Я.Мандельштам, *Воспоминания*, N.Y., 1970, 206–212. N.Ja. pointed out that "twin poems" could be found also in Axmatova and, therefore, probably did not constitute an individual feature of M.'s poetry. The truly unique and unmistakably individual quality of M.'s 'twins' and 'triplets' stems from the fact that he has consistently combined, with miraculous effectiveness, the lexico-semantic reiteration and contrastive parallelism of antiphonic poetry (e. g., Karamzin's "Kladbišče" or Tjutčev's "Dva golosa") with Puškin's pattern of concealed intertextual affinities (e. g., between "Nereida" and "Redeet oblakov letučaja grjada").

[2] This variant reading is not listed in the collected editions of M., yet it is especially important because it evokes the subtext of *GO: Река* времен в своем стремленьи | Уносит все *дела людей*.

[3] Line 15 of "Variant," И стра́нно вы́тянулось гли́няное те́ло, is an unusual instance of an alexandrine without a caesura, in which the word *вытянулось* stretches, iconically, as far as the seventh syllable (cf. Бессмертны *высокопоставленные* лица in "Egiptjanin," 1914).

[331]

the sixth uses the rhyme of lines 2/4. The fourth shares only three lexical items with *1 Jan* and contains a paronomastic attractant of one more item, but transforms the imagery of lines 1–4. The first strophe, if one discounts *рука* in the idiomatic expression *не с руки,* shows no affinity with *1 Jan,* although its tone of defiant humility might be interpreted as a variation on $_{35}$Я, рядовой седок. The relationship between the two texts should become clear from the following juxtaposition:

"Вариант"   "1 января 1924"

Нет, никогда ничей я не был современник,
Мне не с руки почет такой.
О, как противен мне какой-то соименник,
То был не я, то был другой.

Два сонных яблока у века-властелина $_9$Два сонных яблока
И глиняный прекрасный рот,   у века-властелина
Но к млеющей руке стареющего сына $_{10}$И глиняный прекрасный рот
Он, умирая, припадет. $_{11}$Но к млеющей руке
                                                              стареющего сына
                                                        $_{12}$Он, умирая, припадет.

Я с веком поднимал болезненные веки – $_5$Кто веку поднимал
Два сонных яблока больших,   болезненные веки –
И мне гремучие рассказывали реки $_6$Два сонных яблока больших, –
Ход воспаленных тяжб людских.   · $_7$Он слышит вечно шум.
                                                              когда взревели реки
                                                        $_8$Времен обманных и глухих.

Сто лет тому назад подушками белела $_{32}$*Белеет*
Складная легкая постель, $_{36}$*полость*
И странно вытянулось глиняное тело, – $_{17}$О, *глиняная* жизнь!
Кончался века первый хмель.   О, умиранье *века*!

Среди скрипучего похода мирового $_{21}$*Какая* боль – искать
Какая легкая кровать!   потерянное *слово,*
Ну что же, если нам не выковать другого, – $_{22}$Больные веки *поднимать*
Давайте с веком вековать. $_{23}$И с известью в крови,
                                                              для племени *чужого*
                                                $_{24}$Ночные травы *собирать.*

И в жаркой комнате, в кибитке и в палатке
Век умирает, а потом $_2$С сыновней нежностью *потом*
Два сонных яблока на роговой облатке $_{6,9}$Два сонных яблока
Сияют перистым огнем. $_4$В сугроб пшеничный за *окном.*

M. composed the poem in Kiev, at the same time as he dictated
1 Jan,[4] but put it in writing[5] much later.[6] After the publication of *1 Jan*
in the second issue of *Russkij sovremennik* (in summer 1924), offensive
criticism was leveled at M. He was accused of being an unreconstructed
relic of the bygone and evil era, and a sycophant at the same time. Other-
wise, M.'s contribution to *Russkij sovremennik* drew as little attention
as that of Vejdle.[7] In "Variant," M. dissociated himself both from *Rus-
skij sovremennik,* the namesake of Puškin's and Nekrasov's journal, and
from his own namesake, the image of the author of *1 Jan* as it appeared
to his contemporaries.[8]

In this respect, and in many others, "Variant" represented a return
to M.'s earlier consistent attitude toward the 'reader' and toward 'con-
temporaneity' in the trivial sense of the word. The motif of total dis-
sociation — by means of a fatal 'tourney' — from an intrusive semblable,
an attentive and affectionate William Wilson-like double, had been estab-
lished already in "Temnyx uz zemnogo zatočen'ja" (1910). In "O sobe-

---

[4] В Киеве у моих родителей, где мы гостили на Рождество 23 года, он
несколько дней неподвижно просидел у железной печки, изредка подзывая
то меня, то мою сестру Аню, чтобы записать строчки "1-го января 1924"
(*Воспоминания,* 1970, 192).

Новый двадцать четвертый год мы встретили в Киеве у моих родителей,
и там Мандельштам написал, что никогда не был ничьим современником
(*Вторая книга,* 1972, 228).

[5] Он долго не записывал "Современника" и "Я не знаю, с каких пор",
не признавая за ними права на самостоятельную жизнь (*Воспоминания,*
1970, 210).

[6] Тогда [during their second visit to Axmatova in summer 1924] он прочел
"1 января" и рассказал про "низко кланяюсь"... Это задело его больше, чем
он показал Шилейке. "За истекший период" больше ничего не было, потому
что "современника" он вытащил из небытия гораздо позже (*Вторая книга,*
1972, 507).

[7] Even now the name of M. has been omitted from the list of poets who
contributed to *Russkij sovremennik* by such a meticulous and sympathetic chron-
icler as Lidija Čukovskaja (*Записки об Анне Ахматовой,* том 2, Paris, 1980, 600).

[8] Sofija Parnok, for example, reflected the general opinion when she wrote
that M. had jumped on Pasternak's bandwagon to escape isolation and make his art
fit the demands of the present: Конечно, ни Мандельштам, ни Цветаева не мог-
ли попросту "заняться отражением современности" — им слишком ведома
другая игра, но ими владеет тот же импульс, то же эпидемическое беспокой-
ство о несоответствии искусства с сегодняшним днем. Их пугает одиночест-
во, подле Пастернака им кажется надежнее... ("Пастернак и другие", *Русский
современник,* 1924, № 1, 310—311).

sednike" (1913), M. came to identify this semblable, in the spirit of
Baudelaire and Annenskij ("Drugomu"), with the contemporary reader,
the 'tedious neighbors':

И как нашел я друга в поколеньи,
Читателя найду в потомстве я...

Проницательный взор Боратынского устремляется мимо поколе-
ния, – а в поколении есть друзья, – чтобы остановиться на неизвестном,
но определенном "читателе". И каждый, кому попадутся стихи Боратын-
ского, чувствует себя таким "читателем" – избранным, окликнутым
по имени... Почему же не живой конкретный собеседник, не "представи-
тель эпохи", не "друг в поколении"? Я отвечаю: обращение к конкрет-
ному собеседнику обескрыливает стих, лишает его воздуха, полета. Воз-
дух стиха есть неожиданное. Обращаясь к известному, мы можем ска-
зать только известное. <...>

Страх перед конкретным собеседником, слушателем из "эпохи",
тем самым "Другом в поколении", настойчиво преследовал поэтов во
все времена. Чем гениальнее был поэт, тем в более острой форме болел
он этим страхом. Отсюда пресловутая враждебность художника и обще-
ства. Что верно по отношению к литератору, сочинителю, абсолютно
неприменимо к поэту. Разница между литературой и поэзией следую-
щая: литератор всегда обращается к конкретному слушателю, живому
представителю эпохи. Даже если он пророчествует, он имеет в виду
современника будущего. Содержание литератора переливается в совре-
менника на основании физического закона о неравных уровнях. Следо-
вательно, литератор обязан быть "выше", "превосходнее" общества.
Поучение – нерв литературы. Поэтому для литератора необходим пьеде-
стал. Другое дело поэзия. Поэт связан только с провиденциальным со-
беседником. Быть выше своей эпохи, лучше своего общества для него
не обязательно. Тот же Франсуа Виллон стоит гораздо ниже среднего
нравственного и умственного уровня культуры XV века. <...>

Да, когда я говорю с кем-нибудь, – я не знаю того, с кем с говорю,
и не желаю, не могу желать его знать.[9] Нет лирики без диалога. <...>
Скучно перешептываться с соседом. Бесконечно нудно буравить собст-
венную душу (Надсон). Но обменяться сигналами с Марсом – конечно,
не фантазируя – задача, достойная лирического поэта.

---

[9] Gumilev rationalized certain ideas of "O sobesednike" in his essay "Čita-
tel'" (cf. Axmatova's poem "Čitatel'," 1959: А каждый читатель как тайна, |
Как в землю закопанный клад,.. ‖ ... ‖ Наш век на земле быстротечен | И
тесен назначенный круг, | А он неизменен и вечен – | Поэта неведомый
друг).

The theme of Baratynskij's "Moj dar ubog,"[10] 'the reader in posterity,' was interpreted by M. in terms of Nietzsche's "love of the farthest": Höher als die Liebe zum Nächsten steht die Liebe zum Fernsten und Künftigen... Die Zukunft und das Fernste sei dir die Ursache deines Heute...[11]

Being 'a contemporary of one's time' signifies not only the proximity of the addressee, but also a definite type of poetic vision and diction. From this point of view, M. contrasted the 'contemporary' Blok and the 'noncontemporary' Xlebnikov:

> <...> Блок современник до мозга костей, время его рухнет и забудется, а все-таки он останется в сознании поколений современником своего времени. Хлебников не знает, что такое современник. Он гражданин всей истории, всей системы языка и поэзии. <...> Современники не могли и не могут ему простить отсутствия у него всякого намека на аффект своей эпохи. Каков же должен быть ужас, когда этот человек, совершенно не видящий собеседника, ничем не выделяющий своего времени из тысячелетий, оказался к тому же необычайно общительным и в высокой степени наделенным чисто-пушкинским даром поэтической беседы-болтовни. Хлебников шутит – никто не смеется. Хлебников делает изящные намеки – никто не понимает. <...> Хлебников написал <...> огромный всероссийский требник-образник, из которого столетия и столетия будут черпать все, кому не лень ("Буря и натиск").

Later, in *Razgovor o Dante,* M. altered the terms of the opposition and contrasted "modernism" and the quality of being permanently and inexhaustibly contemporary:

> Немыслимо читать песни Данта, не оборачивая их к современности. Они для этого созданы. Они снаряды для уловления будущего. Они требуют комментария в Futurum.
>
> Время для Данта есть содержание истории, понимаемой как единый синхронистический акт; и обратно: содержание истории есть совместное держание времени – сотоварищами, соискателями, сооткрывателями его.[12]
>
> Дант – антимодернист. Его современность – неистощима, неисчислима и неиссякаема (*РД* 32).

---

[10] This poem is one of the subtexts of Annenskij's "Drugomu": Моей мечты бесследно минет день... | Как знать? а вдруг с душой подвижней моря, | Другой поэт ее полюбит тень < Его найдет далекий мой потомок | В моих стихах; как знать? душа моя | Окажется с душой его в сношеньи...

[11] *Also sprach Zarathustra*, I ("Von der Nächstenliebe").

[12] Cf.: *совопросник века сего* (I *Cor.* 1:20).

Two years earlier, in 1931, he asserted, by means of an only partly ironic allusion to the fashions, manners, and diction of the day, his own identity as a contemporary: Пора вам знать: я тоже современник — | Я человек эпохи Москвошвея, | Смотрите, как на мне топорщится пиджак, | Как я ступать и говорить умею! | Попробуйте меня от века оторвать, — | Ручаюсь вам, себе свернете шею![13] ("Полночь в Москве"). Here, as in other poems of 1931, M. returned to the self-image of *рядовой седок* out of *1 Jan,* sharing the offensive lot of the former Fourth Estate (Пусть это оскорбительно, — поймите: | Есть блуд труда, и он у нас в крови) and preparing to accept the fateful destiny of the new one (Мы умрем, как пехотинцы). The final synthesis of the two antithetic themes of M., the theme of the historical contemporary and the theme of the literary noncontemporary, was achieved in 1937, in "Stixi o neizvestnom soldate," the protagonist of which was both the unknown reader in posterity and the dead and resurrected unknown soldier of M.'s generation.[14]

Such is the diachronic context of "Variant." When M. wrote the poem, "it was too early for him to know that time belonged to him" rather than to those who did not regard him as a contemporary.[15]

The subtexts of "Variant" are partly identical and partly contiguous with those of *1 Jan.* A choice of poems out of Blok's Third Volume underlies, i. a., the opening strophes of both pieces. Just as one could recognize "Pokojnik spat' ložitsja" in the image of the age falling asleep in the snowdrift of strophe I of *1 Jan* (cf. notes to lines 3–4), so the defiant first strophe of "Variant" begins with a surprising conversion of Blok's lines addressed to Carmen, i. e., to that 'catastrophic' music which, as M. has pointed out in "Barsuč'ja nora," is the 'central sun' of Blok's system: Нет, никогда моей, и ты ничьей не будешь. | Так вот что так влекло сквозь бездну грустных лет, | Сквозь бездну дней пустых, чье бремя не избудешь. | Вот почему я — твой... This sub-

---

[13] M.O. Čudakova associates these lines with the 'artistic premises of Zoščenko' (*Поэтика Михаила Зощенко,* М., 1979, 75); her opinion is corroborated by a relevant passage in Ch. 16 of *Četvertaja proza*: У нас есть библия труда, но мы ее не ценим. Это рассказы Зощенко. L.Fleishman perceives in "Polnoč v Moskve" a polemic reflection of Pasternak's motives (*Борис Пастернак в двадцатые годы,* München, s. a., 150–151).

[14] See: О.Ронен, "К сюжету 'Стихов о неизвестном солдате'", *Slavica Hierosolymitana,* IV, 1979, 216–220.

[15] Н.Я.Мандельштам, *Вторая книга,* Paris, 1972, 228.

text rings in the line Нет, никогда ничей я не был современник as if it were addressed to an era, Blok's nineteenth century, the era of 'the youngest legend-myth in the European family,' as M. has described "Carmen" in "Barsuč'ja nora." In another poem of the "Carmen" cycle, Blok indeed spoke of her as 'the queen of blissful times, immersed in fairytale sleep': Как царица блаженных времен, | С головой, утопающей в розах, | Погруженная в сказочный сон. In two other poems, M. elaborated Blok's subtext in the same direction, consistently bringing to the foreground only one of Blok's themes: the deliverance from the 'burden of time' in what was defined in "Puškin and Skrjabin" as 'a crystallized eternity of harmony.' In "Sestry – tjažest' i nežnost' – odinakovy vaši primety" (1920), the relevant line is Золотая забота, как времени бремя избыть (< Сквозь бездну дней пустых, чье бремя не избудешь; cf. also the penultimate line of Blok's poem, Мелодией одной звучат печаль и радость, and the first line of M.'s piece[16]). The other poem to the point is "Ja v l'vinyj rov i v krepost' pogružen" (1937). Here the concluding lines evoke the second strophe of "Net, nikogda moej, i ty nič'ej ne budeš'":

Здесь – страшная печать отверженности женской
За прелесть дивную – постичь ее нет сил.
Там – дикий сплав миров, где часть души вселенской
Рыдает, исходя гармонией светил.
Вот мой восторг...

Не ограничена еще моя пора:
И я сопровождал восторг вселенский,
Как вполголоса органная игра
Сопровождает голос женский.

The conversion of Blok's subtext, once the reader is aware of it, projects a logical link, otherwise seemingly missing at the textual level, between strophes I and II of "Variant": Нет, никогда моей, и ты ничьей не будешь | ... | Вот почему я твой... > Нет, никогда ничей я не был современник | ... || ... | [*Вот почему] к млеющей руке стареющего сына | Он [век-властелин], умирая, припадет. The age, any age, clings to the poet because the poet has never belonged to it as a contemporary, except in that higher sense of which Gogol' wrote to Pletnev in connection with Sovremennik:

У меня никогда не было стремленья быть отголоском всего и отражать в себе действительность, как она есть вокруг нас, – стремленья, которое тревожит поэта во все продолженье его жизни и умирает в нем

---

[16] The principal subtext of "Sestry – tjažest' i nežnost' – odinakovy vaši primety" is Žukovskij's "Rosicrucian" poem "Rozy": Радость и скорбь на земле знаменуют одно: их в единый | Свежий сплетает венок Промысел тайной рукой.

только с его собственной смертью. Я даже не могу заговорить теперь
ни о чем, кроме того, что близко моей собственной душе. <...> Приспе-
вает время, когда жажда исповеди душевной становится сильнее и силь-
нее. <...> твоя душа, верно, томилась также желаньем передать и объяс-
нить себя, искала друга, которому могло бы быть доступно тяжкое со-
стоянье ее, и, не найдя его нигде, обратилась наконец к тому родному
всем нам существу, которое одно умеет принимать любовно на грудь
к себе тоскующего и скорбящего и к которому наконец все живущее
обратится. Припомни же все эти минуты, как минуты скорбей, так и ми-
нуты высших утешений, тебе ниспосланных; передай их, изобрази их
в той правде, в какой они были. <...> Современник тогда оправдает
данное ему названье, но оправдает его в другом — высшем смысле: он
будет современен всем высшим минутам русского писателя и человека.
                           "О Современнике. (Письмо к П. А. Плетневу) ".

The reciprocal relationship between the protagonists of lines 9—12
of *1 Jan* is revised as these lines enter "Variant": the son of the age, dis-
sociated from his "contemporary" namesake, transcends the dying age
and becomes at once its confessor and communicant.

In the third strophe, the change in the wording of *1 Jan* (Кто веку
поднимал болезненные веки > Я с веком поднимал болезненные
веки) results in a displacement of Gogol's subtext ("Vij") by Blok's
theme of reincarnation[17]: И неужель в грядущем *веке* | Младенцу
мне — велит судьба | Впервые дрогнувшие *веки* | *Открыть* у льви-
ного столба? This subtext attracts the attribute *болезненные* from the
preceding Venetian poem, "Xolodnyj veter ot laguny" (Я в эту ночь —
больной и юный — | Простерт у львиного столба) and from "Posled-
nee naputstvie" (Ты смежил *больные вежды*). I have already pointed
out the pertinence of M.'s image of Fet's life and poetry to the 'diseased
eyelids' and 'inflamed litigations' of the age (see my notes to lines 5 and
22 of *1 Jan*). The 'sick eyelids' of Blok's "Poslednee naputstvie" point in
the same direction (cf.: И днем и ночью смежаю я вежды | И как-то
странно порой прозреваю). In "Variant," Fet the litigant for his legit-
imate patrimony and, to use N. V. Nedobrovo's apt definition, the "chron-
omach" (*времеборец*) is a fellow "noncontemporary" whose poetry is
a pledge of victory over time: Еще темнее мрак жизни вседневной, |
Как после яркой осенней зарницы, | И только в небе, как зов заду-

---

[17] This theme has earlier been eliminated by M. from "Admiraltejstvo" as an
all too obvious borrowing from Blok. In the original version of the poem, its final
lines read: ...стихает жизни трепет, — | Мне все равно, когда и где существо-
вать (cf.: "Слабеет жизни гул упорный" and трепет этой жизни бедной in "Vse
èto bylo, bylo, bylo").

шевный, | Сверкают звезд золотые ресницы. || И так прозрачна огней бесконечность, | И так доступна вся бездна эфира,[18] | Что прямо смотрю я из времени в вечность | И пламя твое узнаю, солнце мира ("Измучен жизнью..."). It is curious that in *Šum vremeni* the image of feverish thirst is associated both with Fet and with revolution, although the two 'time-fighters' are subtly contrasted in their attitude to the lambs' "living fountains of waters" (a blend of *Fuente ovejuna* and *Rev.* 7):

> Первая литературная встреча непоправима. То был человек с пересохшим горлом. Давно выкипели фетовские соловьи: чужая барская затея. Предмет зависти. Лирика. "Конный или пеший", – "Рояль был весь раскрыт", – "И горящей солью нетленных речей".
> Больные воспаленные веки Фета мешали спать ("В не по чину барственной шубе").
>
> Революция – сама и жизнь и смерть, и терпеть не может, когда при ней судачат о жизни и смерти. У нее пересохшее от жажды горло, но она не примет ни одной капли влаги из чужих рук. Природа – революция – вечная жажда, воспаленность (быть может, она завидует векам, которые по-домашнему смиренно утоляли свою жажду, отправляясь на овечий водопой. Для революции характерна эта боязнь, этот страх получить что-нибудь из чужих рук, она не смеет, она боится подойти к источникам бытия) ("Комиссаржевская").

The latter passage, as well as the image of 'literature angrily squinting for a century at the event' and 'summoned as a witness to the Byzanine judgment of history,' are the principal context on the basis of which one should interpret the lines: И мне гремучие[19] рассказывали реки | Ход воспаленных тяжб людских. Their main subtexts are Deržavin's "Reka vremen" (which links them with the magisterial theme of *GO*) and Puškin's image of the river as the plaintiff in *Mednyj vsadnik*: Мрачный вал | Плескал на пристань, ропща пени | И бьясь об гладкие ступени, | Как челобитчик у дверей | Ему не внемлющих судей.
In a poem dated January 16, 1937, M. found recognizably complementary imagery to express essentially the same idea: О, этот медлен-

---

[18] I have attempted elsewhere (*Slavica Hierosolymitana*, IV, 1979, 215–219) to trace to its source the association between Fet's astral theme and the theme of Napoleon in "Stixi o neizvestnom soldate."

[19] Both Deržavin and Puškin used this epithet in comparable contexts: Река, на Севере гремяща ("Водопад"); В реке бежит гремучий вал (*Кавказский пленник*).

ный, *одышливый* простор — | Я им пресыщен до отказа! — | И от-
дышавшийся распахнут кругозор — | Повязку бы на оба глаза! ‖
Уж лучше б вынес я песка слоистый нрав | На берегах зубчатых
Камы, | Я б удержал ее застенчивый рукав, | Ее круги, края и
ямы. ‖ Я б с ней сработался — на *век,* на миг один — | Стремнин
осадистых завистник — | *Я б слушал* под корой текущих древесин
| *Ход* кольцеванья *волокнистый.* The 'shortness of breath' in the
first line is an alternative attribute of Fet (И всегда одышкой болен |
Фета жирный карандаш), whereas in the 'fibrous progress of annu-
lation' recorded 'under the bark of floating timber' the adjective *волок-
нистый* substitutes for *воспаленный* (perhaps because of the German
homophony of *Fieber* and *Fiber,* the two seem to form a stable associ-
ation in the inventory of M.'s expressions; cf. in *Egipetskaja marka*:
<...> с *волокнистым* деревянным мясом, золотыми жилами и
всегда *воспаленной* костью).

Compared to *1 Jan,* the image of the rivers of time in "Variant" is
markedly less hostile; their epithet echoes Puškin's description of immor-
tal poetry, Гремучий, непрерывный звон | В веках (*Evgenij Onegin,*
VI.xxxvii), and prefigures За гремучую доблесть грядущих веков.
At the same time, the three initial strophes of *1 Jan* undergo a change
in "Variant" toward a more stable identification of the protagonist
(кто, сын века) with the auctorial presence: 'I opened my eyes together
with the age; *To me* the resonant rivers told its story.'

This enigmatic story unfolds in the second half of the poem (in
which the auctorial 'I' is replaced by the choral 'we' of "Proslavim,
brat'ja, sumerki svobody" and "Opjat' vojny raznogolosica").

In projecting the plot of *1 Jan* into the past (Сто лет тому назад) ,
M. followed the advice of Gogol's "Avtorskaja ispoved' "[20] :

> <...> Чем далее, тем более усиливалось во мне желанье быть писа-
> телем современным. Но я видел в то же время, что, изображая совре-
> менность, нельзя находиться в том высоко настроенном и спокойном
> состоянии, какое необходимо для произведения большого и стройного
> труда. Настоящее слишком живо, слишком шевелит, слишком раздра-
> жает; перо писателя нечувствительно и незаметно переходит в сатиру,
> притом, находясь сам в ряду других и более или менее действуя с ними,

---

[20] For a definitive analysis of Gogol's confrontation with his frustrated and
frustrating readership, uniquely pertinent to M.'s literary biography, see: Donald
Fanger, *The Creation of Nikolai Gogol,* Cambridge, Massachusetts, and London,
1979.

видишь перед собою только тех человек, которые стоят близко от тебя; всей толпы и массы не видишь, оглянуть всего не можешь. Я стал думать о том, как бы выбраться из ряду других и стать на такое место, откуда бы я мог увидать всю массу, а не людей только, возле меня стоящих, – как бы, отдалившись от настоящего, обратить его некоторым образом для себя в прошедшее.

To understand M.'s choice of the historical vantage point in strophe IV, it should be recalled that, as he inverted the formula of *Mednyj Vsadnik* (Прошло сто лет) in "Kassandre" (Стояло солнце Александра сто лет назад), he was referring specifically to Puškin's ode "Vol'nost'" (1817) and, obliquely, through homonymy, to what Puškin had called elsewhere Дней Александровых прекрасное начало. Similarly, in "Variant" M. marks the centennary of "K morju" (1824), the end of the age's 'first inebriation,' Puškin's dirge for Napoleon, Byron, and liberty.

The metonymic close-up makes it difficult to identify the image of the age's dying embodiment and, at the same time, endows it with amazing historical breadth. There is no epic narration in "Variant": M. eschewed his contemporaries' fashionable attempts at reviving the epic genre, preferring, when he did turn to epos, to translate genuine Old French or Georgian poems. To achieve a deep temporal perspective, and a sense of historical succession and recurrence in a lyrical poem, i. e., by means of what he described as *modus gerundi*[21] rather than the epic past tense, M. used the lessons of Pindar. The enigmatic vividness of his evocation of historical events closely resembles Pindar's treatment of myths, which has recently been outlined in an admirable study by M.L.Gasparov, whose observations quoted below are fully relevant to M.'s technique:

Изложение мифов у Пиндара определяется новой функцией мифа в оде. В эпосе рассказывался миф ради мифа, последовательно и связно,

---

[21] Cf.: А я говорю: вчерашний день еще не родился. Его еще не было по настоящему. Я хочу снова Овидия, Пушкина, Катулла и меня не удовлетворяет исторический Овидий, Пушкин, Катулл. <...> Я взял латинские стихи потому, что русским читателем они явно воспринимаются как *категория долженствования*; императив звучит в них нагляднее ("Слово и культура").

– Я хочу жить в повелительном причастии будущего, в залоге страдательном – в "долженствующем быть". <...> Оттого-то мне и нравится славный латинский "герундивум" – этот глагол на коне (*Путешествие в Армению*).

со всей подробностью ностальгической Erzählungslust. Попутные мифы
вставлялись в рассказ в более сжатом, но столь же связном виде. В ли-
рике миф рассказывался ради конкретного современного события, в
нем интересны не все подробности, а только те, которые ассоциируются
с событием, и попутные мифы не подчинены главному, а равноправны
с ним. Поэтому Пиндар отбрасывает фабульную связность и равномер-
ность повествования, он показывает мифы как бы мгновенными вспыш-
ками, выхватывая из них нужные моменты и эпизоды, а остальное пре-
доставляя додумывать и дочувствовать слушателю. Активное соучастие
слушателя – важнейший элемент лирической структуры: эпический поэт
как бы предполагал, что слушатель знает только то, что ему сейчас сооб-
щается, лирический поэт предполагает, что слушатель уже знает и мно-
гое другое, и что достаточно мимолетного намека, чтобы в сознании
слушателя встали все мифологические ассоциации, необходимые поэту.
Этот расчет на соучастие слушателя необычайно расширяет поле дейст-
вия лирического рассказа – правда, за счет того, что окраины этого поля
оставляются более или менее смутными, так как ассоциации, возникаю-
щие в сознании разных слушателей, могут быть разными. Это тоже одна
из причин, затрудняющих восприятие стихов Пиндара современным чи-
тателем. Зато поэт, оставив проходные эпизоды на домысливание слуша-
телю, может целиком сосредоточиться на моментах самых выразитель-
ных и ярких.[22]

There is, however, no evidence that even the most sophisticated of
M.'s 'contemporaries' understood the poems of 1921–1925, and, forty-
five years later, Roman Osipovič Jakobson admitted: Никто из нас Ман-
дельштама не понимал.

The additional difficulty of "Variant" is that M. has relinquished
here the tradition of introducing mythological and historical subtexts
through the names of their protagonists, and even his earlier device of
superimposing such homonymic personages (соименники) as Alexander
or concealing names under more or less transparent periphrases (e. g.,
На знаменитом горном кряже; Не вифлеемским мирным плотни-
ком, а другим – | Отцом путешествий, другом морехода in "Na-
šedšij podkovu"). Recent scholia are contradictory on the point of the
identity of the protagonist of strophe IV. N.I.Xardžiev writes (Стих.,
1973, 285): Сто лет тому назад... Вероятно, имеется в виду Д.Бай-
рон (1788–1824), принимавший участие в войне за независимость
Греции и умерший во время похода. Byron, of course, is 'the other
genius' of the age in "K morju" (Другой от нас умчался гений, | Дру-

---

[22] М.Л.Гаспаров, "Поэзия Пиндара", in: Пиндар. Вакхилид, Оды. Фраг-
менты, М., 1980, 370–371.

гой *властитель* наших дум). However, he died in a regular bed in his
rooms at Missolonghi, not on a march, and at any rate the line Среди
скрипучего похода мирового refers to the march of the centuries
(Blok's Век — вереница телег), just as Огромный, неуклюжий, |
Скрипучий поворот руля in "Proslavim, brat'ja, sumerki svobody" is
a revolution of the steering wheel of history. A. L. Dymšic, in his intro-
duction to the same edition (*Стих.*, 1973, 27), perceives in 'the first
inebriation of the age' a reference to the Decembrist rebellion: В стихо-
творении "Нет, никогда ничей я не был современник..." умираю-
щий XIX век воспринят как столетие *несбывшихся надежд,* рухнув-
ших с "первым хмелем" века — восстанием декабристов. The critic
relies, perhaps not quite consciously, on one minor subtext of "Variant"
and on certain introductory passages of Jurij Tynjanov's *Smert' Vazir-
Muxtara,* in which the ideas of M.'s 'saecular' poems are creatively ex-
ploited. The words ...в палатке | Век умирает indeed evoke, i. a., Ler-
montov's "Pamjati A. I. O⟨doevsko⟩go": Под бедною *походною палат-
кой* | Болезнь его сразила, и с собой | В могилу он унес летучий
рой | Еще незрелых, темных вдохновений, | *Обманутых надежд*
и горьких сожалений![23] As for Tynjanov, his free and prophetic in-
terpretation of M.'s fundamental historical theme reveals the artistic
rather than the scholarly aspect of the great formalist's personality and,
at the same time, shows what a broad range of associations can be educed
from M.'s succint 'plots':

> На очень холодной площади в декабре месяце 1825-го года перестали
> существовать люди двадцатых годов с их прыгающей походкой. Время
> вдруг переломилось; раздался хруст костей у Михайловского манежа —
> восставшие бежали по телам товарищей – это пытали время ⟨...⟩
> Тогда начали мерить числом и мерой, судить порхающих отцов;
> отцы были осуждены на казнь и бесславную жизнь. ⟨...⟩
> Отцы пригнулись, дети зашевелились, отцы стали бояться детей,
> уважать их, стали заискивать. У них были по ночам угрызения, тяжелые
> всхлипы. Они называли это "совестью" и "воспоминанием".

---

[23] An important component of the acmeist Lermontoviana, "Pamjati Odoev-
skogo" provided the subtext of the final lines of "Bessonnica. Gomer. Tugie parusa"
(see: Kiril Taranovsky, *Essays on Mandel'štam,* 1976, 147) and of Axmatova's
"Poslednij tost" (За то, что мир жесток и груб, | За то, что Бог не спас < И
свет не пощадил и Бог не спас! – cf. the first toast of "Novogodnjaja ballada":
...за *землю родных полян,* | В которой мы все лежим < Покрытое *землей
чужих полей,* | Пусть тихо спит оно).

<...> кровь отлила от порхающих, как шпага ломких, отцов <...> кровь века переместилась.

Дети были моложе отцов всего на два – на три года. <...>

Дуло два ветра: <...> и оба они несли с собою: соль и смерть отцам и деньги – детям. <...>

Людей, умиравших раньше своего века, смерть застигала внезапно, как любовь, как дождь.

"Он схватил за руку испуганного доктора и просил настоятельно помощи, громко требуя и крича на него: – Да понимаешь ли, мой друг, что я жить хочу, жить хочу".

Так умирал Ермолов, законсервированный Николаем в банку полководец двадцатых годов.

И врач, сдавленный его рукой, упал в обморок.

Они узнавали друг друга потом в толпе тридцатых годов, люди двадцатых, – у них был такой "масонский знак", взгляд такой и в особенности усмешка, которой другие уже не понимали. Усмешка была почти детская.[24]

Кругом они слышали другие слова, они всеми силами бились над таким словом как "камер-юнкер" или "аренда" и тоже их не понимали. Они жизнью расплачивались иногда за незнакомство со словарем своих детей и младших братьев. Легко умирать за "девчонок" или за "тайное общество", за "камер-юнкера" лечь тяжелее.

Людям двадцатых годов досталась тяжелая смерть, потому что век умер раньше их.

У них было в тридцатых годах верное чутье, когда человеку умереть. Они, как псы, выбирали перед смертью угол поудобнее. <...>

Благо было тем, кто псами лег в двадцатые годы, молодыми и гордыми псами, со звонкими рыжими баками!

Как страшна была жизнь *превращаемых*, жизнь тех из двадцатых годов, у которых перемещалась кровь!

Они чувствовали на себе опыты, направляемые чужой рукой, пальцы которой не дрогнут.

Время бродило.

Всегда в крови бродит время, у каждого периода есть свой вид брожения.

Было в двадцатых годах винное брожение – Пушкин.

Грибоедов был уксусным брожением.

А там – с Лермонтова идет по слову и крови[25] гнилостное брожение, как звон гитары.

---

[24] Cf. lines 18–20 of *1 Jan*: ...лишь тот поймет тебя, | В ком беспомощная улыбка человека, | Который потерял себя.

[25] Tynjanov's words слово и кровь in reference to the transition from Puškin to Lermontov, likewise, derive from M.: Никогда он [Лермонтов] не казался мне братом или современником Пушкина. Ведь после 37-го года и *кровь и стихи* журчали иначе ("Knižnyj škap").

Tynjanov may have been prompted to choose General A.P.Ermolov (1772–1861, ret. 1827) as an epitome of those who had outlived their age (cf. note to line 23 of *1 Jan*) by the distinct echo of Gumilev's "Turkestanskie generaly" in "Variant": Среди скрипучего похода мирового | Какая легкая кровать < И мне сказали, что никто | Из этих старых ветеранов, | Средь копий Греза и Ватто, | Средь мягких кресел и диванов, || Не скроет *ветхую кровать*, | Ему служившую в *походах*, | Чтоб *вечно* сердце волновать | Воспоминаньем о невзгодах.

Of course, the death of the age is a generic image, as is evident from the line И в жаркой комнате, в кибитке и в палатке, inspired most likely by Puškin's divinatory catalogs: И где мне смерть пошлет судьбина? | В бою ли, в странствии, в волнах? | Или соседняя долина | Мой примет охладевший прах ("Брожу ли я вдоль улиц шумных"); Долго ль мне гулять на свете | То в коляске, то верхом, | То в кибитке, то в карете, | То в телеге, то пешком? || Не в наследственной берлоге, | Не средь отческих могил, | На большой мне, знать, дороге | Умереть Господь судил ("Дорожные жалобы") (cf. Blok's enumeration in "Vse èto bylo, bylo, bylo"). Moreover, M.'s list refers, as the essay "Devjatnadcatyj vek" seems to indicate, to the various spiritual ailments of the age itself described figuratively rather than to the actual deaths of its various epitomes. Strophe IV, however, describes a specific event. The details selected for the close-up are those of Napoleon's agony. A popular lithograph depicts Napoleon stretched out[26] and propped up by the pillows on his old *lit de camp*, which served as his death bed,[27] under a tent-like canopy, with his great, hemispherical, closed eyelids lit, as it were, by an inner fire.

Heinrich Heine described Napoleon's course from Marengo to St. Helena as drunkenness and sobering down:

[26] This clinical detail, which M. endowed with special meaning here and in his later poetry (see "Commentary to *The Slate Ode*," fn. 135) as a token of 'miraculous posthumous growth' ("Puškin i Skrjabin"), occurs in most popular biographies. See, e. g., *Наполеон. История великого полководца.* Составил Н.Д.Носков. С рисунками, портретами, снимками с картин, гравюр и пр. и пр., Изд. т-ва М.О.Вольф, СПб.–М., s. a., 328: Император лежал в забытьи и только запекшиеся губы повторяли какие-то неясные слова. Судороги пробежали по телу, оно *вытянулось,* и лицо просветлело.

[27] ...on l'étend sur l'autre lit de camp qui est substitué au lit mortuaire (G.Godlewski, "Il y a cent cinquante ans mourait Napoléon," *Les Annales,* Juin 1971, 14).

Hier tat der General Bonaparte einen so starken Zug aus dem Kelch des Ruhmes, dass er im *Rausche* Konsul, Kaiser, Welteroberer wurde und sich *erst zu St. Helena ernüchtern konnte*. Es ist uns selbst nicht viel besser ergangen; wir waren mitberauscht, wir haben alles mitgeträumt, sind ebenfalls erwacht, und im Jammer der Nüchternheit machen wir allerlei verständige Reflexionen (*Reise von München nach Genua,* Kap. XXIX).

Gercen elaborated Heine's theme of sobering in connection with Byron's disillusionment (note such pertinent phrases as *sorok let nazad, četvertaja formacija, my – poxmel'e*):

Разрыв, который Байрон чувствовал, как поэт и гений, сорок лет тому назад, <...> поразил теперь многих. И мы, как Байрон, не знаем, куда деться, куда преклонить голову.
    <...> Эпилог Байрона, его последнее слово, если вы хотите, это – "The Darkness" [sic]. <...> история уже умерла, – и место расчищено для новой жизни: наша эпоха зачисляется в четвертую формацию, то есть, если новый мир дойдет до того, что сумеет считать до четырех.
    Наше историческое призвание, наше деяние в том и состоит, что мы нашим разочарованием, нашим страданием доходим до смирения и покорности перед истиной и избавляем от этих скорбей следующие поколения. Нами человечество протрезвляется, мы – его похмелье <...> (*Былое и думы,* Часть пятая, "Западные арабески", Тетрадь вторая, I. Il pianto).

So in the final line of strophe IV M. expands the range of the image from the death bed of Napoleon to Byron and the entire generation whose religion was liberty, as Heine wrote at the end of the same Marengo chapter of *Reise von München nach Genua*:

Lächle nicht, später Leser. Jede Zeit glaubt, ihr Kampf sei vor allen der wichtigste, dieses ist der eigentliche Glaube der Zeit, in diesem lebt sie und stirbt sie, und auch wir wollen leben und sterben in der Freiheitsreligion, die vielleicht mehr den Namen Religion verdient als das hohle ausgestorbene Seelengespenst, das wir noch so zu benennen pflegen...

In strophe V M. moves from particular to general and from 'one hundred years ago' to his age, or any historical age as opposed to the 'eternal age' of spirit. The dichotomy скрипучий/легкий was used by M. in "Na kamennyx otrogax Pierii" to express precisely this opposition between the 'squeaky labor' of man's historical existence and the 'effortless turning of the wheel' on the Islands of the Blessed: О, где же вы, святые острова, | Где не едят надломленного хлеба, | Где только мед, вино и молоко, | *Скрипучий* труд не омрачает неба | И колесо вращается *легко.*[28] Intertextually, the easy rotation of this wheel forms a salient contrast with the 'squeaky turn of the steering wheel' in "Proslavim, brat'ja...".[29] The best description of the semantics of the epithet *легкий,* inherited by M. from Puškin, is found in an inspired passage by G. A. Gukovskij on "Krivcovu":

> И вот *легкий* пепел — это здесь не предмет, который можно взвесить, а совсем другое; легкий — это восприятие молодости, жизни, страданий и даже смерти, это — свобода духа, несущегося над роком; и самый пепел — это более воспоминание о жизни, чем серый порошок, продукт горения.[30]

So the light *lit de camp,* this strange counterpart of Lermontov's "Vozdušnyj korabl'," is in strophe V, as in Gumilev's "Turkestanskie generaly," an eternal reminder of the age's struggle and passion. This memory still lingers 'amid the squeaky progress of the world' (cf. Родная тень в кочующих толпах in "Koncert na vokzale"), but the dying age itself is no longer 'of this world.' In "Slovo i kul'tura" M. spoke of the old world preparing for a 'metamorphosis' and a new, eternal life of the spiritually transfigured past ages:

> Спасибо вам, "чужие люди", за трогательную заботу, за нежную опеку над старым миром, который уже "не от мира сего", который весь ушел в чаянье и подготовку к грядущей метаморфозе: Cum subit illius tristissima noctis imago <...> [M. quotes here first *Cygany* and then

---

[28] On the problem of the last two lines of "Na kamennyx otrogax Pièrii" see: Kiril Taranovsky, *Essays on Mandel'štam,* 1976, 97–98. Ju. I. Levin described the semantics of the adjective *legkij* in general terms on the basis of M.'s total context in: "О некоторых чертах плана содержания в поэтических текстах. Материалы к изучению поэтики О. Мандельштама", *IJSLP,* XII, 1969, 108, 137–138, 148–149, 155–156.

[29] See: N. A. Nilsson, "Proslavim, brat'ja" and "Na kamennyx otrogax", *Slavic Poetics. Essays in honor of Kiril Taranovsky,* 1973, 296–297.

[30] Г. А. Гуковский, *Пушкин и русские романтики,* М., 1965, 191. "Krivcovu" is a well-known subtext of the following lines in "V Peterburge my sojdemsja snova": Может быть, века пройдут, | И блаженных жен родные руки | Легкий пепел соберут (Н. Я. Мандельштам, *Вторая книга,* 1972, 69; N. I. Xardžiev in *Стих.,* 1973, 279; K. Taranovsky, *Essays on Mandel'štam,* 1976, 165). In spite of Gukovskij's admonition (<...> найдется ли <...> читатель, который <...> подумает о весе пепла при словах "легкий пепел"), Jeanne van der Eng-Liedmeier attributed to the adjective *legkij* in this instance "a negative connotation, characterizing the weightlessness of ashes and death" ("Mandel'štam's poem 'V Peterburge my sojdemsja snova'," *Russian Literature,* 7/8, 1974, 197).

Tristia I.iii.1–4; note that the theme of death in exile links "Variant" with the Ovidian lines of "O vremenax prostyx i grubyx": Овидий пел арбу воловью | *В походе варварских телег*].

Да, старый мир — "не от мира сего", но он жив более, чем когда-либо. Культура стала церковью. Произошло отделение церкви культуры от государства. Светская жизнь нас больше не касается <...>*Яблоки, хлеб, картофель* — отныне утоляют не только физический, но и духовный голод.

As in "Variant," the transfiguration of the old world in "Slovo i kul'tura" is followed by an allegory of communion in which poets partake of the creative spirit of all ages:

<...> Как комната умирающего открыта для всех, так дверь старого мира настежь распахнута перед толпой. Внезапно все стало достоянием общим. Идите и берите [cf. the eucharistic formula Приимите, ядите].
<...> Слово стало не семиствольной, а тысячествольной цевницей, оживляемой сразу дыханьем всех веков.

Thus the long, oppressive agony of the old world described by Gercen as 'the misfortune of the generation' (see my notes to lines 11–12 and 27 of *1 Jan*) is turned into the image of a redeemer's passion (it should be recalled that Heine had called Napoleon 'a secular Savior,'[31] and the nineteenth century, 'a Messiah among the centuries'[32]).

The first person plural pronoun and the inclusive imperative of the lines Ну что же, если нам не выковать другого, | Давайте с веком вековать appear unexpected after the declaration Нет, никогда ничей я не был современник. To understand these lines, it is necessary to recall again "Proslavim, brat'ja, sumerki svobody." The concessive intonation of resigned and manly acquiescence, Ну что ж, попробуем,[33] is re-

---

[31] ...Sankt Helena ist das heilige Grab, wohin die Völker des Orients und des Okzidents <...> ihr Herz stärken durch grosse Erinnerung an die Taten des weltlichen Heilands, der gelitten unter Hudson Lowe, wie es geschrieben steht in den Evangelien Las Cases, O'Meara und Antommarchi (*Ideen. Das Buch Le Grand*, Kap. IX).

[32] ...ein Zeitalter <...>, das vielleicht das heiligste ist von allen seinen Vorgängern und Nachfolgern, ein Zeitalter, das sich opfert für die Sünden der Vergangenheit und für das Glück der Zukunft, ein Messias unter den Jahrhunderten... (*Englische Fragmente*, XI).

[33] I find it difficult to perceive in Ну что ж, попробуем "a surprising, nonchalant ring" registered by N.A.Nilsson (*Osip Mandel'štam: Five Poems*, Stockholm, 1974, 62).

peated in Ну что же, ...давайте, and the appeal is addressed to the same
'men and brethren' who, in 1918, sailed away on their apocalyptic quest.
In "Devjatnadcatyj vek" (1922), M. made an attempt, still hopeful, at
summing up the outcome of this journey:

> Ветер нам утешенье принес,
> И в лазури почуяли мы
> Ассирийские крылья стрекоз,
> Переборы коленчатой тьмы.

> В отношении к этому новому веку, огромному и жестоковыйному,
> мы являемся колонизаторами. Европеизировать и гуманизировать двад-
> цатое столетие, согреть его телеологическим теплом, — вот задача потер-
> певших крушение выходцев девятнадцатого века, волею судеб забро-
> шенных на новый исторический материк.

In "Variant," there is no 'new age,' with its heavy, 'Egyptian or
Assyrian blood.' The age with which the poet 'lifted his diseased eyelids'
is the agony and the expectation of a spiritual rebirth of the old age, the
nineteenth century. 'Men and brethren' have failed to forge a new era
out of the present,[34] and must therefore tarry with their own age as long
as they are alive (с веком вековать is a compression of с веком век ве-
ковать[35]). The paronomasia *vykovat' vek*, generally motivated by the
traditional association between ages and metals, points also at a specific
subtext, the third poem of Vjačeslav Ivanov's *Carmen Saeculare,* the
prophecy of a new Dionysiac age, free of pity and of fear of death[36]:

---

[34] Cf. M.'s tribute to Sologub, who had succeeded in 'raising' his present, i. e.,
the 'desolate, senile repiod of the 1880's and '90's,' to the level of an 'epoch' by
means of the 'generalizing power of the human spirit' in his distant-future oriented
poetry ("K jubileju F.K.Sologuba," 1924). Without such a creative effort of spirit,
artistic or historical, 'the present' is doomed to remain mere contemporary every-
day life, *byt,* which M. called, in a late fragment, "полу-фабрикат" ужаса или
косности (*OM* III 192), rather than легкий и чистый пепел.

[35] According to Vjač. Vs. Ivanov (in *Этимология. 1967,* 41), this is a re-
placement of the archaic "internal accusative" by a prepositional construction
with the instrumental. Вековать с кем-нибудь, however, is perfectly idiomatic
and, in this case, *вековать с веком* is suggested by the personification of *vek* in
the plot of the poem.

[36] Note that Napoleon in Vjačeslav Ivanov's poem of that name (*Kormčie
zvezdy*) is a nurseling, playmate, and victim of Ares-Dionysus. The retrospective
interpretation of *Carmen Saeculare* in the editor's introduction to Ivanov's *Собра-
ние сочинений,* I, Bruxelles, 1971, 77, 85, is a pious endeavor to conceal its orig-
inal meaning.

Детей, за матерью не лепетавших "Жалость", | И дев с секирами, в кристалле, звездный яд | Мне показал, волхву. Смой жаркой влагой, Алость, | С риз белых гной полу-пощад! || *Коль он – не выя весь, дух свергнет крест Атланта; | Из глины слепленный с железом Человек, | Коль он не весь – скудель, скует из Адаманта – | Из стали и алмаза – Век.* || Чу, кони в бронях ржут, и лавр шумит, густея; | Забудут родные сынов, – смесится род; | И если жертву игр настигнет Адрастея, | Тесней сплотится хоровод. || И души пленные нести взликуют маски; | И, тяжкие, топча весенний рай цветов, | Куретов-юношей вскружатся с гиком пляски | Под адамантный стук щитов ("Adamantina Proles").

The polemical treatment of this subtext is characteristic of M.'s changing outlook. Earlier, in "O prirode slova," he used Ivanov's image of diamond-hard manliness to describe the human ideal of the new epoch:

> <...> Идеал совершенной мужественности подготовлен стилем и практическими требованиями нашей эпохи. Все стало тяжелее и громаднее, потому и человек должен стать тверже, так как человек должен быть тверже всего на земле и относиться к ней, как *алмаз* к стеклу. Гиератический, то есть священный, характер поэзии обусловлен убежденностью, что человек тверже всего остального в мире.

The cross of Atlas (distinguished from God's cross of divine love in the preceding poem, "Vitiato melle cicuta") is the burden of earthly pity and compassion,[37] precisely the emotions which animate M.'s 'saecular' poems. The dismissal of Ivanov's 'adamantine age' marks a final renunciation of millenarian hopes on the part of M., and it is significant that Ivanov's image of 'subtle poison,' *subtile virus*, appears in M.'s analysis of Barbier's attitude toward Napoleon:

> <...> В ненависти своей к Наполеону Барбье одинок во всей романтической школе. Для Наполеона приберегает он самые сокрушительные дантовские образы [a reference to "L'idole"]. *Для него Наполеон еще жив.* Яд наполеоновского культа, разлагающий демократию того времени, яд, приготовленный в лабораториях лучших поэтов и художников [cf. Ivanov's в кельях башенных отстоянные яды], он рассматривает как опаснейший токсин.

---

[37] Ivanov's image of Atlas's burden in this poem and in "Krizis individualizma" (*По звездам,* 1909, 96), the shared sorrow of the world, derives from Heine's *Heimkehr*: Ich unglücksel'ger Atlas! eine Welt, | Die ganze Welt der Schmerzen, muss ich tragen...

One hundred years after the death of Napoleon, *cum tempora temporibus praesentia confert praeteritis,* M. saw the emergence of a new cult 'prepared in the laboratories of the best poets and painters,' the cult of the "Messiah of the proletariat."

It should be noted that M.'s own attitude toward Napoleon, from such early fragments as "Kakaja veščaja Kassandra" to "Stixi o neizvestnom soldate," follows Puškin's and Tjutčev's tradition of questioning the great enigma (Зачем ты послан был, и кто послал тебя? | Чего — добра иль зла ты верный был свершитель? | Зачем потух, зачем блистал, | Земли чудесный посетитель?). In "Stixi o neizvestnom soldate," Napoleon is not merely an instigator of wars, exiled to deep space, as in Flammarion's *Récits de l'infini,* but the prototype and leader of all the unknown soldiers in their nameless graves, because his own grave on St. Helena bore no name,[38] and, as in Léon Bloy's *L'âme de Napoléon,* a precursor whose message must be deciphered along with his real name, "his enduring Name in the record of Light" (compare these words of Bloy with M.'s Весть летит светопыльной обновою: | Я не Лейпциг, не Ватерлоо, | Я не Битва Народов. Я — новое — | От меня будет свету светло).

The sun of Austerlitz is one of the historical manifestations of the Dionysiac night sun in M.'s total context. It is the sun of 'suffering and glory' ("Puškin i Skrjabin") and the sun of Russia's destiny awakened by Napoleon's prophecy and invocation.[39] In "Sem'ja Sinani" this sun is a pledge of historical unity and the continuation of the age of *War and Peace*:

Мальчики девятьсот пятого года шли в революцию с тем же чувством, с каким Николенька Ростов шел в гусары: то был вопрос влюблен-

---

[38] I have overlooked this point in my notes on "Stixi o neizvestnom soldate" (*Slavica Hierosolymitana,* IV, 1979, 214–222). Cf. Byron's lines on the talismanic name, and dates of the birth and death of Napoleon in *The Age of Bronze*: Refusing one poor line along the lid, | To date the birth and death of all it hid; | That name shall hallow the ignoble shore, | A talisman to all save him who bore...

[39] Both Puškin (Хвала!.. Он русскому народу | Высокий жребий указал, | И миру вечную свободу | Из мрака ссылки завещал) and Tjutčev (И ты стоял — перед тобой Россия! | И, вещий волхв, в предчувствии борьбы, | Ты сам слова промолвил роковые: | "Да сбудутся ее судьбы!.." | И не напрасно было заклинанье: | Судьбы откликнулись на голос твой!..) referred to the Emperor's oracular order of the day before the crossing of the Neman on June 22, 1812. Hence Какая вещая Кассандра in M.'s unfinished fragment (1915?).

ности и чести. И тем и другим казалось невозможным жить несогретыми
славой своего века, и те и другие считали невозможным дышать без доб-
лести. "Война и мир" продолжалась, – только слава переехала. <...>
"Война и мир" продолжается. Намокшие крылья славы бьют в
стекло: и честолюбие и та же жажда чести! Ночное солнце в ослепшей
от дождя Финляндии, конспиративное солнце нового Аустерлица!

In the final account, the generation which grew up under the 'clan-
destine sun of the new Austerlitz' chose to remain with the age of
liberty to the end. Thus, the title "Variant" signifies, not only the re-
lation of this poem to *1 Jan,* but also a variant reading of the historical
situation, an alternative insight into the nature of the new era and the
poet's predicament. In this respect, Pasternak's letter to M. dated
January 31, 1925,[40] is the best contemporary commentary to the line
Давайте с веком вековать. Unfortunately, I am unable to ascertain
whether Pasternak, who had already declared a 'moratorium of dooms-
days' in "Pej i piši..." (1922),[41] knew "Variant" in January, 1925,
when, referring to his work on *Spektorskij,* a conspiratorially coded
attempt of an epic approach to the same milieu which M. described
in "Sem'ja Sinani," he wrote to M. what now appears to be either a
subtle response to the "saecular poems" or a result of a fortuitous
meeting of minds:

> <...> Домысел чрезвычайности эпохи отпадает. Финальный стиль
> (конец века, конец революции, конец молодости, конец Европы) вхо-
> дит в берега [cf. in "Burja i natisk," 1923: после половодья "бури и на-
> тиска" литературное течение невольно сжимается до естественного рус-
> ла], мелеет, мелеет и перестает действовать. Судьбы культуры в кавыч-
> ках вновь как когда-то становятся делом выбора и доброй воли. Конча-
> ется все, чему дают кончиться, чего не продолжают. Возьмешься продол-
> жать и не кончится. Преждевременно желать всему перечисленному

---

[40] *Вестник РСХД,* No. 104–105, 1972, 237–240 (defective text, contami-
nated with another letter, dated August 16, 1925); *Вопросы литературы,* No. 9,
159–161 (slightly censored); *Память. Исторический сборник,* 4, 1981, 298–300
(this seems to be the definitive text).

[41] Век мой безумный, когда образумлю | Темп потемнелый былого
бездонного? | Глуби мазурских озер не разуют | В сон погруженных горнис-
тов Самсонова. || После в Москве мотоцикл тараторил, | Громкий до звезд,
как второе пришествие. | Это был мор. Это был мораторий | Страшных су-
дов, не съезжавшихся к сессии. Time and again, one cannot help wondering
whether these lines, which apparently predate "Vek moj, zver' moj, kto sumeet,"
have not provided the original impetus for M.'s "saecular" cycle.

конца. И я возвращаюсь к брошенному без продолженья. Но не как имя, не как литератор [cf.: О как противен мне какой-то соименник]. Не как призванный по финальному разряду. Нет, как лицо штатское, естественное, счастливо-несчастное, таящееся, неизвестное.

The final strophe of "Variant" is the most difficult, because of the wealth and complexity of its contextual affinities in M.'s poetry and prose, and the conundrum-like blending of its subtexts.

It repeats, in a reversed order, the structure of the third strophe of "Venicejskoj žizni" (1920), another of M.'s poetic studies of a dying culture: И горят, горят в корзинках свечи, | Словно голубь залетел в ковчег. | На театре и на праздном вече | Умирает человек. Here the sign of God's grace (the dove in the ark) visits the Venetian *Settecento*, festively dying in idleness and pretence. The poem was generally inspired by P.P.Muratov's *Obrazy Italii* and Blok's Venetian cycle, but it should be noted that M.'s allegory of maligned Venice, Susanna, points, via Tintoretto's painting, at the same source as his image of the idol of time does, the Book of Daniel.

The literary and historical subtexts of the first line of the final strophe, И в жаркой комнате, в кибитке и в палатке, the death of Napoleon, of Byron, and of A.I.Odoevskij, Puškin's forebodings in "Dorožnye žaloby," etc., have been discussed earlier. A clue to their generalized meaning, in particular, to the symbolic significance of the 'tent,' can be found in the essay "Devjatnadcatyj vek":

> К девятнадцатому веку применимы слова Бодлера об альбатросе: "Шатром гигантских крыл он пригнетен к земле".
>
> Начало столетия еще пробовало бороться с тягой земли, судорожными прыжками, мешковатыми и грузными полуполетами, конец столетия покоится уже неподвижно, прикрытый огромной *палаткой* непомерных крыл. Покой отчаянья. Крылья давят, противоречат своему естественному назначению.
>
> Гигантские крылья девятнадцатого века[42], это его познавательные

---

[42] In the first publication of the essay (*Гостиница для Путешествующих в Прекрасном*, 1922, № 1) M. quoted here Baudelaire's original, *ses ailes de géant*, as if to remind the reader that there is no mention of any 'tent' in "L'Albatros." It seems that Baudelaire's wings are blended here with Blok's image of the demonic shadow over Russia: Двадцатый век... Еще бездомней, | Еще страшнее жизни мгла | (Еще чернее и огромней | Тень Люциферова крыла). < ... > В те годы дальние, глухие, | В сердцах царили сон и мгла: | Победоносцев над Россией | Простер совиные крыла, | И не было ни дня, ни ночи | А только — *тень огромных крыл* (*Возмездие*).

силы. Познавательные способности девятнадцатого века не стояли ни в каком соответствии с его волей, с его характером, с его нравственным ростом.

Another quality of the age, its 'Buddhist secret fear' of the world and its yearning for oblivion and nonbeing, described in "Devjatnadcatyj vek," is represented in "Variant" by an ethnographic metonymy, the Oriental kibitka, suggested, it seems, by Puškin's choice of refuges affording oblivion: ...не все ль одно и то же: | *Забыться праздною душой* | В блестящей зале, в модной ложе, | *Или в кибитке кочевой?*[43]

All the three shelters of the dying age occur in Chapter VIII of *Egipetskaja marka* as metaphors of space-time continuum and as metonymic accessories of terror and flight:

> <...> Математики должны были построить для страха *шатер,* потому что он координата времени и пространства: они, как скатанный войлок в киргизской *кибитке,* участвуют в нем. Страх распрягает лошадей, когда нужно ехать, и посылает нам сны с беспричинно-низкими потолками. <...> В Москве он остановился в гостинице Селект – очень хорошая гостиница на Малой Лубянке, в номере, переделанном из магазинного помещения, с шикарной стеклянной витриной вместо окна, невероятно нагретой солнцем.

The final event of the poem is the 'transsubstantiation' of the dying age. In two antecedents of "Variant," Belyj's anthroposophic *Xristos Voskres* and Majakovskij's *Vojna i mir* (which has seriously influenced the former), the sacrifice, passion, death, resurrection, and transfiguration of the age, time, and earth are the central motif. The extent of M.'s concern with these two long poems can be traced textually:

---

[43] Blok, in "Molnii iskusstva," an important source of M.'s historical conceptualization as has already been demonstrated, invoked these lines to introduce the description of "Cleopatra's" insatiable eyes, which has obviously affected M.'s image of the century's vacant and greedy stare in "Devjatnadcatyj vek": В овале щек есть что-то монгольское, едва ли не то, что заставляло Пушкина "забываться пылкою [sic] мечтой" в "кочевой кибитке" <...> очень тяжелые веки <...> Глаза смотрят так, что побеждают все лицо; побеждают, вероятно, и тело и все окружающее. <...> Помыслить их закрытыми, смеженными, спящими – невозможно. <...> Все, что можно увидеть в них, – это глухая ненасытная алчба; алчба до могилы, и в жизни, и за могилой – все одна и та же. <...> Глаза смотрят так же страшно, безответно и томительно, как пахнет лотос. Из века в век, из одной эры – в другую эру.

И странно вытянулось глиняное тело, —
Кончался века первый хмель.

Век умирает, а потом
Два сонных яблока < ... >
Сияют перистым огнем.

В это тело
Перстное и исполненное бремени

Деревянное тело
С темными пятнами впадин
Провалившихся **странно**
Глаз

Эти проткнутые ребра,
Перекрученные руки,
Препоясанные чресла –
В девятнадцатом столетии провисли

Труп из вне-времени
Лазурей,
Пронизанный от темени
До пяты,
Бурей
Вострубленной
Вытянулся от земли до эфира...

Пресуществленное невещественно
Тело
Солнечного Человека
Сияющее новозаветными летами
И ставшее отныне
И до века
— телом земли.

Вспыхнула Вселенной
Голова,
И нетленно
Простертые длани
От Запада до Востока, —

Как два
Крыла
Орла,
Сияющие издалека.

Это жалкое, желтое тело
Пятнами впадин
Глаз, —
Провисая между двух перекладин
Вперяется
В нас.

Я знаю: огромная атмосфера
Сиянием
Опускается
На каждого из нас, —
Перегорающим страданием
Века
Омолнится
Голова
Каждого человека.

(Христос Воскрес)

А может быть
больше
у **времени-хамелеона**
и красок никаких не осталось.
Дернется еще
и ляжет,
бездыхан и угловат.
Может быть,
дымами и боями **охмеленная**
никогда не подымется земли голова.

нет,
не может быть!

из правого глаза
выну
целую цветущую рощу?!

иду
в сияющих глаз заре.
Земля,
встань
тыщами
в ризы зарев разодетых Лазарей!

Расцветают глаза твои,
два луга.

мои глазища —
всем открытая собора дверь.

(*Война и мір*)

It should be noted also that the complex visual image of the final two lines of "Variant," 'two sleepy apples [i. e., eyelids, not apples of the eye or eyeballs in this context] upon the corneous wafer [роговая облатка < роговая *оболочка 'cornea'] / Glow with a feathery fire,' evoke Andrej Belyj's anthroposophic visions and, especially, his description of the spiritual emanation 'in pterocorneous flocks' (*крылорогими* стаями; cf. *огнероги* and *рогороги* in Belyj's poetry, prompted perhaps by the traditional interpretation of *Ex.* 34:29, e. g., by Michelangelo) from the eye of the infant and from the icon of the All-Seeing Eye in *Kotik Letaev* (1922, 112–118, 265–275), as well as Valentin Parnax's line Веки в огне загробного циклона ("Александру Блоку", *Самум,* Париж, 1919, 41; M. may have associated Parnax's 'eyelids in the fire of an afterworldly cyclone' with the dying 19th century through Blok's "Ironija": Век, который хорошо назван "беспламенным пожаром" у одного поэта [an allusion to Brjusov's "Stoletija-fonariki"]; *блистательный и погребальный век,* который бросил на живое лицо человека глазетовый покров механики, позитивизма и экономического материализма). One may compare the image also with Pasternak's "V lesu" (Два черных солнца, бьющих из-под век) and Cvetaeva's "Dva zareva..." (the hypnotic repetitiousness of *Два* солнца, *два* жерла | — Нет, *два* алмаза, — | Подземной бездны зеркала: | *Два* смертных глаза may have influenced M.'s reiterated Два сонных яблока). These casual antecedents, however, explain the visual aspect of the image, not its deeper meaning. Vjačeslav Ivanov's "Sporady" are more pertinent in this respect because of the reference to Napoleon's dimming eye:

> Гений – глаз, обращенный к иной, невидимой людям, действительности, и, как таковой, проводник и носитель солнечной силы в человеке, ипостась солнечности. <...>
>
> <...> Но гений перед концом иногда тускнеет и меркнет, – словно кристальная поверхность глаза начинает мутиться.
>
> Нередко гаснущий гений вспыхивает на мгновение огромным пожаром, исполняя его носителя уже бесплодным восторгом непомерных титанических замыслов. В Наполеоне демон пережил гения.
>
> (*По звездам*, 1909, 341, 342)

In the context of "Variant," M.'s rejection of the symbolist and futurist millenarian faith follows by historical analogy from his juxtaposition of the two ages, which should remind the reader of the false mystical expectations during the final years of Alexander's reign, after the defeat and death of Napoleon. The immortal eyes of the age (Heine spoke in *Englische Fragmente* of the eternal eyes upon the marble face of the Emperor, proudly receding into the twilight of the past), symbols of its timeless genius, are a pledge of the age's redemption as a spiritual entity rather than a promise of universal salvation. Each poem of the saecular cycle reflects a different emotional attitude on the part of M. "Vek" was dictated by a feeling of pity for the agonizing beast, the poet's age; "1 janvarja 1924," by concern for the fate of the age's survivors and their patrimony; but "Variant" is an affirmation of the age's immortal heritage, assured, as in "Grifel'naja oda," by its self-sacrificial oblation.

Indeed, the rhyme *потом / огнем* in the final strophe stirs a recollection of a subtext older and deeper than the prophecies of the avantgarde mystics. This subtext is "Tri pal'my," Lermontov's tragic allegory of creativity's ultimate choice between solitude and martyrdom:

> Но только что сумрак на землю упал,
> По корням упругим топор застучал,
> И пали без жизни *питомцы столетий*!
> Одежду их сорвали малые дети,
> Изрублены были тела их *потом*,
> И медленно жгли их до утра *огнем*. [44]

---

[44] "Tri pal'my" is the obvious subtext of the following passage in *Putešestvie v Armeniju* (note the pertinent theme of the murdered lethargic epoch regaining

An evidence to support my assumption that Lermontov's rhyme is not a simple coincidence here seems to be offered by Xlebnikov's image of Lermontov's immortal eyes 'lit in the sky like orbs': И загрохотал в честь смерти выстрел | Тяжелых гор (see p. 214 on these lines as a subtext of the canceled draft of *GO,* кремневых гор осечка). | Глаза убитого певца | И до сих пор живут не умирая | В туманах гор. | ... | А небо *облачные* почести (note that *облатка* and *перистым* in the final lines of "Variant" is an apparent transformation[45] of *перистое облако* 'cirrus') | Воздало мертвому певцу. | И доныне во время бури | Горец говорит: | То Лермонтова глаза. | ... | И в небесах зажглись, как очи, | Большие серые глаза. | И до сих пор живут средь облаков, | И до сих пор им молятся олени, | Писателю России с туманными глазами, | Когда полет орла напишет над утесом | Большие медленные брови... (the poem remained unpublished till the appearance of *Собрание произведений,* III, 1931, so that M. had presumably heard it from Xlebnikov himself; its first line, На родине *красивой смерти* Машуке, should be compared to Bal'mont's "Lermontov": Где мог он так *красиво умереть,* | Как не в горах).

----

consciousness at the moment of death):

Две черствые *липы,* оглохшие от старости, подымали на дворе коричневые вилы. <...> Время окормило их молниями и опоило ливнями — что гром, что бром — им было безразлично.

Однажды собрание совершеннолетних мужчин, населяющих дом, постановило свалить старейшую липу и нарубить из нее дров.

<...> *Топор застучал* по равнодушным *корням.* <...>

Между тем, дерево сопротивлялось с мыслящей силой, — казалось, к нему вернулось полное сознание. Оно презирало своих оскорбителей и *щучьи зубы* пилы [cf. щучий суд in *1 Jan*].

Наконец ему накинули на сухую развилину, на то самое место, откуда шла его *эпоха,* его летаргия и зеленая божба, петлю из тонкой прачешной веревки и начали тихонько раскачивать. <...> Еще мгновение — и к поверженному истукану подбежали *дети.*

[45] The semantics of Два сонных *яблока...* сияют *перистым* огнем is motivated also by a paronomastic association with the expression *вперить глаза.* Cf. Puškin's contrastive paronomasia in "Nedvižnyj straž dremal..." when Alexander is confronted by the ghost of Napoleon: На царственный порог *вперил,* смутясь, он очи — Нет, чудный взор его, живой, неуловимый, | ... | Как боевой *перун,* как молния сверкал. In the anagrammatic poem "Evropa" (1914), M. used a similar chain of sound reiterations: Ев*роп*а цезарей! С тех *пор,* как в Бона*парт*а | Гусиное *перо* на*прав*ил Меттерних, | В*пер*вые за сто лет...

Just as in the final strophe of *GO* M. used Puškin's sleepless quest for meaning, "Stixi, sočinennye noč'ju vo vremja bessonnicy," to overcome Lermontov's yearning for oblivion in "Vyxožu odin ja na dorogu," so in "Variant" a paronomastic reference to one of Puškin's memorable images, in a characteristically unexpected interpretation, supplants Lermontov's parable of senseless self-immolation. I have already suggested (pp. 242–243) that 'two sleepy apples' create an oblique reference to the golden sun and the apple of the pyx in "Vot daronosica, kak solnce zolotoe." Puškin's death, on the other hand, is interpreted in "Puškin i Skrjabin" as a national eucharist, while, in the 1937 poem "Tvoj zraček v nebesnoj korke," a pupil of the eye, 'luminous, iridescent [*радужный*, a reference to радужная оболочка 'retina'], discarnate, suppliant for the time being,' in its 'heavenly coating,'[46] is the future object of national adoration: Будет он, обожествленный, | Долго жить в родной стране. The paronomastic double allusion to the cornea of the eyeball (роговая оболочка) and the wafer of the host (облатка) belongs to the same set of images. It appears to be a result of the paronomastic 'crossing-over'[47] of the anatomical term *роговая оболочка* and Puškin's *Облатка розовая* сохнет | На *воспаленном* [cf. Ход *воспаленных* тяжб людских] языке. The substituted adjective *розовая* is transferred into another poem, "Ja budu metat'sja po taboru ulicy temnoj," (1925), in which it immediately follows the description of the 'downy edging' around pupils:

роговая *оболочка	*розовая *облатка*
И кольца зрачков одеваются выпушкой светлой,[48] И то, что я знаю о *яблочной, розовой* коже...	Два сонных *яблока* на роговой *облатке* Сияют перистым огнем.

---

[46] In an early paper (*Studies Presented to Professor Roman Jakobson by his Students,* 1968, 260), I suggested that the image may have been inspired by the eye of the child and the view of the sky in the twin windows of "Madonna Litta." The fact that the poem was addressed or dedicated to N. Ja. Mandel'štam (see: *Вторая книга,* 1972, 277, and *Стих.,* 1973, 302) does not preclude the possibility of a double reference (cf. "Ulybnis', jagnenok gnevnyj, s Rafaèleva xolsta," written at the same time).

[47] Another type of this device, typical of M., is described in my paper "The Dry River and the Black Ice," *Slavica Hierosolymitana,* I, 1977, 183.

[48] Cf.: для глаза в *оболочке света* ("Еще он помнит башмаков износ") and О *радужная оболочка страха* ("Как соловей сиротствующий славит")

M.'s note on Chénier's elegy "À Camille" is the key to the symbolic meaning with which he endowed the 'rosy wafer' on Tat'jana's 'fevered tongue' (*Evgenij Onegin* III. xxxii):

> <...> Для нас сквозь кристалл пушкинских стихов эти стихи звучат почти русскими:
>> ...Облатка розовая сохнет
>> На воспаленном языке...
>
> Так в поэзии разрушаются грани национального, и стихия одного языка перекликается с другой через головы пространства и времени, ибо все языки связаны братским союзом, утверждающимся на свободе и домашности каждого, и внутри этой свободы братски родственны и по домашнему аукаются.

In "Burja i natisk," M. used the word *приобщение* to describe Russian literature's partaking of the European and universal poetic spirit: "Бурю и натиск" символизма следует рассматривать как явление *бурного и пламенного приобщения* русской литературы к поэзии европейской и мировой.

Thus *oblatka rozovaja* enters M.'s series of images signifying the eternal moment of time, unity, and harmony regained by the brotherhood of the communicants. A common sound pattern underlies many of the key words of these "eucharistic" texts, whether they describe a church liturgy in July, 1914 (*яблоко*, "Вот дароносица..."), a reunion of faiths (*благодать*, "В хрустальном омуте..." – cf. pp. 130–131) or of warring nations (*колыбель*, "Зверинец"; *яблоко*, на *стеклянном блюде облако* <...> яств, "Опять войны разноголосица"), the 'single truth' of art and labor (*корабль*, "Актер и рабочий"), the communion of the poet and his providential reader (*бутылка*, "О собеседнике"), or of the old and the new generation (*колобок*, "Как растет хлебов опара"), the brotherhood of languages (*облатка* розовая, "Заметки о Шенье"; *оболочка*, "К немецкой речи"), or the eucharist of the dying age's phoenix-like orbs (роговая облатка).

The bizarre blend of *розовая облатка* and *роговая оболочка*[49]

---

[49] Cf. Mix. Lotman's analysis of the anagram of *роговица* in the first strophe of "Tvoj zračok v nebesnoj korke" (*Семиотика текста. Труды по знаковым системам*, XI, Tartu, 1980, 105–106). The author's conclusion that "in M.'s picture of the world the corneous coating is a substance alien and inimical not only to man but also to warm-blooded animals in general" is debatable. In "Vos'mistišija" and "Vokrug naturalistov" horn signifies the hard spiral path of growth in response to a somatic awareness of the 'inner excess of space' (Lamarck's "tonus" and "orgasm"

makes the line Два сонных яблока на роговой облатке one of the most enigmatic utterances in M.'s poetry. Its calculated ambiguity seems to convey M.'s vacillating, ambivalent evaluation of the nineteenth century.[50] The underlying biblical subtext of 'age the sovereign' in *1 Jan* (see pp. 245–246) is *The Book of Daniel.* The same subtext (7:8, 11) contains the image of a horn in which there are 'eyes like the eyes of man':

8   <...> и вот, в этом роге были глаза, как глаза человеческие, и уста, говорящие высокомерно.

11   Видел я тогда, что за изречение высокомерных слов, какие говорил рог, зверь был убит в глазах моих, и тело его сокрушено и предано на сожжение огню.

The arcane reference to Daniel's allegory of the fourth kingdom represents in "Variant" the culpable aspect of the age, its morally deficient 'cognitive powers' (the greedy monstrous eye), which M. emphasized in his only unconditional condemnation of the past century, "Devjatnadcatyj vek."

Is, then, the 'corneous wafer' a communion of the beast (and, in "Vek," the age is the suffering beast) or of the 'horn of salvation' (*Luke* 1:69)[51]; of Napoleon's ambivalent martyrdom or of the passion of

---

interpreted in terms of Psycholamarckism): И тянется глухой недоразвиток, | Как бы дорогой, согнутою в *рог*, – | Понять пространства внутренний избыток | И лепестка и купола залог ("Преодолев затверженность природы"); Парнокопытный разум млекопитающихся одевает их пальцы закругленным *рогом* (*Путешествие в Армению, ОМ* II 1971 165; cf. *Philosophie zoologique,* T. I, ch. 7).

[50] Cf., beside Polonskij's, Blok's and Gumilev's oxymoronic epithets applied to the 19th century (мятежный, строгий век; блистательный и погребальный век; смешной и страшный век, respectively), Radiščev's "Osmnadcatoe stoletie":

Нет, ты не будешь забвенно, столетье безумно и мудро,
Будешь проклято вовек, ввек удивлением всех.

M. called the 18th century 'naïve and intelligent' ("Devjatnadcatyj vek").

[51] The choice between the communion of the Beast and of the Cross is the cardinal theme of Mixail Lozinskij's poetry, in which the eyes of Lucifer are a eucharist of one's own suffering, and the imagery and mood of Lermontov are blended with the alleged ideas of palladism (see especially "Nad rekoj šal'noj i p'janoj," "V otveržennyx sadax," "Predvarenija," "Dajatelju sveta," "Nizveržennyj," "V tesninax," and "To byl poslednij god"). Only in what D. Segal has recently described as 'a unique poem of Lozinskij' ("Поэзия Михаила Лозинского: Символизм и Акмеизм", *Russian Literature,* XIII–IV, 15 May 1983, 384), the 'liturgy of the ancient torment' evokes, not the fearless suffering of Lucifer (распя-

Russian poetry (and, within the latter, of Puškin's redemptive heritage or of Lermontov's demonic doubt about the validity of self-sacrifice[52]); of the age's presumptuous thought and greed of the immortal eyes of Gogol's "Portrait," or, as in "Koncert na vokzale," of its music? I believe that M. meant to ask this question rather than to answer it in the solemn and profound poems of the saecular cycle. The dilemma of the corneous wafer in "Variant" corresponds to the symbolism of the twin apple (see pp. 242–243), to the twin sun of redemption and guilt in "Puškin i Skrjabin," and to the apprehensive query with which M. confronted the future society: <...> что это — крыло надвигающейся ночи или тень родного города, куда мы должны вступить (*OM* II 1971 352).

What is asserted in "Variant" is the act of the communion itself, the noncontemporary's inevitable partaking of the historical death of the age and its resurrection in spirit.

This final mystery completed the saecular cycle, although some of its themes and images received a new, lyrically personal, and acmeistically vivid and tangible expression in the last four pieces of "1921–1925," which marked M.'s leave-taking from the intimate world of his youth and his last dreams of personal happiness.

A decade later he found another form and a different tonality for what Vjačeslav Ivanov had called 'the dirge of the self-abnegating but not yet released spirit,'[53] the 'choral dithyramb' of the funerary ora-

---

тый взгляд, распятье гордых of "Nizveržennyj"), but the 'millenarian eyes and chained little hands' of Jesus: Опять прошли передо мной | На литургии древней муки, | Как нерожденная гроза, | Тысячелетние глаза, | И с цепью маленькие руки, | Похожие на крик разлуки... ("Тебе ль не петь пэан хвалебный", 1919).

[52] "Tri pal'my" is, as has often been pointed out, a polemical response to Puškin's "I putnik ustalyj na Boga roptal" ("Podražanija Koranu" IX), in which God miraculously restores the past, the palm, and the well (Минувшее в новой красе оживилось).

[53] Умчался век эпоса [an allusion to the first line of Lermontov's *Skazka dlja detej*]: пусть же зачнется хоровой дифирамб. Горек наш запев: плач самоотрекающегося и еще не отрешенного духа. Кто не хочет петь хоровую песнь, пусть удалится из круга, закрыв лицо руками ("Кризис индивидуализма", *По звездам*, 1909, 99–100).

M. wrote about this passage to Ivanov: У вас в книге есть одно место, откуда открываются две великих перспективы, как из постулата о параллельных две геометрии — Эвклида и Лобачевского. Это — образ удивительной проник-

torios "10 janvarja 1934" and "Stixi o neizvestnom soldate" with its closing vision of sacrifice, the immortal record of light, and the Heraclitian judgment of centuries by all-embracing fire:

... и столетья
Окружают меня огнем.

новенности — где несогласный на хоровод покидает круг, закрыв лицо руками (А.А.Морозов, "Письма О.Э.Мандельштама В.И.Иванову", *Записки Отдела рукописей,* 34, 1973, 263, 264).

The passage which attracted M.'s attention was, of course, a paraphrase of "An die Freude," lines 19–20, in Tjutčev's translation: Кто ж не мог любить, — из круга | Прочь с слезами отойди.

On December 5, 1936, Beethoven's *Ninth* was festively performed in Moscow to celebrate the adoption of "Stalin's Constitution," and broadcast on the radio. The text of "An die Freude" had been newly translated by Lozinskij.

On December 6, M. commenced the *Second Voronež Notebook* in an attempt to return to the choral ring. In January, 1937, he composed "Stixi o Staline," and in February–March, "Stixi o neizvestnom soldate." There are tragically distorted echoes of "An die Freude" in both.

TEXTS

ГРИФЕЛЬНАЯ ОДА
[*Стихотворения*, 1928]

I
1. Звезда с звездой — могучий стык,
2. Кремнистый путь из старой песни,
3. Кремня и воздуха язык,
4. Кремень с водой, с подковой перстень,
5. На мягком сланце облаков
6. Молочный грифельный рисунок —
7. Не ученичество миров,
8. А бред овечьих полусонок.

II
9. Мы стоя спим в густой ночи
10. Под теплой шапкою овечьей.
11. Обратно в крепь родник журчит
12. Цепочкой, пеночкой и речью.
13. Здесь пишет страх, здесь пишет сдвиг
14. Свинцовой палочкой молочной,
15. Здесь созревает черновик
16. Учеников воды проточной.

III
17. Крутыс козьи города;
18. Кремней могучее слоенье:
19. И все-таки еще гряда —
20. Овечьи церкви и селенья!
21. Им проповедует отвес,
22. Вода их учит, точит время,
23. И воздуха прозрачный лес
24. Уже давно пресыщен всеми.

IV   25.   Как мертвый шершень, возле сот,
       26.   День пестрый выметен с позором,
       27.   И ночь-коршунница несет
       28.   Горящий мел и грифель кормит.
       29.   С иконоборческой доски
       30.   Стереть дневные впечатленья,
       31.   И, как птенца, стряхнуть с руки
       32.   Уже прозрачные виденья!

V   33.   Плод нарывал. Зрел виноград.
       34.   День бушевал, как день бушует.
       35.   И в бабки нежная игра,
       36.   И в полдень злых овчарок шубы;
       37.   Как мусор с ледяных высот —
       38.   Изнанка образов зеленых —
       39.   Вода голодная течет,
       40.   Крутясь, играя, как звереныш,

VI   41.   И как паук ползет ко мне,
       42.   Где каждый стык луной обрызган,
       43.   На изумленной крутизне
       44.   Я слышу грифельные визги.
       45.   Твои ли, память, голоса
       46.   Учительствуют, ночь ломая,
       47.   Бросая грифели лесам,
       48.   Из птичьих клювов вырывая?

VII   49.   Мы только с голоса поймем,
       50.   Что там царапалось, боролось,
       51.   И черствый грифель поведем
       52.   Туда, куда укажет голос.
       53.   Ломаю ночь, горящий мел,
       54.   Для твердой записи мгновенной.
       55.   Меняю шум на пенье стрел,
       56.   Меняю строй на стрепет гневный.

VIII   57. Кто я? Не каменщик прямой,
        58. Не кровельщик, не корабельщик:
        59. Двурушник я, с двойной душой.
        60. Я ночи друг, я дня застрельщик.
        61. Блажен, кто называл кремень
        62. Учеником воды проточной.
        63. Блажен, кто завязал ремень
        64. Подошве гор на твердой почве.

IX   65. И я теперь учу дневник
        66. Царапин грифельного лета,
        67. Кремня и воздуха язык
        68. С прослойкой тьмы, с прослойкой света,
        69. И я хочу вложить персты
        70. В кремнистый путь из старой песни,
        71. Как в язву, заключая в стык
        72. Кремень с водой, с подковой перстень.

1923

ГРИФЕЛЬНАЯ ОДА

[*Стихотворения*, 1973, N. I. Xardžiev's version]

> *Мы только с голоса поймем,*
> *Что там царапалось, боролось...*

Звезда с звездой — могучий стык,
Кремнистый путь из старой песни,
Кремня и воздуха язык,
Кремень с водой, с подковой перстень,
На мягком сланце облаков
Молочный грифельный рисунок —
Не ученичество миров,
А бред овечьих полусонок.

Мы стоя спим в густой ночи
Под теплой шапкою овечьей.
Обратно, в крепь, родник журчит
Цепочкой, пеночкой и речью.
Здесь пишет страх, здесь пишет сдвиг
Свинцовой палочкой молочной,
Здесь созревает черновик
Учеников воды проточной.

Крутые козьи города,
Кремней могучее слоенье,
И все-таки еще гряда —
Овечьи церкви и селенья!
Им проповедует отвес,
Вода их учит, точит время;
И воздуха прозрачный лес
Уже давно пресыщен всеми.

Как мертвый шершень возле сот,
День пестрый выметен с позором.
И ночь-коршунница несет
Горящий мел и грифель кормит.
С иконоборческой доски
Стереть дневные впечатленья,
И, как птенца, стряхнуть с руки
Уже прозрачные виденья!

Плод нарывал. Зрел виноград.
День бушевал, как день бушует.
И в бабки нежная игра,
И в полдень злых овчарок шубы.
Как мусор с ледяных высот —
Изнанка образов зеленых —
Вода голодная течет,
Крутясь, играя, как зверёныш.

И как паук ползет ко мне, —
Где каждый стык луной обрызган,
На изумленной крутизне
Я слышу грифельные визги.
Ломаю ночь, горящий мел,
Для твердой записи мгновенной,
Меняю шум на пенье стрел,
Меняю строй на стрепет гневный.

Кто я? Не каменщик прямой,
Не кровельщик, не корабельщик, —
Двурушник я, с двойной душой,
Я ночи друг, я дня застрельщик.
Блажен, кто называл кремень
Учеником воды проточной!
Блажен, кто завязал ремень
Подошве гор на твердой почве!

И я теперь учу дневник
Царапин грифельного лета,
Кремня и воздуха язык
С прослойкой тьмы, с прослойкой света,
И я хочу вложить персты
В кремнистый путь из старой песни,
Как в язву, заключая в стык
Кремень с водой, с подковой перстень.

<1937?>

1 ЯНВАРЯ 1924

[*Стихотворения*, 1928]

I   1. Кто время целовал в измученное темя —
    2. С сыновьей нежностью потом
    3. Он будет вспоминать, как спать ложилось время
    4. В сугроб пшеничный за окном.
    5. Кто веку поднимал болезненные веки —
    6. Два сонных яблока больших —
    7. Он слышит вечно шум, когда взревели реки
    8. Времен обманных и глухих.

II 9. Два сонных яблока у века-властелина
    10. И глиняный прекрасный рот,
    11. Но к млеющей руке стареющего сына
    12. Он, умирая, припадет.
    13. Я знаю, с каждым днем слабеет жизни выдох,
    14. Еще немного, — оборвут
    15. Простую песенку о глиняных обидах
    16. И губы оловом зальют.

III 17.   О глиняная жизнь! О умиранье века!
    18.   Боюсь, лишь тот поймет тебя,
    19.   В ком беспомо́щная улыбка человека,
    20.   Который потерял себя.
    21.   Какая боль — искать потерянное слово,
    22.   Больные веки поднимать
    23.   И, с известью в крови, для племени чужого
    24.   Ночные травы собирать.

IV 25.   Век. Известковый слой в крови больного сына
    26.   Твердеет. Спит Москва, как деревянный ларь,
    27.   И некуда бежать от века-властелина...
    28.   Снег пахнет яблоком, как встарь.
    29.   Мне хочется бежать от моего порога.
    30.   Куда? На улице темно,
    31.   И, словно сыплют соль мощеною дорогой,
    32.   Белеет совесть предо мной.

V 33.   По переулочкам, скворешням и застрехам,
    34.   Недалеко собравшись как-нибудь, —
    35.   Я, рядовой седок, укрывшись рыбьим мехом,
    36.   Всё силюсь полость застегнуть.
    37.   Мелькает улица, другая,
    38.   И яблоком хрустит саней морозных звук,
    39.   Не поддается петелька тугая,
    40.   Всё время валится из рук.

VI 41.   Каким железным, скобяным товаром
    42.   Ночь зимняя гремит по улицам Москвы.
    43.   То мерзлой рыбою стучит, то хлещет паром
    44.   Из чайных розовых — как серебром плотвы.
    45.   Москва — опять Москва. Я говорю ей: ”здравствуй!
    46.   Не обессудь, теперь уж не беда,
    47.   По старине я принимаю братство
    48.   Мороза крепкого и щучьего суда”.

VII 49. Пылает на снегу аптечная малина
50. И где-то щелкнул ундервуд;
51. Спина извозчика и снег на пол-аршина:
52. Чего тебе еще? Не тронут, не убьют.
53. Зима-красавица и в звездах небо козье
54. Рассыпалось и молоком горит,
55. И конским волосом о мерзлые полозья
56. Вся полость трется и звенит.

VIII 57. А переулочки коптили керосинкой,
58. Глотали снег, малину, лед,
59. Всё шелушится им советской сонатинкой,
60. Двадцатый вспоминая год.
61. Ужели я предам позорному злословью —
62. Вновь пахнет яблоком мороз —
63. Присягу чудную четвертому сословью
64. И клятвы крупные до слез?

IX 65. Кого еще убьешь? Кого еще прославишь?
66. Какую выдумаешь ложь?
67. То ундервуда хрящ: скорее вырви клавиш —
68. И щучью косточку найдешь;
69. И известковый слой в крови больного сына
70. Растает, и блаженный брызнет смех...
71. Но пишущих машин простая сонатина —
72. Лишь тень сонат могучих тех.

1924

1-е ЯНВАРЯ 1924

[First publication, *Русский современник,* 1924, № 2]

Кто время целовал в измученное темя, —
С сыновней нежностью потом
Он будет вспоминать — как спать ложилось время
В сугроб пшеничный за окном.
      Кто веку поднимал болезненные веки —
      Два сонных яблока больших, —
      Он слышит вечно шум — когда взревели реки
      Времен обманных и глухих.
Два сонных яблока у века-властелина
И глиняный прекрасный рот,
Но к млеющей руке стареющего сына
Он, умирая, припадет.
      Я знаю, с каждым днем слабеет жизни выдох,
      Еще немного, — оборвут
      Простую песенку о глиняных обидах
      И губы оловом зальют.

————————

О, глиняная жизнь! О, умиранья века!
Боюсь, лишь тот поймет тебя,
В ком беспомо́щная улыбка человека,
Который потерял себя.
      Какая боль искать потерянное слово,
      Больные веки поднимать
      И с известью в крови для племени чужого
      Ночные травы собирать.

————————

Век. Известковый слой в крови больного сына
Твердеет. Спит Москва, как деревянный ларь,
И некуда бежать от века-властелина...
Снег пахнет яблоком, как встарь.
    Мне хочется бежать от моего порога.
    Куда? На улице темно
    И, словно сыплют соль мощеною дорогой,
    Белеет совесть предо мной.
По переулочкам, скворешням и застрехам,
Недалеко, собравшись как-нибудь, —
Я, рядовой седок, укрывшись рыбьим мехом,
Все силюсь полость застегнуть.
    Мелькает улица, другая,
    И яблоком хрустит саней морозный звук,
    Не поддается петелька тугая,
    Все время валится из рук.

Каким железным, скобяным товаром
Ночь зимняя гремит по улицам Москвы,
То мерзлой рыбою стучит, то хлещет паром
Из чайных розовых — как серебром плотвы.
    Москва — опять Москва. Я говорю ей: "Здравствуй!
    Не обессудь, теперь уж не беда,
    По старине я принимаю братство
    Мороза крепкого и щучьего суда".

Пылает на снегу аптечная малина,
И где-то щелкнул ундервуд;
Спина извозчика, снега на пол-аршина:
Чего тебе еще? Не тронут, не убьют.
    Зима-красавица и в звездах небо козье
    Рассыпалась и молоком горит,
    И конским волосом о мерзлые полозья
    Вся полость трется и звенит.

А переулочки коптили керосинкой,
Глотали снег, малину, лед,
Все шелушится им советской сонатинкой,
Двадцатый вспоминая год.
        Ужели я предам позорному злословью —
        Вновь пахнет яблоком мороз —
        Присягу чудную четвертому сословью
        И клятвы крупные до слез?
Кого еще убьешь? Кого еще прославишь?
Какую выдумаешь ложь?
То ундервуда хрящ: скорее вырви клавиш —
И щучью косточку найдешь;
        И известковый слой в крови больного сына
        Растает, и блаженный брызнет смех...
        Но пишущих машин простая сонатина —
        Лишь тень сонат могучих тех.

———————

INDEX OF NAMES AND TITLES

INDEX OF MANDEL'STAM'S WRITINGS